本书出版得到教育部新世纪优秀人才培养计划入选者项目
和首都师范大学汉语言文字学国家级教学团队项目的资助

汉语历史语法研究

洪　波　著

商务印书馆

2010 年·北京

图书在版编目(CIP)数据

汉语历史语法研究/洪波著. —北京:商务印书馆,2010
ISBN 978 - 7 - 100 - 06809 - 3

I.汉…　II.洪…　III.汉语－语法－古代－研究　IV.
H141

中国版本图书馆 CIP 数据核字(2009)第 195011 号

HÀNYǓ LÌSHǏ YǓFǍ YÁNJIŪ
汉语历史语法研究
洪　波　著

商 务 印 书 馆 出 版
(北京王府井大街36号　邮政编码100710)
商 务 印 书 馆 发 行
北京市白帆印务有限公司印刷
ISBN 978 - 7 - 100 - 06809 - 3

2010 年 9 月第 1 版　　　开本 850×1168　1/32
2010 年 9 月北京第 1 次印刷　　印张 16
定价:34.00 元

目　　录

第一章　上古汉语代词

上古汉语第一人称代词"余(予)"
"我""朕"的分别

上古汉语的第一人称代词见诸文献的有"我""吾""余(予)"①"朕""卬"等多种说法,但"余(予)""我""朕"三个出现得最早,在殷商时期的甲骨文里第一人称代词只使用这三个。② 在甲骨文、金文、《尚书》以及《诗经》的《雅》《颂》等上古早期文献里,这三个第一人称代词都使用得相当普遍。春秋以后,"余(予)"和"朕"逐渐萎缩,但直到西汉时期"余(予)"仍然活在口语当中,司马迁在《史记》里即使用这个代词称代自己。③ "朕"从秦代开始成为皇帝专用的第一人称代词。

上古汉语的第一人称代词有那么多种说法,其间的分别一直是学者们十分关注的问题,但是它们之间的本质区别究竟是什么,却至今没有解释清楚。"余(予)""我""朕"三个出现得最早,弄清它们之间的本质区别,对于弄清所有第一人称代词乃至所有上古汉语人称代词各种说法之间的分别都是至

---

① "余"和"予"是同音字,一般都认为它们是一个词的两种不同写法。在上古早期,甲骨文、金文用"余",《尚书》《诗经》用"予"。春秋以后,《国语》《左传》等用"余",《论语》《孟子》等用"予"。

② 以前,有人认为甲骨文里也有"吾"(写作"鱼"),周生亚(1980)否定了这种说法。我们同意周生亚的观点。

③ 参见漆权《〈史记〉中的人称代词》,《语言学论丛》第十二辑,171—193页。

关重要的,但是这三个第一人称代词之间的本质区别至今也
没有找到正确的答案。问题的症结在于近一个世纪以来,学
者们总是从形态角度着眼去分析考证上古汉语人称代词各种
说法之间的差异,很少有人能够彻底地跳出这个框框,换一个
角度去研究。因此,要想揭示这三个第一人称代词之间的本
质区别,必须跳出"形态说"的框框,另辟蹊径才行。在这篇文
章里,我们想用一种朴素的眼光去认真地看一看"余(予)"
"我""朕"这三个第一人称代词在上古文献里的使用情况,看
能不能找到一种符合历史实际的答案。

1

对于上古汉语"余(予)""我""朕"这三个第一人称代词之
间的分别,前人没有专门地研究过,只有陈梦家先生(1956)在
研究甲骨文的人称代词时有过一段论述,他说:"卜辞的第一
人称代词有'我''余',领格有'朕'……'余'可以是主格宾格
而不能是领格,'我'则可以兼为主宾领格。如此,'余''我'同
为第一人称的主格宾格,'朕''我'同为第一人称的领格,它们
的分别何在?'余''朕'都是时王的自称,所以是单数的,'朕'
就是'我的'。卜辞'我受年'相当于'商受年','我'是集合的
名词,主格宾格之'我'就是'我们'。卜辞的'受余又'和'受我
又'是不同的,前者是受王佑,后者是受商佑。领格之'我'就
是'我们的'。"(96页)陈先生认为,在殷商时期"余""我""朕"
三者既有格的分别,也有数的差异。在格的方面,"我"没有
格位限制,而"余""朕"都有格位限制,"余"不作领格,"朕"
不作主宾格。但是从系统的观点来看,一种语言的人称代

词系统如果有格位形态差异，那么属于这个人称代词系统的每一个代词都应当有自己的格位分工，而不可能出现有的代词有格位限制，有的代词没有格位限制。既然甲骨文里“我”没有格位限制，那么甲骨文的第一人称代词有格位形态差异的说法就很值得怀疑。而且“余”在甲骨文里有作领格的用例，如：

①戊辰卜，王贞：妇鼠娩余子。（甲骨文合集 14115）

②乙丑卜，贞：占娥子余子。（甲骨文合集 21067）

③于子庚御余母宰，又艮。（甲骨文合集 22047）

“朕”在甲骨文里除了作领格外，也有作主格的例子，如：

④庚辰卜，王贞：朕循㚇。六月。（甲骨文合集 20547）

⑤戊寅卜，□□：朕出今夕。（甲骨文合集 22478）

这个事实表明甲骨文的第一人称代词不可能存在格位形态方面的差异，“朕”没有作宾格的用例，当是其他原因造成的。在数的方面，陈先生认为殷商时期“我”指称多数，而“余”和“朕”指称单数，这也不完全符合事实。在甲骨文里，“余”和“朕”确是只指称单数，但“我”却并不只指称多数，“我”既可以指称多数，也可以指称单数，指称单数的例子如：

⑥丁亥卜，王□：我惟三十鹿逐。允逐，获十六。一月。（甲骨文合集 10950）

⑦甲寅卜，㝉贞：我载王事。二告。（甲骨文合集 5480 正）

既然“我”不是一个纯粹的复数代词，那么它和“余”“朕”之间在称数方面就不存在真正的对立，其称数差异同样不可能是形态差异，而应是其他方面的原因造成的。

"余(予)""我""朕"这三个代词在格位和称数方面的这种表现不独甲骨文为然,西周以后与殷商时期的情况基本相同(参见黄盛璋 1963,周生亚 1980)。由此看来,这三个代词之间的本质区别显然不在形态上,它们从殷商时期开始就并行不悖,一定有其他方面的理据。

2

考"余(予)""我""朕"三者在上古文献里的使用情况,它们之间的差异主要表现在以下几个方面:

(1)"余(予)"和"朕"一般都只限于称代说者本人,"我"则既可以称代说者本人,也可以称代说者和听者双方,还可以称代与说者有关的第三者。"朕"字用于称代说者本人,这在上古文献里绝无例外。例如:

⑧丁丑卜,王贞:令竹崇兀于凷,载朕事。(甲骨文合集 20333)

⑨王曰:"盂,若敬乃正,无废朕令。"(大盂鼎)

⑩帝曰:"咨!四岳,有能典朕三礼?"(尚书·尧典)

⑪韩侯受命,王亲命之:"缵戎祖考,无废朕命。"(诗经·大雅·韩奕)

"余(予)"一般也都是称代说者本人。例如:

⑫甲戌卜,王□:余令角妇载朕事。(甲骨文合集 5495)

⑬王若曰:"格汝众,予告汝训汝,猷黜乃心,无傲从康。"(尚书·盘庚上)

⑭父母先祖,胡宁忍予?(诗经·大雅·云汉)

⑮王曰:"天败楚也夫!余不可以待。"乃宵遁。(左传·成

公十六年)

例外的情况我们在《诗经》和《墨子》里各发现一例:

⑯终鲜兄弟,维予二人。(诗经·郑风·扬之水)

⑰於《召公》之(非)执令於[亦]然,且[曰]:"敬哉! 无天命,惟予二人,而无造言……"(墨子·非命中)

此二例中"予"称代说者和听者双方。

"我"称代说者本人的用例在甲骨文、金文和《尚书》里比较少见,《诗经》以下各种文献里都很常见。例如:

⑱我佳(唯)司(嗣)配皇天王。(宗周钟)

⑲(王曰:)"尔尚敬逆天命,以奉我一人。"(尚书·吕刑)

⑳陟彼南山,言采其薇。未见君子,我心伤悲。(诗经·召南·草虫)

"我"称代说者和听者双方的用例在《尚书》里很常见,春秋以后,由于"吾"字的广泛使用,"我"字的这种功能被"吾"字取代了,反而很少见到了。例如:

㉑予惟曰:"襄我二人,汝有合哉。"(尚书·君奭)

㉒我后不恤我众,舍我穑事而割正夏。(尚书·汤誓)

㉓既克商二年,王有疾,弗豫。二公曰:"我其为王穆卜?"

　　周公曰:"未可以戚我先王。"(尚书·金縢)

"我"称代与说者有关的第三者,最多的是用来称代说者所拥有的或所在的邦国。例如:

㉔丙子卜,韦贞:我受年。二告。(甲骨文合集 5611 正)

㉕土方征于我东鄙,哉二邑。(甲骨文合集 6057 正)

㉖非我有周秉德不康宁,乃惟尔自速辜。(尚书·多方)

㉗江汉之浒,王命召虎:"式辟四方,彻我疆土。"(诗经·大

雅·江汉）

㉘齐人归我济西田。（春秋·宣公十年）

陈梦家（1956）说甲骨文里"我受又"即是"商受又"，"我"称代"商"。这个说法是正确的。例㉔中的"我"与"我受又"之"我"是一样的。例㉕㉖中的"我"都是称代"周"，其中例㉖的"我"与"有周"是同位结构。例㉘中的"我"称代"鲁"，《春秋》及《春秋三传》中的"我"大多数都是称代"鲁"。

（2）在上古早期和中期的文献里，说者用"余（予）"称代自己一般都有明确的说话对象，而"我"则不一定。苏联汉学家谢·叶·雅洪托夫（1965）已发现这种差异，他指出："'余（予）'在上古汉语前典范期（引者按：指商、西周时期）的著作中，多数场合都存在与第二人称的对立，用'我'就不存在这种对立。"（1986，217 页）在金文、《尚书》以及春秋时期的《左传》里，"余（予）"都出现在对话当中，没有例外。例如：

㉙王曰："令罪奋，乃克至，余其舍女臣十家。"（令鼎）

㉚王曰："嗟！六事之人，予誓告汝。"（尚书·甘誓）

㉛（郤克）曰："余病矣！"张侯曰："自始合，而矢贯余手及肘，余折以御，左轮朱殷，岂敢言病？吾子忍之。"（左传·成公二年）

在《诗经》里，一般的吟唱诗句，第一人称代词绝大多数都用"我"，一到对话的场合，第一人称代词往往都换成"予"。黄盛璋曾指出："《诗经》'予'字常常用在'曰'字句里（多半是引述他人的语言）……这种用法是'我'字所未见的。"（1963，453 页）以《大雅·桑柔》为例，这首诗的前十三章均为一般的吟

唱,其中的第一人称代词一律用"我"(共 8 次),第十四章
是:

㉜嗟尔朋友,予岂不知而行? 如彼飞虫,时亦弋获。既之
　阴女,反予来赫。

这一章改为对话形式,虽未出现"曰"字,但出现了第二人称代
词,第一人称代词遂换成"予"。

(3)"余(予)""我""朕"三者居领格时,"余(予)"和"朕"对
后面的名词都有选择性,而"我"对后面的名词没有选择性。
"余(予)"居领格,后面的名词表示的都是说者本身所拥有的
一般的人或事物。例如:

㉝戊辰卜,王贞:妇鼠娩余子。(甲骨文合集 14115)

㉞予惟率肆矜尔,非予罪,时惟天命。(尚书·多士)

㉟予手拮据,予所捋荼,予所蓄租,予口卒瘏。(诗经·豳
　风·鸱鸮)

"朕"居领格,后面的名词都是说者所尊崇的人或事物,或者是
说者希望听者加以重视的人或事物。在金文里,当时王提到
自己的先祖的时候,领格代词一律用"朕"。例如:

㊱余小子肇帅井(型)朕皇且(祖)考懿德。(单伯钟)

㊲用乍(作)朕文考釐白(伯)宝尊鼎。(康鼎)

在《尚书》里,"朕"作领格多出现在"邦""命""教""德""师"
"志""言"等名词的前头。例如:

㊳帝曰:"咨! 四岳,有能典朕三礼?"(尧典)

㊴王曰:"格尔众庶,悉听朕言。"(汤誓)

㊵古我先王,将多于前功,适于山,用降我凶德嘉绩于朕
　邦。(盘庚下)

㊶已！汝惟小子，未其有若汝封之心，朕心朕德惟乃知。
　　（康诰）

"我"居领格没有以上这些讲究，出现在它后面的名词既可以是表示一般的人或事物，也可以是表示说者所尊崇的人或事物；其中当说者提到自己的邦国和人民时，领格代词大多数都用"我"。例如：

㊷余令女死我家。（师毀殷）

㊸天降威，知我国有疵，民不康。（尚书·大诰）

㊹洪惟我幼冲人，嗣无疆大历服。（尚书·大诰）

㊺天降威，我民用不乱丧德。（尚书·酒诰）

㊻谁谓雀无角，何以穿我屋？（诗经·召南·行露）

例㊹是周公说的，其中的"幼冲人"是指年幼的成王。

　　(4)在明显的自我谦抑之辞中，第一人称代词只用"余(予)"，而不用"我"和"朕"。在金文、《尚书》和《诗经》的《雅》《颂》里有"余小子""予小子"的说法，都是说者对天神、先王、时王说话时或者是说者将自己与天神、先王、时王对举时的一种自谦之辞。例如：

㊼佳（唯）皇上帝百神，保余小子。（宗周钟）

㊽余小子肇帅井（型）朕皇且（祖）考懿德。（单伯钟）

㊾公曰："体！王其罔害，予小子新命于三王，惟永终是图。"（尚书·金縢）

㊿念兹皇祖，陟降庭止。维予小子，夙夜敬止。（周颂·闵予小子）

另外，《尚书》里还有"予冲人""予冲子"的说法，也是同位结构，意与"予小子"同。例如：

(51)王若曰:“公!明保予冲子。公称丕显德,以予小子扬文武烈。”(洛诰)

(52)肆予冲人,非废厥谋,吊由灵各。(盘庚下)

(53)越予冲人不卬自恤。(大诰)

“我”有两个例子看上去与“予冲子”“予冲人”差不多:

(54)洪惟我幼冲人,嗣无疆大历服。(大诰)

(55)在今予小子旦非克有正,迪惟前人光,施于我冲子。(君奭)

其实不然。这两例中的“我幼冲人”“我冲子”不是同位结构,而是领属结构,“幼冲人”“冲子”不是说者(周公)自指,而是指年幼的成王。前一句的意思是:“我(们)伟大的幼主,继承了永恒的王位。”后一例的意思是:“现在,不是我姬旦能够做出表率,(我)只是把前人的光荣传统教导给我(们)幼小的国王。”可见,“予冲人”“予冲子”是说者的自谦之辞,而“我冲人”“我冲子”则不是。

在《尚书》《左传》等文献里,“余(予)”可以加在说者的名字的前面或后面,构成同位结构,这种说法也是说者的自谦之辞。例如:

(56)今予发,惟恭行天之罚。(尚书·牧誓)

(57)予旦以多子越御事笃前人成烈,答其师,作周孚先。(尚书·洛诰)

(58)在今予小子旦非克有正,迪惟前人光,施于我冲子。(尚书·君奭)

(59)(齐侯)对曰:“天威不违颜咫尺,小白余敢贪天子之命无下拜!”(左传·僖公九年)——按:孔颖达《正义》引舍人《尔雅注》曰:"余,谦卑之身也。"

例(56)中的"予发"是周武王姬发的自称之辞,例(57)(58)中的"予旦""予小子旦"是周公姬旦的自称之辞,例(59)中的"小白余"是齐桓公的自称。

在金文里,当时王向神灵祈祷或将自己与先王对举时,自称一般都用"余",而不用"我"和"朕"。例如:

(60)隹(唯)皇上帝百神,保余小子。(宗周钟)

(61)今余隹(唯)帅井(型)先王令(命)。(师虎𣪘)

"余(予)"的上述使用情况都是"我"和"朕"所没有的。

(5)"朕"从甲骨文开始大多都是国王或地位高贵的人使用,平民百姓一般是不用的。例如:

(62)庚辰卜,王贞:朕循夯。六月。(甲骨文合集 20547)

(63)戊寅卜,□□:朕出今夕。(甲骨文合集 22478)

(64)王曰:"盂!若敬乃正,勿废朕令。"(大盂鼎)

(65)帝曰:"咨!四岳。朕在位七十载,汝能庸命巽朕位?"(尚书·尧典)

(66)王亲命之:"缵戎祖考,无废朕命。"(诗经·大雅·韩奕)

在先秦文献里,非王侯而用"朕"自代的我们只在《楚辞》里见屈原用过。例如:

(67)帝高阳之苗裔兮,朕皇考曰伯庸。(楚辞·离骚)

(68)回朕车以复路兮,及行迷之未远。(楚辞·离骚)

综合"余(予)""我""朕"三者的以上各种差异,可以归纳为以下三点:

A. 在上古时期,说者使用"余(予)""我""朕"这三个第一人称代词时,根据说话时所处的语境(说话的场合、对象等)的不同,所选择的第一人称代词也不同。

B."余(予)"和"朕"一般都用于称代说者本人,但说者用"余(予)"称代自己有自谦的意味,使用"朕"称代自己时,有自尊或尊崇与自己有关的人或事物的意味。

C."我"既可以称代说者本人,也可以称代说者和听者双方或与说者有关的第三者。说者使用"我"这个第一人称代词时,没有显示尊卑的意味。

3

"余(予)""我""朕"三者的上述差异显示出:它们之间的根本区别不在形式上而在意义上,在于意义上有谦敬功能的差别。"余(予)"是谦称形式,表示谦卑;"朕"是尊称形式,表示尊崇;"我"是通称形式,既不表示谦卑,也不表示尊崇。

对于"余(予)""我""朕"之间的这种语义差别,近现代学者未能详察①,但古代学者却早已有所发现。西汉犍为文学(具体姓名不详)在《尔雅注》中已明确指出:"余,谦卑之身也。"②宋代朱熹在《楚辞集注·九章·涉江》中分析"余"跟

---

① 唯周法高先生对此有所认识,他在《中国古代语法·称代编》中说:"'予'用于诸格,好象是比'我'和'吾'谦逊些。"(23页)

② 据陆德明《经典释文·序录》,《尔雅》有《犍为文学注》三卷,犍为文学是"犍为郡文学,卒史臣舍人,汉武帝时待诏。"犍为文学的《尔雅注》陆德明见到的已阙中卷。"余,谦卑之身也。"这一条见孔颖达《左传正义·僖公九年》注引和《玉函山房辑佚书》。

"吾"的语义差别时也说:"此篇多以'余''吾'并称,详其文意,'余'平而'吾'倨也。""倨"是倨傲的意思,"平"与"倨"相对,在这里有谦卑之意(按:朱熹此语中的"平"字就我所查的十余种版本均作此字,然郑奠、麦梅翘《古汉语语法资料汇编》引此语却作"严",不知所据何种版本。从意义上讲,作"严"似乎更为贴切,因为"严"有尊敬他人的意思,《礼记·学记》:"凡学之道,严师为难。"郑玄注云:"严,尊敬也。"可作参考)。如果说朱熹对"余"字意义的分析是通过体悟得来的,不可遽信,那么犍为文学对"余"字的解释则当可视为确诂。因为犍为文学是汉武帝时人,与司马迁同时代,司马迁在《史记》里即使用"余"称代自己①,因此犍为文学显然是根据当时口语的实际情况对"余"字作出解释的。

结合古代学者的研究成果,我们认为,"余(予)""我""朕"这三个第一人称代词之间的本质区别在于谦敬功能的不同,这个结论是可以成立的,是符合历史实际的。

弄清了"余(予)""我""朕"之间的本质区别,它们之间在称数等方面的差异都可以从它们的本质区别中寻求到合理的解释。在称数方面,由于"余(予)"和"朕"一个表示谦卑,一个表示尊崇,因而一般总是说者用以自称,而不能用来兼称听者一方或其他的第三者;"我"是通称形式,没有谦卑尊崇的意义,因而既可以称代说者本人,也可以兼称听者一方或与说者

---

① 　与犍为文学同时代的司马迁在《史记》里只使用"余"称代自己,有人认为这是司马迁的个人用词风格,恐未确。司马迁用"余"称代自己乃是一种自谦。

有关的第三者。这就使得"余（予）""朕"的称代对象一般总是单数的，而"我"的称代对象既可以是单数的，也可以是复数的。在格位方面，由于"余（予）"有谦卑之义，当说者提到自己所尊崇的人或事物的时候就不能用它来作领格代词，因而"余（予）"用于领格的用例就比较少。"朕"有尊崇之义，在对话当中说者用这个称代自己会显得对听者不够尊重，因而一般的人都不使用这个代词来称代自己，即使是国王或地位尊贵的人也很少使用它；但是当说者提到自己所尊崇的人或希望听者加以重视的事物的时候，说者就会使用这个代词。因此，"朕"用作领格的用例在上古早期文献里比较常见，而用作主格和宾格的用例则很少见。"我"没有"余（予）""朕"那样的语义功能，在使用上没有限制，因此"我"在各种格位上的用例都很常见。在使用的环境方面，"余（予）"表示谦卑，"朕"表示尊崇，因而一般都是在有具体的说话对象时或者是将自己与别人对举时才会使用；"我"在有无说话对象方面则不受限制，尤其是在没有具体的说话对象时，说者更愿意用"我"称代自己。《诗经》里诗人自己吟唱时，第一人称代词多用"我"，一到对话的诗句里，第一人称代词就往往换成"予"，原因就在于此。由此可见，"余（予）""我""朕"之间在称数、格位以及其他方面的差异都是从它们的本质差异中衍生出来的，是次生现象。

不仅它们在使用上的各种差异可以从它们的本质区别中得到合理的解释，连它们在后来的历史发展进程中的不同命运也能够从它们的本质差异中找出原因。从这三个代词的历史发展进程来看，"余（予）"和"朕"春秋以后都逐渐萎缩了，并最终从口语中消失,这与它们的语义功能有着直接的关系。
"余(予)"由于有谦卑的意义,在使用上就受到限制,加上春秋
以后"孤""寡人""不穀""臣""仆"等新的谦称形式的渐次出
现,它的使用范围被进一步缩小,从而逐步从口语中消失了。
从消失的过程来看,大致是先从日常的口语中消失,然后才逐
渐从书面语中消失。这可以从司马迁的语言中看到一些痕
迹,司马迁在《史记》中用"余"称代自己,但他在写给任安的信
中则用"仆"称代自己。"朕"由于有尊崇的意义,一般人很少
使用它,因此在春秋战国时期的文献里就已经很少见到了,只
有六国金文和《楚辞》等文献里有少量的用例。到秦代,秦始
皇钦定这个词为自己专用,从此它就从大众的语言里消失
了。① 相比之下,"我"由于没有"余(予)""朕"那样的语义功
能,在使用上也就没有"余(予)""朕"那样的限制,因而它的生
命力要比"余(予)""朕"强得多,一直沿用了下来。

4

　　上古汉语第一人称代词"余(予)""我""朕"之间存在谦敬
功能的分别,文献的证据已如上述,下面我们引几条亲属语言
的材料作为旁证。在汉藏语系里,有不少语言或方言的人称
代词都存在谦敬功能的分别。在藏缅语族中,缅语的第一人
称代词即有谦敬功能的分别。② 在壮侗语族中,泰语、西双

---

　　① 秦始皇之所以选择"朕"作为自己专用的第一人称代词,就因
为"朕"是个尊称代词。因此,这个史实也能从另一个角度说明"朕"是
第一人称代词的尊称形式。

　　② 参见马学良(主编)《汉藏语概论》第 469 页。

版纳傣语和龙州壮语的人称代词也有谦敬功能的分别。西
双版纳傣语的人称代词据喻翠容、罗美珍（1984）的调查研
究，一、二、三人称都有谦敬功能的差别。龙州壮语的人称
代词据李方桂先生（1940）五十年前的调查和笔者最近的调
查，第一、二人称有谦敬功能的差别。其第一人称代词的谦
敬系统是：

西双版纳傣语　　　　　　　　　　龙州壮语

通称：hau^2　　　我，我们，咱们　通称：ŋo^6　　我

谦称：to^1 xa^3　　我　　　　　　谦称：lai^4　　我

　　　tu^1 xa^3　　我们　　　　　尊称：kau^1　　我

卑称：xɔi^3，to^1 xɔi^3　我

　　　tu^1 xɔi^3　　我们

尊称：ku^1，kau^1　我

　　　tu^1　　　我，我们

亲密称：ha^2　　我

龙州壮语第一人称代词的谦敬系统与上古汉语第一人称代词
"余（予）""我""朕"三者所构成的谦敬系统完全一样。

　　亲属语言的人称代词存在谦敬功能的分别，这不仅为上
古汉语第一人称代词存在谦敬功能的分别提供了现实的依
据，而且说明人称代词存在谦敬功能的分别乃是汉藏语系的
一种较为普遍的现象，而不仅仅是上古汉语第一人称代词的
一种孤立现象。

（原载《语言研究》1996 年第 1 期）

周秦汉语第一人称代词"吾""卬"的来源
及其与"余(予)""我""朕"的功能分别

上古汉语第一人称代词有"余(予)""我""朕""吾""卬"等多种形式,20世纪以来,学者们多从形态角度着眼来研究其各种形式之间的分别,但迄今无令人满意的结论。拙文《上古汉语第一人称代词"余(予)""我""朕"的分别》(以下简称《分别》)讨论了"余(予)""我""朕"这三个代词之间的分别。我们根据这三个代词在上古文献中的使用情况,并结合古代语文学家的研究成果,指出这三个代词的本质区别不在形态方面而在意义方面,在于意义上有谦敬功能的不同:"余(予)"是谦称形式,表示谦卑的意义;"朕"是尊称形式,表示尊崇的意义;"我"是通称形式,不具有谦卑尊崇的意义。这三个代词的其他一些差异都是从它们的本质差异中衍生出来的。在这篇文章中我们没有涉及"吾"和"卬",原因是这两个代词不见于殷商甲骨文,它们不是殷人语言(以下简称殷语)里的第一人称代词。

本文将探讨两个问题:"吾"和"卬"不是殷语的第一人称代词,那么它们是从什么语言(或方言)来的?"吾"和"卬"进入上古汉语,它们在功能上与"余(予)""我""朕"有没有差异?

1 "吾"和"卬"的来源

1.1 "吾"和"卬"不见于殷商甲骨文,我们认为它们不是殷语里的第一人称代词。根据一些学者的有关研究成果,结

合这两个代词在上古文献里的使用情况,我们认为它们来自
周人的母语方言(以下简称周语)。

　　1.2 周人和殷商人的文化发祥地不同,一个在西方,一个
在东方。他们在很长时间里各自创造、发展着自己的文化。
殷商人统一中原以后,周成为殷商的一个属国,才开始大规模
地受到殷商文化的影响。美国学者白保罗(Paul Benedict,
1972)曾提出殷语和周语有很大差异,他甚至认为周语和殷语
没有亲缘关系。拿殷商甲骨文同西周以后的文献语言进行比
较,确实有很多显著的不同点,其中有些不同点可能是历史变
化造成的,而有些不同点则难以找到历史演变的根据和演变
的痕迹,比如广泛存在于周秦文献中的否定句代词宾语前置
于动词、疑问代词作宾语前置于动词以及宾语前置于动词加
格标记"之""是"等现象,都没有语用上的依据,因而是比较典
型的 SOV 型语言才有的语序现象和格标记现象,而殷商甲
骨文所显示的殷语是比较典型的 SVO 型语言,这些现象在
殷商甲骨文里不仅找不到痕迹,也找不到演变的依据①,所以
这些现象显然另有来源,而最有可能的来源就是周语。因此,
尽管我们不能同意白保罗所说的殷语和周语没有亲缘关系,
但是殷语和周语存在着显著差异应是历史事实。日本学者西
田龙雄(1976)说:"目前,我们没有可靠的线索能确定商语的
系属,但是确信商部族和周部族之间在语言和文化方面存在

---

　　① 甲骨文里也有一些宾语置于动词之前的语序现象,但都是为
了特定的语用目的而形成的变式,与西周以后的疑问代词作宾语前置
于动词、否定句代词宾语前置于动词等宾语前置现象之间看不出历史
渊源关系。请参看张玉金 1988 年文。

着极大的差异。""商朝的语言……从它的词序来看,它是属于 SVO 型的……另一方面,人们可以猜想到早期的周朝的语言原先有 SOV 型词序,这个词序是藏缅语的一个很有区别性的特征。"俞敏先生(1980)认为,周人与羌人(藏族的祖先)血肉相连,周语与羌人的语言关系密切。两位学者的研究成果也表明,殷语与周语之间有明显的差异,周语与藏缅语尤其是藏语的关系更接近,而殷语则否。

1.3 周语与殷语有显著差异,周人入主中原以后,一方面接受殷商的语言和文字,另一方面也把自己的母语带到中原地区,从而形成了汉语史上第一次能从文献中查考的语言融合(或者说差别比较大的两种方言的融合)。"吾"和"卬"即是在周语与殷语的融合过程中由周语进入上古汉语的。"吾""卬"来源于周语有以下几方面的证据:

第一,"吾""卬"在周秦文献里的使用情况显示出它们是外来词的迹象。任何一种语言其固有的第一人称代词都是基本词,也是高频词。高频词见于文献作品的概率也高,因而,一种语言只要有书面文献,其固有的第一人称代词必定从一开始就能得到充分的展示。殷语的第一人称代词"余(予)""我""朕"在甲骨文里不仅全部得到记录,而且出现频率都很高。西周以后,"余(予)""朕"两个由于表义因素的影响而逐渐萎缩,其使用频率逐渐降低,但是它们的萎缩以及后来的消亡过程在文献中都反映得相当清楚,充分表现出本语固有的高频基本词应有的规律。反观"吾""卬"在周秦文献里的出现情况,与"余(予)""我""朕"有明显的不同,显示出非本语固有第一人称代词的迹象。"卬"的这种迹象至为显著:它在周秦文献里只是昙花一现,《尚书·周书》里出现过 2 次,《诗经》里出现过 5 次。作为第一人称代词,"卬"前不见源后不见流,且用例如此有限,明显地不符合本语固有的第一人称代词应有的规律。"吾"在周秦文献里的使用情况与"卬"字不同,在春秋晚期以后的作品里它的使用频率很高,与"我"字不相上下,可是有两点显示出它的外来词迹象。其一,它出现的时间很晚,可靠的用例最早见于春秋时期的金文。[①] 作为一个高频基本词,它在文献里出现得这么晚,显然不是文献记载的或然性造成的。其二,在它见于文献的初期,它的使用不均衡。在《论语》里它的出现频率已经很高,但在《诗经》里则一例也不见。以《诗经》的巨大包容性(《诗经》里"余(予)""我""朕"都出现了,连"卬"字也出现了,其中"余(予)""我"的使用频率都非常高),却不见"吾"字,这明显地反映出"吾"字非本语固有词。

第二,一些专家的研究表明"吾""卬"与周语有密切关系。研究汉藏语的学者大多都承认上古汉语的第一人称代词"吾"与藏缅语的第一人称代词 ŋa 有同源关系,俞敏先生(1984)则进一步指出,"吾"与藏语的第一人称代词 ŋa 同源,"卬"与藏语的第一人称代词 ŋaŋ(＜ŋaraŋ)同源。另一方面,来自殷语的第一人称代词"余(予)""我""朕"在藏缅语里却找不到有同源关系的对应词,在俞先生的《汉藏同源字谱稿》(1989)里所

----

① 以前,有人认为甲骨文里也有"吾"(写作"鱼"),周生亚(1980)否定了这种说法。我们同意周先生的观点。"吾"在《尚书·微子》里出现过 1 例,但这篇作品的写作年代有争议,郭沫若先生认为是春秋末年的作品。

举的汉藏同源词,第一人称代词只有"吾"和"卬"。结合白保罗(1972)、西田龙雄(1976)和俞敏(1980)等人对周语与藏缅语的密切关系的认识,足以肯定"吾""卬"与周语密切相关。

　　第三,我们在《分别》一文中得出的结论是,"余(予)""我""朕"之间的根本区别不在形态方面,但是"吾"字在春秋战国文献里却有格位选择倾向。根据周生亚(1980)的统计,"吾"字在《论语》里作主格 92 例,作领格 16 例,作宾格只有 3 例;在《左传》里作主格 378 例,作领格 215 例,作宾格只有 10 例;在《孟子》里作主格 85 例,作领格 42 例,但没有作宾格的例子;在《荀子》里作主格 47 例,作领格 28 例,作宾格只有 2 例。根据这个统计数字,"吾"字在春秋战国时期的多部文献里作主格和领格的使用频率都很高,唯独作宾格的使用频率极为低下,这显然不是文献记载的偶然性造成的,也找不到意义上的依据,因而它只能说明一个事实:"吾"字原本是一个有格位选择的人称代词,是在与无格位形态的语言相融合的过程中它的格位选择被逐渐磨损掉的,由于磨损的过程是渐进的,因而在周秦文献里它仍表现出格位分布不均衡的局面。联系西田龙雄、俞敏等学者的研究成果,周语与藏语有密切关系,而藏语是 SOV 型语言,存在着格位形态,那么周语原本也当有格位形态。这样,"吾"字在春秋战国文献里表现出来的格位选择倾向正表明它来自周语。

　　第四,我们曾研究过周秦时期的指示代词,发现其中有一套兼指代词,包括"其""厥""是""时""之""爰""焉"等。据我们的考察,这套指示代词原本也是有格位分工的,"其""厥"原是领格代词,"是""时"原是主格代词,"之"原是宾格代词;

"爰"和"焉"原本是专门指代处所的,"爰"只分布在动词的前头,"焉"只分布在动词后头(在战国后期的文献里有个别例外),我们把"爰"叫做前置处所格,把"焉"叫做后置处所格(洪波 1991a,1991b)。此外,我们还证明这套指示代词与周语有密切关系(洪波 1994)。这对于"吾"字源自周语也是一个旁证。

2　"吾""卬"与"余(予)""我""朕"的功能差异

2.1 "吾""卬"来源于周语,它们随着周人入主中原,随着周语与殷语的融合而逐渐进入上古汉语。"卬"字只在《尚书》和《诗经》里出现过几次,后来就被淘汰了,没有能够真正进入上古汉语,这种情况在语言融合过程中是很常见的。由于"卬"的用例极少,它的表义特点不容易清楚地看出来。俞敏(1984)认为"卬"是"我自己"的意思,与藏文的 ŋaŋ 一样。从有限的例子来看,俞先生的这个看法是有道理的。《尚书·大诰》:"越予冲人不卬自恤。"这里的"卬自"可视为同义词连用,王世舜《尚书译注》即把"不卬自恤"解释为"不应当为自己的安危忧虑"。又:"肆予曷敢不越卬敉宁王大命。"王世舜把这一句里的"卬"解释为"我亲自"。王世舜对《尚书》里"卬"字意义的体会与俞敏对"卬"的解释不谋而合,这实非偶然。

2.2 "吾"字的命运与"卬"字截然不同,它不仅进入了上古汉语,而且成为文学语言中最常用的第一人称代词之一。从春秋战国时期的文献来看,"吾"字在称代功能和意义上与"余(予)""我""朕"都有所不同。在称代功能方面,"余(予)""朕"只用于称代说者本人,而"吾"字既可以称代说者本人,也可以称代说话者一方。如：

①子路、曾皙、冉有、公西华侍坐。子曰："以吾一日长乎
尔，毋吾以也。居则曰：'不吾知也。'如或知尔，则何以
哉？"（论语·先进）

②季氏将伐颛臾。冉有、季路见于孔子，曰："季氏将有事
于颛臾。"孔子曰："求！无乃尔是过与？夫颛臾，昔者
先王以为东蒙主，且在邦域之中矣，是社稷之臣也。何
以伐为？"冉有曰："夫子欲之，吾二臣者皆不欲也。"（论
语·季氏）

例①中的两个"吾"字都是称代说话人孔子的，例②中的"吾"
字则称代说话人冉有和季路，相当于现代北京话的"我们"。
此外"吾"字还和早期的"我"一样，可以称代说话双方。例如：

③晋人执晏弱于野王，执蔡朝于原，执南郭偃于温。苗贲
皇使，见晏桓子，归言于晋侯曰："夫晏子何罪？昔者诸
侯事吾先君，皆如不逮，举言群臣不信，诸侯皆有贰心。
齐君恐不得礼，故不出而使四子来，左右或沮之曰：'君
不出，必执吾使。'故高子及敛盂而逃。夫三子者曰：
'若绝君好，宁归死焉。'为是犯难而来，吾若善逆彼，以
怀来者，吾又执之以信齐沮，吾不既过矣乎？过而不
改，而又久之，以成其悔，何利之有焉？使反者得辞，而
害来者，以惧诸侯，将焉用之？"（左传·宣公十七年）

此例中五个"吾"字均称代说话双方，相当于现代北京话的"咱
们"。第一个"吾"和第三、四、五个"吾"均称代说话人苗贲皇
和听话人晋侯，第二个"吾"字称代齐君左右的说话人和听话
人齐君。

　　"吾"和"我"在称代功能上的差异有两点：其一，"我"从殷
商时期开始就可以称代说话人所在的邦国，到春秋战国时期
继续保持这种功能，而"吾"不具备这种功能。下面一个例子
取自《左传》，其中"我"称代国，"吾"称代人，两者互用而功能
各异：

　　④斗伯比言于楚子曰："吾不得志于汉东也，我则使然。
　　　我张吾三军而被吾甲兵，以武临之，彼则惧而协以谋
　　　我，故难间也……"（桓公六年）

其二，春秋战国时期"我""吾"称代复数时不是排除式与包括
式的分别，但是"我"字早期的包括式功能（即称代说者与听者
双方）已经基本丧失，由"吾"字取代了。"吾"可以用于排除式
（如上引《论语·季氏》例），也可以用于包括式。我们对《左
传》做了穷尽的调查，凡是包括式都用"吾"而不再用"我"了。
上引《左传·宣公十七年》例中的几个"吾"都是包括式，称代
说者与听者双方。再请看一个更典型的例子：

　　⑤（郑伯）乃使公孙获处许西偏，曰："凡而器用财贿，无置
　　　于许。我死，乃亟去之。吾先君新邑于此，王室而既卑
　　　矣，周之子孙日失其序。夫许，大岳之胤也，天而既厌
　　　周德矣，吾其能与许争乎？"（左传·隐公十一年）

此例是郑庄公对公孙获说的一段话，例中"我"称代郑庄公本
人，而"吾"则称代包括郑庄公和公孙获在内的郑国人，把郑庄
公的话正确地翻译出来即是："……我死了以后，你尽快离开那
里。咱们的祖先在这里建都立邑时间不长，（现在周）王室呢
已经衰微了，周的子孙正一天天失去自己原有的地位。那许
国乃是太岳的后裔，老天呢已经厌弃成周王化了，咱们还能争

得过许国吗?”

　　由于春秋战国时期"吾"可用于包括式而"我"不再用于包括式,因而在这一时期产生了"吾侪"的说法却没有产生相应的"我侪",到秦汉时期产生了"吾属""吾曹"也没有产生相应的"我属""我曹",直到汉魏时期"吾"字在口语里渐趋消失的时候才出现了"我辈"的说法。[①]　战国秦汉时期"吾侪""吾属""吾曹"的例子如:

⑥子罕闻之,亲执朴,以行筑者,而答其不勉者,曰:"吾侪小人皆有阖庐以辟燥湿寒暑。今君为一台而不速成,何以为役?"(左传·襄公十七年)

⑦亚父受玉斗,置之地,拔剑撞而破之,曰:"唉!竖子不足与谋,夺项王天下者,必沛公也,吾属今为之虏矣。"(史记·项羽本纪)

⑧栾子因相谓曰:"为公者必利,不为公者必害,吾曹何爱不为公?"(韩非子·外储说右上·说一)

　　2.3　在意义方面,"余"的谦卑义和"朕"的尊崇义都是"吾"所不具备的,但是"吾"也一定不像"我"那样是一个没有任何语义色彩的通称形式,因为"吾"在春秋战国时期取代了"我"的包括式称代功能,如果"吾""我"在意义上没有差异,那么这种取代关系就无从解释。"吾"的语义色彩是什么呢? 从文献实例中不容易看得很清楚,但是有一条材料能给我们很

----

①　在《世说新语》里有"我辈"的说法,是第一人称的包括式,那时"吾"字在口语里正处于消亡时期。据冯春田(1992)的统计,"吾"字在《世说新语》里一共只有 57 例("我"字 160 例),在《百喻经》里"吾"字只有 1 例("我"字 163 例)。

好的启发。上古汉语第二人称有一个说法叫"吾子",《仪礼·士冠礼》:"愿吾子之教之也。"郑玄注云:"吾子,相亲之辞。"由此我们知道,"吾子"是第二人称代词中表示亲近意义的一种说法。我们知道"子"在周秦时期作为代词是第一、二人称代词的尊称形式,表示尊敬对方的意义,它本身并没有表示亲近的意义,而"吾子"这个说法却用来表示亲近的意义,那么这种意义显然是从"吾"字来的。而且,如果不是"吾"字有表示亲近的意义,"吾子"这种说法——第二人称代词的一种形式却包含着第一人称代词的语素——的出现也找不到别的更合理的解释。反过来说,如果"吾"字有表示亲近的意义,则不仅"吾子"这种说法的出现有了理据,而且"吾"字取代"我"的包括式称代功能也豁然而解:"吾"取代了"我"的包括式称代功能,而没有取代其别的称代功能,乃是由于"吾"有表示亲近的意义,在包括式称代功能上用"吾"最能体现说话人对听话人的亲近态度。①

3　结语

我从 1994 年开始研究上古汉语第一人称代词,断断续续经历了三个年头。在研究上古汉语第一人称代词的过程中我对以下两点有了更深的体会:其一,研究上古汉语应该有异质的眼光,不仅要注意上古汉语的时间异质性,也要注意它的地

---

①　现代汉语第一人称代词包括式"咱""咱们"也有表示亲近的语义色彩,青年男子在姑娘面前不能随便地用"咱们",即是因为"咱们"有亲近语义色彩,随便用有不尊重对方之嫌。这可以作为"吾"字的一个旁证。

域异质性。上古汉语的很多问题、很多现象长期以来研究不清楚,一个重要的原因就是我们没有真正重视它的地域异质性。已故日本学者桥本万太郎(1985)曾提出汉语是一种混合语的构想,这一构想并没有引起国内学者的足够重视。其二,研究上古汉语,应该让上古汉语的材料自己说话,既不要受现代汉语语感的干扰,更不要拿某种洋框框套在上古汉语身上,只有这样,才庶几能揭开上古汉语的面纱,看清上古汉语的本来面目。

(原载《语言研究论丛》第八辑,南开大学出版社,1999 年)

先秦汉语对称代词"尔""女(汝)""而""乃"的分别——以《左传》为例

我们(洪波 1996,1999)研究过上古汉语第一人称代词诸形式的内部分别,得出了与前人不同的结论。本文继续研究上古汉语对称代词"尔""女(汝)""而""乃"的分别问题。

本文选择《左传》作为主要考察范围,必要时再参照其他先秦文献。选择《左传》,主要是因为这部文献的篇幅比较大,人物对话很多,有足够的语料资源,同时也便于进行系统的语用分析。此外,何乐士(1984,126 页)研究《左传》人称代词时的一个发现也增强了我们选择这部书作为主要考察对象的信心。何先生指出:《左传》对称代词"这种直称'尔''女'的用法通常出现在互相对等的双方或国君对下属、上级对下级、夫妻之间、父子兄弟之间的对话中。而两者又稍有差别:在以上这些关系中,表示比较礼貌、比较尊敬或友好的场合,多用'尔';表示比较随便而亲昵,不大尊敬甚或有责难、咒骂等意味的场合,多用'女'"。

1 《左传》中的对称代词

1.1《左传》中的对称代词有"尔""女(汝)""而""乃"四个。《诗经·大雅》中出现的"戎"和其他春秋、战国文献中曾出现过的"若"在本书中都没有出现。"女(汝)"一般都写作"女",作"汝"者仅一见:"干犨请一矢,城曰:'余言汝於君。'"(《昭公二十一年》)为行文方便,以下均写作"女"。此外,"子"

和"吾子"在本书中亦用作对称,但这两个词并不是地道的对称代词。"子"是对有身份、地位的人的尊称形式,在春秋、战国时期既可以用于对称,也可以用于背称。本书"子"单用时虽然没有用于背称的,但复合形式"夫子""二三子"都用于背称。"吾子"是在尊称基础上加上亲密的感情色彩,东汉郑玄《仪礼·士冠礼》注说:"吾子,相亲之辞。"本文着重考察"尔""女""而""乃"之间的分别,"子"和"吾子"的表义功能比较明显,本文不作研究,我们把它们作为特殊对称词列为参照。

1.2《左传》对称代词"尔"出现 62 例,"女"出现 101 例,"而"出现 46 例,"乃"出现 10 例。特殊对称词"子"出现 336 例,"吾子"出现 70 例。① 从使用情况来看,这些词一般都出现在人物话语当中,有时也出现在转述他人话语当中,按话语单位(即人物对话中一个完整的话语片段)计算,"尔"单用 39 次,与"而"合用 3 次,与"女"合用 3 次,与"乃"合用 1 次,与"女""而"合用 1 次,与"女""乃"合用 1 次。例如:

①子服昭伯语季平子曰:"晋之公室其将遂卑矣。君幼弱,六卿强而奢傲,将因是以习。习实为常,能无卑乎?"平子曰:"尔幼,恶识国?"(昭公十六年)

②使解扬如宋,使无降楚……楚子将杀之,使与之言曰:"尔既许不毂而反之,何故? 非我无信,女则弃之,速即尔刑。"(宣公十五年)

---

① 我们的统计数字与周生亚(1980)、何乐士(1984)的统计有的有些许出入。我们的统计结果是依据北京大学田小琳电脑语料库《国学宝典》进行统计,再按我们依据杨伯峻《春秋左传注》逐条摘录的卡片进行核对得出的。统计数字中不包括引用《诗经》等其他文献的用例。

③及辅氏之役，颗见老人结草以亢杜回，杜回踬而颠，故
　获之。夜梦之曰："余，而所嫁妇人之父也。尔用先人
　之治命，余是以报。"（宣公十五年）

④王使单平公对曰："肸以嘉命来告余一人。往谓叔父，
　余嘉乃成世，复尔禄次，敬之哉！方天之休，弗敬弗休，
　悔其可追？"（哀公十六年）

"女"单用 62 次，与"尔"合用 3 次，与"乃"合用 4 次，与"而"合
用 6 次，与"尔""而"合用 1 次，与"尔""乃"合用 1 次。例如：

⑤寺人披请见，公使让之，且辞焉，曰："蒲城之役，君命一
　宿，女即至。其后余从狄君田渭滨，女为惠公来求杀
　余，命女三宿，女中宿至。虽有君命，何其速也！夫袪
　犹在，女其行乎！"（僖公二十四年）

⑥胜自厉剑，子期之子平见之，曰："王孙何自厉也？"曰：
　"胜以直闻，不告女，庸为直乎？将以杀尔父。"（哀公十
　六年）

⑦召颜涿聚之子晋，曰："隰之役，而父死焉。以国之多
　难，未女恤也。今君命女以是邑也，服车而朝，毋废前
　劳。"（哀公二十七年）

⑧王使刘定公赐齐侯命，曰："……今余命女环，兹率舅氏
　之典，纂乃祖考，无忝乃旧。敬之哉，无废朕命！"（襄公
　十四年）

"而"单用 25 次，与"尔"合用 3 次，与"女"合用 6 次，与"尔"
"女"合用 1 次。例如：

⑨栾魇谓士匄曰："余弟不欲往，而子召之。余弟死，而子
　来，是而子杀余之弟也。弗逐，余亦将杀之。"（襄公十

四年)

⑩卫孙蒯田於曹隧,饮马於重丘,毁其瓶。重丘人闭门而
　詗之,曰:"亲逐而君,尔父为厉。是之不忧,而何以田
　为?"(襄公十七年)

⑪(子产)使吏数之曰:"伯有之乱,以大国之事,未尔讨也。
　尔有乱心,无厌,国不女堪。专伐伯有,而罪一也……"
(昭公二年)

"乃"出现 10 例,单用 1 次,与"尔"合用 1 次,与"女"合用 4
次,与"尔""女"合用 1 次。例如:

⑫王曰:"舅氏,余嘉乃勋,应乃懿德,谓督不忘。往践乃
　职,无逆朕命。"(僖公十二年)

⑬夏四月,郑伯如晋,公孙段相,甚敬而卑,礼无违者。晋
　侯嘉焉,授之以策,曰:"子丰有劳於晋国,余闻而弗忘。
　赐女州田,以胙乃旧勋。"(昭公三年)

⑭……范宣子亲数诸朝,曰:"来! 姜戎氏。昔秦人迫逐
　乃祖吾离於瓜州,乃祖吾离被苫盖,蒙荆棘,以来归我
　先君……今诸侯之事我寡君,不如昔者,盖言语漏洩,
　则职女之由。诘朝之事,尔无与焉,与将执女!"(襄公
　十四年)

总起来看,"尔""女""而"三个都是单用占绝对优势,唯有
"乃"以合用为常。另一点值得特别注意的是,"尔""女""而"
"乃"四个对称代词都不与"子""吾子"合用,即在人物对话过
程中凡是用"尔""女""而""乃"称代的对象一律不用"子""吾
子"来称代,反之亦然。

1.3 "尔""女""而""乃"这四个对称代词当中,"女""乃"

已见于殷商甲骨文,"尔"始见于《尚书·盘庚》,春秋以后的文献常见,"而"始见于《大雅》《小雅》,但之后其他文献皆不常见,唯《左传》用例比较多。"尔""女""乃"三个的成词地位没有人提出过怀疑,但"而"是否是一个独立的对称代词却多有疑议。有人认为是"乃"的方言变体(周生亚1980,133页),有人认为是"尔"的通假(杨伯峻、何乐士1992,104页)。从《左传》来看,"而"的出现频率虽然不如"尔""女",但也是比较高的,而且它的使用情况与"尔""女""乃"都有所不同,所以我们认为"而"是一个独立的词。至于周法高(1959,75页)认为它可能是"汝之"的合音,恐怕不是事实。在《左传》中"而"虽然以作定语为常见,但也可以作主语和宾语。例如:

⑮斐豹谓宣子曰:"苟焚丹书,我杀督戎。"宣子曰:"而杀之,所不请於君焚丹书者,有如日!"(襄公二十三年)

⑯吴子问於伍员曰:"初而言伐楚,余知其可也,而恐其使余往也,又恶人之有余之功也。今余将自有之矣,伐楚何如?"(昭公三十年)

⑰齐侯曰:"勿杀,吾与而盟,无入而封。"(成公二年)

例⑮中的"而"和例⑯中第一个"而"作主语,例⑰中第一个"而"作宾语。

2 "尔""女""而""乃"的语用考察

对于"尔""女""而""乃"的语用情况我们着重分析三个方面:(1)说话人与听话人(即对称代词指代的对象)的关系;(2)与第一人称代词的配合情况;(3)说话人对听话人的话语态度。

2.1"尔"

2.1.1 单用时交际双方的关系:

A. 尊卑关系(即地位高者用以称地位低者。下同),按话语单位计算共 18 次,占 45%。例如:

⑱公问之,对曰:"小人有母,皆尝小人之食矣,未尝君之羹,请以遗之。"公曰:"尔有母遗,繄我独无!"(隐公元年)

⑲宋人或得玉,献诸子罕,子罕弗受……子罕曰:"我以不贪为宝,尔以玉为宝,若以与我,皆丧宝也。不若人有其宝。"(襄公十五年)

B. 长幼关系(即长辈用以称晚辈。下同),6 次,占 15%。例如:

⑳蹇叔之子与师,哭而送之,曰:"晋人御其师必於殽。殽有二陵焉……必死是间,余收尔骨焉。"(僖公三十二年)

㉑范武子将老,召文子曰:"……余将老,使郤子逞其志,庶有豸乎! 尔从二三子唯敬。"(宣公十七年)

C. 平等关系(即说者称兄弟或社会地位平等者。下同),15 次,占 37.5%。例如:

㉒子重、子反杀巫臣之族子阎、子荡及清尹弗忌及襄老之子黑要,而分其室……巫臣自晋遗二子书曰:"尔以谗慝贪惏事君,而多杀不辜。余必使尔罢於奔命以死。"(成公七年)

㉓宋及楚平,华元为质。盟曰:"我无尔虞,尔无我诈。"(宣公十五年)

D. 卑尊关系,是人向神祝祷时对神的指称,只有1次,占2.5%。例如:

㉔献子以朱丝系玉二瑴而祷曰:"……苟捷有功,无作神
羞,官臣偃无敢复济。唯尔有神裁之!"(襄公十八年)

2.1.2 与第一人称代词配合情况:

A. 用"我",按话语单位计算共14次。例如:

㉕公子铎因蒲馀侯而与之谋曰:"尔杀意恢,我出君而纳
庚舆。"(昭公十四年)

㉖鱄设诸曰:"王可弑也。母老子弱,是无我何。"光曰:
"我,尔身也。"(昭公二十七年)

B. 用"吾",共6次。例如:

㉗吾不忘先君之好,将使衡父照临楚国,镇抚其社稷,以
辑宁尔民。(昭公七年)

㉘野人歌之曰:"既定尔娄猪,盍归吾艾豭。"(定公十四
年)

C. 用"余",共4次。例如:

㉙王曰:"言出于余口,入于尔耳,谁告建也?"(昭公二十
年)

D. 用"寡人",1次。例如:

㉚尔贡包茅不入,王祭不共,无以缩酒,寡人是徵。(僖公
四年)

2.1.3 对于说话人用"尔"时对听话人的话语态度,我们
只能依据语境来进行综合考察。从所有"尔"用例的语境中我
们可以概括出以下六点:(1)"尔"从不与"子""吾子"共现;(2)
在国与国盟誓时可以用来称代对方国家(如例㉓);(3)一般是

位尊者称位卑者、长辈称晚辈或平辈之间相称,只有个别特殊情况下是位卑者用以称呼位尊者;(4)位尊者对地位极为低下的人如贫民、徒隶之类说话时一般不用"尔"称呼;(5)丈夫对妻妾说话时一般也不用"尔"称呼;(6)"尔"从不加在称代对象的名字之前。根据这六点,我们可以作出这样的判断:说话人用"尔"来称呼对方时,对听话人的态度既不可能是尊敬的,也不会是轻贱或者鄙夷的。

2.2 "女"

2.2.1 单独使用时交际双方的关系:

A. 尊卑关系,以话语单位计算,共 40 次,64.5%。例如:

㉛初,卫侯游於郊,子南仆。公曰:"余无子,将立女。"(哀公二年)

㉜吴子使其弟蹶由犒师,楚人执之,将以衅鼓。王使问焉,曰:"女卜来吉乎?"(昭公五年)

B. 长幼关系,共 5 次,占 8%。例如:

㉝初,叔向之母妒叔虎之母美而不使。其子皆谏其母。其母曰:"深山大泽,实生龙蛇。彼美,余惧其生龙蛇以祸女……"(襄公二十一年)

㉞其母曰:"能如是乎?与女偕隐。"(僖公二十四年)

C. 平等关系,共 16 次,占 25.9%。例如:

㉟晋侯饮酒乐,膳宰屠蒯趋入,请佐公使尊,许之。而遂酌以饮工,曰:"女为君耳,将司聪也……女弗闻而乐,是不聪明也。"(昭公九年)

㊱二人浴於池,歜以扑抶职,职怒,歜曰:"人夺女妻而不怒,一抶女庸何伤!"(文公十八年)

D. 卑尊关系,共 1 次,占 1.6%。例如:

㊲初,公自城上见己氏之妻发美,使髡之,以为吕姜髢。

既入焉,而示之璧,曰:"活我,吾与女璧。"己氏曰:"杀

女,璧其焉往?"(哀公十七年)

2.2.2 与第一人称代词的配合情况:

A. 用"吾",按话语单位计算共 10 次。例如:

㊳巫臣使道焉,曰:"归!吾聘女。"(成公二年)

㊴连称有从妹在公宫,无宠,使间公,曰:"捷,吾以女为夫

人。"(庄公八年)

B. 用"余",共 9 次。例如:

㊵婴梦天使谓己曰:"祭余,余福女。"(成公五年)

㊶苦夷曰:"虎陷二子于难,不待有司,余必杀女。"(定公

七年)

C. 用"我",共 7 次。例如:

㊷申舟以孟诸之役恶宋,曰:"郑昭宋聋,晋使不害,我则

必死。"王曰:"杀女,我伐之。"(宣公十四年)

㊸初,申侯,申出也,有宠於楚文王。文王将死,与之璧,

使行,曰:"唯我知女,女专利而不厌,予取予求,不女疵

瑕也……"(僖公七年)

D. 用"寡人",共 2 次。例如:

㊹王曰:"城麋之役,女知寡人之及此,女其辟寡人乎?"

(昭公八年)

2.2.3 说话人使用"女"称呼对方,在对听话人的态度方面

与"尔"比较起来,语境表现主要有以下几个方面差异:(1)当说

话人谴责、辱骂听话人时,一般用"女"不用"尔"。如例⑤是晋

文公谴责寺人披的话,连用了 5 个"女"。例㉟是晋平公膳宰屠蒯对乐师师旷说的话。当时晋大夫荀盈为平公如齐逆女,死于归途之上,而平公无丝毫戚容,与师旷、嬖叔饮酒作乐。屠蒯不便直接指责平公,于是谴责师旷,用"女"称呼师旷。例㊱是邴歜对阎职所说的话,阎职之妻被齐懿公所夺,所以邴歜用"女"称呼对方,带有明显的轻贱、鄙夷色彩。再如例㊲,此例中己氏用"女"称代卫庄公,是唯一一个位卑者用以称代位尊者的用例。卫庄公被卫国人赶出国都,逃到己氏。当初卫庄公见到己氏的妻子头发漂亮,就要己氏将他妻子的头发剃下来给自己夫人做假发,所以己氏很痛恨庄公。现在庄公逃难来到己氏家里,己氏用"女"来称代庄公,其轻贱、鄙夷庄公是非常明显的。(2)当听话人是说话人的妻妾、嬖宠或地位极为卑下的人,说话人皆用"女",如例㉛㊴㊸。又如:

㊺昔者贾大夫恶,娶妻而美,三年不言不笑……其妻始笑而言。贾大夫曰:"才之不可以已。我不能射,女遂不言不笑夫?"(昭公二十八年)

㊻子大叔使其除徒执用以立,而无庸毁。曰:"子产过女,而问何故不毁,乃曰:'不忍庙也!诺,将毁矣。'"

例㊺贾大夫用"女"称代其妻,例㊻子大叔用"女"称代其奴仆。(3)当说话人向听话人转述别人对自己所说之言的时候,转述言语中的对称代词(称代转述者本人或与转述者相关之人)皆用"女"。例如:

㊼晋侯使吕相绝秦,曰:"……使伯车来,命我景公曰:'吾与女同好弃恶,复修旧德,以追念前勋。'……白狄及君同州,君之仇雠而我之昏姻也。君来赐命曰:'吾与女

伐狄。'"(成公十三年)

㊽楚子……为章台之宫,纳亡人以实之。无宇之阍入焉。
无宇执之,有司弗与,曰:"执人於王宫,其罪大矣。"执
而谒诸王。王将饮酒,无宇辞曰:"……今有司曰:'女
胡执人於王宫?'将焉执之?"(昭公七年)

(4)"女"可以加在称代对象的名字之前,如例⑧。以上四点
差异表明,说话人使用"女"来称呼听话人时,在话语态度上
与使用"尔"时明显不同,有明显的随便、轻贱乃至鄙夷的色
彩。

2.3 "而"

2.3.1 单用时交际双方的关系:

A. 尊卑关系,以话语单位计算,共 14 次,占 56%。例
如:

㊾王闻之,召武子曰:"季氏,而弗闻乎?王享有体荐,宴
有折俎;公当享,卿当宴,王室之礼也。"(宣公十六年)

㊿(郑伯)乃使公孙获处许西偏,曰:"凡而器用财贿,无置
於许。我死,乃亟去之。"(隐公十一年)

B. 长幼关系,共 2 次,占 8%。例如:

㈤栾黡谓士匄曰:"余弟不欲往,而子召之。余弟死,而子
来,是而子杀余之弟也。弗逐,余亦将杀之。"(襄公十
四年)

㈤初,郑文公有贱妾曰燕姞,梦天使与己兰,曰:"余为伯
儵,余,而祖也,以是为而子。"(宣公三年)

C. 平等关系,共 8 次,占 32%。例如:

㈤齐人加於载书曰:"齐师出竟,而不以甲车三百乘从我

者,有如此盟!”孔丘使兹无还揖对曰:“而不反我汶阳之田,吾以共命者,亦如之!”(定公十年)

(54)二年春,齐侯伐我北鄙,围龙。顷公之嬖人卢蒲就魁门焉,龙人囚之。齐侯曰:“勿杀!吾与而盟,无入而封。”(成公二年)

D. 卑尊关系,共1次,占4%。例如:

(55)夫差使人立於庭,苟出入,必谓己曰:“夫差,而忘越王之杀而父乎?”(定公十四年)

2.3.2 与第一人称代词的配合情况:

A. 用“吾”,共7次。例如:

(56)莒人囚楚公子平,楚人曰:“勿杀!吾归而俘。”(成公九年)

(57)南遗为费宰。叔仲昭伯为隧正,欲善季氏而求媚於南遗。谓遗:“请城费,吾多与而役。”(襄公七年)

B. 用“余”,共5次。例如:

(58)遂幽其妻,曰:“畀余而大璧。”(襄公十七年)

(59)公遽见之,执其手曰:“余知而无罪也,入复而所。”(昭公二十年)

C. 用“我”,共4次。例如:

(60)王曰:“而告我也后,既许之矣。”(昭公二十一年)

2.3.3 说话人用“而”称呼听话人对听话人的话语态度与使用“尔”或“女”时都有所不同:(1)“而”可以用于国与国之间的盟誓(如例(53)),这与“尔”相同而与“女”不同;(2)说话人称呼自己的妻妾、嬖宠时从不用“而”,这也与“尔”相同而与“女”不同;(3)天子、诸侯对臣下的诰辞或训辞这种比较正式的话

语中除了用"乃"之外，可以用"尔"或"女"，但从不用"而"，这
与"尔""女"都不同；（4）"而"与"尔""女"虽然同样多是尊长对
卑下或平辈之间的称呼，但说话人用"而"时，听话人多是说话
人嬖宠、妻妾之外的亲近之人，或者是说话人有所求的对象。
如例⑭⑮⑯等例子中的听话人明显都是说话人的亲近之人，
例⑭⑯⑰⑱等例子中的听话人都是说话人有所求的对象。根
据以上四点，我们认为，说话人使用"而"时在对听话人的话语
态度上有亲近的色彩。

2.4 "乃"

在"尔""女""而""乃"四个对称代词当中，"乃"是比较特
殊的一个。第一，它的出现频率最低；第二，它的使用面最为
狭窄，只出现于位尊者对位卑者（主要是天子、诸侯对臣下）的
诰辞或训辞之中；第三，它极少单用，大多数情况下都是与
"尔""女"同用；第四，它只作领属性定语用；第五，它对后面名
词中心语有明显的选择性，除了极个别的例子外，出现在"乃"
后面的名词中心语表示的都是说话人重视、尊崇的人或事物。
例如：

⑪王曰："舅氏，余嘉乃勋，应乃懿德，谓督不忘。往践乃
职，无逆朕命。"（僖公十二年）

⑫王使刘定公赐齐侯命，曰："……今余命女环，兹率舅氏
之典，纂乃祖考，无忝乃旧。敬之哉，无废朕命！"（襄公
十四年）

由于"乃"后的中心语名词表示的都是说话人尊崇或重视的对
象，所以说话人使用"乃"时的话语态度也显然与"尔""女"
"而"不同，带有明显的尊敬色彩。

3 "尔""女""而""乃"的比较分析

3.1 根据以上对"尔""女""而""乃"的语用分析,这四个对称代词可以分为两组,"尔""女""而"为一组,"乃"为一组。"乃"与"尔""女""而"的语用差异显而易见。第一,"乃"只出现在位尊者对位卑者的诰辞或训辞中,"尔""女"没有此限制,"而"则从不出现在这样的诰辞或训辞中。第二,"乃"只作领属性定语,"尔""女""而"则既可以作领属性定语,也可以作主语、宾语。第三,"乃"和名词的搭配与"尔""女""而"作定语时和名词的搭配有明显的互补性。说话人用"乃"时,后面的名词中心语表示的是听话人的祖先、勋劳、职司等受说话人尊崇、重视的人或事物;而"尔""女""而"作定语时,后面的名词中心语表示的一般都不是听话人祖先、勋劳、职司等受说话人尊崇、重视的人或事物。由此我们可以判定,说话人使用"乃"时在话语态度上有明显的尊敬色彩,而"尔""女""而"则无此色彩。这三点差异表明:(1)"乃"与"尔""女""而"有明显的对立;(2)这种对立绝不是领格代词与非领格代词的对立,而是由于某种语义差异导致的分布、搭配上的互补对立。我们(洪波 1996)在分析第一人称代词时曾发现,"朕"作定语时,后面的名词中心语所表示的一般都是说话人尊崇、重视的人或事物。"乃"在这一点上与"朕"完全一致,而且,在《左传》中,"尔""女""而"单用时从不与第一人称代词"朕"共现,而"乃"总共使用 9 次,却与"朕"共现 2 次(见例⑥⑥)。所以,我们认为,对称代词"乃"在语义上是与第一人称代词"朕"配对的,"朕"是表示尊称的第一人称代词,与之相应,"乃"应是表示尊称的对称代词。

3.2 在"尔""女""而"这一组当中，有几个方面基本上是共同的：第一，它们都不与"子""吾子"共现，即说话人用"尔""女""而"来称代的对象皆不用"子""吾子"来称代，反之，用"子""吾子"称代的对象也不用"尔""女""而"来称代；第二，它们一般都是位尊者对位卑者、长辈对晚辈说话时用，或平辈之间说话时用，只有个别特殊情况下位卑者对位尊者说话时用；第三，它们都是单用占绝对优势，彼此合用以及与"乃"合用的情况比较少见；第四，它们都没有格位选择倾向，都可以作定语、主语和宾语，"尔""女"与"乃"共现时，在分布上是互补的，"尔""女"作主语、宾语，"乃"作定语，但这种互补分布是由于"乃"的搭配选择决定的，与"尔""女"无关。这四个方面说明了三点：(1)它们都不可能是表示尊敬的对称代词；(2)它们之间肯定存在着某种差异；(3)这种差异不可能是格位形态的差异。

根据上一节的分析，"尔""女""而"之间的不同点主要表现在两个方面：一是与第一人称代词配合各有不同倾向。"尔"主要与"我"配合；"女"与"吾""余""我"的配合在频率上似无明显轩轾，但是与"尔"比较起来就可以看出，它主要与"余""吾"配合；"而"相对于"尔""女"来说，更倾向于与"吾"配合。二是说话人使用这三个代词时对听话人的话语态度不一样。说话人使用"尔"时，对听话人既没有尊敬或亲近的态度，也没有轻贱乃至鄙夷的态度；使用"女"时，对听话人有明显的随便、轻贱乃至鄙夷的态度；使用"而"时，对听话人有亲近的态度。这两方面的差异不是《左传》的特有现象，在早于《左

传》的《尚书》和《诗经》里亦有相同表现。在与第一人称代词
的配合方面,《尚书》《诗经》里"尔"与"我"配合,"女(汝)"与
"余(予)"配合,至为显著,具体情况如下(配合频率按话语单
位计算):①

《尚书》——尔/我:25,尔/朕:6,尔/予:18;汝/予:29,汝/
朕:7,汝/我:5;乃/朕:5,乃/予:1,乃/我:3

《诗经》——尔/我:32,尔/予:3,尔/朕:1;女/予:8,女/
我:5;而/我:1

在说话人对听话人的态度方面,《尚书》《诗经》里有以下
表现:

《尚书》"汝"可以直接分布于说话对象的人名之前,构成
同位结构,"尔""乃"没有这种用法。例如:

⑥帝曰:"咨!汝羲暨和。期三百有六旬有六日,以闰月
定四时,成岁。"(尧典)

⑥王曰:"呜呼!肆汝小子封。惟命不于常,汝念哉!"(康
诰)

《诗经》用拟人方式称代某种事物或语境显示有明显轻贱
对方的含义时,用"女"不用"尔"。例如:

⑥自牧归荑,洵美且异。匪女之为美,美人之贻。(邶风·
静女)

⑥硕鼠硕鼠,无食我黍,三岁贯女,莫我肯顾,逝将去女,

① "而"在《尚书》《诗经》里的用例特少,在《尚书》里没有与第一
人称代词配合的用例;与之相应的第一人称代词"吾"在《尚书》里也仅
见,《诗经》未出现,所以"而"没有与"吾"配合的用例。

适彼乐土。（魏风·硕鼠）

反之，在明显不带有轻贱含义的语境中用"尔"，一般不用
"女"。例如：

⑥嗟尔君子，无恒安息。靖共尔位，好是正直。神之听
　之，介尔景福。（小雅·小明）①

这些表现说明，在《尚书》《诗经》里，说话人（或诗的吟唱者）使
用"尔"时对听话人没有轻贱的话语态度，使用"女（汝）"时则
有明显的轻贱态度。

3.3 "尔""女""而"与第一人称代词配合上的不同倾向与
说话人使用它们时的不同话语态度这两者之间看起来是不相
干的两回事，而实际上是有密切联系的。根据我们（洪波
1996，1999）的研究，上古汉语第一人称代词"我""吾""余
（予）""朕"的内部分别既有历史来源的不同，也有表义功能的
分别，"我""余（予）""朕"来源于殷商人的语言，在表义功能上
"我"是通称，既不表示谦卑，也不表示尊崇；"余（予）"是卑称，
表示谦卑的意义；"朕"是尊称，表示尊崇的意义。"吾"来源于
周人的母语，在表义功能上是亲密称，表示亲密的意义。由于
第一人称代词内部有这样的表义功能差异，所以使用者使用
不同的第一人称代词时，其对待听话人的话语态度也是不相
同的。"我"是通称，所以使用"我"时说话人对听话人的话语
态度也就既无自我谦卑亦无自我倨傲或尊崇对方的话语态
度；"余（予）"是卑称，所以说话人使用"余（予）"时，对待听话

---

① 此章的上一章亦连用两个"尔"，末句韵脚处改用"女"，目的是
为了押韵。

人的话语态度也就有自我谦卑的色彩;"吾"是亲密称,所以说话人使用"吾"时对待听话人的话语态度也就有亲近的色彩。这样,说话人自称使用"我"而对称使用"尔"时,在对待听话人的话语态度上正相呼应吻合;同理,使用"余"与"女"以及使用"吾"与"而"时也各自呼应吻合。因此,"尔""女""而"与第一人称代词的不同配合倾向与说话人使用它们时对待听话人的不同话语态度之间实际上是因果关系,是说话人使用不同对称代词时对待听话人的不同话语态度决定了对称代词"尔""女""而"与第一人称代词的不同配合倾向。从语用差异来说,说话人使用这几个对称代词时对待听话人的不同话语态度才是最根本的差异。一种语用差异如果只是某一特定语境中的偶然现象,那么造成这种差异的原因也一定是语用层面的;反之,如果一种语用差异不是某一特定语境中的偶然现象,而具有普遍性,那么这种语用差异必定有其语义的或语法的基础。说话人使用"尔""女""而"时对待听话人的不同话语态度显然不是某一特定语境中的偶然现象,而这种语用差异又不可能是语法因素造成的,那么唯一的解释就是这三个对称代词与第一人称代词一样,存在着意义差别。结合它们与第一人称代词的不同配合倾向,以及对称代词"乃"有着明显的重视、尊崇其领有对象的意义,我们有理由认为,"尔"是对称代词中的通称形式,既不表示轻贱的意义,也不表示尊崇或亲近的意义;"女"是贱称形式,表示轻贱的意义;"而"是亲密称形式,表示亲近的意义。它们与"乃"合起来,正是在表义功能上分别与第一人称代词"我""余(予)""吾""朕"相配套的一个完整体系。

4 余论

4.1 本文讨论了"尔""女(汝)""而""乃"之间的分别,没有涉及"戎"和"若"。"戎"只见于《诗经·大雅》,且用例太少,我们对它的来源和语用功能都无法作出正确的判断。唯一的线索是《大雅》多为周人的史诗,其中保留了较多周人的母语成分,"戎"或许也如第一人称代词"吾""卬"一样,来源于周人母语。"若"始见于西周金文,但《诗经》《论语》《左传》乃至《孟子》都不曾见"若"作对称代词的用例,先秦典籍唯《庄子》比较常见,所以很多学者都认为"若"是"汝"的变体。① "若"字的问题不是片言可以说清楚的,因超出本文的研究范围,拟另文讨论。

4.2 《孟子·尽心下》有这样一段话:"孟子曰:'人皆有所不忍,达之於其所忍,仁也;人皆有所不为,达之於其所为,义也。人能充无欲害人之心,而仁不可胜用也;人能充无穿窬之心,而义不可胜用也;人能充无受尔汝之实,无所往而不为义也。'"其中"人能充无受尔汝之实"一句赵岐注云:"'尔汝之实',德行可轻贱人所尔汝者也。既不见轻贱,不为人所尔汝,能充大而以自行所至,皆可以为义也。"后人宗此,皆统言"尔汝"为轻贱之称。拿"尔""汝"与"君""卿"(汉代以后始有对称用法)"子""吾子"等相比较,确实都不是尊敬的说法。不过,在孟子时代,"君"还是对诸侯的专称,"子""吾子"也是对士大

---

① 王力先生说:"'汝'和'若'没有什么分别。'鱼''铎'互转是常有的事。"(《汉语史稿》中册,263 页)

夫阶层有身份地位的人的尊称,至于"公""卿"之类尚未用于对称,而《孟子》此处乃泛言"人",并不特指士大夫以上之人,因此,如果统言"尔汝"为轻贱之称,与文意明显不合。另外,赵氏对"尔汝之实"的"实"未作注解,泛言"德行可轻贱人所尔汝者也",有点不着边际。这里的"实"与"名"相对,指的是词语的意谓,"尔汝之实"意即"尔汝的意谓"。现在我们知道,"尔""汝"除了有相同的称代意谓之外,还有不同的色彩意谓,因此,如果析言"尔汝","尔"有非轻贱的意谓,"汝"有轻贱的意谓,那么所谓"无受尔汝之实",意即"不受'尔''汝'之类称谓词意谓上的轻贱与否的影响",整句话的意思则是:人能够不受"尔""汝"之类称谓词意谓上的轻贱与否的影响,并把不受这类影响的态度扩展到言行的各个方面,那么无论处于什么样的境地其言行都可以合乎义了。这样来理解,更为怡然理顺。赵氏统言"尔汝"为轻贱之辞,是汉魏以后之人以今拟古。汉语演变到汉魏六朝时期,对称代词"而"已经在口语中消失,"乃"成为纯粹的文言词语,口语中尚在使用的是"尔"和"汝",而最常用的是"汝"。[①] 在当时,"尔""汝"之间的意义差别已经消失,同时由于"公""卿""官""足下"等尊称形式的大量使用,"尔""汝"遂成为非公开场合使用或对地位低下者使用的对称代词,与"公""卿"等比较起来,它们没有尊敬的语义色彩。《世说新语·排调》:"晋武帝问孙皓:'闻南人好作尔汝歌,颇能为不?'皓正饮酒,因举觞劝帝而言曰:'昔与汝为邻,

---

① 参见冯春田《魏晋南北朝时期某些语法问题探究》,229—239页。

今与汝为臣,上汝一杯酒,令汝寿万春。'帝悔之。"又《颜氏家
训·治家》:"河北人事,多由内政……倡和之礼,或尔汝之。"
皆可证。

(原载《语言研究》2002 年第 2 期)

上古汉语指代词书面体系的再研究

0 解题

0.1 指代词是汉语中一个特殊的词类。汉语中实词的词类一般都既是意义的聚合，也是功能的聚合，唯有指代词只是意义的聚合，其共同的语义特征是指示和代替。上古汉语的指代词也不例外。

指代词的范围有广狭之分。狭义指代词即通常所说的指示代词，广义指代词则包括人称代词、疑问代词等所有代词，本文的研究范围取狭义。

0.2 上古汉语是一个泛时概念，按目前汉语史的权威分期，上自西周下至东汉均属上古。上古汉语指代词无论从数量上还是从用法上都明显地表现出它们并非是一个共时共域系统，然而它们却存在于上古时期不同年代、不同地域的言语作品中，因此我们可以把它们看成一个书面系统。本文限于篇幅，只研究这个书面系统的体系性，进一步的历史分析则不涉及。

0.3 上古汉语指代词的体系问题近年来再度受到重视，郭锡良、冯蒸等人都有专文论及。① 不过笔者认为他们的结论都有未允之处，因而这个问题尚有再研究的余地和必要。

---

① 郭锡良《先秦指示代词的体系》，冯蒸《关于汉藏语系空间指示词的几个问题》。

1 上古汉语指代词体系研究的历史回顾

1.1 对上古汉语指代词的研究开始得很早,《墨子·经说下》:"知是之非此也,有知是之不在此也,然而谓此南北。"大概是最早的指代词分析。《尔雅·释诂》:"时、寔,是也。"又云:"兹、斯、咨、呰、些、已,此也。"用"是"释"时""寔",用"此"释"兹""斯"等,这已经在给指代词分类了。但是真正对指代词进行体系分析并分别给以命名则是从《马氏文通》开始的。《马氏文通》将指代词放入代词的大系统中进行考察,将代词分为"指名代字""接读代字""询问代字""指示代字"四类。指代词"它"则根据其语义功能的不同分别归入了指名代字和指示代字,大体说来,起代替作用的指代词归入指名代字,起指示作用的指代词归入指示代字。按指示、代替功能给指代词作下位区分当然也是一种方法。杨树达先生后来在《高等国文法》里将指代词分为指示代名词、指示形容词、指示副词,实际上也是这种分类方法的延伸。不过,指示和代替功能并不是分属不同的指代词,绝大多数指代词都是兼有这两种语义功能,因而按指示代替功能分类,势必会出现许多指代词一词两属的情况,这样分类就失去了意义。到了 20 世纪 40 年代,吕叔湘先生在《中国文法要略》中按指代对象的有定无定给代词分类,指代词属有定指称类的确定指称。拿指代词与疑问代词比较,指代词当然是有定的时候多,但是指代词并不总是有定的,用于虚指无定的时候也不少见,因此这种分类同样有问题。从《马氏文通》到《中国文法要略》五十年中间,围绕着怎样给指代词作进一步的分类问题虽没有展开讨论,但都在积极地摸索着。大家都感到指代词不是一组杂乱无章的拼盘,有进一步分析的可能,也需要进一步分析。按指代远近标准分类也是这个时期提出并得到运用的。

按指代远近给指代词分类滥觞于《马氏文通》而实践于《高等国文法》。《马氏文通》云:“‘是’‘此’‘若’三字,先于公名,所指皆当前者,非当前者,间以‘彼’字先之。”《高等国文法》就正式将指示代名词按指代远近分为近称、远称、泛称和通称四类。后来,这个方法经王力先生《中国现代语法》和《汉语史稿》的推广运用而逐渐得到了学术界的一致认可,一直沿用至今。

指代词不是一个功能类,因此按功能进行下位分类当然是行不通的,杨树达在《高等国文法》《词诠》中按功能给指代词标上指示代名词、指示形容词、指示副词,后人罕有接受的。按意义功能给指代词作下位区分,从理论上讲无疑是正确的,但指代词的语义功能是相当复杂的,按多标准分类显然不可能,因此就有标准选择问题。《马氏文通》和《中国文法要略》所选择的标准都不能将指代词截然地分开,失去了分类的意义。而杨树达开始运用、王力推广的按指代远近给指代词作下位区分则抓住了指代词语义功能的本质特征,因此按指代远近标准给指代词作下位区分是唯一恰当的标准。这个标准对于揭示指代词的体系性也无疑是唯一正确的途径。

1.2 杨树达按指代远近将指代词分成了“近称”“远称”“泛称”“通称”四类,到了王力的《汉语史稿》,则把杨氏的通称“者”字从指示代词中剔除了出去,并且把杨氏的泛称“之”

"其"归到了人称代词中,取消了"泛称"一类,这样,上古汉语指代词经王力的归并之后就基本与现代汉语指代词在体系上划一起来了。王力专门为"其"字的一种用法设"特指"一类,但那不是根据相同的标准分出来的类。所谓"特指"用法指的是下面这种情况:

　　①非其鬼而祭之,谄也。(论语·为政)

　　②乞曰:"此事克则为卿,不克则烹,固其所也,何害?"(左传·哀公十六年)

　　③仆诚已著此书,藏之名山,传之其人。(司马迁:报任少卿书)

"其"字的指代对象是无定的,这实际上是"其"字虚指用法的一种。所以后来更多的人只接受了王力的近指与远指两类,而没有接受他的特指一类。

　　自《汉语史稿》而下,上古汉语指代词体系的下位区分多以近指和远指两套流布。1983 年,黄盛璋作《先秦指示词研究》一文时仍承此不疑。但也就在这一年,冯蒸首先对上古汉语指代词近远二分局面提出了质疑。① 他认为根据汉藏语系指代词三分或多分这个普遍现象来推测,上古汉语指代词也一定存在着三分的现象,即在近指和远指中间再加上一套中指。从汉语与藏语的对应关系上看,"时"当是近指,"是"是中指,"夫其""彼其"是远指。继冯蒸之后,郭锡良也撰文重新探讨上古汉语指代词的体系。② 他通过对先秦十部书的调查,

---

　　①　冯蒸《关于汉藏语系空间指示词的几个问题》。

　　②　郭锡良《先秦指示代词的体系》。

认为先秦指代词体系不只是近指与远指两套的对立,而是一个相当复杂的系统,其中有体词性指代词与谓词性指代词的对立,体词性指代词内部又有泛指与特指的对立,有近指、中指、远指的对立。具体情况是这样的:

指代词 { 体词性指代词 { 泛指代词:之、兹/特指代词:其/近指代词:此、斯/中指代词:是/远指代词:彼、夫 谓词性指代词:然、若、尔

　　1.3 对指代词作下位区分之后还有两个问题:一个是对指代词的认定问题,即上古汉语书面体系里有多少个指代词;另一个是各个指代词的归类问题。

　　指代词的认定对于现代汉语来说不是一个问题,但对于上古汉语则是一个很重要的问题。研究上古汉语指代词的体系,本应该首先做好指代词的认定工作,但事实上恰恰在这个环节上最为薄弱,几乎没有人专门做过这方面的工作,以至于至今不清楚上古汉语书面体系中究竟有多少个指代词。以往各家在谈指代词体系时并不专门交待他们是如何认定指代词的,所以我们只能把他们谈到的指代词当作他们所认定的数目。这样,比较不同的学者,认定的数目也是不一致的,认定得最多的是杨树达,他列举了 26 个,认定得最少的是王力,他只谈到了 11 个。下面按时间顺序分别列出杨树达[①]、王力[②]、周法高[③]和何乐士[④]四家对上古汉语

①　杨树达《高等国文法》。
②　王力《汉语史稿》。
③　周法高《中国古代语法·称代编》。
④　何乐士等五人《古代汉语虚词通释》。

指代词的认定情况,他们的看法基本上可以把大家的意见都反映在里面了。

杨树达	王力	周法高	何乐士等
此、兹、斯、是（寔）、时、尔、鲜、已（以）、今、然、若、云、乃、焉、之、彼、匪、其、厥、乃、著、旃、诸、者	之、其、若、尔、此、斯、是、彼、兹、夫、然	兹、斯、时、是（寔、氏）、此、若、彼、匪、夫、然、尔、乃（迺）、云、焉、爰	彼、此、而、尔、夫、厥、乃、其、然、若、时、是、斯、焉、伊、云、旃、之、诸、兹

指代词的归类是对个别指代词而言的,它与指代词的分类固有密切联系,但毕竟不是一码事,有的人分类相同,而各个指代词的归类则可以有很大出入。因为上古汉语是已死去的语言,语感没有了,加上指代词指代远近的不同并没有形式上的标志,因此在归类上存在分歧也是难以避免的,尤其在研究还不深入的情况下。

纵观几家比较有代表性的归类,基本上有两种情况:一部分指代词大家的看法一致,比如"此""斯"各家都归入近指代词一类,"彼""夫"大家都归入远指一类。另外一部分大家的看法有分歧,下面我们把这些词及各家的看法逐一列举于下:

兹:以往各家都认为是近指代词,与"此"同类。郭锡良提出"兹"应是泛指。

若:诸家看法的分歧较大。《马氏文通》认为它是近指,与"是""此"同类,王力认为"以用于近指为常"[①],杨树达将它两归于近指代词和远指代词。郭锡良认为它是个谓词性代词,

---

　　① 　王力《汉语史稿》,中册,28 页。

是另外一套,与近指、远指无关。

尔:杨树达归入近指一类,王力则认为"以用于远指为常"①。

乃:杨树达归入近指一类,潘允中归入远指一类②。

然:杨树达归入近指一类,郭锡良认为是谓词性指代词,与"尔""若"同类,别为一套。

其:杨树达将它两属于远称和泛称,王力专为它设"特指"一类,郭锡良从之。黄盛璋则把它归入远指一类。

是:从《马氏文通》开始入近指一套,与"此"同类,冯蒸、郭锡良认为它应是中指代词。

之:杨树达将它两属于近称和泛称,当其起指示作用时为近指代词,当其起代替作用时为泛指代词。郭锡良则认为不论是指示还是代替,都是泛指代词。

这样,以往大家认定的指代词只有一小部分在归类上没有分歧,一多半都有不同意见。这么多指代词在归类上出现分歧意见,就不能都归咎于研究者考校不精了,它从一个侧面暴露了指代词下位分类非近即远的二分原则有问题。

2　对上古指代词体系研究历史的几点质疑

2.1 对方法论的质疑

指代词是上古汉语庞大词汇体系中一个很小的封闭的

---

① 王力《汉语史稿》,中册,28 页。

② 潘允中《汉语语法史概要》。

类,其成员是完全可以列举得出来的。《马氏文通》以前的语文学就已经对指代词做了大量工作,这且不去提它,即从《马氏文通》开始的八十多年里,投入到指代词身上的工作量比起投到其他任何一类词的身上的工作量都要多,但结果仍然不能令人十分地满意,指代词的三个根本问题——语法功能问题、语义功能问题和内部体系性问题——都没有搞清楚。这是为什么呢? 我们以为一个根本的原因是研究方法问题。

中国的学术往往注重结果而不注重过程,写的文章、著作,摆在读者面前的是一堆材料和一堆结论,把过程和方法都抽掉藏起来了。因为这个缘故,读者就很难弄清楚摆在面前的这些结论是对是错,有道理还是无道理。在指代词研究中也同样存在着这个问题。很多人的文章、著作只指出指代词可以分成哪几类,每一类的成员都有哪些,至于怎么分出来的这些类,所用的方法是什么,都是看不见的,读者只能从作者的字里行间去揣摩,去“悟”。根据笔者揣摩,以往研究指代词的内部体系、下位区分,主要是依靠语感。由于指代词不是一个功能类,而是一个意义的聚合,因此对其语义功能的把握,语感是有帮助的,但是上古汉语是两千年以前的语言系统,我们生活在两千年以后的今天,不可能完全摆脱自己的母语语感而获得纯粹的上古汉语的语感。因此,用我们的语感来研究上古汉语的指代词势必会出现以今译古、以今解古的情况,得出来的结论只能算是现代人眼里的上古汉语指代词,而不是上古汉语指代词的本来面目。

2.2 对近远二分说的质疑

近远二分说虽滥觞于《马氏文通》,但是经过王力的弘扬才得以推广的。二分说之所以能取得普遍认可,语感所起的作用是很大的,尤其在教学中,二分说解释起来方便且容易被接受,因此也可以说,二分说是用现代语感去理解上古汉语的产物。然而,二分说显然不能反映上古汉语指代词的全部面貌,1.3 节所列举的那么多归类有分歧的指代词就是一个明证。有时连持二分说的人自己也不得不承认有些指代词用法与归类是有出入的,王力就说过"'若'字以用于远指为常","'尔'字以用于近指为常"的话,既说"常",意思里也就承认还有"变"的情况。黄盛璋也是持二分说的,他将"是"归入近指代词,但同时又指出:"近指'是'加在表地区名词之前有时非近指,加在时间名词前都不是近指。"①

2.3 对体谓说的质疑

体谓说是郭锡良提出来的,他认为上古汉语指代词首先是体词性和谓词性的分类,这是郭锡良的首创。上古汉语指代词既有体词性也有谓词性也是事实,但并不像郭锡良所说的那样,不同的性质表现在不同的词身上,而是绝大多数指代词都是体词性和谓词性兼备的,如"是""此""斯""其""之"等词,不仅有体词性,也有谓词性。例如:

④使予也而有用,岂得有此大也邪?(庄子·人间世)

⑤老吾老以及人之老,幼吾幼以及人之幼,天下可运于掌。《诗》云"刑于寡妻,至于兄弟,以御于家邦",言举

---

① 　黄盛璋《先秦指示词研究》。

斯心加诸彼而已。(孟子·梁惠王上)

⑥孔子曰:"见善如不及,见不善如探汤,吾见其人矣,吾闻其语矣;隐居以求其志,行义以达其道,吾闻其语矣,未见其人也。"(论语·季氏)

⑦言必当理,事必当务,是,然后君子之所长也。(荀子·儒效)

⑧故怀负石而赴河,是行之难为者也,而申徒狄能之。(荀子·不苟)

"若""尔"不仅有谓词性用法,也有体词性用法,而且从用例上看"若""尔"的体词性用例都大大多于谓词性用例。例如:

⑨子谓子贱:"君子哉若人!鲁无君子者,斯焉取斯?"(论语·公冶长)

⑩以下贤为政而乱者,若吾言之谓也。(墨子·尚贤中)

⑪帝命率育,无此疆尔界,陈常于时夏。(诗经·周颂·思文)

只有一种词性的指代词有"然""爰""焉""伊"四个。"然"字确如郭锡良所说是个谓词性指代词,"爰""焉""伊"三词则是体词性指代词,其中"焉"字有一部分谓词性的用例,但都是假借为"然"字的。例如:

⑫夫民心之愠也,若防大川焉,溃而所犯必大矣。(国语·楚语下)

⑬周任有言曰:"为国家者,见恶如农夫之务去草焉。"(左传·隐公元年)

这四个指代词对整个指代词体系来说,只是很小的一部分。

可见,按体词性、谓词性给指代词分类如同早年按指示/代替、有定/无定分类一样,是行不通的。

2.4 对某些指代词归类的质疑

如1.3所列,指代词的归类有分歧意见的不是个别现象,而是有一批,要一个一个地讨论在这里是不允许的,下面只挑出其中的"兹""是"和"若"三个有代表性的指代词来分别讨论一下,提出一些问题。

"兹"可以说从《尔雅》开始就归入了近指代词,与"此"同类,《马氏文通》以后一直到王力,各家也都接受这个成说,认为"兹"与"此"的区别不过是时间上的先后罢了。但郭锡良另立新说,认为"兹"不应与"此"同归近指代词,而应是一个泛指代词,与"之"同属一类,与特指"其"构成对立。他的理由是在甲骨文里指代词只有"兹""之"两个,不分远近都用这两个,所以是泛指。关于"兹""之"在甲骨文里的用途,甲骨学家陈梦家先生在其《殷虚卜辞综述》里讲得很清楚。"兹""之"在甲骨文里有两个用途,一是指代事物,一是指代时间,指事物、指时间在指代远近上应该是相通的,时间无远近,但有过去与现在、将来之别。陈先生没有讲"兹""之"指事物时的远近情况,但讲了指时间时的分别。他列了一个表,今抄录于下:①

	祀	月	旬	日	夕
过去		之		昔之	之
现在	今	今兹	今兹	今	今兹

① 陈梦家《殷虚卜辞综述》,119页。

指现在的用"兹"不用"之","兹"与"之"显然不属于同一类指代词,这是一;其二,"兹"既然只能指现在,那么把它称为泛指也就不合适了。

"若"字的归类,分歧较大,已如前述。从用例上看,把它归入近指是有问题的。例如:

⑭公曰:"君奭! 我闻昔者成汤既受命时,则有若伊尹格于皇天,在大甲时,则有若保衡,在大戊时,则有若伊陟臣扈格于上帝。"(尚书·君奭)

⑮宁戚驰而东,反报曰:"东方之萌,山带负海,若处上断福,渔猎之萌也。"(管子·轻重)

⑯南宫适出,子曰:"君子哉若人,尚德哉若人!"(论语·宪问)

⑰惟大保先周公相宅,越若来三月,惟丙午朏。(尚书·召诰)

例⑭指代时间上已成为过去的人,例⑮指代空间上不在说话人听话人跟前的处所,例⑯是孔子评论南宫适的话,"若"指代南宫适,当时南宫适已经离开了,例⑰指代还没有到来的将来时间,都与近指的"指当前者"不相吻合,而且典型的近指代词如"此"也是找不到这样的用例的。

但是"若"与典型的远指代词"彼"在语义功能上也有差别。比如"彼"字可以虚指,即指代对象是无定的或者根本就无所指,而"若"字则没有这样的用例,反过来,"若"可以与近指代词"此"相联出现而指代同一对象,也可以相联出现而指代不同的对象。"若""此"相联出现而指代同一对象的例子如:

⑱楚之兵节,而越之兵不节,楚人因此若势亟败越人。
（墨子·鲁问）

⑲管子对曰:"请勿施于天下,独施之于吾国。"桓公曰:
"此若言何谓也?"（管子·山至数）

例⑱"此""若"同指"楚之兵节,越之兵不节",例⑲"此""若"同指"勿施于天下,独施之于吾国"。"若""此"相联出现而指代不同对象的例子如:

⑳子墨子为鲁阳文君曰:"世俗之君子,皆知小物而不知大物。今有人于此,窃一犬一彘则谓之不仁,窃一国一都则以为义。譬犹小视白谓之白,大视白则谓之黑。是故世俗之君子,知小物而不知大物者,此若言之谓也。"（墨子·鲁问）

此例中"此"指代"是故世俗之君子,知小物而不知大物者",而"若"则指代"今有人于此,窃一犬一彘则谓之不仁,窃一国一都则以为义,譬犹小视白谓之白,大视白则谓之黑"。可见"若"与"彼"也不是同一类指代词。"若"既不与"此"同类,也不与"彼"同类,那么无论把它归入近指代词还是归入远指代词都是不恰当的。

"是"字长期被看作近指代词,《马氏文通》《高等国文法》《汉语史稿》都认为它与"此"同类,到冯蒸、郭锡良才提出"是"不与"此"同类,而应是一个中指代词。

认为"是"与"此"不是同一类指代词是完全正确的,"是"有不少非近指的用例。例如:

㉑正月之朝,五属大夫复事,桓公择是寡功者而谪之。

（国语·齐语）

㉒昔文公与秦伐郑，秦人窃与郑盟而舍戍焉。于是乎有
　殽之师。晋御其上，戎亢其下，秦师不复，我诸戎实
　然……自是以来，晋之百役，与我诸戎相继于时，以从
　执政，犹志殽也。（左传·襄公十四年）

㉓外仆言曰："昔先大夫相先君，适四国，未尝不为坛。自
　是至今，亦皆循之。"（左传·襄公二十八年）

而且"是"与"此"的语义功能也有不小的差别，比如，"是"可用
于虚指，且不受任何条件限制，"此"用于虚指则只能在与其他
类指代词对举的情况下。"是"虚指如：

㉔子于是日哭，则不歌。（论语·述而）

㉕子禽问于子贡曰："夫子至于是邦也必闻其政，求之与？
　抑与之与？"（论语·学而）

㉖故天将降大任于是人也，必先苦其心志，劳其筋骨，饿
　其体肤……（孟子·告子下）

又比如，"是"可以回指，又可以前指，而"此"除《诗经》里有一
些前指的用例外，在其他十七部书（书名详 3.1.1 节）里都未
再见有前指的用例。"是"前指如：

㉗登是南邦，世执其功。（诗经·大雅·崧高）

㉘吾岂若是小丈夫然哉！谏于其君而不受则怒，悻悻然
　见于其面，去则穷日之力而后宿哉？（孟子·公孙丑
　下）

例㉗"是"指代"南邦"，例㉘"是"指代"小丈夫"，都出现在它的
后边。

"是"不是近指,那么是否如冯、郭所说是中指呢? 请看下面这些例子:

㉙魏王使将军辛垣衍令赵帝秦,今其人在是⋯⋯东国有鲁连先生,其人在此。(国策·赵策)

㉚楚人有涉江者,其剑自舟中坠于水,遽刻其舟曰:"是吾剑之所从坠。"(吕氏春秋·察今)

㉛夜半,子皋问朔危曰:"吾不能亏主之法令而亲斮子之足,是子报仇之时也,而子何故乃肯逃我?"(韩非子·外储说左下)

这些例子都明确显示,"是"指代的对象就在说话人跟前,不仅如此,"是"还可以与近指代词相联出现指代同一对象。例如:

㉜夫道者虚设,其人在则通,其人亡则塞者也。非兹是无以理人,非兹是无以生财。(管子·国蓄)

"兹"和"是"同时指代"道"。由此可见,把"是"算作中指也是有困难的。"是"不是中指,当然也不是远指,它究竟是哪一类指代词呢?

3 上古汉语指代词书面体系的再分析

3.1 体系概貌

3.1.1 要了解上古汉语指代词体系,必须先搞清楚上古汉语中有多少个指代词。指代词是一个封闭的类,是可以列举的,应该有个确数,可惜以往研究指代词的人并没有就这个问题作穷尽性调查,谈的都是典型的常见的指代词。因此上

古汉语中究竟有多少个指代词至今还是个未知数。根据我们
对《尚书》《诗经》《左传》《国语》《老子》《论语》《孟子》《庄子》
《荀子》《韩非子》《墨子》《管子》《晏子》《战国策》《吕氏春秋》
《楚辞》《公羊传》《穀梁传》①等十八部书的穷尽调查，上古汉
语指代词可以认定的从文字上看有 33 个：则、即、兹、此、斯、
若、如、女、汝、尔、而、乃、迺、然、惟、维、唯、虽、伊、繄、厥、其、
丌、实、寔、是、时、之、爰、焉、彼、匪、夫。② 在这 33 个中，"即"

---

① 所用《尚书》等十八部先秦文献的版本是：王世舜《尚书译注》，
四川人民出版社，1982 年。高亨《诗经今注》，上海古籍出版社，1980
年。《国语》，上海古籍出版社，1978 年。《春秋左传集释》，上海人民出
版社，1977 年。杨伯峻《论语译注》，中华书局，1980 年。《老子集释》，
中华书局，1984 年。杨伯峻《孟子译注》，中华书局，1960 年。《庄子集
释》，中华书局，1961 年。孙诒让《墨子閒诂》，光绪十九年（1893 年）刻
本。《战国策》，上海古籍出版社，1978 年。梁启雄《荀子简释》，中华书
局，1983 年。洪兴祖《楚辞补注》，中华书局，1983 年。日本国安井衡
《管子纂诂》。陈奇猷《韩非子集释》，上海古籍出版社，1974 年。《晏子
春秋集释》，中华书局，1962 年。陈奇猷《吕氏春秋校释》，学林出版社，
1984 年。《春秋公羊传注疏》《春秋穀梁传注疏》，中华书局，1980 年
（《十三经注疏》本）。

② 杨树达在《高等国文法》里还提到了"者""以""已""鲜""今"
"诸""旃""云"八个。"者"字从来源上看，很可能是一个指代词，但在上
古汉语里，它已经虚化了，王力称之为"特殊指代词"，我们接受王先生
的观点，暂不收入本文所讨论的范围。"今"若同"兹"比照（"兹"也是从
表示时间发展成为指代词的），也能往指代词发展，但从杨先生所举的
例证看，它还没有完全失落时间的意义，不能算地道的指代词。同样，
"云"字是从动词"说"义向指代词发展的，但也没有完全失落"说"的含
义。"诸""旃"分别是"之乎""之于""之焉"的合音，不能算作指代词的
一个形式。本文把它们都归到"之"字里面。"以""已""鲜"三字作指代
词，学界多有不同看法，故本文未收。

是"则"的通假字①;"如"女"汝"是"若"的通假字②;"迺"是
"乃"的通假字③;"虽"是"唯"的通假字④;"惟""维""唯"作为
指代词是异体字,《尚书》用"惟",《诗经》用"维",先秦其他子
书多用"唯";"繄"是"伊"的通假字⑤;"亓"是"其"的异体
字⑥;"匪"是"彼"的通假字⑦;"实""寔"作指代词与"是"是古

---

① "即"与"则"上古同声而韵近,"即"作指代词只出现于《墨子》,
用法上也与"则"基本相同,"即"当是"则"的通借字。"则"字的指代词
用法以前没有人承认过,但"则"字有许多用例是不能解作副词或连词
的,而只能解作指代词。如:

①楚失华夏,则析公之为也。(左传·襄公二十六年)

②晏子对曰:"举贤以临国,官能以敕民,则其道也。"(晏子·内篇·问
上)

这两个例子中的"则"都不是副词,更不可能是连词,因为"则"字前面的
成分与其后面的成分构成一个判断句,"则"在句中复指前文。这种情
况与"是"的用法一模一样,兹举两例"是"以比照焉:

③祁奚曰:"公族之不恭,公室之有回,内事之邪,大夫之贪,是吾罪
也。"(国语·晋语)

④辟邪之人而皆及执政,是先王无刑罚也。(左传·昭公十六年)

② "如""女""汝"与"若"上古同纽而韵母阴入对转,"如""女"
"汝"作为指代词,用例极少,当是"若"的通假字。

③ 《诗经》"迺埸迺疆"高亨《诗经今注》云:"迺,同乃。"是"迺"同
"乃"通假之证。

④ 《墨子·尚贤中》:"故虽昔者三代暴王"孙诒让《閒诂》引王引
之说:"'虽'即'唯'也。古字通。"

⑤ 《诗经》"所谓伊人"郑笺云:"伊,当作'繄','繄'犹'是'也。"是
"伊""繄"互通之证。

⑥ "亓"作指代词只出现在《墨子》中,用法与"其"同,当是"其"的
异体字。

⑦ 《广雅·释言》:"匪,彼也。"是"匪"通"彼"之证。

今字①。因此,上古汉语中的指代词实际上是 20 个:则(即)、兹、此、斯、若(如、女、汝)、而、尔、乃(迺)、然、惟(维、唯、虽)、彼(匪)、夫、伊(繄)、厥、其(亓)、爰、焉、是(实、寔)、时、之。

这 20 个指代词按其声纽可分为如下八组:

则组:则(即)、兹、此、斯,同为上古精组。

若组:若(如、女、汝)、尔、而、乃(迺)、然,同为上古泥母。

惟组:惟(维、唯、虽)。惟、唯、维同为以母,虽为心母。

伊组:伊(繄),属影纽。

彼组:彼(匪)、夫,同属帮组。

其组:厥、其(亓),同属见组。

爰组:爰、焉,同属匣纽。

是组:是(实、寔)、时、之,同属章组。

3.1.2　这 20 个指代词在我们所调查的十八部书中的出现频率见下表:

---

① 《诗经》"实墉实壑,实亩实藉"郑笺云:"'实'当作'寔',赵魏之东'实''寔'同声。""寔,是也。"是"实""寔""是"三者为一字之证。

	尚书	诗经	国语	左传	论语	老子	孟子	庄子	墨子	战国策	荀子	楚辞	管子	韩非子	晏子春秋	公羊传	穀梁传	吕氏春秋	总计
则	3	17	29	28					32				1		8	3	12		133
兹	51	13	5	7	1		3				1	8	5			1			95
此	3	85	110	223		18	111	254	540	454	269	44	588	501	132	280	98	665	4385
斯	3	28			37		24	3	1	4	4	5	2	1			2	1	114
若	54	2	1				5	1	73		14	1	19		12	4	34	7	228
而	6	43	2	6	2		2	19	8		2	2	1		1		2	3	94
尔	1	1	4	2	1	2		6	6		5		4						36
乃	43	7	1	4			3	2				2			2			1	65
然	1	12	33	79	7	4	45	90	102	68	58	11	153	79	28	19	7	71	858
惟	18	28	3						6		1	1							57
伊		16																	20
彼		316	5	27	3	3	19	100	41	23	46	31	58	26	11	6	4	20	715
夫	1	2	124	110	23	4	42	183	66	69	113		97	50	59	7		57	1060
厥	89	17	2									3	1						112
其	21	179	348	560	92	50	179	261	338	264	300	20	729	357	117	328	80	909	5434
是	19	183	343	678	48	23	202	286	208	432	738	14	178	298	95	62	80	253	4140
时	56	17									1	1						1	75
之	11	112	381	691	62	2	132	181	181	382	342	9	265	175	273	74	382	556	3910
爰		14										4							18
焉	1		98	267	15		32	44	18	12	55		59	9	81	22	6	76	810
总计	381	1106	1501	2693	297	109	799	1430	1621	1709	1949	155	2161	1496	819	840	674	2620	22360

3.1.3 指代词是一个意义的聚合体,句法功能上非但不整齐划一,而且是实词当中用法最为广泛的一类。上古汉语 20 个指代词的句法分布情况及其频率见下表:

	定语	主语	状语	谓语	补语	宾语	复指
则		100		13			20
兹	42	6		13		39	1
此	797	2024	12	78		1474	
斯	49	7	4	17		25	12
若	183	7	21	14		3	
尔	50		1	11		32	
而	26	4		2			3
乃	26	16	4	15		1	2
然			10	814		29	
惟	39	8	8	1		1	
伊	12	8					
彼	444	177	2	6		85	1
夫	990	52		18		1	
厥	44	58	4			6	
其	4174	1139	13	122		1	
是	438	1839	8	472		1050	322
时	28	13	1	15		18	
之	170	5	20	17		3145	553
爰		3	12				3
焉			2	22	570	214	

3.2 上古汉语指代词书面体系分析

3.2.1 体系分析的依据

指代词的体系体现在它的下位分类上。指代词的下位分类可以是多层级的,层级的不同,分类的标准和依据也可以不同。由于指代词不是一个功能类,因此,它的一级分类标准也就不可能是功能标准,而应是语义标准。前文已经指出:指代词的语义功能是多种多样的,只有根据其基本语义功能来分类,才能反映指代词的本质特征,才能算是真正揭示出指代词的体系,分类才是有意义的。根据前人的探索,指代词的基本语义功能应是它的指近指远功能。从发生学上看,指代词的产生与人对空间距离的远近、方位的不同,时间的过去、现在和将来等的认识是分不开的,因此它的基本语义功能只能是它的指近指远功能。从汉藏语系的现实情况来看,尽管不同语言中指代词的表现是多种多样的,但都与距离、方位、时间有着密不可分的联系。

指代距离远近既然是指代词的基本语义功能,那么,指代词体系的分析也就是其基本语义功能的分析。但是这种功能并没有形式上的标志,分析时仍然有个依据选择问题。现代汉语指代词基本语义功能的辨析通常是依靠语感,但对于上古汉语,语感就无能为力了。一方面因为我们去古已远,无法获得上古汉语语感,即使通过诵读获得一些,也终难避免现代汉语语感的影响,从而使这种语感没有辨别的价值;另一方面,我们面对的是上古汉语的书面体系,这个体系本身就不是一个共时共域系统,因而不可能有一个时间、地域都一致的语感。没有形式标志,也不能利用语感,这是分析上古汉语指代词基本语义功能的困难所在。那么是否就找不到既具有客观性又能反映或揭示指代词的基本语义功能的条件和依据了呢?我们认为还不至于山穷水尽。首先,语境就是一个值得充分利用的条件,因为在不少情况下语境为我们提供了明确的背景或参照系,比如:

㉝叔向见司马侯之子,抚而泣之曰:"自此其父之死,吾蔑

与比而事君矣！昔者此其父始之，我终之，我始之，夫子终之，无不可。"（国语·晋语）

例中两个"此其"都是指代"司马侯之子"的，当时司马侯之子就站在叔向跟前，叔向"抚而泣之"，所以这两个"此其"在此例中所表现出来的基本语义功能都是指代跟前的对象。语境条件的局限性是：不是每一个指代词都有明确显示其基本语义功能的语境条件。弥补语境条件之不足的有如下两个条件：第一是指代词基本语义功能之外的一些语义功能。指代词除了基本语义功能，还有指示与代替、实指与虚指、回指与前指等多种非基本语义功能，其中有些与基本语义功能有制约关系，就是说，基本语义功能不同，某一项或几项非基本语义功能也可能随之而不同。因此，我们通过对这些语义功能的考察，就可以据之而了解到基本语义功能的分别。第二是指代词的一些特殊分布。在上古文献中，有许多不同的指代词在语句中相对待出现的用例，也有许多相联出现的用例。当其相对待出现时，语义上总是对立的，这时，它们的基本语义功能应该是不同的。当其相联出现的时候，在语义上有两种情况：一种是相联出现的指代词指代同一对象，这时，它们的基本语义功能应是相同的；另一种是相联出现的指代词分别指代不同的对象，这时与相对待出现并无二致，其基本语义功能也应是不同的。指代词的这些特殊分布为我们提供了可靠的区别基本语义功能的条件，只要我们找到足够的用例，再结合语境条件和非基本语义功能的分析，正确地揭示出上古汉语指代词基本语义功能的分类是完全可以做到的。

下面在分析指代词基本语义功能之前，先做两步工作：全面分析指代词的非基本语义功能,全面调查指代词的特殊分布情况。

3.2.2 非基本语义功能分析

本节分析上古汉语指示代词的指示、代替、实指、虚指、回指、前指等六种非基本语义功能。

3.2.2.1 指示与代替功能　　指示和代替是相对立的两种语义功能,表现在语法上也是对立互补的。指示用法的指代词只能作修饰语(定语和状语),代替用法的指代词则主要作主语、谓语、宾语,但也可以作定语和状语,甚至补语。起代替作用作定语是表示领属关系,只有"厥"和"其"可以这样用。例如:

㉞天既遐终大邦殷之命,兹殷多先哲王在天。越厥后王后民,兹服厥命。(尚书·召诰)

㉟闻其骿胁,欲观其状。(国语·晋语)

㊱庄子行于山中,见大木,枝叶盛茂,伐木者止其旁而不取也,问其故,曰:"无所可用。"(庄子·山木)

起代替作用作状语是"爰"的主要功能,其他指代词只有"此""彼"各有一两例。例如:

㊲乐土乐土,爰得我所。(诗经·魏风·硕鼠)

㊳何环穿自间社丘陵,爰出子文?(楚辞·天问)

㊴又曰:"子,国之卿也,陨子,辱矣。子以众退,我此乃止。"(左传·成公二年)——杜预注:言我于此止御齐师。

起代替作用作补语是"焉"的主要功能,其他指代词没有这样的用法。例如:

㊵夫出王而代其位,祸孰大焉?(国语·周语)

㉛宋穆公疾,召大司马孔父而属殇公焉。(左传·隐公三年)

㊷宰我问曰:"仁者,虽告之曰'井有仁焉',其从之也?"(论语·雍也)

因此,指代词起代替作用而作修饰语在上古汉语中不具有普遍性。

指示和代替功能是绝大多数上古汉语指代词都具备的,只有"则""焉""爰"三个不具备指示功能。同时具备这两种语义功能的指代词在两种语义功能上的频率表现则是不均衡的,有的甚至是很悬殊的,作表比较如下:

	兹	此	斯	若	尔	而	然	乃	惟	伊	彼	夫	厥	其	是	时	之
指示	42	909	53	204	51	26	10	29	47	12	442	990	58	3013	445	29	190
代替	53	3576	61	24	43	9	843	32	10	8	273	71	54	2436	3684	46	3720

3.2.2.2 实指与虚指功能　实指就是有实在的确定的对象可指可代,虚指相反,没有实在的确定的指代对象。虚指例如:

㊸彼亦一是非,此亦一是非。(庄子·齐物论)

㊹人卒未有不兴名就利者,彼富则人归之。(庄子·盗跖)

㊺夫人必自侮,然后人侮之。(孟子·离娄)

㊻传曰:"不知其子视其友,不知其君视其左右。"(荀子·性恶)

㊼果且有彼是乎哉! 果且无彼是乎哉! (庄子·齐物论)

㊽臣闻治之其未乱,为之其未有也。(战国策·楚策)

实指是每一个指代词都具备的语义功能,虚指则不一定。20个指代词虚指功能的有无可以分为三种情况:

A. 无虚指功能；

B. 有虚指功能，但必须有条件，条件就是与其他指代词相对待出现；

C. 有虚指功能且不受任何条件限制。

作表如下（“－”代表 B 类，“＋”代表 C 类，空白代表 A 类）：

	则	兹	此	斯	若	尔	而	乃	然	惟	伊	彼	夫	厥	其	是	时	之	爰	焉
A																				
B		－	－	－		－	－													
C										＋	＋	＋	＋	＋	＋	＋	＋	＋		＋

其中 B 类从发生学角度看，也应该是不具备虚指功能的。这样，在虚指功能上古汉语指代词实际上也是分为两大系的，一系有虚指功能，一系没有虚指功能。

3.2.2.3 回指与前指　回指即指代对象出现在上文，一般有“先行词”出现，除非指代对象即在说话人当前。例如：

㊾鲁君之宋，呼于垤泽之门，守者曰：“此非吾君也，何其声之似我君也？”（孟子・尽心上）

㊿夫圣人随时以行，是谓守时。（国语・越语下）

两例中加“____”的词语分别是指代词“此”“是”所指代对象的先行词。

前指是指代对象出现在下文，此时必有“后行词”与指代词呼应。例如：

(51)吾闻夫犬戎树惇，帅旧德而守终纯固，其有以御我矣。（国语・周语上）

(52)对曰：“方六七十，如五六十，求也为之，比及三年，可使足民。如其礼乐，以俟君子。”（论语・先进）

回指用法是每个指代词都具备的，前指功能则不一定，有些具备，有些不具备，有些只在时代较早的个别文献中有用例，常态是不用为前指的，如“此”和“兹”。作表比较如下：

	则	兹	此	斯	若	尔	而	乃	然	惟	伊	彼	夫	厥	其	是	时	之	爰	焉
回指	+	+	+	+	+	+	+	+	+	+	+	+	+	+	+	+	+	+	+	+
前指		(+)	(+)		+	+	+	+	+	+	+	+	+	+	+	+	+	+		

指代词的以上六种语义功能中，代替功能、实指功能和回指功能是每一个指代词都具备的，其中除了“其”“厥”作定语有代替功能，“爰”“焉”作状语、补语有代替功能不同于其他指代词因而有分类价值外，对于其他指代词都没有分类价值。指示功能、虚指功能和前指功能不是每一个指代词都具备的，因而有分类价值。从每个指代词在这三种语义功能上的表现来看，可以获得这样一个事实：声母相同（同纽或同组）的指代词，其语义功能往往是一致的。由此推知，同声母的指代词其基本语义功能也很可能相同。因此，在下一节中调查指代词的特殊分布，为了节省篇幅，将按 3.1.1 节所分的八组来列举，而不再将每个指代词都列出。

3.2.3 上古汉语指代词特殊分布的考察与例证。

(1)“则”组与“若”组对待出现：

(53)帝命率育，无此疆尔界，陈常于时夏。（诗经·周颂·思文）

“则”组与“若”组相联出现而所指非一：

(54)子墨子为鲁阳文君曰：“世俗之君子皆知小物而不知大物，今有人于此，窃一犬一彘则谓之不仁，窃一国一都

则以为义，譬犹小视白谓之白，大视白则谓之黑。是故世俗之君子知小物而不知大物者，此若言之谓也。”(墨子·鲁问)

“则”组与“若”组相联出现而所指为一：

(55)管子对曰：“五战而至于兵。”桓公曰：“此若言何谓也？”(管子·轻重)

(2)“则”组与“彼”组对待出现：

(56)泂酌彼行潦，挹彼注兹。(诗经·大雅·泂酌)

(57)不以夫一害此一，谓之壹。(荀子·解蔽)

(3)“则”组与“其”组相联出现而所指非一：

(58)夫越国，吾攻而胜之，吾能居其地，吾能乘其舟，此其利也，不可失也已，君必灭之。(国语·越语)

“则”组与“其”组相联出现而所指为一：

(59)是故百姓冬不仞寒，夏不仞暑，作疾病死者不可胜计也。此其为败男女之交多矣。(墨子·节葬下)

(4)“则”组与“是”组对待出现：

(60)维昔之富不如时，维今之疚不如兹。(诗经·周颂·思文)

(61)止，彼以此其然也，说是其然也，我以此其不然也，疑是其然也。(墨子·经下)

“则”组与“是”组相联出现而所指为一：

(62)夫道者虚设，其人在则通，其人亡则塞者也。非兹是无以理人，非兹是无以生财。(管子·国蓄)

(5)“若”组与“彼”组相对待出现：

(63)发彼有的，以祈尔爵。(诗经·小雅·宾之初筵)

㉞彼童而角,实虹小子。(诗经·大雅·抑)

"若"组与"彼"组相联出现而所指非一:

㉟夫治之法将日至者也,日以治之,日不什修,知以治之,知不什益,而予官什倍,则此治一而弃其九矣。虽日夜相接以治若官,官犹若不治,此其故何也?则王公大人不明乎以尚贤使能为政也。故以尚贤使能为政而治者,夫若言之谓也,以下贤为政而乱者,若吾言之谓也。(墨子·尚贤中)

(6)"若"组与"其"组相联出现而所指为一:

㊱公子翚谄乎隐公,谓隐公曰:"百姓安子,诸侯说子,盍终为君矣。"隐公曰:"吾否。吾使修涂裘,吾将老焉。"公子翚恐若其言闻乎桓公,于是谓桓曰:"吾为子口隐矣。"(公羊传·隐公四年)

(7)"若"组与"是"组对待出现:

㊲因是谢人,以作尔庸。(诗经·大雅·崧高)

㊳一,偏弃之,谓而固[因]是也。说在因。(墨子·经下)

"若"组与"是"组相联出现而所指为一:

㊴朕教汝于棐民彝,汝乃是不蘉,乃时惟不永哉!(尚书·洛诰)

(8)"惟"组与"彼"组相联出现而所指为一:

㊵夫惟党人之鄙固兮,羌不知余之所藏。(楚辞·怀沙)

(9)"惟"组与"其"组相联出现而所指为一:

㊶子墨子说穆贺,穆贺大说,谓子墨子曰:"子之言则诚善矣!而君王,天下之大王也。毋乃曰'贱人之所为',而不用乎?"子墨子曰:"唯其可行。譬若药然……"(墨

子·贵义)

(10)"惟"组与"是"组对待出现:

⑫考卜维王,宅是镐京。(诗经·大雅·文王有声)

"惟"组与"是"组相联出现而所指为一:

⑬物一体也,说在俱一唯是。(墨子·经下)

(11)"彼"组与"其"组相联出现而所指为一:

⑭取天下者,非负其土地而从之之谓也,道足以壹人而已矣。彼其人苟壹,则其土地且奚去我而适它!(荀子·王霸)

⑮夫其败也,如日月之食焉,何损于明?(左传·宣公十二年)

(12)"彼"组与"是"组相对待出现:

⑯谓是霍可,而犹谓之非夫霍也。(墨子·经说下)

⑰以其敢于是也命之,不以其不敢于彼也害之。(墨子·经说下)

"彼"组与"是"组相联出现而所指非一:

⑱他人不知,己独知之,虽其君亲皆在,不问不言,是夫大乱之贼也。(墨子·非儒下)

"彼"组与"是"组相联出现而所指为一:

⑲乐彼之园,爰有树檀。(诗经·小雅·鹤鸣)

(13)"其"组与"是"组相对待出现:

⑳率时农夫,播厥百谷。(诗经·周颂·噫嘻)

㉑于皇时周,陟其高山。(诗经·周领·般)

"其"组与"是"组相联出现而所指为一:

㉒谓我曰:"夫何次之有?昔先大夫荀伯自下军之佐以政,

　　赵宣子未有军行而以政,今栾伯自下军往。是三子也,
吾又过于四之无不及。若佐新军而升为政,不亦可乎?
将必求之。"是其言也,君以为奚若?(国语・周语中)

㉝彼其之子,不遂其媾。(诗经・曹风・侯人)

以上十三种类型综合起来可列表如下:

	则组	若组	惟组	彼组	其组	是组
则组		+		+	+	+
若组	−			+		+
惟组						+
彼组					−	+
其组	−	−		−		+
是组	−	−	−	−	−	

[＋表示对立关系(包括相对待出现和相联出现所指非一两种情况),－
表示平行关系(包括相联出现所指为一的情况)]

　　3.2.4 上古汉语指代词基本语义功能的分类及其体系

　　从上表可以看出,上古汉语指代词的特殊分布并不像想
象的那么简单:除了对立就是平行。在对立与平行之外,还有
既对立又平行的情况存在。这表明上古汉语指代词的基本语
义功能并不仅仅是近指和远指两种。那么,上古汉语指代词
的基本语义功能究竟有几种? 它们又构成怎样的一个系统?
这是本节需要解决的问题。下面具体分析。

　　在上表中,"则"组与"彼"组只有对立关系,没有平行关
系。这两组的非基本语义功能也有差别:"则"组不可以自由
用于虚指,而"彼"组可以自由用于虚指;"则"组的常态用法没
有前指功能,"彼"组有前指功能。因此,这两组的基本语义功
能不相同是可以肯定的。"则"组中的"此""斯"历来被认为是
近指代词,"彼"组历来被认为是远指代词。从它们对待出现

时的语义指向来看,"则"组总是指代距离相对较近的对象,"彼"组总是指代距离相对较远的对象。不唯如此,当"则"组与其他组指代词对待出现时,也总是指代相对较近的事物,"彼"组与其他组指代词对待出现时,也总是指代相对较远的事物。由此可以判定:"则"组与"彼"组的对立是近指与远指的对立。

"则"组与"彼"组的基本语义功能确定之后,就获得了两个可靠的参照系,再来分析其他组的基本语义功能就会更为方便了。

"若"组在表中与"则"组和"彼"组都有对立关系,可见它的基本语义功能既不是近指,也不是远指。但是"若"组与"则"组也有平行关系,这说明"若"组的基本语义功能具有模糊性。从非基本语义功能上看,"若"组有前指功能,这与"彼"组相同而与"则"组不同;但是,"若"组没有虚指功能,又与"则"组同而与"彼"组不同。由此可以推知,"若"组的基本语义功能是一种介乎近指与远指之间的功能。从对待分布时的语义指向来看,"若"组与"则"组对待分布时,是指代相对较远的对象,"若"组与"彼"组对待分布时,则指代相对较近的对象,这样看来,"若"组的基本语义功能无疑是中指。

"是"组中的"是"一向被认为是与"此"同类,是近指代词,但"是"的非基本语义功能和分布都不与"此"相同而与"之"等自成一个体系。从表中可以看到,"是"组在分布上的最大特色是与其他各组指代词都既有对立关系又有平行关系,与近指代词有既对立又平行的关系,同样,与远指代词也有既对立又平行的关系,这说明"是"组指代词的基本语义功能是不确定的,既可以指近,也可以指远,这无疑是一种兼指功能。

"其"组与"是"组的差别是,"是"组与其他各组都既对立又平行,而"其"组则只与"则"组和"是"组有对立和平行双重关系。与其他各组都只有平行关系而没有对立关系。但这无关紧要,既然它与近指代词平行,又与远指代词平行,也就间接地说明了它与各组也是有对立关系的。"其"组的基本语义功能也无疑是一种兼指功能,与"是"组属于同一种语义功能。从非基本语义功能上看,"其"组与"是"组也是一致的:"是"组有虚指功能,"其"组也有虚指功能;"是"组有前指功能,"其"组也有前指功能。"其"组与"是"组在语义功能上唯一一点不同是:"其"组起代替作用时绝大部分用例是作领属定语,而"是"组诸词都没有这种用法。这涉及同一种基本语义功能的指代词的内部相互关系问题,属于更深一层的问题,笔者将另文讨论。

在上表中还有"惟"组。"惟"组用例较少,它的基本语义功能从分布上反映得不太明显。与"是"组有对立平行双重关系,与"彼"组、"其"组有平行关系。在非基本语义功能上,它有虚指功能,也有前指功能,从用例的语境来判断,一般指代比较远的对象。例如:

㉞瞻彼洛矣,维水泱泱。(诗经·小雅·瞻彼洛矣)

㉟故唯昔三代圣王尧、舜、禹、汤、文、武之所以王天下正诸侯者,此亦其法已。(墨子·尚贤中)

将"唯"组的各个方面综合起来判断,它应当是远指,与"彼"组的基本语义功能相同。

除了以上所叙述的六组外,还有"伊"组和"爰"组。"伊"

组的用例特少,因而它的基本语义功能没有分布上的反映,从它的非基本语义功能看,它有虚指功能,也有前指功能,说明它不属近指,也不属于中指,它的用例,背景参照也不明显,但大致可以看出是指代较远的对象。例如:

⑧所谓伊人,在水一方。(诗经·秦风·蒹葭)

⑧伊嘏文王,既右享之。(诗经·周颂·我将)

"伊"的基本语义功能也当是远指。

"爰"组在句法分布上有其独特之处:"爰"在句中主要是代替处所作状语,"焉"虽然已经泛化,但仍可看得出它的主要功能是代替处所或范围作补语。由于在分布上没有与它对立的,因此,它的基本语义功能也就没有从分布上反映出来,但也正由于它在状语补语框架中没有对立,因此也就可以断定它的基本语义功能也是兼指。

综上所述,上古汉语指代词基本语义功能的类及其体系就可以图示如下:

近指	则组	其组	
中指	若组	是组	兼指
远指	彼组、伊组、唯组	爰组	

4　结语

上古汉语指代词的体系是一个很值得研究的课题。以上所论,只是就汉语本身丰富的文献总结出来的。由于文献不是一时一地所作,因而总结出来的体系,只能算是书面体系。要想了解某个时代某一个地域方言的指代词体系,还需要作进一步的考察和研究。但是,尽管这是书面体系,但可以肯定,它们都曾经在汉语的历史上确确实实地存在过。因此,这个体系中每一个组成部分符合不符合汉语历史的实际,都是需要检验的。古汉语是已经流走了的水,我们无法拿古汉语来检验了,但是还可以上验之汉藏语系,下验之汉语的现代方言。这方面的工作我做了一些,但很不充分,很不深入,故本文只好藏拙,先把这个不成熟的成果拿出来以求教于大方之家。

（原载《语言研究论丛》第六辑,天津教育出版社,1991 年）

兼指代词语源考

1

据史学家和民族学家的研究,商人原是东夷民族集团的一支,其原始活动范围在今山东、河南、安徽北部和河北一带,周人最初是生活在渭水流域"戎狄之间"的一个部族。[①] 在很长的历史时期里,商人和周人一个居东,一个居西,各自创造着自己的文化。周人入主中原之前并没有留下文献,因此,我们无法知道周人入主中原之前的语言是什么样子。周人入主中原之后,由于大量吸收了商人的文化,其语言也必然受到商人语言的强烈影响,因而,西周时留下的文献已非周人语言的原来面目了。不过,拿西周的文献同商代甲骨文比较,能够看到不少差异,由此可以推断,周人的母语与商人的语言是有不小的差别的。美国学者白保罗(Paul. Benedict,1972),甚至认为商人的语言和周人的语言原本不属于同一个语系。日本学者西田龙雄(1976)也说:"目前,我们没有可靠的线索能确定商语的系属,但是确信商部族和周部族之间在语言和文化方面存在着极大的差异。""商朝的语言属于某些未知系属的语言,而且从它的词序来看,它是属于 SVO 型的……另一方面,人们可以猜想到早期的周朝的语言原先有 SOV 型词序,

---

① 参看田继周《先秦民族史》215—224 页、291—297 页,四川民族出版社,1988 年。

这个词序是藏缅语的一个很有区别性的特征。"认为商人的语言和周人的语言不属于同一个语系,这种看法可能走得太远了,但是说商人的语言和周人的语言"存在着极大的差异",周人的语言与今天的藏缅语族关系更密切些,对这两点我们是同意的。而商人既然原属于东夷民族集团的一支,其语言也当与东夷民族集团的语言有密切关系。邢公畹先生(1984)曾考定今天的侗傣语族各民族源出于原始时期的东夷民族集团,那么,商人的语言就当与今天的侗傣语族有渊源关系。很巧的是,商人的语言在语序类型上恰与今天的侗傣语族一致。因此,比较可信的说法是,商人的语言和周人的母语都属于汉藏语系的语言,但商人的语言与今天的侗傣语族关系更接近些,而周人的母语与今天的藏缅语族关系更密切一些。总之,我们应当承认周人的母语与商人的语言有着不小的差异,这对于我们研究汉语史来说是非常重要的。

本文探讨兼指代词的语源问题即立足于以上这种认识。

2

兼指代词指的是周秦文献中的指示代词"厥""其""是""寔""实""时""之""爰""焉"等,这九个指示代词在周秦文献中既可以用来指代相对较近的事物或时间处所,也可以用来指代相对较远的事物或时间处所,而不局限于指近或指远,所以我们称之为兼指代词。请比较下面两组例子:

①a. 平原君曰:"胜也何敢言事?百万之众折于外,今又内围邯郸而不能去,魏王使将军辛垣衍令赵帝秦,今其人在是,胜也何敢言事?"(战国策·赵策三)

    b. 外仆言曰："昔先大夫相先君,适四国,未尝不为坛。
        自是至今,亦皆循之。今子草舍,无乃不可乎?"(左
        传·襄公二十八年)

②a. 止:彼以此其然也,说是其然也;我以此其不然也,
     疑是其然也。(墨子·经说下)

    b. 夫道者虚设,其人在则通,其人亡则塞者也。非兹
      是无以理人,非兹是无以生财。(管子·国蓄)

    以上例①a是平原君赵胜对鲁仲连说的话,当时魏国的
客将军辛垣衍就在赵胜的家里,因此,赵胜说"今其人在是",
意思就是"现在那个人就在这里","是"无疑是近指。例①b
中的"是"指代的对象是"昔",即"先大夫相先君"的时候,并且
与"今"相对照,因此,"是"无疑是指代过去的时间,是远指。
例②a中的"是"是与近指代词"此"相对待的,显然不是近指。
但例②b中的"是"又与近指代词"兹"相连出现且指代同一对
象,因而又无疑是近指。这种既可以指近又可以指远,既可以
与近指代词相对待而指代不同对象又可以与近指代词相连出
现指代同一对象的指示代词只能是兼指代词。(详见洪波
1991a)

    周秦文献中的兼指代词还有个特点,即在句法功能上有
明显的格位分工倾向,据我们对周秦十八部文献的统计,"厥"
和"其"有明显的领格倾向;"是""寔""实""时"有明显的主格
倾向;"之"有明显的宾格倾向;"爰"只用于指代处所,且只分
布于动词之前,有明显的前置处所格倾向;"焉"主要用于指代
处所,但只分布于动词之后,有明显的后置处所格倾向。这套
指示代词的格位分工倾向在《山海经·山经》里表现得最为

突出,其中"其"出现了 1391 例,全部用于领格;"是"出现了
75 例,72 例用于主格;"实"出现 8 例,全部用于主格;"之
(者)"出现 154 例,全部用于宾格;"爰"出现 2 例,全部前置于
动词;"焉"出现 408 例,全部后置于动词。由此可以肯定,兼
指代词最初是一套有格位分工的指示代词。(参见洪波
1991a)

据我们研究,周秦文献中的指示代词一共有四套:近指代
词、中指代词、远指代词和兼指代词,但只有兼指代词表现出
强烈的格位分工倾向,显示出与其他三套指示代词不同的特
点。由此,我们产生了这样一个疑问:兼指代词在语源上是否
也有别于其他三套指示代词呢?

我们知道,周秦时期流传下来的文献在时间和地域上的
跨度都很大,因而,反映的语言面貌不可能是一个共时共域系
统,其中一定包含着历史的和地域的诸多异质历素。周秦文
献中的指示代词数量那么多,系统结构情况又那么复杂,也不
大可能是周秦时期某个共时共域语言(或方言)中实际存在的
指示代词系统。不过,既然这些指示代词都反映在周秦文献
里,它们必然在汉民族先民的口中活生生地存在过。因此,要
深入研究周秦文献中的指示代词,就有必要弄清它们的语源。
虽然在目前阶段,要逐一弄清周秦文献中的指示代词的语源
还有很大困难,但借助于历史文献和汉藏语研究的成果,对周
秦文献中的指示代词的语源进行个别探讨还是可能的。下
面,我们就利用历史文献和汉藏语研究的成果来探讨兼指代
词的语源问题。

3

让我们先来看看兼指代词在上古文献里出现的时间。
"厥""其""是""时""实""爰""焉"最早都出现在西周的文献
里。西周流传下来的文献可靠的不多,西周铜器上的铭文是
最可靠的了,其次是《诗经》里的《大雅》《小雅》和《周颂》。《尚
书》里的《周书》有可能是西周的作品,但并不十分可靠。在有
限的西周文献里,"厥""其""是""时""实""爰""焉"都出现了,
而且都比较常见。下面的例子是从西周金文和《大雅》《小雅》
《周颂》里摘出来的。

〔厥(金文作ㄥ,隶定作乒)〕

③丕显皇且考穆穆,克誓乒德。(番生簋)

④以我覃耜,俶载南亩,播厥百谷。(诗经·大雅·大田)

〔其〕

⑤公店其参,女则店其贰;公店其贰,女则店其一。(召伯
  虎簋)

⑥维此二国,其政不获。(诗经·大雅·皇矣)

〔是〕

⑦逎唯是丧我或。(毛公鼎)

⑧登是南邦,世执其功。(诗经·大雅·崧高)

〔时〕

⑨厥初生民,时维姜嫄。(诗经·大雅·生民)

⑩我求懿德,肆于时夏。(诗经·周颂·时迈)

〔实〕

⑪蹻蹻王之造,载用有嗣,实维尔公允师。(诗经·周颂·

酌)

⑫有頍者弁，实维何期？（诗经·小雅·頍弁）

[爰]

⑬筑室百堵，西南其户，爰居爰处，爰笑爰语。（诗经·小
　　雅·斯干）

⑭古公亶父，来朝走马，率西水浒，至于岐下，爰及姜女，
　　聿来胥宇。（诗经·大雅·绵）

[焉]

⑮所谓伊人，于焉逍遥。（诗经·小雅·白驹）

⑯有菀者柳，不尚息焉。（诗经·小雅·菀柳）

[寔]始见于《诗经》的《国风》，时间要比"厥""其""是"等
更晚一些。

⑰肃肃宵征，夙夜在公，寔命不同。（诗经·召南·小星）

⑱肃肃宵征，抱衾与裯，寔命不犹。（诗经·召南·小星）

"之"在西周的文献里也是极为常见的，据管燮初先生
（1981）的统计，"之"在西周金文里就出现了 20 次，在《大雅》
《小雅》里出现的频率更高（详见下文的统计表）。但是，若单
从字面上看，"之"并不始见于西周的文献，在商代的甲骨文
里，"之"作为指示代词就已经很常见了。不过，把商代甲骨文
里的指示代词"之"与西周以后的指示代词"之"加以比较，可
以看出在用法上有明显的不同。其主要差异有以下四点：

（1）在商代甲骨文里，指示代词"之"与"兹"构成一个二元
系统。"兹"是近指代词，"之"是远指代词。在指代时间时，
"兹"指代"现在"的时间，"之"指代"过去"的时间（参见陈梦家
1956），这种差异可以从甲骨文"占辞"与"验辞"的对比中很清

楚地看出来。例如：

⑲贞：今日其雨？王占曰：疑，兹乞雨？之日允雨。三月。
（甲骨文合集 12532 正）

在指代处所时，"兹"只用来指代当前的处所，例如：

⑳癸丑卜，争贞：我宅兹邑，大宾帝。若。三月。（甲骨文
合集 14206 正）

㉑庚申卜，出贞：今岁秋不至兹商。二月。（甲骨文合集
24225）

"之"则用来指代较远的处所，例如：

㉒己亥卜，内贞：王有石在麓北东，作邑于之。（甲骨文合
集 13505 正）

㉓王夕入于之，不雨。（甲骨文合集 30113）

在指代事物时，"兹"指代当前的事物。甲骨文里常用"兹用"
"兹不用""兹御"等习语，据胡厚宣先生（1939）研究，"兹用"
"兹御"意思是"用这个卜"，"兹不用""兹毋用"意思是"不用这
个卜"。因此，"兹用""兹不用"等是决定当时所占卜的结果用
与不用的成言，这里的"兹"无疑是指代当前的对象。甲骨文里
的"之"未见有这种用法，说明"之"不可以用来指代当前的事
物。西周以后，"兹"仍是近指代词，与商代的指示代词"兹"没
有差别，显然是商代指示代词"兹"的直接承用。《尔雅·释
诂》："兹，此也。"《诗经·大雅·泂酌》："泂酌彼行潦，挹彼注
兹。"可证。但是，"之"则不再是与"兹"构成远近二分对立，在
系统结构上，"之"与"其""是""爰""焉"等构成一个子系统，然
后再与"兹""此""彼""若""尔""乃""伊"等构成四分系统。在
指近指远功能上，"之"不再仅用来指代较远的事物和时间处

所,而是既可以指近,也可以指远。例如:

⑳乐彼之园,爰有树檀。(诗经·小雅·鹤鸣)

㉕夫狄近晋而不通,愚陋而多怨,走之易达。(国语·晋语)

㉖虘占于彝,其于之朝夕监。(史虘彝)

㉗举贤则民相轧,任知则民相盗,之数物者不足以厚民。(庄子·庚桑楚)

以上例⑳中"之"与远指代词"彼"连用而指代同一对象,显然是指代较远的处所;例㉕中的"之"指代"狄",从上下文可以看出也是指代较远的处所。例㉖是史虘彝上的铭文,"之"即指代史虘彝;例㉗中的"之"是指代前文的"举贤""任知",这两例中的"之"无疑都是指代当前的事物。从上述分析可以看出,西周以后的指示代词"之"无论是在系统结构中的地位还是在指近指远功能上,都与商代甲骨文里的指示代词"之"不相同。

(2)商代甲骨文里的指示代词"之"有指示和称代两种用法,这两种用法都很常见,频率比例大致相当。① 而在周秦时期,指示代词"之"则主要用于称代,指示作用的例子比较少见。据我们对周秦十八部文献的统计,"之"用于指示的只有170例,而用于称代的有 3740 例(这个统计数字还不包括许多被认为是人称代词的例子)。这说明商代的指示代词"之"与西周以后的指示代词"之"在指示和称代作用上也有明显的差异。

----

① 据我们对《殷墟甲骨刻辞类纂》一书收录的例句统计,"之"用于指示和用于称代的比例是 101∶127。

　　(3)甲骨文里的指示代词"之"起称代作用时只与"于"
"在""从""惟"等极少数几个动词或介词组合,作宾语,并且在
否定句中"之"也不前置于动词或介词。例如:

　　㉘勿燎于之。(甲骨文合集 17679 反)

　　㉙贞:勿于之。(甲骨文合集 18867 正)

　　㉚父乙㠯不惟之。(甲骨文合集 974 正)

在西周以后的文献里,"之"起称代作用作宾语时所与组合的
动词或介词非常广泛,看不出有什么明显的选择性。在否定
句中,"之"一般都前置于动词或介词。例如:

　　㉛昔君之惠也,寡人未之敢忘。(国语·晋语三)

　　㉜岂若匹夫匹妇之为谅也,自经于沟渎而莫之知也?(论
　　　语·宪问)

　　㉝保民而王,莫之能御也。(孟子·梁惠王上)

这说明商代的指示代词"之"与西周以后的指示代词"之"在搭
配上也有差异。

　　(4)西周以后的指示代词"之"可以出现在前置宾语之后
起复指作用,例如:

　　㉞王其德之用,祈天永命。(尚书·召诰)

　　㉟吾君惭焉,其亡之不恤,而群臣是忧,不亦惠乎?(国语·
　　　晋语三)

　　㊱不知稼墙之艰难,不闻小人之劳,惟耽乐之从。(尚书·
　　　无逸)

　　㊲是夫也,将不唯卫国之败,其必始于未亡人。(左传·
　　　成公十四年)

这种宾语前置于动词的句式在商代甲骨文里也有,但前置宾

语之后一律不加"之"复指,也就是说,商代的指示代词"之"不可以用来复指前置宾语。例如:

㉘王叀土方正。(甲骨文合集 6442)

㉙勿佳羌用。(甲骨文合集 462)

㊵其佳太史寮令。(甲骨文合集 36428)

黄德宽(1988)曾讨论过甲骨文里的"佳(叀)OV"句式与西周以后的"唯 O 之(是)V"句式之间的关系,认为它们是一脉相承的。然而甲骨文里的"佳(叀)OV"句式从不用指示代词"之"复指前置宾语,而西周以后的"唯 O 之(是)V"句式中的前置宾语之后一定得用"之"或"是"复指(偶尔也用其他指示代词复指)。这是商代指示代词"之"与西周以后的指示代词"之"的又一差别。综合以上四个方面的差异,我们虽然不敢说商代的指示代词"之"与西周以后的指示代词"之"毫无关系,但至少可以肯定,商代的指示代词"之"与西周以后的指示代词"之"的关系是不密切的,西周以后的指示代词"之"不是商代指示代词"之"的直接继承。

　　根据大多数兼指代词在文献里出现的时间以及商代甲骨文里的指示代词"之"与西周以后的指示代词"之"之间的差异,可以得到一点结论:兼指代词不是商人语言里原有的一套指示代词。

　　既然兼指代词不是商人语言里的指示代词,并且又基本上都始见于西周的文献,那么,兼指代词是不是来源于周人母语的一套指示代词呢? 我们可以作这样的推断,但光凭兼指代词在文献里出现的时间来证明这一推断是不够的,还需要有其他证据。

4

　　我们前面说过,尽管周人入主中原之后大量吸收了商人的文化,语言上也受到商人语言的强烈影响,但自己的母语毕竟不可能被完全抛弃掉,因此,必然会反映在西周及以后的文献里。换句话说,西周以后的文献尽管已不能代表周人母语的原来面貌,但不可能与周人母语毫无关系,周人母语的各种情况会或多或少地反映在西周以后的文献里。因此,如果兼指代词确实是来源于周人母语,那么,就一定能从西周以后的文献里找到线索或证据。

　　以下五条材料都是从西周以后的文献里总结出来的,我们认为它们能从不同的侧面说明兼指代词与周人的母语有不可分割的关系。

　　(1)西周的铜器铭文是最可靠的西周文献,而且,铜器都是西周贵族所拥有的,铜器上的铭文最能反映西周贵族的语言状况,因此,西周铜器铭文是研究周人母语的最有价值的材料。西周铜器铭文中的指示代词据管燮初先生的研究,有"其""辪(厥)""是""之""兹""斯""丝""若""迪"九个。其中"其""辪""是""之"就是我们所讨论的兼指代词。这四个指示代词在铜器铭文中的出现频率都是比较高的,"其"23次,"辪"84次,"是"4次,"之"20次。相比之下,其他五个指示代词除"兹"有例之外,都只一二例而已,出现频率远不如四个兼指代司。这说明"其""辪""是""之"这四个兼指代词是西周贵族最习用的指示代词。如果它们不是西周贵族母语中的指示代词,是不可能成为西周贵族最习用的指示代词的。

（2）《诗经》的《大雅》《小雅》和《周颂》多为周人的史诗或祭祀、出征等重大活动时吟唱的诗歌，也是西周贵族的作品，其中较多地保留了周人母语的成分。我们发现，兼指代词在《大雅》《小雅》和《周颂》里出现的频率都比较高，有些还基本上只出现在《大雅》《小雅》和《周颂》里。我们把兼指代词在整个《诗经》里的分布情况及出现频率作了统计，结果如下：

	小雅	大雅	周颂	鲁颂	商颂	国风
其	147	81	24	12	3	149
厥	4	24	11	2	5	—
是	56	40	3	14	12	21
时	3	15	15	1	1	1
实	6	20	3	2	2	8
寔	—	—	—	—	—	2
之	147	76	34	3	—	187
爰	14	12	—	—	—	11
焉	8	1	—	—	—	2

从统计的结果可以看出除"其""之"以外，其他各个兼指代词主要都分布在《小雅》《大雅》《周颂》里。"是""实""爰""焉"在《国风》里虽然也有一些用例，但大都出现在西部的风诗如《邶风》《鄘风》《魏风》《唐风》《豳风》里，东部的风诗如《齐风》《郑风》《卫风》《陈风》《曹风》等或一例不见，或仅见一二例。兼指代词在《诗经》里的这种分布情况说明了两点：第一，西周人尤其是西周贵族习用兼指代词；第二，直到春秋时期，兼指代词中仍有相当一部分只出现在西部（即周人发祥地一带）的民歌里。

（3）《诗经》里无鲁风，但有《鲁颂》，《鲁颂》是西周至春秋时期鲁国贵族吟唱的诗歌。鲁国是周公之子伯禽的封国，因此,鲁国的贵族也是周人的后裔。在《鲁颂》里,兼指代词也是比较常见的(见上文的统计表),说明鲁国的贵族也习用兼指代词。此外,在孔子编的《春秋·僖公十六年》有这样一句话:"是月,六鹢退飞过宋都。"东汉何休《公羊传解诂》云:"是,月边也,鲁人语也。"唐徐彦《公羊传解诂疏》云:"案:上十年(引者按:指僖公十年)传云'踊为文公讳',何氏云:'踊,豫也,齐人语也。若关西言浑矣。'是以《春秋》之内于此乎悉解为齐人语,而此一文独为鲁人语者,以是经文孔子作之,孔子鲁人,故知鲁人语'彼'皆'是',诸传文乃胡毋生公羊氏,皆为齐人,故解为齐人语。"《公羊传》是战国时齐人公羊高传下来的,而给《公羊传》作注的何休也是齐人,而且去古不远,他清楚哪些是齐语,哪些是鲁语,在这一条中,何休特地注明"是"是鲁人语,便意味着齐人语中不这样说,这个"是"是鲁语方言词。鲁国虽在东方,但作为周公之子的封国,周人母语成分进入鲁国方言是完全可能的,而且孔子崇尚"雅言",崇尚西周,《论语·八佾》"子曰:'周监于二代,郁郁乎文哉! 吾从周。'"因此,孔子编《春秋》使用周人语言里的指示代词也是不足为奇的。

(4)《山海经》这部奇书不仅内容独特,其语言也很有特色。其中所使用的指示代词最常见的是"其""是""之""爰""焉",恰是一整套兼指代词。尤以《山经》部分最为突出,只使用兼指代词。因此,毫无疑问,兼指代词是《山经》作者母语里最习用的一套指示代词(或许还是唯一的一套指示代词)。《山经》的作者是何时何地之人,史学界已作过很多研究。顾颉刚先生认为《山经》的作者是河、汉之间人,此说得到史学界的广泛认可。因为《山经》里对河、汉之间的地理记述得最详细,也最切合实际。谭其骧先生(1986)说:《山经》对"晋南、陕中、豫西地区记述得最详细最正确,经文里距与实距相差一般不到二倍,离开这地区越远,就越不正确"。因此,《山经》的作者是河、汉间人基本已成为史学上的定论。值得我们重视的是河、汉之间晋南、陕中、豫西地区正是周人的老家,也是西周立国之后的政治文化中心地带。《山经》的创作年代史学界至今没有统一的看法。谭其骧认为是在秦统一中国之后,此说我们觉得不一定可靠。从《山经》的语言上看,有两点是谭先生所持观点无法解释的:第一,《山经》里只使用兼指代词,这种情况是自西周至秦这段历史时期里其他任何一部文献都不曾有的,就是西周的铜器铭文也使用了商人语言里的指示代词"兹";第二,兼指代词在《山经》里格位分工异常严格(参见第二节),而在周秦的其他文献里,尤其是春秋以后的文献里,兼指代词的格位分工都已变得相当模糊了。所以我们认为《山经》的创作年代不可能是在秦统一中国之后,而当在西周立国之初,甚至立国之前,绝不会晚于西周。那么,结合史学界对《山经》作者所在地域范围的一致看法,《山经》作者当是西周立国之前或立国之初的周人。如果此说能够成立的话,那么兼指代词无疑就是周人母语里的指示代词。

(5)张玉金(1988)讨论过商代甲骨文里的"叀(隹)OV"句式,黄德宽(1988)指出商代的"叀(隹)OV"句式和与西周以后的"唯O之(是)V"句式是一脉相承的。张、黄二位都认为商代的"叀(隹)OV"句式和西周以后的"唯O之(是)V"句式都是一种强调句式,强调的对象是前置于动词的宾语。对于"唯O之(是)V"句式中的"之"和"是"有两种看法:王力先生

(1980)认为"之"和"是"是复指成分,复指前置宾语;俞敏先生
(1981)则认为"之"和"是"是修饰成分,修饰前置宾语,他认为
在原始时期汉语的名词修饰语都是后置的。不过,俞先生的
看法有一点得不到合理的解释,即当名词作宾语后置于动词
时为什么从不见后头有"之""是"作修饰语呢? 因此,我们比
较倾向于王力先生的看法。但是这里有两个问题一直未引起
人们的注意:其一,为什么商代的"重(佳)OV"句式一概不用
指示代词复指前置宾语而西周以后要用指示代词复指前置宾
语呢? 其二,王力先生指出,在周秦时期用以复指前置宾语的
指示代词最常见的是"之"和"是"。实际情况也正是这样,据
我们对周秦十八部文献的调查,指示代词"此""夫""若""尔"
"乃"等从不用于复指前置宾语,"兹"和"彼"各有一二例,"斯"
在诗经里有 10 例,《尚书》里有 2 例,其他文献里皆未见;而
"之"用于复指前置宾语的有 553 例,"是"有 127 例,在使用频
率上远远超出其他指示代词,这是什么原因呢? 我们认为,要
合理地解决这两个问题,必须从周人母语的语序着手。前文
曾引过西田龙雄的观点,他认为周人的母语原本是 SOV 型
的。在国内,俞敏先生(1980,1981,1984)也持与西田龙雄相
同的看法。他们的观点可以从周秦文献中得到支持,比如疑
问代词作宾语前置于动词,否定句代词宾语前置于动词,这些
语序现象都是西周以后才开始出现的,因此,他们二位的观点
是可信的。SOV 型语言一般都使用格标记,如今天的藏缅语
族诸语言和日本语都是 SOV 型语言,都使用格标记。周人
的母语既然是 SOV 型的,那么也当有格标记。"之"和"是"
出现在前置语之后,正好是起着格标记的作用。周人入主

中原之后,接受了商人创立的文字系统,语言上也受到商人语言的极大影响,其中最显著的一点就是语序由 SOV 型向 SVO 型转变,但是商人语言里的"叀(隹)OV"句式却恰好与周人母语的语序相一致,因此周人吸收了商人语言的这种句式,并融合进自己母语原有的特点,即在前置宾语之后加上格标记,从而形成了西周以后常见的"唯 O 之(是)V"句式。我们认为,这样来解释"唯 O 之(是)V"句式才是比较合理比较可信的。既然"唯 O 之(是)V"句式里的"之"和"是"起着格标记的作用,而格标记原本是周人母语里才有的,那么也就说明了"之"和"是"是周人母语里的成分,同时也说明了西周以后的"唯 O 之(是)V"句式为什么经常只用"之"和"是"而不大用其他指示代词的原因。①

　以上五条材料,有的能直接证明兼指代词来源于周人母语,有的表明不把兼指代词看成是周人母语里的指示代词相关的语言现象就得不到合理的解释,因而这五条材料都能不同程度地说明兼指代词来源于周人母语。下面再举一条今人的汉藏语研究成果来证明兼指代词与周人母语有密切关系。

　白保罗和西田龙雄都认为周人的语言与今天的藏缅语族关系密切,不过他们认为周人的语言与商人的语言没有发生学关系,这恐怕走得太远了。我国学者俞敏先生也认为周人与羌人(藏族的祖先)血肉相连,周人的语言与羌语关系密切。据他的研究,汉语里的指示代词"是"与藏语"de"同源,"时"与

---

　①　周秦文献里"之""是"以外的指示代词如"斯""兹""彼"等偶尔用作格标记,可以看作是受"之""是"同化的结果。

藏语的"adi"同源,"其"与藏语"gi"同源(俞敏 1980,1984)。从俞先生的研究成果来看,与藏语有同源关系的指示代词恰恰都是兼指代词,因此,俞先生的研究成果不仅证明了周人的语言与藏缅语有密切关系,也进一步证明了兼指代词是周人母语里的指示代词。

通过上述材料的证明,现在我们可以比较有把握地说,存在于周秦文献里的兼指代词确与周人母语有渊源关系。

(原载《古汉语研究》1994 年第 2 期)

兼指代词的原始句法功能研究

0 引言

0.1 在先秦庞大的指示代词系统中,有一套兼指代词,包括:厥、其、实、寔、时、是、之、爰、焉。它们在《尚书》《诗经》《国语》《左传》《论语》《老子》《孟子》《庄子》《荀子》《墨子》《韩非子》《管子》《晏子》《楚辞》《战国策》《吕氏春秋》《公羊传》《穀梁传》等十八部先秦文献中的出现总次数依次是:其^{5399}、之^{3910}、是^{3908}、焉^{810}、实^{211}、厥^{112}、时^{75}、寔^{21}、爰^{18}。①

兼指代词是根据指代词指代远近的语义功能来分类的,是既可以指近又可以指远的一套指代词。相同的指代词在现代吴语苏州话里还可以见到(赵元任 1956;李小凡 1984)。现代藏语指代词 the^{12} 的语义功能也与兼指代词相似(金鹏1983),这个 the^{12},根据俞敏(1984)的研究恰与兼指代词"是"同源。

0.2 在先秦,兼指代词不仅语义功能上有别于其他各套指代词,在语法上也有自己的特点,其中突出的一点就是在句法功能上呈互补分布,不同的指代词有其相对集中的分

---

① "其""之""焉"三个词的统计是不全面的。"其""之"过去一般把它看作人称代词,"焉"则看作"于""之"的合音。因此我们在统计时凡是明显地指代第三人称的用例都未计入。但这不影响我们对这三个词的句法功能的分析。

布位置和特定的句法功能。虽然这种互补分布已有不同程度的模糊,但在统计上仍是清晰可辨的(见 4.5 节)。本文即根据兼指代词在先秦时期的这种句法分布上的互补现象,提出一种假说:兼指代词最初乃是一套具有格位分别的指代词。

1 兼指代词的语义功能

1.0 兼指代词在指近指远、实指虚指、回指前指、指示代替等语义功能上都显示出作为同一套指代词所应有的一致性。兹分条举例说明。

1.1 兼指代词都既可以指近,也可以指远,其指近例如:

①我闻曰:"古之人犹胥训告,胥保惠,胥教诲,民无或胥诪张为幻。"此厥不听,人乃训之。(尚书·无逸)——按:"厥"与近指代词"此"连用而指代同一对象,"厥"在此应系近指。

②是故百姓冬不仞寒,夏不仞暑,作疾病死者不可胜计也,此其为败男女之交多矣。(墨子·节葬下)——按:此例"其"亦与"此"连用而指代同一对象,"其"在此应系近指。

③夫道者虚设,其人在则通,其人亡则塞者也。非兹是无以理人,非兹是无以生财。(管子·国蓄)——按:此例"是"与近指代词"兹"连用而指代同一对象,"是"在此应系近指。

④司城子罕以堵女父、尉翩、司齐与之。良司臣而逸之,托诸武子,武子置诸下。郑人醢之三人也。(左传·襄

公十五年)

⑤郑人皆喜,唯子产不顺,曰:"小国无文德,而有武功,祸
　莫大焉。楚人来讨,能勿从乎? 从之,晋师必至。晋楚
　伐郑,自今郑国不四五年,弗得宁矣。"子国怒之曰:"尔
　何知? 国有大命,而有正卿,童子言焉,将为戮矣。"(左
　传·襄公八年)

④⑤两例"之""焉"回指前文,根据上下文来判断,当为近指。
兼指代词指远例:

⑥肆祖甲之享国三十有三年,自时厥后,立王,生则逸。
　生则逸,不知稼穑之艰难,不闻小人之劳,惟耽乐之从,
　自时厥后,亦罔或克寿。(尚书·无逸)

⑦取天下者,非负其土地而从之之谓也,道足以壹人而已
　矣。彼其人苟壹,则其土地且奚去我而适它!(荀子·
　王霸)

⑧外仆言曰:"昔先大夫相先君,适四国,未尝不为坛。自
　是至今,亦皆循之。"(左传·襄公二十八年)

⑨夫狄近晋而不通,愚陋而多怨,走之易达。(国语·晋
　语二)

⑩与从者谋于桑下,蚕妾在焉。(国语·晋语四)

⑪莫我肯顾,适彼乐土,乐土乐土,爰得我所。(诗经·魏
　风·硕鼠)

　以上诸例,或与远指代词连用而所指为一,或在一定上下
文中有明显的时间处所参照,其中兼指代词都是指非当前者,
应为远指。

　1.2 实指和虚指是指代词的两种相对待的语义功能。实

指即指代词有实在确定的对象可指可代,虚指即没有具体明确的指代对象。实指是每一个指代词都具有的语义功能,虚指则不一定,比如近指代词和中指代词都只能在与远指代词或兼指代词对举时才可以有虚指用法。① 兼指代词是具有虚指功能的,而且可以不受条件限制。例如:

⑫厥或告之曰:"小人怨汝詈汝。"(尚书·无逸)

⑬传曰:"不知其子视其友;不知其君视其左右。"(荀子·性恶)

⑭子於是日哭,则不歌。(论语·述而)

⑮故君子名之必可言也,言之必可行也。(论语·子路)

⑯夫志至焉,气次焉。(孟子·公孙丑上)

以上诸例中的"厥""其""是""之""焉"所指对象都是不确定的,现代确切的对译应是"某一个"。

1.3 回指与前指是指代词的另两种相对待的语义功能。回指是指代对象出现在指代词的上文,前指是指代对象出现在指代词的下文。回指功能是每一个指代词都具备的。前指功能近指代词"兹""此""斯"除了《诗经》等极少数时代较早的文献里有一些例子外,后来罕见。兼指代词除"爰"外,都具备这一功能。例如:

⑰以我覃耜,俶载南亩,播厥百谷。(诗经·小雅·大田)

⑱对曰:"方六七十,如五六十,求也为之,比及三年,可使足民。如其礼乐,以俟君子。"(论语·先进)

⑲王曰:"嗟! 四方司政典狱,非尔惟作天牧。今尔何监?

―――――――――

① 参见本书《上古汉语指代词书面体系的再研究》一文。

非时伯夷播刑之迪？其今尔何惩？惟时苗民匪察于狱
之丽。"(尚书·吕刑)

⑳登是南邦,世执其功。(诗经·大雅·崧高)

㉑吾闻之也:君子不以天下俭其亲。(孟子·公孙丑下)

1.4 指示与代替也是指代词的两种语义功能。一般的指
代词这两种语义功能是都具备的,但不同的指代词侧重点不
一样,比如远指代词"彼""夫"就侧重于指示,"彼"的指示用法
占 62%,"夫"的指示用法占 94%。相对来说,兼指代词则是
一套侧重于代替功能的指代词,其指示与代替两种语义功能
的使用次数分别是:

	厥	其	实	寔	时	是	之	爰	焉
指示	58	3013			29	445	190		
代替	54	2436	211	21	46	3463	3720	18	788

2 兼指代词的内部关系

2.0 本节的目的是澄清"厥"与"其","实""寔""时"与
"是"之间的关系。有足够的资料表明"厥"与"其","实""寔"
"时"与"是"之间都是古今关系,是同一个指代词在不同时代
的不同声音形式和写法。下面先说"厥"与"其"。

2.1 "厥"与"其"是古今关系早已为学者所首肯。"厥"和
"其"作为指代词最早见于西周金文(金文"厥"作"氒"),据管
燮初(1981)的统计,金文里"厥"出现 84 次,"其"出现 23 次,
可见当时"其"虽已经开始作为指代词出现,但频率远不及
"厥"。这种局面一直保持到《尚书》,《尚书》"厥"出现 89 例,
"其"出现 21 例。《诗经》以后,"其"就取代了"厥","厥"成为

古语形式。故训中亦多以"其"释"厥"。如：

《尔雅·释言》："厥，其也。"

《尚书·尧典》："厥民析，鸟兽孳尾。"传曰："厥，其也。"

《诗经·生民》："厥初生民。"郑玄笺："厥，其也。"

《楚辞·离骚》："浞又贪夫厥家。"王逸注："厥，其也。"

"厥"在句法功能上也比"其"单纯（见 3.1 节）。

2.2 "实""寔""时"和"是"的古今关系也可以从时代分布和故训中得到证实。"时"主要出现在《尚书》《诗经》里，"实""寔"主要出现在《诗经》的《雅》《颂》及《国语》和《左传》里，"是"则自《尚书》而下，每一部先秦文献里都可以见到，而且频率上比"实""寔""时"都高得多。从现有的文献看，"是"之于"实""寔""时"并不像"其"之于"厥"那样有一个较为明显的取代过程，"是"自始至终占据着频率和功能上的优势，"时""实""寔"与"是"比起来，带有明显的"原始性"（参看 3.2 节），这说明"是"很早就取代了"时""实""寔"，"时""实""寔"在先秦文献中的出现只是一种残留现象。所以故训中亦常用"是"来训释"实""寔"和"时"。如：

《尔雅·释诂》："时、寔，是也。"

《尚书·尧典》："黎民于变时雍。"传曰："时，是也。"

《诗经·小雅·小星》："寔命不同。"毛传："寔，是也。"

《诗经·小雅·頍弁》："有頍者弁，实维伊何？"郑玄笺："'实'犹'是'也。"

这些整齐的对应现象足以证明"实""寔""时"与"是"是古今关系。

3　兼指代词在先秦时代的句法功能

3.1 "厥""其"在先秦时代的句法功能

"厥"在先秦可以作定语、主语和宾语。作定语有指示和代替两种语义功能。当其起代替作用时,表示领属关系。作指示定语例如:

㉒以我覃耜,俶载南亩,播厥百谷。(诗经·小雅·大田)

㉓后暨武王诞将天威,咸刘厥敌。(尚书·君奭)

作代替定语例如:

㉔冀州……厥土惟白壤。(尚书·禹贡)

㉕正域彼四方,方命厥后,奄有九有。(诗经·商颂·玄鸟)

作主语例:

㉖王启监,厥乱为民。(尚书·梓材)

㉗大保朝至于洛,卜宅,厥既得卜,则经营。(尚书·召诰)

作宾语例:

㉘王曰:"封!以厥庶民暨厥臣达大家,以厥臣达王惟邦君。汝若恒,越曰:'我有师师、司徒、司马、司空、尹旅。'曰:'予罔厉杀人。'亦厥君先敬劳,肆徂厥敬劳。"(尚书·梓材)

㉙我其克灼知厥若。(尚书·立政)

"其"在先秦时期的句法功能比"厥"发达得多,它可以作指示定语、代替定语、主语、状语、谓语,也偶尔有作宾语的用例。"其"作指示定语例如:

㉚若必治国家者,则其管夷吾乎?(国语·齐语)

㉛孔子曰:"见善如不及,见不善如探汤,吾见其人矣,吾闻其语矣。"(论语·季氏)

"其"作定语有体词性和谓词性两种。上例㉚是体词性的,例㉛是谓词性的。"其"作代替定语例:

㉜不揣其本,而齐其末,方寸之木可使高于岑楼。(孟子·告子上)

㉝有鄙夫问于我,空空如也,我叩其两端而揭焉。(论语·子罕)

"其"作主语例:

㉞东方有莒之国者,其为国甚小。(墨子·非攻中)

㉟有子曰:"其为人也孝弟而好犯上者,鲜矣。"(论语·学而)

"其"作状语例:

㊱静女其姝,俟我于城隅。(诗经·邶风·静女)

㊲桓公曰:"寡人睹其善也,何为其寡也?"(管子·小问)

"其"作状语都是谓词性的,修饰形容词。"其"作谓语例:

㊳重耳若获集德而归载,使主晋民,成封国,其何实不从?(国语·晋语四)

㊴晋人若丧韩起、杨胗,五卿八大夫辅韩须、杨石,因其十家九县,长毂九百,其余四十县,遗守四千,奋其武怒,以报其大耻,伯华谋之,中行伯、魏舒帅之,其蔑不济矣。(左传·昭公五年)

"其"作谓语也都是谓词性的,并且都是出现在复句中,充当一个承上启下的小句,一如现代汉语"这样""那样"经常出现在复句中充当"搭头"。

"其"作宾语仅在《吕氏春秋》中有一例,是较晚出现的现象。

⑩王曰:"将军之遁也,以其为利也。"(吕氏春秋·高义)

"厥""其"在句法功能上有一点应该指出:"其""厥"作主语绝大多数情况是作主谓短语的主语,而整个短语又充当句子的主语、判断谓语或宾语。王力(1980)曾指出这种情况下"厥""其"相当于一个名词加"之",在语义功能上与表示领属关系的"厥""其"仍是同一类。

3.2 "时""实""寔""是"在先秦时代的句法功能

这四者当中,"实""寔"的用法是最简单的,在句中只充当主语和主语的复指成分。"实""寔"作主语例:

㊶髧彼两髦,实为我仪。(诗经·鄘风·柏舟)

㊷既刺三郤,栾书弑厉公,乃纳孙周而立之,实为悼公。

　(国语·晋语六)

㊸肃肃宵征,夙夜在公,寔命不同。(诗经·召南·小星)

"实""寔"作主语复指成分例:

㊹武族唯晋实昌,晋胤公子实德。(国语·晋语四)

㊺侏儒戚施实御在侧,近顽童也。(国语·郑语)

㊻是师也,唯子玉欲之,与王心违,故唯东官与西广寔来。

　(国语·楚语上)

"实""寔"作主语复指成分本质上与"实""寔"回指上文作主语是相同的,因此,应与主语同格。

"时"的句法功能比"实""寔"要丰富一些,在句中可作定语、主语、状语、谓语和宾语。作定语都是指示性的,有体词和谓词两种词性。例如：

㊼帝曰："弃，黎民阻饥，汝后稷，播时百谷。"（尚书·尧典）

㊽无皇曰："今日耽乐。"乃非民攸训，非天攸若，时人丕则有愆。（尚书·无逸）

"时"作主语例：

㊾不明尔德，时无背无侧。（诗经·大雅·荡）

㊿载生载育，时维后稷。（诗经·大雅·生民）

"时"作状语只在《尚书》中有一例，是体词性的，代替时间：

(51)王曰："猷！告尔多士，予惟时其迁居西尔。"（尚书·多士）

"时"作谓语与"其"用法相同，不过，"其"未见有接受副词修饰的用例，"时"可以接受副词修饰。例如：

(52)罔择吉人，观于五刑之中，惟时，庶威夺货，断制五刑以乱无辜。（尚书·吕刑）

(53)敛时五福，用敷锡厥庶民，惟时，厥庶民于汝极，锡汝保极。（尚书·洪范）

"时"作宾语有体词和谓词两种词性，例如：

(54)今惟殷坠厥命，我其可不大监抚于时？（尚书·酒诰）

(55)京师之野，于时处处，于时庐旅，于时言言，于时语语。（诗经·大雅·公刘）

(56)皋陶曰："都！在知人，在安民。"禹曰："吁！咸若时，惟帝其难之！"（尚书·皋陶谟）

在"时""实""寔""是"四者当中，"是"是功能最发达、最完备的一个,它可以作定语、主语、状语、谓语、宾语、主语复指成分和宾语复指成分。"是"作定语都起指示作用,有体词、谓词两种词性。例如:

⑤⑦子曰:"善人为邦百年,亦可以胜残去杀矣。诚哉是言也。"(论语·子路)

⑤⑧赫赫楚国,而君临之,抚征南海,训及诸夏,其宠大矣。有是宠也而知其过,可不谓"恭"乎?(国语·楚语上)

"是"作主语例:

⑤⑨夫圣人随时以行,是谓守时。(国语·越语下)

⑥⓪楚人有涉江者,其剑自舟中坠于水,遽契其舟曰:"是吾剑之所从坠。"(吕氏春秋·察今)

"是"作状语都是谓词性的,例如:

⑥①曰:"何以是嘐嘐也!"(孟子·尽心下)

⑥②子路盛服见孔子,孔子曰:"由,是裾裾何也?"(荀子·子道)

"是"作谓语有体词、谓词两种词性。作体词性谓语出现在判断句中,例如:

⑥③居恶在?仁是也;路恶在?义是也。(孟子·尽心上)

⑥④子游曰:"地籁则众窍是已,人籁则比竹是已,敢问天籁。"(庄子·齐物论)

作谓词性谓语或出现在描写句中,或像"其""时"一样出现在复句中作过渡小句。例如:

⑥⑤以卑为卑,卑不可得;以尊为尊,尊不可得,桀、舜是也。(管子·枢言)

⑥⑥若士必怒,伏尸二人,流血五步,天下缟素,今日是也。

（战国策·魏策四）

(67)言必当理，事必当务，是然后君子之所长也。（荀子·儒效）

(68)是故其父兄之教不肃而成，其子弟之学不劳而能，夫是，故工之子恒为工。（国语·齐语）

“是”作宾语也有体词性和谓词性两种。作谓词性宾语只出现在“如”“若”“犹”这几个表示比况的动词后面，作体词性宾语则不出现在这三个动词后面。例如：

(69)对曰：“若诸侯服，不过三年，不服，不过十年，过是，晋之殃也。”（国语·晋语）

(70)平子拘展于卞而执夜姑，将杀之，公若泣而哀之，曰：“杀是，是杀余也。”（左传·昭公二十五年）

(71)故王者居九畡之田，收经入以食兆民，周训而能用之，和乐如一。夫如是，和之至也。（国语·郑语）

(72)以若所为，求若所欲，犹缘木而求鱼也。王曰：“若是其甚与？”（孟子·梁惠王上）

“是”复指主语的用例主要出现在《诗经》里，时代较早的《国语》《左传》也能见到，《左传》以下就看不见了。例如：

(73)骥驷是中，騧骊是骖。（诗经·秦风·小戎）

(74)哀哉不能言，匪舌是出，维躬是瘁。（诗经·小雅·雨无正）——按：高亨《诗经今注》云：“出，同拙。”

(75)对曰：“日月之会是谓辰，故以配日。”（左传·昭公七年）

“是”复指宾语早有人言之，不分时代早晚均可见到用例。例如：

(76)靖共尔位，正直是与。（诗经·小雅·小明）

(77)周法不昭，而妇言是行，用谗慝也。（国语·郑语）

(78)子为司寇，将盗是务去，若之何不能？（左传·襄公二十一年）

3.3“之”在先秦时代的句法功能

“之”在先秦时代以作宾语为常，但也可以作定语、主语、状语、谓语，只是用例都不多。“之”作复指成分，只复指宾语，无一例外。

“之”作定语与“其”“是”相同，也有体词性和谓词性两种。例如：

(79)之子于归，宜其室家。（诗经·周南·桃夭）

(80)若是则[功]一天下，名配尧禹，之主者，守至约而详，事至佚而功。（荀子·王霸）

“之”作主语的例子很少。例如：

(81)以非买名，以是伤上，而众人不知，之谓微攻。（管子·七臣七主）

(82)故从母言之，之为贤母也。（战国策·赵策三）——《史记·赵世家》作“故从母言之，是为贤母”。

“之”作状语是谓词性的。例如：

(83)子西曰：“胜如卵，余翼而长之……”胜闻之曰：“令尹之狂也！得死，乃非我。”（左传·哀公十六年）

(84)腹击为室而钜，荆敢言之主。谓腹子曰：“何故为室之钜也？”（战国策·赵策一）

“之”作谓语是谓词性的，只出现在描写句中。例如：

(85)实为夏郊，三代举之。（国语·晋语八）——按：举之，举然也,皆然也。

⑧⑥过而不改,又之,是谓之过。(穀梁传·僖公二十二年)

"之"作宾语有体词性和谓词性两种。作谓词性宾语,动词是心理动词"知""惧""欲""愿"和能愿动词"能""得",与"是"要求的完全不同。"之"作体词性宾语例:

⑧⑦公子再拜稽首对曰:"子女玉帛,则君有之。"(国语·晋语四)

⑧⑧其乡人曰:"肉食者谋之。又何间焉。"(左传·庄公十年)

"之"作谓词性宾语例:

⑧⑨祭仲曰:"都城过百雉,国之害也……今京不度,非制也,君将不堪。"公曰:"姜氏欲之,焉避害?"(左传·隐公元年)

⑨⑩故怀负石而赴河,是行之难为者也,而申徒狄能之。(荀子·不苟)

"之"作复指成分例:

⑨⑪对曰:"吾斯之未能信。"(论语·公冶长)

⑨⑫是夫也,将不唯卫国之败,其必始于未亡人。(左传·成公十四年)

⑨⑬叔仲昭伯曰:"我楚国之为,岂为一人行也?"(左传·襄公二十八年)

3.4 "爰"和"焉"在先秦时代的句法功能

"爰"在先秦主要出现在《诗经》里,其他文献除《楚辞》和《山海经》里有一些例子外,都付缺如。相对来说,"焉"字则常见。在兼指代词里,"爰""焉"是两个比较特殊的词,它们都只有代替功能,没有指示功能。在指代对象上,“爰”只代替处所,“焉”也以代替处所和范围为常。这样,它们在句法功能上也就表现出明显的特点。下面分别述说。

“爰”在句中主要是作状语,只偶尔作主语和复指成分。“爰”作主语例:

(94)乐彼之园,爰有树檀。(诗经·小雅·鹤鸣)

(95)爰有寒泉,在浚之下。(诗经·邶风·凯风)

例(95)是为协韵而倒置的句子,正常的语序应当是:在浚之下,爰有寒泉。

“爰”作状语例:

(96)乐土乐士,爰得我所。(诗经·魏风·硕鼠)

(97)筑室百堵,西南其户,爰居爰处,爰笑爰语。(诗经·小雅·斯干)

“爰”作复指成分,复指前置宾语,但是宾语仍然是表示处所。例如:

(98)成汤东巡,有莘爰极。(楚辞·天问)——按:王逸注:“极,至也。”

(99)昭后成游,南土爰底。(楚辞·天问)——按:底,至也。

“焉”在句中可作状语、谓语、补语、宾语和复指成分。作状语只有两例,都是体词性的,一例代替时间,一例代替处所:

(100)驰椒丘且焉止息。(楚辞·离骚)

(101)季春者……天子焉始乘舟。(吕氏春秋·季春纪)

“焉”作谓语不是“焉”本身固有的用法,而是假借为“然”,在句中与动词“如”“若”构成“如……焉”“若……焉”格式。这时也只有这时,“焉”是谓词性的。

⑩周任有言曰："为国家者,见恶如农夫之务去草焉,芟夷
蕴崇之,绝其本根,勿使能殖,则善者信矣。"(左传·隐
公六年)

⑩夫民心之愠也,若防大川焉,溃而所犯必大矣。(国语·
楚语下)

作补语是"焉"最常见的用法,是体词性的,起代替作用,
大多数代替处所或范围。例如:

⑩宰我问曰："仁者,虽告之曰:'井有仁焉',其从之也?"
(论语·雍也)

⑩及子围西质,妾为宦女焉。(左传·僖公十七年)

"焉"作宾语也是体词性的。例如:

⑩子女玉帛,则君有之;羽毛齿革,则君地生焉。(国语·
晋语四)

⑩与从者谋于桑下,蚕妾在焉。(国语·晋语四)

"焉"作复指成分,复指前置宾语,例子很少:

⑩我周之东迁,晋郑焉依。(左传·隐公元年)

⑩今王播弃黎老,而孩童焉比谋。(国语·吴语)

分析完"爰""焉"的句法功能之后,有个事实要交代一下。
我们讲指代词的句法功能,用的都是现代的句法分析理论,因
此,"爰"字根据其与动词的组合关系的不同就分析出了作状
语和作主语两种不同的句法功能,同样,"焉"字也分析出了作
补语和作宾语两种功能。实际上,如果不用现代句法理论来
分析它们,只看它们的语义功能和出现的位置,那么看到的是
"爰"指代处所出现在动词之前,"焉"指代处所出现在动词之
后,规律极其严格。

3.5 兼指代词在各种句法功能上的出现次数如下表：

	定语		主语	状语		谓语	补语	宾语	复指	
	指示	替代		指示	替代				主语	宾语
厥	58	44	58	4				6		
其	3000	1174	1139	13			122	1		
时	28		13		1	15		18		
实			90						120	
寔			10						11	
是	438		1739	8		472		1050	15	176
之	170		5	20		17		3145		553
爰			3		12					3
焉					2	(22)	570	214		4

4　兼指代词的原始句法功能分析

4.0 从上表可以看到,先秦时期,兼指代词尽管在句法功能上有不同程度的趋同倾向,但是它们的出现频率显示出它们在不同句法功能上的表现是不一样的,呈现出比较清晰的互补分布。这一事实启迪我们作这样的推论:兼指代词的原始句法功能是有格位分别的。

下面分别加以讨论。

4.1 "其(厥)"和"之"的原始句法功能

"其(厥)"和"之"的原始句法功能从它们在先秦时期的句法表现上可以清楚地看出来,无需再作专门论证,因此把它们放在一起讨论。从上表中可以看到,"其(厥)"在先秦时期起代替作用时(按:指代词起指示作用都是作修饰语的,无所谓格的分别,本节讨论的都是指代词的代替功能)将近95%都分布在领属定语和主语上。"其(厥)"作主语已在3.1节里作过交代,它与作领属定语没有本质上的区别。由此可知,"其(厥)"的原始功能应是作领属定语表示领属关系的。它是一个属格代词。

"之"在先秦时期出现频率最高的是作宾语,其次是作宾语复指成分。宾语复指成分应与宾语同格,因此,"之"起代替作用时 99% 的用例都是作宾格的,在原始汉语里它无疑是一个宾格代词。

在先秦时期,"其(厥)""之"的格位特征仍然很明显,因此也最先受到注意。王力(1980)指出:"'其'字用于领格,'之'字用于宾格。'厥'的用途和领格的'其'大致相同。"周法高(1959)云:"通常'厥'和'其'用于领位,'其'字又用于主位,只限于在附属子句中,'之'只用于宾位。"

4.2 "爰"和"焉"的原始句法功能

从上表看,"爰"主要是作状语,但也作主语。"焉"主要是作补语,但作宾语的用例也不少。这样,它们的原始句法功能似乎不易判定,但是我们在 3.4 节里已经指出,"爰""焉"在句法分布上最值得注意的是"爰"只分布在动词的前边指代处所,"焉"字 99% 的用例都分布在动词之后,其指代对象虽不限于处所,但绝大多数都是处所或范围,因此,我们认为,"爰"和"焉"的原始句法功能也很清楚地反映在它们的先秦时期的句法分布里,即:"爰"是一个前置的处所指代词,"焉"则是后置的处所指代词。我们姑且把"爰"叫做前置格处所指代词,把"焉"叫做后置格处所指代词。

4.3 "是(时、实、寔)"的原始句法功能

"是"在先秦时期的句法功能表现既不像"其""之"那样

有明显的格位分布待征,也不像"爱""焉"那样有整齐的对立分布,因此它的原始功能很难从它自身在先秦时代的句法表现做出正确的判断。但有两个证据能够证明它的原始句法功能是作主格,它是一个主格指代词。第一个证据是它的古语形式"实"和"寔"在先秦时期的句法表现。"实"和"寔"在先秦并不罕见,它们的句法分布却非常单纯,只作主语和主语的同位语——主语复指成分,这说明它们本来是个主格代词。第二个证据是"是"字本身在《山海经·山经》五篇中的句法分布情况。五篇里出现了"其""是""实""之""者""爱""焉"七个指代词,共 2038 例,其中"者"是"之"的通假字,恰巧是一整套兼指代词。这七个指代词的分布情况是这样的:

	领格	主格	宾格	前置格	后置格
其	1391				
是		73	2		
实		8			
之			138		
者			16		
爱				2	
焉					408

七个指代词在格位分布上表现出惊人的规律性,这是迄今为止观察到的最完整最清晰地反映兼指代词格位分别的一份材料。其中"是"共出现 75 例,有 73 例作主语,"实"出现 8 次,全部作主语。"是"字的主格地位再清晰不过地展现在我们眼前。

到此,我们可以把兼指代词的原始格位分别作一总结,列成一表如下:

领属格指代词	其（厥）
主格指代词	是（实、寔、时）
宾格指代词	之
前置格指代词	爰
后置格指代词	焉

（原载《古汉语研究》1991 年第 1 期）

先秦指示代词"是"和"之"的功能差异

1

在先秦时期,"是"和"之"都是极其常用的指示代词。根据我们(洪波1991a,1991b)的研究,先秦时期指示代词"是"与"之"属于同一组,都是兼指代词,在语义功能上既可以指近,也可以指远;但在语法功能上它们最初一个是主格代词,一个是宾格代词,存在着格位的差异。不过,在先秦时期,由于受近指代词、远指代词等指示代词没有格位形态区别的影响,以及整个语法系统中格形态的消亡,兼指代词的格位分工也逐渐模糊起来,尤其是主格代词"是"的格位模糊程度最深,如果不作量化分析,几乎分辨不出它的格位倾向。所以,"是"和"之"之间在语义功能和句法功能上也逐渐趋同:在语义功能上它们都获得了指别功能,能作指别性定语和状语,尤其是"是",作指别定语的使用频率很高。例如:

①子曰:"'善人为邦百年,亦可以胜残去杀矣。'诚哉,是言也!"(论语·子路)

②赫赫楚国,而君临之,抚征南海,训及诸夏,其宠大矣。有是宠也而知其过,可不谓"恭"乎?(国语·楚语上)

③之子于归,宜其室家。(诗经·周南·桃夭)

④子西曰:"胜如卵,余翼而长之……"胜闻之,曰:"令尹之狂也!得死,乃非我。"(左传·哀公十六年)

它们在语义上用于称代时,除了它们各自的原始句法功能外,也都获得了除称代性定语以外的其他句法功能,"是"除用作主语和主语复指成分之外,还可以作谓语、宾语和宾语的复指成分,"之"除作宾语和宾语复指成分而外,还可以作主语和谓语。"是"作谓语、宾语和宾语复指成分例:

⑤以卑为卑,卑不可得;以尊为尊,尊不可得,桀、纣是也。(管子·枢言)

⑥若诸侯服,不过三年,不服,不过十年,过是,晋之殃也。(国语·晋语八)

⑦靖恭尔位,正直是与。(诗经·小雅·小明)

"之"作主语和谓语例:

⑧故从母言之,之为贤母也。(战国策·赵策三)——按:《史记·赵世家》作"故从母言之,是为贤母"。

⑨实为夏郊,三代举之。(国语·晋语八)

这样,如果不作仔细的考察和量化分析,似乎它们在功能上已无太大差异。然而,当我们对"是""之"的功能进行仔细的考察和量化分析之后,我们会发现它们在功能上有着一系列的不同,不仅有量的区别,更有用法和指称功能的区别。

2

2.1 先秦时期,兼指代词的格形态逐渐消亡,相应地,这套指示代词在句法功能上也逐渐与近指、远指等指示代词趋同,其内部的格位分工渐趋模糊。不过,在兼指代词内部,不同的代词的发展变化的速度并不一致。就"是"和"之"来看,"是"的发展变化速度要比"之"快,因而,在新的句法功能上两者的使用频率往往表现出明显的差异。下表的数据是根据先

秦十八部文献进行统计得到的:①

	定语	状语	主语	谓语	宾语	宾语复指
是	438	8	1739	472	1050	176
之	170	20	5	17	3145	553

从此表可以看出,"是"除主语功能仍占优势之外,在宾语、定语乃至宾语复指成分等功能上的使用频率也都相当高,尤其是宾语的使用频率,几侔主语;反观"之"字,仍然是以宾语和宾语复指成分为最常见,其他功能的使用频率都不十分高,除状语外,都与"是"字形成比较明显的反差。

2.2 "是"和"之"都有作谓语的用法,但在性质和用法上都有差异。"是"作谓语有体词性和谓词性两种,使用的情况有三种:

(1)作为一个过递小句出现在两个句子之间,此时"是"是谓词性的。例如:

⑩言必当理,率必当务,是,然后君子之所长也。(荀子·儒效)

⑪桓公宿义,须遗冠而行之,则是桓公行义,非为遗冠也。是,虽雪遗冠之耻于小人,而亦遗义之耻于君子矣。(韩非子·难二)

(2)作描写句的谓语,也是谓词性的。例如:

⑫若士必怒,伏尸二人,流血五步,天下缟素,今日是也。(战国策·魏策四)

⑬夫虞之有虢也,如车之有辅,辅依车,车亦依辅,虞、虢

---

① 所统计的十八部文献请参看洪波(1991a)。

之势是也。(韩非子·十过)

(3)作判断句的谓语,是体词性的。例如:

⑭子游曰:"地籁则众窍是已,人籁则比竹是已,敢问天
籁。"(庄子·齐物论)

⑮居恶在? 仁是也;路恶在? 义是也。(孟子·尽心上)

"之"作谓语只有谓词性用法,没有体词性用法,出现在描
写句或陈述句中。例如:

⑯昔者鲧违帝命,殛之于羽山,化为黄熊,以入于羽渊。
实为夏郊,三代举之。(国语·晋语八)

⑰过而不改,又之,是谓之过。(穀梁传·僖公二十二年)

2.3 "是"本是主格代词,作宾语是后起的用法,但到先秦
时期,它作宾语的使用频率已经相当高了。"之"本就是宾格
代词,在先秦时期,尽管它也向其他功能上扩展,但是作宾语
的使用频率仍占绝对优势。在宾语位置上,"是"和"之"的用
法差异比较显著,主要表现在以下几个方面:

(1)在指称功能上,"是"作宾语时只有实指用法没有虚指
用法。所谓实指,即指称对象是实在的确定的;所谓虚指,即
没有实在确定的指称对象。例如:

⑱君子之行也,度于礼,施取其厚,事举其中,敛从其薄,
如是则以丘亦足矣。(左传·哀公十一年)

⑲平子拘展于卞而执夜姑,将杀之。公若泣而哀之曰:
"杀是,是杀余也。"(左传·昭公二十五年)

例⑱中"是"指称的对象是"度于礼,施取其厚,事举其中,敛从
其薄",例⑲中的"是"指称的对象是"展"和"夜姑"。"之"则不
仅有实指功能,也有虚指功能。以下例⑳㉑中的"之"是实指,

而例㉒㉓中的"之"是虚指：

⑳十年春,齐师伐我,公将战。曹刿请见,其乡人曰："肉食者谋之,又何间焉?"(左传·庄公十年)

㉑子女玉帛,则君有之。(国语·晋语四)

㉒孟子曰："求则得之,舍则失之,是求有益于得也,求在我者也;求之有道,得之有命,是求无益于得也,求在外者也。"(孟子·尽心上)

㉓臣闻治之其未乱,为之其未有也。(战国策·楚策一)

(2)在词性上,"是"和"之"作宾语都有体词和谓词两种性质,但在用法上彼此不同。"是"作谓词性宾语,谓语动词限于"如""若""犹"三个比况动词,而"之"作谓词性宾语,句子的谓语动词限于表示心理和知悉的动词。例如：

㉔故王者居九畡之田,收经入以食兆民,周训而能用之,和乐如一,夫如是,和之至也。(国语·郑语)

㉕以若所为,求若所欲,犹缘木而求鱼也。王曰："若是其甚与?"(孟子·梁惠王上)

㉖祭仲曰："都城过百雉,国之害也……今京不度,非制也,君将不堪。"公曰："姜氏欲之,焉辟害。"(左传·隐公元年)

㉗定公曰："前日寡人问吾子,吾子曰:'东野毕之驭,善则善矣,虽然,其马将失。'不知吾子何以知之?"(荀子·哀公)

"之"也作比况动词的宾语,但不是谓词性的,而是体词性的。比较例㉔与㉘：

㉘防民之口甚于防川,川壅而溃,伤人必多,民亦如之。

　　（国语·周语上）

例㉔的"如是"是"像这样"的意思,例㉘的"如之"是"像这一样"的意思,两例中的"是"和"之"是不可以互换的。

　　(3)"是"和"之"都可以作介词宾语,但两者在使用频率和对介词的选择方面都不相同。"是"作介词宾语的使用频率很高,在1050例宾语用例中作介词宾语386例,占37%;"之"虽然本是宾格代词,但作介词宾语的使用频率却很低,在3145例宾语用例中,介词宾语只有68例,只占2%。在与介词的搭配上,两者也大不相同。"是"主要与"以""与""用""于""於""从""自""因""由""乎""为"("因为""为了"义)等介词搭配,"之"一般只与"为"("对于"义)"为"("因为""为了"义)"为"("替"义)"以""因""自"等介词搭配,其中与"对于"义的"为"字搭配的用例就有30例,与"替"义"为"搭配的用例有3例,两者加起来就占"之"介词宾语用例的一半。

　　(4)在分布位置及相关的句法条件上两者也不完全一致。"是"和"之"作宾语在分布位置上虽然都以分布在谓语动词之后为常态分布,但都可以分布在谓语动词之前。"是"分布于谓语动词之前可以分为无标记和有标记两种,无标记前置即直接置于谓语动词之前,而不需要借助于任何句法条件或标记手段,这种情况在《诗经》中出现最多;有标记前置又分两种,其一是用"之"作标记手段,其二是在否定句中。例如:

　　㉙中田有庐,疆场有瓜,是剥是菹,献之皇祖。(诗经·小
　　　雅·信南山)

　　㉚若狄公子,吾是之依兮。(国语·晋语三)

㉛惠公蠲其大德,谓我诸戎是四岳之裔胄也,毋是翦弃。

　　(左传·襄公十四年)

此外,"是"作宾语前置,在先秦时期时间越早,出现的频率越高,在《诗经》里"是"作宾语共 16 例,一律前置,到《吕氏春秋》里,除了作介词"以"的宾语以外,已几乎见不到前置的用例了。

　　"之"作宾语前置,都是有标记的,而且一律出现在否定句中,也没有时代越早出现频率越高、时代越晚出现频率越低的衰减现象。此外,"之"和"是"在否定句中作宾语前置时,对否定词也有不同的选择。"是"字句的否定词一般都是"不"(8 例),只有个别例子用"未"(1 例)和"毋"(1 例)。例如:

　　㉜其岁,收田一井,出稷禾、秉刍、缶米,不是过也。(国语·鲁语下)

　　㉝栾魇曰:"晋国之命,未是有也。"(左传·襄公十四年)

当否定词是"莫"时,"是"作宾语一律不前置。例如:

　　㉞曰:"在慎取相,道莫径是矣。"(荀子·君道)

"之"字句的否定词绝大多数是"未"(56 例)和"莫"(17 例)"无"(功能同"莫",见于《荀子》97 例),"不"一例未见,"弗"字仅 1 例(见于《墨子·鲁问》)。例如:

　　㉟昔君之惠也,寡人未之敢忘。(国语·晋语三)

　　㊱岂若匹夫匹妇之为谅也,自经于沟渎而莫之知也?(论语·宪问)

　　㊲周而成,泄而败,明君无之有也。(荀子·解蔽)

　　(5)"是"和"之"有作动词"谓"的宾语的用例,但两者的使

用情况不一样。"是"作"谓"的宾语,"谓"一般只带一个宾语①,"是"一般都分布在"谓"前,用"之"复指②。例如:

⊗《诗》曰:"不解于位,民之攸塈。"其是之谓矣。(左传·成公二年)

㊴曰:"是诗也,非是之谓也。"(孟子·万章上)

"之"作"谓"的宾语时,"谓"一律带双宾语,"之"为近宾语,皆分布于"谓"后。例如:

㊵王以黄钟之下宫,布戎于牧之野,故谓之厉,所以厉六师也。(国语·周语下)

㊶言未及之而言谓之躁,言及之而不言谓之隐,未见颜色而言谓之瞽。(论语·季氏)

2.4 "是"和"之"都可以用作复指成分,"复指"是王力提出来的,实际上是起标记作用。在这一功能上两者也有不少差异。《马氏文通》已经注意到这一点,说:"凡止词先乎动字者,倒文也。如动字或有弗辞或为疑辞者,率间'之',辞气确切者,间参'是'字。"③不过,"是"与"之"的区别并不仅此而已。

首先,从使用频率看,二者是不均等的。

其次,"是"作复指成分既可以复指宾语,也可以复指主

---

① "是"作"谓"的宾语时,"谓"带两个宾语的情况在我们调查的语料中只发现两例。其中一例是:"苟简,易养也;不贷,无出也。古者谓是采真之游。"(庄子·天运)

② "是"出现在"谓"后的我们只发现一例:"谓是,则是固美也。"(墨子·经说下)

③ 《马氏文通》251页,商务印书馆,1983年。

语,而"之"只有复指宾语的功能。"是"复指主语的例子如:

㊷哀哉不能言,匪舌是出,维躬是瘁。(诗经·小雅·雨

　无正)——按:高亨《诗经今注》:"'出'同'拙'。"

㊸骐骝是中,騧骊是骖。(诗经·秦风·小戎)

　　第三,"是"作复指成分的功能在先秦时期时代越早使用
频率越高,《诗经》里有 54 例(包括复指主语和复指宾语),到
《战国策》《吕氏春秋》等战国晚期的作品里则只有一二例了。
这说明"是"的这种功能在先秦时期不仅已由盛转衰,而且已
渐趋消亡。"之"则不然,在整个先秦时期它的这种功能始终
比较活跃,《诗经》里有 20 例,《吕氏春秋》里有 34 例。

　　第四,在复指宾语的用法上,"是"和"之"的分布环境不尽
相同。"之"可以分布于"O-V(P)""唯 O-V""何 O-V""O-
negV"四种格式当中。例如:

㊹周卑,晋继之,为范氏,其此之谓也?(国语·晋语八)

㊺富而不骄者鲜,吾唯子之见。(左传·定公十三年)

㊻是何罪之有哉?其皮为之灾也。(庄子·山木)

㊼吕甥曰:"君亡之不恤,而群臣是忧,惠之至也。"(左传·

　僖公十五年)

　　"是"可以出现于"O-V",和"唯 O-V"两种格式,但不出现
于"何 O-V""O-negV"两种格式。例如:

㊽戎狄是膺,荆舒是惩。(诗经·鲁颂·閟宫)

㊾无若丹朱傲,惟漫游是好。(尚书·皋陶谟)

　　"是"除分布于以上两种语境之外,还可以出现于"将 O-
V"格式,这种格式是"之"所没有的。例如:

㊿将虢是灭,何爱于虞?(左传·僖公五年)

(51)君人者,将祸是务去,而速之,无乃不可乎?(左传·隐公三年)

3

以上我们对指示代词“是”和“之”在先秦时期的功能差异进行了比较,可以看出,“是”和“之”在先秦时期虽然在功能上有趋同的倾向,但是两者的差异还是很明显的,表现在很多方面。不仅如此,它们在语用意义上也存在着不同之处。“是”在指别或称代的同时,在语用上还有“确认”的意义①,因而它可以构成“A,B 是也”的特殊句型以及“于是乎”“(当)是时也”“是 Np 也”等一些固定格式或短语,表示“就是如此”“就在……的时候”“就是……”等确认和强调的语用意义。例如:

(52)夫成天地之大公者,其子孙未尝不章,虞、夏、商、周是也。(国语·郑语)

(53)公曰:“何贵何贱?”是时也,公繁于刑,有鬻踊者,故对曰:“踊贵而屦贱。”(晏子春秋·内篇杂下)

(54)二十一年,以诸侯朝王于衡雍,且献楚捷,遂为践土之盟,于是乎始霸。(国语·周语上)

“是”的这种语用意义也是“之”所没有的。

(原载《语苑集锦:许威汉先生从教 50 周年纪念文集》,上海教育出版社,2001 年)

---

① “是”具有“确认”义,洪诚在 20 世纪 50 年代就已经发现了,参看洪诚《论南北朝以前汉语中的系词》。

第二章　上古汉语
形态问题

先秦汉语"见"类动词的清浊
交替及其来源

0 引言

　　先秦汉语清浊交替现象通过汉代经师的口耳相传而留存下来，最后著录于东晋以后的反切注音材料当中。由于清浊交替现象在六朝时期的口语里已经整体上消亡了，所以当时的一些学者就开始怀疑它的语言真实性。北齐颜之推在《颜氏家训·音辞篇》里说："江南学士读《左传》，口相传述，自为凡例。军自败曰败，打败人军曰败，补败反，诸传记未见补败反，徐仙民读《左传》，唯一处有此音，又不言自败败人之别。此为穿凿耳。"这"（江南学士）自为凡例"的断语影响了之后一千多年的学术研究，直到清代，小学家们仍认定这种现象是六朝经师人为造成的，因而不予理睬。钱大昕《十驾斋养新录·卷五·一字两读》云："依颜氏所说，是一字两读，起于葛洪，而江左学士转相增益。其时河北诸儒犹未深信，逮陆法言《切韵》行，遂并为一谈，牢不可破矣。"到 20 世纪，一些学者才开始重视这些保存在六朝训诂著作中的清浊交替现象和去声别义现象的形态学价值，高本汉（1949，1956）、周法高（1953，1962）、周祖谟（1966）、王力（1965，1980）、俞敏（1980）、梅祖麟（1989，2008）、潘悟云（1991）、金理新（2005b，2006）等做了不少有价值的探索和研究工作。

　　对于清浊别义的功能，最早注意到的是区分自动和使动。

前引《颜氏家训》云"军自败曰败,打败人军曰败,补败反",说的就是自动和使动的区分,此为陆德明所采信。《经典释文·序录》:"及夫自败蒲迈反败他蒲(补)败反之殊,自坏呼怪反坏撤音怪之异,此等或近代始分,或古已为别,相仍积习,有自来矣。"这一点也为现代学者所接受,周法高(1953,1962)、王力(1965,1980)、梅祖麟(1989,2008)、潘悟云(1991)等都有进一步的论述,已经成为一种定论。

周法高(1953,1962)则注意到,清浊别义不仅仅区分自动使动,还区分完成体(既事式)与非完成体。他举了"见""解"等六个例子。然而,周氏的这一观点至今申论者盖寡,而他所举的例证在其他学者那里则有不同的看法。如"见"字的清浊两读,王力(1965,1980)起初认为也是自动和使动的区别,后来又认为是主动和被动的区别;白一平(1992)和金理新(2006)也认为是主动与被动的区别。鉴于此,我们认为有必要对先秦汉语清浊别义现象做进一步的研究。

本文以《经典释文》《群经音辨》所收录的先秦典籍的音注材料为主要线索,以"见""解"为典型案例,立足于形态—句法来探讨先秦汉语清浊别义现象,主要想廓清"见"类动词清浊别义的来源问题。为了表述方便,下文把浊声母"见"写作"见浊",把清声母"见"写作"见清"。"解"字仿此。

1 "见"字的清浊交替

1.1《广韵》:"见,视也,古电切;露也,胡甸切。"《群经音辨》:"上临下曰见,古甸切,下朝上曰见,胡甸切。"又"视之曰见,古甸切,示之曰见,胡甸切。"所谓"上临下"实与"视之"为同一个义项,因此,在先秦汉语里"见清"是一个自主的及物动词,其基本的句法构造是"NP_1+见+NP_2"。例如:

①冬十二月,齐侯游于姑棼,遂田于贝丘。见大豕。(左传·庄公八年)

②使子路反见之,至,则行矣。(论语·微子)

1.2 "见浊"据《广韵》和《群经音辨》有三个义项:①露也;②示之;③下朝上。实际上,义项②③均从义项①的使动用法而来。这三个义项的"见浊"的用法分别如下。

"见浊"为义项①时是一个非宾格动词(unaccusative verb),作句子谓语动词的基本句法构造是"NP+见",按照非宾格动词理论,句式中的 NP 在语义上是"见浊"的深层受事成分。例如:

③凡祀,启蛰而郊,龙见而雩,始杀而尝。(左传·桓公五年)

④士文伯曰:"火见,郑其火乎!"(左传·昭公六年)

此外,这个意义上的"见浊"还可以作定语。例如:

⑤其同人曰"见龙在田";其大有曰"飞龙在天";其夬曰"亢龙有悔",其坤曰"见群龙无首,吉";坤之剥曰"龙战于野"。(左传·昭公二十九年)

⑥皋陶之状,色如削瓜。闳夭之状,面无见肤。(荀子·非相)

⑦今道虽不可得闻见,圣人执其见功以处见其形,故曰:"无状之状,无物之象。"(韩非子·解老)

例⑤的"见龙""见群龙"比照"飞龙""亢龙"的句法,均应为定语,而非谓语动词。例⑥"见肤"意即"显露之肤",故杨倞注云

"言多鬐髵蔽其肤也"。例⑦"见功"即"显现之功""可见之功"。

"见浊"的义项②实为义项①的使动意义,所谓"示之",实即"使显露,使呈现",作谓语动词能构成两种基本句式:

型 A:NP$_1$＋见＋NP$_2$

型 B:NP$_1$＋见＋NP$_2$＋於＋NP$_3$

型 A 例如:

⑧王曰:"杀女,我伐之。"见犀而行。(左传·宣公十四年)

⑨七日,新城西偏将有巫者而见我焉。(左传·僖公十年)杨伯峻注:"盖谓己将凭附巫者而表现也。"

型 B 例如:

⑩诸侯将见子臧於王而立之。(左传·成公十五年)

⑪止子路宿,杀鸡为黍而食之,见其二子焉。(论语·微子)

此义项的使动用法与一般的不及物动词的使动用法稍有不同的是,一般的不及物动词用作使动时只增加一个论元成分,即使事主语,而"见浊"的使动用法则是增加两个论元成分,一个是使动主语(NP$_1$),另一个是对象宾语(NP$_3$)。对象宾语在型 A 中没有出现,但实际上也是蕴含着的。从语义角色角度看,此义项所构成的句式中的 NP$_1$ 是使役施事成分(使役者);NP$_2$ 的语义角色等同于义项①中 NP 的语义角色,只是在这里充当了使役受事成分(受事者);NP$_3$ 是感事成分(感事者),其语义关系是:使役者通过使役行为使感事者见到受事者。

"见浊"为义项③时作谓语动词也能构成两种基本句式:

型 A:NP_1＋见＋NP_2

型 B:NP_1＋见＋於＋NP_2

型 A 例如:

⑫初,王儋季卒,其子括将见王而叹。(左传·襄公三十年)

⑬载见辟王,曰求厥章……率见昭考,以孝以享。(诗经·周颂·载见)

型 B 例如:

⑭襄仲欲立之,叔仲不可。仲见于齐侯而请之。齐侯新立,而欲亲鲁,许之。(左传·文公十八年)

⑮冉有、季路见於孔子。(论语·季氏)

此义项下型 A 的表层形式与"见清"所构成的句式是一样的,然而其深层结构关系以及论元成分的语义角色都是不同的。此型中的 NP_2 与型 B 中的 NP_2 语义角色相同,而型 B 中的 NP_2 用介词"於"引介充当旁格宾语(oblique object)。我们知道先秦汉语典型及物动词的受事成分作宾语是不用介词"於"引介的,比如"见清"的受事成分就只能充当直接宾语,因此,"见浊"此义项所构成的两种句式中的 NP_2 显然不是受事成分。我们认为,这两种句式中的 NP_1 实际上是深层受事成分,与义项②所构成的句式中的 NP_2 的语义角色相同;而 NP_2 是深层感事成分,与义项②所构成的句式中的 NP_3 的语义角色相同。其表层形式是经过如下转换过程得到的:

NP_1＋见→(使动)见＋NP_1＋於＋NP_2→(NP_1 提升)NP_1＋见＋於＋NP_2→("於"删除)NP_1＋见＋NP_2

有两个事实可以证明以上转换过程。其一是在此义项所构成
的句式中,NP$_2$可以不出现,且"见浊"可以与其他不及物动词
构成连动式,说明此义项之"见浊"本是一个不及物动词。例
如:

⑯刿曰:"肉食者鄙,未能远谋。"乃入见。(左传·庄公十
　年)

⑰齐侯田於莒,卢蒲嫳见,泣,且请曰:"余发如此种种,余
　奚能为?"(左传·昭公三年)

例中"入见""见,泣"皆为连动结构,"入""泣"皆为不及物动
词。

其二,此义项所构成的句式中的 NP$_1$ 有反身形式。例
如:

⑱牛谓叔孙:"见仲而何?"叔孙曰:"何为?"曰:"不见,既
　自见矣,公与之环而佩之矣。"(左传·昭公四年)

例中"见仲而何?"《释文》:"见,贤遍反。下及注并'杜泄见'
同。"杨伯峻注:"言使仲壬见昭公,确立其承嗣地位,如何也。"
据《释文》,"不见""自见"皆为"贤遍反"。从语义上看,"不
见"和"自见"实即"不要使(仲)见""使自己见",两"见"字都是
使动用法,与义项②的用法相同。我们知道反身代词"自"按
分布规律出现在动词之前,而功能上则相当于动词的受事宾
语。此例中的反身代词称代的是承前省略了的 NP$_1$(仲),但
在这里它扮演了双重语义角色,既是使役施事成分,也是使役
受事成分。

以上两点说明:句式中的"见浊"实际上是使动用法,而
NP$_1$ 在语义上就是受使役的对象(使役受事),因此,转换式的

第二步是实际存在的。当 NP₁ 充当使役受事成分时,它实际上是双重语义角色,既是使役受事,又是使役施事,这种双重语义角色使得它被提升为句子的主语,从而形成了转换式的第三步。而型 B 句式的存在以及义项②之型 B 句式都说明此型 A 中 NP₂ 的句法地位确实是通过删除介词"於"而实现的(此型中 NP₂ 的语义角色与义项②型 B 中 NP₃ 的语义角色相同)。

根据以上分析,我们有理由认为"见浊"义项③也是从义项①的使动用法而来,实际上可以与义项②合并,是义项②的一个功能变体。至于这种"下见上"为什么要采用这样的表达方式,应该与语用上的礼貌原则有关。这一点,我们可以从"见清"与"见浊"参见的语境中清楚地看出来:

⑲楚公子弃疾如晋,报韩子也。过郑,郑罕虎、公孙侨、游吉从郑伯以劳诸柤,辞不敢见。固请,见之。见如见王。以其乘马八匹私面。见子皮如上卿,以马六匹;见子产以马四匹;见子大叔以马二匹。(左传·昭公六年)

例中"辞不敢见,固请,见之,见如见王"四个"见"《释文》均注为"贤遍反",而下文"见子皮""见子产""见子大叔"中的"见"《释文》均未注音,即视同"如字",为"见清"。从"辞不敢见"至"见如见王"说的是楚公子弃疾见"郑伯",为"下见上",而下文"见子皮"等则是卿大夫之间的平级会见,"见浊"的用法表示尊崇礼貌一目了然。

2　"解"字的清浊交替

2.1 上一节所讨论的"见"字的清浊交替和引言中提到的"败"字的清浊交替有着显著不同。"败浊"是自动用法，"败清"是使动用法，其清浊交替体现的是自动与使动的对立。"见"则不然，"见清"是一个自主及物动词，但不是"见浊"的使动形式，而"见浊"则既有自动用法，也有使动用法。因此，"败""见"二字的清浊交替显然是两类不同的清浊交替现象。

"败"字的清浊交替前人已经研究得很清楚，梅祖麟（2008）结合汉藏语历史比较进一步指出，这种清浊交替实来源于更早时期的使动前缀 *s-。他说："上古汉语跟缅彝语很像，都有个 *s-前缀，也都有动词的清浊别义。缅彝语的浊清别义的来源是使动化 *s-前缀，因此，上古汉语的浊清别义也是来自 *s-前缀。"不过梅先生把上古汉语清浊别义现象全归结为使动前缀 *s-的影响，这是不对的。根据上文对"见"字的分析，我们知道，"见"字的清浊交替并不在此列。"败""见"两类不同的清浊交替现象还可以统一于同一个字当中，"解"字就是如此。

2.2 "解"字在先秦两汉时期音义都非常复杂，根据《经典释文》和《群经音辨》，"解"的音义可概括如下：①判也，古买反。从这个义项又引申出"解脱"义和"解除"义，音同。②散也，胡买反。③使散，胡买反。④理解，晓，户买反。⑤使理解，使明白，佳买反。⑥懈怠，佳卖反。⑦解释（名词），户卖反。这七个义项中，⑥⑦两个义项涉及去声别义问题，本文不予讨论，前五个义项均涉及清浊交替，按音义关系可分为两组,①②③为一组,④⑤为一组。

　　我们先看义项④⑤这一组。义项④是个较晚产生的义项,有不及物用法,其最小构句形式是"NP＋解"。例如:

　　⑳大惑者,终身不解;大愚者,终身不灵。(庄子·天地)

　　㉑善问者如攻坚木,先其易者而后其节目,及其久也,相说以解。(礼记·学记)

也可以带内容宾语,构成"NP₁＋解＋NP₂"句式。例如:

　　㉒其解之也,似不解之者;其知之也似不知之也,不知而后知之。(庄子·徐无鬼)

内容宾语也可以用介词引介,充当旁格宾语。例如:

　　㉓且万化而未始有极也,夫孰足以患心? 已为道者解乎此。(庄子·田子方)

　　义项⑤是义项④的使动用法,用例不见于先秦文献,汉代以后亦罕见。例如:

　　㉔子曰:"由之瑟奚为於丘之门?"门人不敬子路。子曰:"由也升堂矣,未入於室也。"(论语·先进)东汉马融注云:"升我堂矣,未入於室耳。门人不解,谓孔子言为贱路,故复解之。"《释文》:"不解,音蟹。"

例中"故复解之"意即"故复使之解"。"解"为使动用法。《释文》于前一"解"下注音,而此"解"不注音,当视为"如字",音"佳买反"。

　　根据以上用例及其音义,我们可以看出"解"字在④⑤两个义项上构成清浊交替,从用法上看,义项④是自动,义项⑤是使动。因此"解"字在"理解、明白"这个义项上与"败"属于同一类,其清浊交替体现的是自动与使动的对立。

"解"之①②③三个义项的用法如下。义项①及其引申义"解脱""解除"都是自主及物动词,可以构成"NP₁＋解＋NP₂"句式,在语义上 NP₁ 是施事,NP₂ 是受事。例如:

㉕庖丁为文惠君解牛。(庄子·养生主)

㉖侍坐於长者,屦不上於堂,解屦不敢当阶。就屦,跪而举之。(礼记·曲礼上)

㉗挫其锐,解其忿,和其光,同其尘。(老子·道经)

此义项下还可以构成受动结构。例如:

㉘善结,无绳约不可解。(老子·道经)

㉙南方无穷而有穷,今日适越而昔来。连环可解也。(庄子·天下)

义项②是非自主不及物动词,最小成句单位是"NP＋解",在语义上,NP 是"解"的深层受事。例如:

㉚天地解,而雷雨作。(周易·解卦·象辞)

㉛且彼方跐黄泉而登大皇,无南无北,奭然四解,沦於不测。(庄子·秋水)

义项③是义项②的使动用法,可以构成"NP₁＋解＋NP₂"句式,在语义上,NP₁ 是使役施事,NP₂ 是使役受事。例如:

㉜及入,宰夫将解鼋,相视而笑。(左传·宣公四年)

㉝故君子苟能无解其五藏,无擢其聪明;尸居而龙见,渊默而雷声,神动而天随,从容无为而万物炊累焉。吾又何暇治天下哉!(庄子·在宥)

从形式上看,此义项的用法与义项①的用法没有区别,但是据《经典释文》,它们在读音上是不相同的,义项①是清声母,而此义项则是浊声母,《释文》注为"音蟹"。①

　　单纯从语义关系角度看,义项①似乎可以分析为从义项②的使动用法而来,然而从《经典释文》的音注材料来看,这种分析显然是不正确的。义项③的存在告诉我们,"散"义之"解"的使动用法是通过句法手段实现的,而非通过清浊交替的形态手段实现的。这样看来,"解"之①②③三个义项的用法应该归入"见"类,清声母读法与其使动用法无关。

3　"见"类动词清浊交替的来源

　　3.1　根据我们对"见""解"的分析,结合前人对"败"等清浊交替现象的研究,可以提出这样一个诊断条例:在先秦汉语里,如果一个字有清浊两读,其浊声母形式表示自动而清声母形式表示使动,则属于"败"类清浊交替;如果一个字的浊声母形式表示自动,或兼表使动,而其清声母形式不表示使动的,属于"见"类清浊交替。"败"类清浊交替所表示的自动与使动的对立是用屈折形态手段体现出来的,这种自动与使动的对立是一种原生性形态—句法现象;"见"类动词的清浊交替与自动和使动的对立无关,其使动用法是通过句法手段体现出来的,是先秦时期使动句法基模(causative syntactic schema)的一种类推,因此其使动用法是一种派生性句法现象。

　　3.2　"败"类清浊交替是更早时期的使动前缀 *s-的影响所

---

　　①　按:《释文》中对于"解"字的这种用法的音注显然分新旧两派,旧派读为"音蟹",新派读为"如字",所以这种用法基本上都有两读。这说明"解"字的这种用法中古以后在读音上已经并入义项①。

致,体现的是自动和使动的对立(梅祖麟 2008),"见"类清浊交替不是体现自动和使动的对立,那么这类清浊交替是怎样产生的呢,其原初功能和形式又是什么呢?

周法高(1953,1962)认为"见"类清浊交替是既事式与非既事式的对立,也就是完成体与非完成体的对立。他举了六个这类清浊交替的例子:解、见、系、著、属、折。周氏所举的这六个例子是否都恰当,需要按照我们上面提出的诊断条例去验证,但是他提出的完成体与非完成体的对立值得我们重视。实际上,这种提法的发明权还不在周法高那里,早在唐代,孔颖达已经发现了这种对立。《周易·解卦》孔《疏》云:"解有两音:一音古买反,一音胡买反。解(引者按:古买反)谓解难之初,解(引者按:胡买反)谓既解之后。"下面我们仍以"见""解"作为典型案例来讨论它们的清浊交替是否和完成体与非完成体的对立有关。

3.3 根据我们对先秦典籍的调查,"见浊""解浊"的自动用法确实基本上都是表示一种完成的既成的状态,如上文"见浊"之例③④,"解浊"之例㉚㉛,此外,"见浊"的自动用法还可以作定语,也是以完成体形式表示一种既成的状态,如上文例⑤⑥⑦。在一些"见清"与"见浊""解清"与"解浊"参见的语境中,它们的完成体用法与非完成体用法也显而易见。例如:

㉞樊迟退,见子夏,曰:"乡也吾见於夫子而问知。"(论语·颜渊)

㉟庖丁为文惠君解牛……庖丁释刀对曰:"……始臣之解牛之时,所见无非全牛者……动刀甚微,謋然已解,如土委地……"(庄子·养生主)

例㉞第一个"见"为"见清",表示未完成事件;第二个"见"《释文》"贤遍反",是"见浊",表示既成事件。例㉟中有三个"解",前两个"解"所表示的都是未完成事件,《释文》无音注,即为"解清",第三个"解"表示的是既成事件,《释文》注谓音"蟹",为"见浊"。

以上事实表明"见浊""解浊"的自动用法确实是一种完成体用法。不过,"见浊""解浊"的使动形式并不限于表示既成状态或者既成事件,也有用于将然语境或未然语境的例子,如上文"见浊"的例⑨⑩⑫⑯,"解浊"的例㉜㉝。而且,我们还可以发现,与"见浊""解浊"相应的"见清""解清"也有表示既成事件或既成状态的例子。例如:

㊱遵彼汝坟,伐其条肄。既见君子,不我遐弃。(诗经·
周南·汝坟)

㊲见公之足于户下,遂弑之。(左传·庄公八年)

㊳公使人视之,则解衣般礴裸。(庄子·田子方)

㊴卢蒲癸自后刺子之,王何以戈击之,解其左肩。(左传·
襄公二十八年)

这些现象的存在表明,如果认为先秦时期"见""解"的清浊交替仍是一种完成体与非完成体构形的区别,显然是不能成立的。但是这并不意味着"见""解"的清浊交替不是来自完成体与非完成体的对立。我们认为,在先秦时期,动词的完成体已不是一种构形形态现象,一些动词的完成体形式已经以词汇形式被固定下来进入了词汇系统,这些动词的完成体形式以非宾格(unaccusative)或者非作格(unergative)不及物动词或形容词面貌重新参与句法运作,"见浊""解浊"的使动用法就是这种"词化"之后重新参与句法运作的一种体现。由于它们"词化"之后已不再体现完成体构形形态,所以它们可以出现于未然或将然语境,而其自动用法由于语法的惯性,仍然基本上限于表示既成事件或状态。

3.4　先秦汉语"见"类动词的浊声母形式是同根清声母形式的完成体形式,这个完成体形式的浊声母应该是受更早时期的某种完成体前缀的影响所致。据柯蔚南(1984)的研究,书面藏语的完成体(既事式)形态形式是 b—s,或 b—。吴安其(1997)根据汉藏语的比较研究,提出在原始汉藏语里的完成体前缀不仅有 *b-,还有 *g-(*G-)。就先秦或更早时期的汉语来说,虽然确实可能存在一个完成体后缀 *-s(参见金理新2005a),但是这个后缀并不总与浊声母相配。我们知道,汉语的去声调来源于后缀 *-s,而"解"字的完成体形式中古读"胡买反",就充分证明在先秦时期"解"的完成体形式没有后缀 *-s。至于导致词根声母浊化的完成体前缀究竟是 *b-还是 *g-(*G-),抑或是其他形式,还需要通过汉藏语历史比较的进一步研究和上古汉语语音、形态的进一步研究才能确定,但有一点可以肯定,这个完成体前缀肯定是一个浊音形式,它导致了词根声母的浊化。

3.5　最后有一个问题需要提出来加以辩证。高本汉(1949,1956)把"见"字的清浊交替看作是主动与被动的区别,他把"见清"翻译成 to see,把"见浊"翻译成 to be seen。这种看法为不少人所采信,如王力(1980)、白一平(1992)、金理新(2006)等,孙玉文(2000,2004)和宋亚云(2006)还对这种观点作了进一步的申论。这样来看待"见"字的清浊交替有以下几个方面的问题。首先,学者所指出的通过声母清浊交替区分主动与被动的例证只有"见",是个孤证。其次,"见浊"有典型的不及物动词用法,如果把"见浊"看作"见清"的被动形式,像古典拉丁语动词的被动形式那样,就无法解释"见浊"的典型不及物用法,除非把不及物的"见浊"看作一个不相干的词。第三,"见浊"有大量使动用例,因此把它看作被动形式,无法解释这些使动用例,也无法解释一个被动形式为何还可以同时表达使动意义。第四,事实上只有"见浊"义项③的型 B 句式在形式上类似于通常所认为的被动句式,然而,此义项下型 A 句式的存在使得我们无法把这种句式看作被动句式,因为,即使如我们前文所说型 A 的 NP$_2$ 的句法地位是通过删除介词"於"而实现的,我们也无法逾越一个障碍,那就是在先秦汉语里我们找不到其他动词的被动用法是采用与主动态完全一致的句法形式。第五,如果"见浊"是一个被动形式,为什么它只限于"下见上"这一个义项上? 这也是无法解释的。根据以上五点,我们认为把"见"字的清浊交替看作区分主动与被动是不能成立的。至于有人认为"见"字本身就含有结果义,与完成体(既事式)的意思是一样的(孙玉文 2004),这是个误会。完成体是动词的构形,而动词含有结果义则是动词本身的语义特征。比如英语的 kill 即包含结果义,但同样可以有完成体形式。

4　结语

在先秦汉语里,"败浊""见浊""解浊"都属于非宾格动词。顾阳(1996)在介绍非宾格动词理论时指出:"通常认为,非宾格动词表示一种状态的改变,这类动词不仅在英语中,而且在其他不少语言中都可以与使役动词构成对应。在理论研究中,语言学家们常常将能否找到相应的使役动词看作验证非宾格动词的一个标志。"本文的研究表明,"败"类动词的使动用法是通过形态—句法手段来体现的,而"见"类动词的使动用法则是通过单纯的句法手段来体现的,这说明先秦汉语有两类不同的非宾格动词,"败浊"类是原生性非宾格动词,而"见浊"类是派生性非宾格动词,这类动词是从相应清声母及物动词的完成体形式进入非宾格动词行列的。尽管先秦汉语非宾格动词并不止这两类,但是弄清这两类非宾格动词的来源,对于先秦汉语非宾格动词的研究以及使动形态的研究都是非常有价值的。

(本文与杨作玲合写,原载《民族语文》2010 年第 1 期)

上古汉语 *-s 后缀的指派旁格功能

去声别义现象指的是文献中以去声和非去声（平、上、入）的对立（或交替）以改变根词语法性质或语法功能的现象。据《经典释文》和《群经音辨》，这种现象很常见。

去声别义至晚也是在汉代产生的。在汉代到六朝时期，去声别义是当时文学语言里的一种形态学现象。最早著录去声别义现象的是东汉的郑玄、高诱等学者，此后经师们传习先秦典籍时都很注意音读，尤其是去声别义现象，唐代陆德明《经典释文》把传习下来的音读汇集起来，成为我们现今了解汉代到六朝时期去声别义现象的第一部汇典。王力说："……依《释名》看来，也可能在东汉已经一字两读。陆德明在《经典释文》里，凡注音的地方，大概都是'读破'的地方。可见，在中古这种用声调变化来表示形态的方法是很盛行的。我们还不敢断言在一般口语里完全存在着这些区别；但是，应该肯定地说，在文学语言里，这种区别是存在的。"（1989，253 页）

说去声别义至晚也是汉代产生的，不等于说汉代以后采用去声来体现的形态现象也是汉代产生的。汉语四声是一个历史现象，而去声则又是四声中较晚产生的一个调。据欧德里古尔（A. G. Haudricourt，1954），汉语的去声调来源于上古早期的 *-s 尾，这个观点得到汉藏比较研究的支持，有比较强的说服力，尽管现在看来，*-s 尾不一定是去声的唯一来源。

我们现在所能见到的跟去声别义有关的音注材料最早就

是汉代的,但去声别义不仅可以从汉代以后的音注中看出来,也可以从同族词(cognate words)和古今字等典籍异文中看出来,有一部分去声别义现象所反映的形态现象还可以跟亲属语言比较(梅祖麟1980)。综合这些材料,可以肯定,去声别义所体现的形态现象乃是周秦汉语就存在的一种语法现象,而绝非汉代以后产生的。那么,根据去声的来源就可以推知,在汉代以后用去声来体现的形态现象,在周秦时期或更早是用*-s尾来体现的,这就是本文所讨论的*-s后缀。

1   前人对周秦汉语*-s后缀功能的研究

宋代贾昌朝《群经音辨》开始对去声别义的功能进行分析和归纳。惜乎清儒因不相信去声别义的实际语言价值而使该项研究在清代小学中阙如。近代学人中较早瞩目四声别义的是周祖谟,其《四声别义释例》完成于1946年。其后周法高(1953,1962)和英国人唐纳(G. B. Downer,1959)则开始比较明确地用形态学眼光来看待和分析去声别义现象。文献所录之去声别义的条理经过他们的研究而逐渐清晰起来。周祖谟(1966,81—119页)将去声别义的功能区分为两大类11小类:

A. 因词性不同而变调者:

①区分名词用为动词;②区分动词用为名词;③区分自动词变为他动词或他动词变为自动词;④区分形容词用为名词;⑤区分形容词与动词;⑥区分名词之时间词用为动词;⑦区分数词用为量词。

B. 因意义不同而变调者:

①意义有彼此上下之分,而有异读;②意义别有引申变转,而异其读;③意义有特殊限定而音少变;④意义相若,略有分判,音读亦变。

唐纳(1959,258—290 页)将去声别义的功能区分为八类:

A. 基本形式是动词性的——转化形式是名词性的;B. 基本形式是名词性的——转化形式是动词性的;C. 转化形式是使谓式的;D. 转化形式是表效果的;E. 转化形式具有变狭的意义;F. 转化形式是被动的或中性的;G. 转化形式用作副词;H. 转化形式用在复词中。

周法高将去声别义现象和清浊别义现象统一起来加以考察,起初将去声别义和清浊别义的功能分为七类,后来又扩充到八大类共 14 小类。下面是他在《中国古代语法·构词篇》中对去声别义和清浊别义功能的归纳:

(一)非去声或清声母为名词,去声或浊声母为动词或名谓式。

(二)非去声或清声母为动词,去声或浊声母为名词或名语。

(三)形容词:A. 去声为他动式;B. 非去声为他动式;C. 去声为名词。

(四)方位词:A. 去声为他动式;B. 非去声为他动式。

(五)动词:A. 去声或浊声母为使谓式;B. 非去声或清声母为使谓式;C. 非去声为自动式,去声为他动式。

(六)主动受动关系之转变:A. 上和下的关系;B. 彼此间的关系。

（七）去声或浊声母为既事式。

（八）去声为副词或副语。

继二周和唐纳之后，王力（1965）和吴安其（1996）也曾讨论过一部分去声别义现象，而梅祖麟则较早结合汉藏语比较来研究去声别义现象。梅祖麟（1980）根据汉藏语比较提出去声别义（*-s 后缀）的三种功能：名词化功能、名谓化功能和把内向动词变为外向动词的功能。金理新（2005a，2005b）也结合藏文的比较研究去声别义现象，他提出去声别义（*-s 后缀）有标记完成体功能和标记受格动词功能，其中完成体功能就是周法高所讲的"既事式"功能，唐纳所归纳的 D 类"转化形式是表效果的"一类，也说的是同类现象。对于去声别义标记完成体的功能，《群经音辨》已发端倪，该书所立的条例中有一条是"既某曰某"，共举了 10 个案例，其中 5 个案例属于去声别义。所谓"既某"，指的就是业已完成的动作行为或者变化，即"既事式"，也就是完成体。

综合迄今各家对去声别义的研究，有两条基本上可以确定下来了，那就是名词化功能和完成体功能。这两条不仅在古代注音中多有反映，而且都有藏语同源词可资比较和对应。我们把起名词化作用的 *-s 后缀叫做 $*-s_1$，把标记完成体的 *-s 后缀叫做 $*-s_2$。不过这里有一点必须澄清，$*-s_1$ 后缀的名词化功能实际上是一种转指功能，也就是当一个动词性词根加上名词化后缀 $*-s_1$ 之后，并非直接将这个动词词根变成名词，而是转指与该动词词根所表示的动作行为相关的事物。请看周法高（1962）所举的一些例子：

①采：取也，仓宰切（上声）；所以取食曰采，仓代切（去

声)。《左传·庄公元年》经注:"单伯采地。"《释文》卷
十五:采地:七代反。

②将:持也,即良切(平声);持众者曰将,即亮切(去声)。
《左传·庄公十年》经注:"犹未合典礼,故不称将率。"
《释文》卷十五:将率:子匠反。

③令:使也,力丁切(平声);所使之言谓之令,力政切(去
声)。《左传·僖公九年》:"令不及鲁,故不书。"《释文》
卷十五:令不及鲁:力政反,本又作命。

④藏:入也,徂郎切(平声);谓物所入曰藏,徂浪切(去
声)。《周礼·春官·天府》:"掌祖庙之守藏,凡国之玉
镇大宝器藏焉。"《释文》卷八:守藏:手又反,下才浪反。

⑤含:实口中也,胡南切(平声);谓口实曰含,胡绀切(去
声)。《左传·文公五年经》:"王使荣叔归含,且赗。"
《释文》卷十六:归含:本亦作唅,户暗反。口实也。珠
玉曰唅,《说文》作琀,云:送终口中玉。

周氏在此条例下共列举 64 例动词变名词的例子,莫不如
此。*-s₁ 的这种功能与藏文里的名词化后缀-s 的功能也是一
致的。藏文的例子如:[①]

lta-ba 看:ltas 奇迹,预兆

bgo-ba 穿衣服:gos 衣着

sbug-ba 穿孔,挖洞:sbugs 孔,洞

btsa-ba 生,产:btsas 产物,收获

周秦汉语的 *-s 后缀在诸家所归纳的条例里有多项是把

————————

① 转引自梅祖麟(2000)317 页。

名词、形容词变成动词或者把不及物动词变成及物动词,把单及物动词变成双及物动词的现象,这些现象看上去似乎跟"名谓化"或者及物化有关但又不完全能用"名谓化"或及物化来解释,以周法高所归纳的条例看,这类现象包括他所归纳的第(一)大类、第(三)大类 A 小类、第(四)大类 A 小类、第(五)大类 A、C 两小类和第六大类之 A、B 两小类。这些现象看上去纷纭复杂,因此,迄今没有人尝试给出统一的解释。本文拟在汉语与藏语存在较近亲缘关系这样一个基本假设的前提下,将周秦汉语*-s 后缀的上述现象与藏文里的-s 后缀进行比较,通过比较,尝试对上述各种现象做出统一的解释。

2　上古汉语*-s 后缀的指派旁格功能

沃尔芬登(Wolfenden,1929,46 页)在分析藏文里跟及物化有关的后缀-s(他称之为中缀)时曾指出,藏文后缀-s 最初的功能可能是标明动词词根所表示的情形或者状态的一般方向,或者是标明宾语的方向,即在动作行为作用下直接宾语朝向或为了(towards or for)间接宾语等,后来,这个-s 后缀在此功能的基础上发展出及物化或使动化标志功能。

根据沃尔芬登的分析,藏文里的这个-s 后缀最初应与动词的方向有关,属于方向范畴。就动词而言,除了少数趋向动词有语义蕴含的固定方向之外,大多数动词在语义上是不蕴含固定方向的,因此,当一个不蕴含固定方向的动词需要指向一个方向的时候,必然要涉及一个其语义不蕴含的论元成分,这个论元成分即是动词的动作所向,或者是在动词所表示的动作支配下其直接宾语的指向或位移方向。那么,当一个动词加上这个指明方向的-s 后缀的时候,它同时也就带上了一个新的论元,一个它的语义不蕴含的论元。从这个角度讲,这个指明方向的-s 后缀就是具有指派新论元的功能,它也因此发展出所谓的及物化功能和使动化功能,因为所谓及物化,即一个本来是不及物的动词变成及物动词,也就是带上了一个本来不蕴含的新论元。使动化也是如此,一个不及物动词或者形容词或者单及物动词,当它们用作使动的时候,除了其语义蕴含的论元之外必然要添加一个使事论元,而且从句法上看,任何一个词用作使动时,其后都会出现一个宾语,如果是不及物动词、形容词或者名词,则是由不及物结构变为及物结构,如果是及物动词,则是由单及物结构变为双及物结构,因此那些跟-s 后缀相关的使动现象实质上跟一般的及物化现象并无区别。张谢蓓蒂(Chang,Betty Shefts,1971)在讨论藏语使动形态时没有把藏语-s 后缀的这种功能纳入她的讨论范围,是很有见地的,说明她已经看出藏语-s 后缀并不是一个真正的使动后缀。这样看来,沃尔芬登所分析的藏文-s 后缀的几种功能我们可以从另一个角度给出统一的解释,即指派新论元(assign a new argument)功能,也可叫做赋元功能。

　将藏文里这个-s 后缀的功能拿来跟上古汉语里上述诸现象的*-s 后缀比较,我们意外地发现,它们之间存在着惊人的一致性。我们发现上古汉语里*-s 后缀的上述各种现象有一种共同的现象:一个根词(root),其原初的意思无论是代表一种实体(substantive),还是代表一种行为(action)或者一种属性状态(property or state),当它加上这个*-s 后缀表示一种述谓功能时,它总是要关涉并显现一个其原初意义所不蕴含的对象,这个对象或者以它自身的宾语身份出现,或者以一个介词宾语身份出现(当所显现的对象是根词转化之后默认的唯一对象时,也可以不出现)。从语义上看这个关涉的对象或者是受事成分(accusative object),或者是与事成分(dative object),或者是一个旁及的对象(oblique object),或者是一个役格对象(causative object),或者是处所或目标成分(locative or goal);从句法上看,它最常见的是使动词在句法上增加一个新论元,一个其语义所不蕴含的论元①,有时候则是改变动词固有论元的句法地位,将本来充当主语的论元变成充当宾语。这种状况表明上古汉语里的*-s后缀在这种功能上与沃尔芬登所分析的藏文-s后缀的功能是极其相似的,因此,我们有理由认为,上古汉语*-s后缀在这种功能上跟名词化后缀*-s₁和完成体后缀*-s₂一样,与藏文的-s后缀也是同源的,其功能也是一致的,我们把它叫做*-s₃。鉴于藏文的动词论元成分的语义角色在表层句法上都有相应的格标记,而上古汉语则缺乏这套格标记系统,因此所指派的新论元成分在表层句法结构中要么实现为直接宾语或者间接宾语,要么实现为介词宾语,这种情况与世界上很多语言里的旁格论元(oblique)的表层句法实现形式是一致的(参见 Beth Levin & Malka Rappaport Hovav,2005)。因此我们把上古汉语*-s₃

---

① 当然,如果*-s后缀与词根逐步融合并词汇化之后,该词汇单位便具有了新的语义属性和语法属性,新增的论元成分便成为它的语义蕴含论元。比如"卖""授"等就是*-s后缀与词根融合而成为一个新词,它们在语义上就蕴含了与事论元成分。

后缀的这种功能重新表述为指派旁格（assign oblique）功能。下面我们就根据这样一种认识来重新检验周法高所列举的去声别义的那些相关条例，所引编号皆仍周氏之旧。

（一）非去声为名词，去声为动词或名谓式：

沃尔芬登（1929）说原始藏语的根词的词性是不明确的，等到加上不同的词缀之后才会区分出名词、动词和形容词。我们认为与藏语有着密切发生学关系的汉语最初也很可能如此，根词的语法性质是不明确的，那么一个原初意义是表示某种实体概念的根词，我们就不能武断地认为它是名词，它加上 *-s₃ 后缀之后所具有的述谓功能也就不能说是名谓化。同样的道理，一个原初意义是表示事物属性的根词，我们也不能武断地断定它是一个形容词；当它加上 *-s₃ 后缀之后所具有的述谓功能也不能说是形容词的动词化。沈家煊（2007，2009）指出汉语的名词、动词和形容词是包含关系，名词包含动词，动词包含形容词。如果他的观点是正确的，*-s₃ 的功能跟他的观点也不相冲突，因为这个后缀的功能主要是指派新论元功能，跟词性的转变没有直接关系。此外，前文我们已经指出，周秦汉语 *-s₁ 后缀加在表达动作或者属性的词根之上的时候的名词化功能不是直接把动词变成名词，而是转指与该动作或者属性相关的事物，是一种转指功能，因此周秦汉语里 *-s₃ 后缀的“动词化”功能跟 *-s₁ 后缀的所谓名词化功能也并不矛盾。

*-s₃ 后缀加在表示实体概念的根词之上所构成的谓词绝大多数都是及物的，所指派的新论元以直接宾语的形式实现，但这个新论元的语义角色则是多样的。

　　周法高共列举此类例证 36 条,其中 30 条都是及物的。而 6 条不及物的当中像"鱼(渔)"的及物对象是唯一的,因而成为默认而不出现,"冠""家""弟(悌)"也是如此。如果所构成的谓词是不及物的,而其关涉的新论元又不是默认的,则需要以旁格形式出现。例如:

　　⑥宋雍子女於庄公,曰雍姞。《左传·桓公十一年》——《释文》卷十五:女於:尼据反。

　　周氏所列 30 个及物用法的谓词所带宾语有受事宾语、与事宾语、对象宾语、工具宾语、处所或目标宾语、使动宾语等六类。具体情况如下:

　　带受事宾语的:衣、冰、膏、巾、麾、尘、文、粉、蹄、被、风、道、盐、刵(耳)、缢、乐;

　　带对象宾语的:王、妻、子、衣①、宾(傧)、名;

　　带工具宾语的:枕、棺、帆;

　　带处所或目标宾语的:种、首、间、旁、还;

　　带使动宾语的:枕、丧。

下面是周法高所举的一些例证(限于篇幅,只抽样列举他动词用法例证):

　　⑦如百谷之仰膏雨焉。若常膏之。(左传·襄公十九年)——《释文》卷十八:膏雨:如字,徐古报反。常膏:古报反,又如字。

_____

　　①　去声"衣"可以带受事宾语也可带对象宾语,所以兼属两类。类似的还有"枕""雨"等,"枕"能带使动宾语和工具宾语,"雨"能带处所宾语和当事宾语。

⑧醢酱二豆，菹醢四豆，兼巾之。(仪礼・士昏礼)——《释文》:巾之:如字，刘居近反。

⑨屑桂与姜，以洒诸上而盐之。(礼记・内则)——《释文》:而盐:音艳，又如字。

⑩齐侯请妻之。(诗经・郑风・有女同车・序)——《释文》卷五:请妻:七计反，以女适人曰妻。

⑪公衣之偏。(左传・闵公二年)——《释文》:公衣之偏:於既反。

⑫枕之股而哭之。(左传・僖公二十八年)——《释文》卷十六:枕之:支鸩反。

⑬为其所得者，棺而出之。(左传・僖公二十八年)——《释文》卷十六:棺而:古患反，一音官。

⑭狐狸正丘首。(礼记・檀弓上)郑注:正丘首，正首丘也。——《释文》卷十一:丘首:手又反。注同。

⑮虽无有质，谁能间之?(左传・隐公三年)——《释文》卷十五:间之:间厕之间。

⑯爰居爰处，爰丧其马。(诗・邶风・击鼓)——《释文》卷五:爰丧:息浪反。

　　周氏将方位词单独列出，其实方位词是名词的一部分，因此其第四类 A 小类应该归入名词变动词之列。周氏在此小类下列举了六个例词:左、右、先、后、中、下。其中"左""右"带受事宾语，"先""后""中"带处所或方位宾语，"下"带使动宾语。下面是周氏的例证:

⑰王右伯舆。(左传・襄公十年)——《释文》卷十七:王右:音又，注同，助也。

⑱先天而天弗违,后天而奉天时。(易·乾卦)——《释文》卷二:先天:悉荐反。後天:胡豆反。

⑲自上下下,其道大光。(周易·益卦·彖)——《释文》卷二:下下:上遐嫁反,下如字,注同。

(三)A. 非去声为形容词,去声为他动词:

周法高于此类之下列举去声别义 18 例,其中"高""深""长""广""厚"5 例据其所举具体例证应皆为名词化用法,误入此类。除此之外 13 例皆为及物用法,所带宾语主要是受事宾语和使动宾语两类,也有带对象宾语的:

带受事宾语的:劳、好、阴(荫)、昭(照)、恶;

带使动宾语的:善(缮)、远、调、和、齐、空;

带对象宾语的:近、迟。

下面是他的例证:

⑳王吊劳士庶子。(周礼·夏官·大司马)——《释文》卷九:吊劳:力报反。

㉑如好好色,如恶恶臭。(礼记·大学)——《释文》卷十四:如恶恶:上乌路反,下如字……好好:上呼报反,下如字。

㉒敬鬼神而远之。(论语·雍也)——《释文》卷二四:而远:于万反。

㉓不宜空我师。(小雅·节南山)——《释文》卷六:空我:苦贡反,注同,穷也。

㉔《左传·桓公二年》杜注:"蔡、郑,姬姓。近楚,故惧而会谋。"——《释文》卷十五:近楚:附近之近(按:巨刃切)。

（四）A. 非去声为一般动词，去声为使动词：

周氏此类所举例证 8 例，例词为：沈、来、任、饮、观（观兵）、咶、足、出。例证：

㉕施氏逆诸河，沈其二子。（左传·成公十一年）杜注：沈
　　之於河。——《释文》卷十七：沈其：徐直荫反，注同，一
　　音如字。

㉖君以夫公孙段为能任其事。（左传·昭公七年）——
　　《释文》卷十九：能任：音壬，下同。

周氏所列之具体例词是否都是一般动词转化为使动词而带使动宾语，有些是值得商榷的，如上引例㉖之"任"所带宾语显然不是使动宾语。不过这些词转化为去声之后确实都是及物的，或者由单及物变为双及物，如"饮"。

（五）C. 非去声为自动词，去声为他动词：

周氏此类列举例词 4 个：喜、语、走、雨。

其中"喜"带受事宾语，"语"带对象宾语（实为与事宾语），"走"带目标宾语，去声"雨"则有"雨雪（雹）"和"雨我公田"两种用法，前者是当事宾语，后者是处所宾语。例证：

㉗内喜之也。（周易·蹇卦）——《释文》卷二：内喜：如
　　字，徐许意反，犹好也。

㉘居，吾语女。（论语·阳货）——《释文》卷二四：吾语：
　　鱼据反。

㉙渔者走渊，木者走山。（淮南子·说林训）高诱注：走读
　　奏记之奏。

周氏所归纳的条例的第（六）类是"主动被动关系之转变"，包括两小类：A. 上和下的关系，B. 彼此间的关系。所举

例词 A 小类有"养""仰""杀（弑）""告（诰）"，B 小类有"假"
"遗""受（授）""买（卖）""闻""奉""借""乞""貣（贷）""学（教）"
"答"。

其中"仰"本义是往上看（如《论语·颜渊》："仰之弥
高。"），引申为"仰仗"义，读去声，不应该列入 A 小类。其余
A、B 两类例词实际上都是关涉对象的改变或增加。A 小类
属于关涉对象的改变，以"养"为例，其根词概念是"蓄养"，所
关涉对象是牲畜、子女。至于子女奉养父母，有一个专门的词
"赡"，如果使用"养"，则其关涉对象已经改变了。所以此类去
声别义并非什么上下关系的转换，而是关涉对象的改变。不
过，从这类例证中我们仍可以看到 $*\text{-s}_3$ 后缀最初表示动作方
向的痕迹。

B 小类则属于关涉对象的增加。所有此类例词的根词除
施动者之外都只关涉一个受事对象，而转化之后的形式则除
了关涉受事对象之外，还关涉一个与事对象。我们可以注意
到，表示"给与"义的动词"与"的根词概念里本来就包含两个
关涉对象（受事和与事），所以"与"不需要 $*\text{-s}_3$ 的帮助，在这个
意义上也就没有去声别义现象。

所以，这两小类与前面所述各类在本质上是一致的，都是
转化形式关涉并显示一个新的对象。例证：

㉚如孝子之养父母也。（左传·文公十八年）——《释文》
　　卷十六：之养：徐亮反。

㉛《左传·僖公三十三年》："其父有罪。"杜注：缺父冀芮
　　欲杀文公。——《释文》卷十六：欲杀：音试，或如字。

㉜今纵无法以遗后嗣。（左传·文公六年）——《释文》卷

十六：以遗：唯季反。

㉝有马者借人乘之。(论语·卫灵公)——《释文》卷二
　　四：借人：子夜反，注同。

㉞叔仲子皮学子柳。(礼记·檀弓下)郑注：学，教也。——
　　《释文》卷十一：学子柳：户教反，教也，注同。

㉟不以礼假人。(左传·庄公十八年)杜注：侯而与公同
　　赐，是借人礼。孔《疏》：假借同义。取者，假为上声，借
　　为入声；与者，假借皆为去声。

　　周氏所列条例的上述六种现象表面上纷纭复杂，但背后
的规律性却是惊人地一致，那就是，这六类去声别义现象都是
关涉并显示一个新的论元成分。其第(一)类的根词是表示实
体概念的，加 *-s₃ 后缀成为动词并能带不同语义角色的论元
作为宾语或者旁格宾语(介词宾语)；第(三)类 A 小类的根词
是表示事物属性的，加 *-s₃ 后缀成为动词，能带受事宾语或使
动宾语；第(五)类 A 小类根词是表示动作行为的，在句法上
或为不及物动词，或为单及物动词，加 *-s₃ 后缀后，不及物动
词成为及物动词，带受事宾语或使动宾语，单及物动词成为双
及物动词，除带受事宾语外还带一个使动宾语或对象宾语；第
(五)类 C 小类根词也是表示动作行为的，在句法上都是不及
物动词，加 *-s₃ 后缀则成为及物动词，带受事宾语、与事宾语
或目标宾语；第(六)类 A 小类根词表示动作行为，句法上为
及物动词，带受事宾语，加 *-s₃ 后缀后，其所带受事宾语改变
了动词的动作方向；第(六)类 B 小类根词也是表示动作行为
的，句法上为单及物动词，加 *-s₃ 后缀则成为双及物动词，增
加了与事宾语。这六类词加 *-s₃ 后缀后所增加的论元成分的

语义角色是多种多样的,在句法上既可以是直接宾语,也可以是间接宾语或者旁格宾语(介词宾语),但无论是哪种情况,都是一个新论元成分。这些事实证明上古汉语*-s$_3$后缀的功能确实跟藏文-s后缀的赋元功能是一致的,是一个指派旁格的后缀。

第三章 汉语历史句法和语用问题

周秦汉语"之 s"的可及性及相关问题

0.1 上古汉语有两种 NP＋之＋VP 结构，一种是宾语前置式，如"吾斯之未能信"（《论语·公冶长》），另一种是"主谓结构"式，如"人之过也，各於其党"（《论语·里仁》）。后一种 NP＋之＋VP 结构中的"NP 之"可用"其"代替，构成"其 VP"形式，如"鸟之将死，其鸣也哀"（《论语·泰伯》）。本文讨论后一种结构，为简略起见，将这种结构称为"之"字小句，简称"之 s"。根据王洪君(1987)、大西克也(1994)、魏培泉(2000)和刘宋川、刘子瑜(2006)的考察，"之 s"在传世文献中最早见于《尚书·商书》，在出土文献中最早见于春秋时期的金文，而消亡于中古时期，在传世的春秋战国时期文献中则是一种很常见的小句形式。

0.2 "之 s"是上古汉语语法中一个颇受关注的现象，研究的焦点集中在该小句的性质和"之"字的性质与功能两个方面。吕叔湘(1948,1982)、王力(1980)、朱德熙(1983)等前辈学者认为"之 s"是一种名词性结构，其中的"之"就是使小句变成名词性结构的算子(operator)，朱德熙称之为"自指化标记"。但也有一些学者不同意以上诸位先生的观点，认为"之 s"并未名词化，因而"之"也不可能是名词化标记或自指化标记。张世禄(1959)、何乐士(1989,2004)、刘宋川和刘子瑜(2006)都持这种观点。吕叔湘等前辈学者的持论依据是该小句主要充当句子的主语、宾语等句法成分或者充当主从复句的从句，极少单独成句；而张世禄等学者则指出古代汉语中句子的主语、宾语等句法成分以及主从复句的从句并非一定要由"之 s"充当,非"之 s"小句同样可以充当这些句法成分,也就是说,以上各种句法位置对"之 s"并不具有强制性,因此它与出现在主语、宾语等句法位置上的非"之 s"小句"在性质上没有根本区别"(何乐士 2004,77 页)。

问题的症结在于,上述两种观点主要都是基于"之 s"的句法功能立论,基本上没有触及"之 s"在句法之外的功能,而事实上,由于"之 s"不具有句法强制性,它显然不是上古汉语句法约束的产物,它的产生和使用当另有原因。我们只有找到了"之 s"产生和使用的根本原因,才能对它的性质、功能以及其他一系列相关问题做出更为合理的解释。

1　"之 s"的原初形式及"之"的原初功能

1.1 "之 s"是由"之"字出现在小句的主语和谓语之间构成的,其原初形式实际上就是指"之"字的原初性质和功能。

对"之 s"中"之"字的原初性质和功能的研究是以往"之 s"研究的一个重要方面。王力(1980)认为上古汉语定语与中心词之间的"之"来源于指示代词,同时也认为"之 s"中的"之"与定中结构里的"之"是同一个"之",也就是说,"之 s"中的"之"也来源于指示代词"之"。余霭芹(Yue,1998)进一步论证了定中结构和"之 s"里的"之"来源于指示代词"之",张敏(2003)也论证了定中结构中的"之"来源于指示代词。根据 Heine & Kuteva(2002)对广泛语言的调查,指示代词的语法化方向之一就是领属标记,而且余霭芹在她的文章中也使用了很多其他语言的证据,所以王力的观点是可信的。不过,王力认为定中结构中"之"字的原初功能是复指,"麟之趾"相当于"麟它趾",而余霭芹则认为"之"的原初功能是后指,"麟之趾"相当于"麟那趾"或"麟这趾"。从广泛语言证据来看,余霭芹的看法更可信(参见 Heine & Kuteva2002)。

上古汉语定中结构里的领属标记"之"和"之 s"里的"之"都来源于指示代词"之",这个结论应该是可靠的。"之"作为指示代词的指别功能在甲骨文里已常见,《诗经》里亦常见,传世战国时期典籍里"之"的指别用法虽已不常见,但并没有消失。另一方面,根据大西克也(1994)和魏培泉(2000)等,"之 s"不见于甲骨文和西周金文,因此,指示词"之"进入"之 s"并语法化为一个指称性标记的时间应该不是很久远,大致就在西周到春秋这段时间里。那么,根据语法化的渐变性和语义滞留原则,我们应该能在春秋战国时期的"之 s"中发现"之"作为指示词的痕迹和语义歧解的现象。我们觉得以下几种"之 s"中的"之"字都有指示词歧解,恰能证明"之"来源于指示代词:

(1)在周秦汉语中,比况动词带小句宾语,一般必是"之 s"。下面这个句子中比况动词"犹"后面的成分我们认为也是一个"之 s",但小句的主语没有出现,说明其中的"之"字仍是一个指示代词。

①子曰:"不教而杀谓之虐,不戒视成谓之暴,慢令致期谓
    之贼。犹之与人也,出纳之吝,谓之有司。"(论语·尧曰)

此例中的"犹之与人也"意思是"就像给别人(东西)一样",但这个意思是"犹与人也"的意思,"之"字的作用是什么呢?"之"显然不可能是"犹"的另一个宾语,因为比况动词"犹"不

能带双宾语,正因为这样,朱熹《论语章句》只好把"犹"解释为"均",谓"犹之与人"意即"均之与人",可是这样解释却与前文语义不衔接。我们认为"之与人也"就是一个"之 s",只是"之"字前头的名词性成分没有出现而已。

(2)在《论语》里有一种比况动词带"之 s"宾语构成的"若(如)+指示代词+之+VP"格式。例如:

②纣之不善,不如是之甚也。(论语·子张)

此外在《论语》《孟子》等文献里还有一种"若(如)+指示代词+其+VP"格式。例如:

③定公问:"一言而可以兴邦,有诸?"孔子对曰:"言不可以若是其几也!"(论语·子路)

④尔何曾比予於管仲?管仲得君如彼其专也!行乎国政如彼其久也!功烈如彼其卑也!尔何曾比予於是?(孟子·公孙丑上)

⑤由孔子而来至於今,百有馀岁,去圣人之世若此其未远也,近圣人之居若此其甚也,然而无有乎尔,则亦无有乎尔。(孟子·尽心下)

这种格式有人认为是"其+VP+若(如)+指示代词"的倒装,以表示感叹语气。可是倒装是句子层面上的语用行为,而这种格式可以作宾语从句。例如:

⑥晋国亦仕国也,未闻仕如此其急。(孟子·滕文公下)

所以我们认为这种格式乃是"若(如)+指示代词+之+VP"格式的交替形式。这两种格式的唯一不同之处在于前一种用的是"之",而后一种用的是"其"。"其"是一个指示代词应该没有问题,那么"之"既然可以用"其"替代,说明它仍是一个指示代词。①

(3)《论语》里有一个句子,是一个"之 s",可是其中的
"之"也完全可以解释为指示代词:

⑦叔孙武叔语大夫於朝曰:"子贡贤於仲尼。"子服景伯以
　　告子贡。子贡曰:"譬之宫墙,赐之墙也及肩,窥见室家
　　之好。夫子之墙数仞,不得其门而入,不见宗庙之美,
　　百官之富。得其门而入者或寡矣。夫子之云,不亦宜
　　乎?"(论语·子张)

例中"夫子之云"是一个"之 s",与"不亦宜乎"构成一个完整
的句子,充当句子的主语(话题),但这个主语小句中的"之"解
释为指示代词也是完全可以接受的。

(4)"之 s"在感叹或者强调的语境中可以独立使用。这
种独立使用的"之 s"都是强调或者突出具体语境中一个交际
双方都很明确地知道的事件或者状态,此时的"之"仍明显带
有指示这个事件或者状态的功能。例如:

⑧胜自厉剑。子期之子平见之,曰:"王孙何自厉也?"曰:
　　"胜以直闻,不告女,庸为直乎? 将以杀尔父。"平以告
　　子西。子西曰:"胜如卵,余翼而长之。楚国第,我死,
　　令尹司马非胜而谁?"胜闻之,曰:"令尹之狂也! 得死
　　乃非我。"(左传·哀公十六年)

⑨宰我问:"三年之丧,期已久矣。君子三年不为礼,礼必

---

① 这种格式里"之""其"交替,让我们联想到领属结构里也曾有
过"之""其"交替的历史。《尚书·康诰》里有"朕其弟",跟《左传》里的
"余之弟"应该属于同一结构的两种交替形式。

坏；三年不为乐，乐必崩。旧谷既没，新谷既升，钻燧改
火，期可已矣。"子曰："食夫稻，衣夫锦，於女安乎？"曰：
"安。""女安则为之！夫君子之居丧，食旨不甘，闻乐不
乐，居处不安，故不为也。今女安，则为之！"宰我出。
子曰："予之不仁也！子生三年，然后免於父母之怀。
夫三年之丧，天下之通丧也。予也，有三年之爱於其父
母乎？"（论语·阳货）

⑩孟子曰："伊尹曰：'何事非君？何使非民？'治亦进，乱
亦进。曰：'天之生斯民也，使先知觉后知，使先觉觉后
觉。予，天民之先觉者也；予将以此道觉此民也。'思天
下之民匹夫匹妇有不与被尧舜之泽者，若己推而内之
沟中，其自任以天下之重也。"（孟子·万章下）

例⑧"令尹之狂也"突出的就是语境中的"子西曰：'胜如卵，余
翼而长之。'"；例⑨"予之不仁也"突出的就是语境中宰予要把
三年的丧期改为一年，而且承认在丧期食稻衣锦心安理得这
样一种状况；例⑩"其自任以天下之重也"突出的就是语境中
的"（伊尹）思天下之民匹夫匹妇有不与被尧舜之泽者，若己推
而内之沟中"这个状况。上述三例"之 s"中的"之"都有很明
确的所指，这种指别事件或者情状的用法，在现代汉语里一般
都使用"这样""那样"，所以上述三例中的"之"字翻译成现代
汉语都可以用"这样""那样"来对译，但是它的指别功能实际
上是一贯的，跟指别一个事物没什么不同。

　　以上四种情况不仅能在一定程度上证明"之 s"中的"之"
来源于指示代词"之"，而且也在一定程度上证明"之"的语法
化程度还不是很高，仍然具有指示词的性质。

1.2 "之 s"中的"之"来源于指示代词"之",那么需要继续追问的是,这种小句的主谓之间为什么要插入一个指示代词"之"?我们知道,不管是 NP 成分,还是 VP 成分,当它们接受指示代词指别的时候,它们就一定只能表达指称功能,而不能表达述谓功能,因此"之 s"的原初形式无疑只能是一种指称结构,而不是一种述谓结构。从这个角度说,指示代词"之"有使述谓结构变成指称结构的功能。吕叔湘等认为"之 s"是名词化形式,朱德熙提出"之"是一个自指化标记,这些看法无疑都是正确的。但问题是,如果"之"的作用仅仅在于使述谓结构变成指称结构,那么,这种句法性质的改变应该与某种或者某些句法要求相联系,应该具有句法强制性,可上古汉语的语言事实却恰恰相反,这意味着指示代词"之"的作用绝不仅仅是使述谓结构变成指称结构,它在这个功能之外一定还有其他的功能,而那种功能才是更为主要也更为本质的功能。

在一个小句的谓语之前加上一个指示代词,这种结构并非古汉语特有的,现代汉语里也有。方梅(2002,343—356页)曾对北京话的小句谓语之前加指示代词结构进行过相当深入的研究。她认为北京话的这种结构是一种指称性结构,并从语用角度分析了北京话这种结构的功能。她指出,北京话"这种非回指用法的'人称代词+指示词+动词'有一个条件,即所指对象必须具有较高的'可及性'。换句话说,尽管它未曾出现于上文,但却是说话人和听话人双方的共有知识当中已有的内容,或者是通过共有知识易于推及的内容"。"指示词的这种用法是对系统中已有的'人称代词+指示词+名词'的套用,用于建构一种指称形式。无论是名词作中心语还是动词

作中心语,由非回指性'这'构成的'人称代词＋指示词＋动词'
和'人称代词＋指示词＋名词',其中的中心词都具备'高可及
性'特征。"方文的这段论述有两点值得重视,第一点是"用以
建构一种指称形式",第二点是"中心词具备'高可及性'特
征"。这两点抓住了小句谓语前加指示代词构成的结构的本
质,可以作为我们研究古汉语同类结构的一个新的视角。

方文所说的"高可及性"来自 Mira Ariel 的可及性理论
(accessibility theory)。Mira Ariel 的可及性理论是传统"已
知(givenness)"和"未知(new)"理论的进一步发展。Ariel 根
据她对英语、希伯来语、汉语等多种语言有定名词短语的观察
和分析,认为传统划入"已知"范畴的名词性成分实际上是一
个可及性程度不等的连续统(由低到高。见 Ariel Mira 1990,
73 页):完整姓名＋修饰语＞完整姓名＞长的有定描述名词
短语＞短的有定描述名词短语＞姓氏＞名字＞远指代词＋修
饰语＞近指代词＋修饰语＞远指代词(＋NP)＞近指代词(＋
NP)＞重读代词＋手势＞重读代词＞非重读代词＞附着化代
词＞极高可及性标记(包括省略空位、反身称代和一致性标记
等)。Ariel(Ariel Mira,1991,1994)还进一步认为,指称成分
的"可及性"并不只是听话人一方的事情,相反,说话人为了使
听话人能够最大限度地接收和理解自己所要传达的信息,在
话语组织过程中就会充分考虑不同类别和不同形式的话语成
分的可及性程度问题,可及性由此首先变成了说话人的话语
选择和话语组织策略问题,成为一种重要的语用手段。说话
人说出来的每一个话语成分实际上都具有可及性标记作用,
向听话人表明其是否可及以及可及性程度。根据 Ariel 的可

及性理论,现代汉语北京话里由指示代词构成的指称性小句和古代汉语里的"之 s"都可以看作语用上标记指称结构可及性等级的产物,而现代北京话里加在动词前头的指示代词和古代汉语里"之 s"中的"之"都是可及性标记。Ariel(1990,33—68 页)把可及性连续统又大致划分为低、中、高三个层次:低可及性(包括连续统中"名字"以上各项)、中度可及性(包括连续统中"远指代词+修饰语"以下"近指代词(+NP)"以上各项)和高可及性(包括连续统中"重读代词+手势"以下各项)。现代北京话的"人称代词+指示词+动词"形式既使用了人称代词,又使用了指示代词(通常是近指代词),按照 Ariel 的可及性等级层次,应属于高可及性层次,方梅对北京话这个结构的可及性的观察和分析是准确的。周秦汉语"之 s"小句里的"之"所自来的指示代词用法在甲骨文里与近指代词"兹"相对,应属于远指代词,而在周秦时期它与"是""其"等构成指示代词的一个下位范畴,这个范畴根据洪波(1991)的研究,是一套既可以指远也可以指近的指示代词,属于兼指代词。洪波(1991)还曾观察到,在周秦文献里,近指代词和中指代词都不可以单独表示虚指(即指示不确定的对象),而远指代词和兼指代词则可以单独表示虚指,兼指代词表示虚指比远指代词又更常见。此外,我们还观察到,在《诗经》里,近指代词"兹"所指示的对象都有语境先行词照应,而兼指代词"之"所指示的对象有时并没有明确的语境先行词照应。魏培泉(2000)也观察到周秦时期包孕小句的主语如果是人称代词或者指示代词"此""彼"等,则主谓之间一般都不加"之",也就是不倾向使用"之 s"。根据以上这些情况,我们基本可以得出结论:在周秦时期,由兼指代词"之"构成的名词短语的可及性应当要比由近指示代词、中指代词和远指代词所构成的名词短语要低一些,应当属于中度可及性(intermediate accessibility)范围之内的较低者。由兼指代词"之"构成的"之 s"的可及性等级也当在这个层次上,"之"是一个属于中度可及性的标记。为了表述的方便,我们不使用"中度可及性"这个术语,而采用"较高可及性"的说法。

1.3 "之 s"具有较高可及性,时贤已有所留意。李佐丰(2004,264—265 页)在研究周秦时期"之 s"时有一个非常有见地的观察和分析,他说:"作为使用单位的句子,主语是已知的,谓语则是未知的,整个句子向人们提供了一个新的信息,表述了一个命题。而作为备用单位的之字短语所表示的这种认识的结果,往往已经存在于人们意念中,常是一个比较复杂的概念,是一个事件或是一种状况。这种事件或状况,对于言语交际双方来说,都是已知的。如果我们把句子所表述的事实比作是一个小故事,那么这个'之'有些像是使这个小故事,作为双方都知道的一个前提,在言语交际活动中使用。"

李佐丰用"已知"来描述"之 s"所表达的信息,说明他已经认识到了"之 s"的较高可及性。

魏培泉(2000,619—678 页)详细考察了先秦到西汉时期包孕小句是否为"之 s"的情况,实际上也就是"之"字的隐现问题。他发现有些情况下通常不用"之 s",而有些情况下则通常倾向于使用"之 s"。根据他的考察,当小句的主语是人称代词时通常不用"之 s",当小句中含有疑问代词时通常也不用"之 s"。他没有说明为什么这两种情况下通常不用

"之 s",实际上这两种情况皆与可及性相关。我们已经知道,人称代词的可及性等级比指示代词"之"的可及性等级要高,所以小句主语为人称代词,就已经有了一个更高等级的可及性标记,"之"字自然可以不用。① 疑问代词表示疑问,总是表达新信息的,所以含有疑问代词的小句一般都是不可及的,除非引语。魏培泉也确实发现在引语中小句含有疑问代词而使用了"之 s"的实例。

1.4 周秦时期"之 s"具有较高可及性,还可以从"之 s"所表达的"事件"类型上得到证明。据对《论语》《左传》和《孟子》三部春秋战国时期的代表性文献的调查分析,"之 s"所表达的"事件"有以下几种:

(1)表达一个已然事件或既成状态,且该已然事件或状态是交际双方所共知的。例如:

⑪不有祝鮀之佞,而有宋朝之美,难乎免于今之世矣。

　(论语·雍也)

⑫宋公将战,大司马固谏曰:"天之弃商久矣,君将兴之,弗可赦也已。"(左传·僖公二十二年)

⑬郑人以王师会之,伐宋,入其郛,以报东门之役。宋人使来告命。公闻其入郛也,将救之。(左传·隐公五年)

以上例⑪中的"祝鮀之佞"和"宋朝之美"充当宾语,所表示的都是交际双方已知的共享信息;例⑫"天之弃商"表示"上天抛弃商"这个已然事件,商不得上天保佑,为周所灭,这是交际双

---

① 但也不是绝对不用,如"我之大贤与,于人何所不容? 我之不贤与,人将拒我,如之何其拒人也?"(《论语·子张》)

方所共知的;例⑬中的"其入郢"表示一个已然事件,这个已然
事件在前文有交代,因此是交际双方所共知的。

(2)表示一种真理性或泛指性的真实情状,这两种情状实
际都存在于说话双方的知识记忆之中,至少是根据知识记忆
可以推知的。例如:

⑭中庸之为德也,其至矣乎! 民鲜久矣。(论语·雍也)

⑮岁寒,然后知松柏之后凋也。(论语·子罕)

⑯国之存亡,天也。(左传·成公十六年)

例⑭"中庸之为德"和例⑮中的"松柏之后凋"都是表示真理性
情状,例⑯中的"国之存亡"表示的是泛指性情状。

(3)表示一种虚拟的泛指性情状,这种泛指性情状虽然是
虚拟的,但也是交际双方根据自己的知识记忆和具体语境可
以推知的。例如:

⑰子曰:"夷狄之有君,不如诸夏之亡也。"(论语·八佾)

⑱子曰:"不患人之己不知,患不知人也。"(论语·学而)

⑲皮之不存,毛将安傅?(左传·僖公十四年)

例⑰中的"夷狄之有君"和"诸夏之亡"一个作话题,一个充当
宾语,它们都是表示一种虚拟的泛指性情状,同样,例⑱中的
"人之不己知"充当宾语,也是表示一种虚拟的泛指性情状,例
⑲的"皮之不存"充当从句,表示一种泛指性的虚拟情状。

(4)表达虚拟的或推定的特定事件或情状。这种事件或
情状都有语境提示,可以根据语境推知。例如:

⑳子畏於匡,曰:"文王既没,文不在兹乎? 天之将丧斯文
也,后死者不得与於斯文也;天之未丧斯文也,匡人其
如予何?"(论语·子罕)

㉑孟明稽首曰:"君之惠不以累臣衅鼓,使归就戮於秦,寡

　君之以为戮,死且不朽。"(左传·僖公三十三年)

例⑳中的"天之将丧斯文"和"天之未丧斯文"都既不是已然事件,也不是真实的或虚拟的泛指性情状,而是表示虚拟性的特定事件。这种虚拟性的特定事件靠听话人的知识储存是无法推知的,但是这个例子的上下文显示,它们的存在有语境支持。例中前文孔子说"文王既没,文不在兹乎",后文就"文"的存在与否所可能出现的后果进行讨论,所以,"天之将丧斯文"和"天之未丧斯文"所表示的信息因为有了语境提示变得可以推知。例㉑"寡君之以为戮"表示推定的特定事件,例中前文说"使归就戮於秦",因此"寡君之以为戮"是一种推定事件,对于听话人来说也就很容易推知了。

"之 s"所表示的以上四种"事件"要么是交际双方已知的,要么是交际对象根据"言语语境""物理语境"或者自己的"百科语境"可以推知的①,也就是说,"之 s"绝不用于表达新信息,这说明我们前面的分析是正确的:周秦时期的"之 s"确实是一个具有较高可及性的小句。

2　可及性对周秦时期"之 s"隐现的制约

2.1 张世禄(1959)较早注意到"之 s"并不具有强制性,"之 s"能够充当的句法成分,也同样可以由非"之 s"充当。②

---

①　Ariel(1990)把语境分为"言语语境"(即前文)、"物理语境"(即交际的具体时空环境)和"百科语境"(即交际双方的知识储存)三种。

②　非"之 s"这里仅指非"之 s"小句。

这种情况我们可以视为"之 s"的隐现。例如：

㉒a. 赤之适齐也，乘肥马，衣轻裘。（论语·雍也）

　　b. 夫子至于是邦也，必闻其政。（论语·学而）

㉓a. 陈亢退而喜曰："问一得三，闻诗，闻礼，又闻君子之远其子也。"（论语·季氏）

　　b. 吾闻君子不党。（论语·述而）

㉔a. 民之望之，若大旱之望雨也。（孟子·滕文公下）

　　b. 民望之，若大旱之望云霓也。（孟子·梁惠王下）

㉕a. 邻之厚，君之薄也。（左传·僖公三十年）

　　b. 德之不修，学之不讲，闻义不能徙，不善不能改，是吾忧也。（论语·述而）

㉖a. 虽君之有鲁丧，亦敝邑之忧也。（左传·襄公三十一年）

　　b. 虽从者能戒，其若异客何？（左传·襄公三十一年）

以上"之 s"在各种句法位置上的隐现，表面上看起来是很自由的，因此这个现象一直困扰着我们。魏培泉（2000）花了很大的气力考察"之 s"的隐现，希望能找出规律，也确实发现了一些重要的事实，但他没有能够为我们提供一个统一的解释。大西克也（1994）也曾调查过"之 s"的隐现问题，他还试图从地域方言等角度找出一些线索，但结果也不甚理想。现在我们有了一个新的视角，我们根据这个视角对《论语》《左传》《孟子》三部文献中"之 s"隐现现象进行了一次全面的分析，发现"之 s"的隐现与其可及性直接相关。

2.2 "之 s"可以作主语（实际上是话题）、宾语、判断句谓语和从句。根据人类语言句子"已知—未知"的信息铺排规

律,主语、从句都更倾向于表达"已知"或"可推知"信息,为节
省篇幅,这里只谈宾语位置上"之 s"的隐现情况。"之 s"作动
词宾语时,动词主要限于感知动词、心理动词和比况动词,下
面分别考察。

"之 s"与非"之 s"都可以作感知动词"知""见""闻"的宾
语,但不同的动词对"之 s"和非"之 s"有明显的不同选择,具
体情况如下表:①

		知	见	闻
论	"之 s"	11	11	1
语	非"之 s"	0	2	2
左	"之 s"	46	5	26
传	非"之 s"	1	11	61
孟	"之 s"	21	7	3
子	非"之 s"	2	1	15

上表显示:"知"基本上只带"之 s"宾语,带非"之 s"宾语
在三部文献中只有 3 个例子。与"知"相反,"闻"主要带非
"之 s"宾语,带非"之 s"宾语和带"之 s"宾语的比例是 78:
30。"见"则处于"知"和"闻"之间,带"之 s"宾语与非"之 s"宾
语的比例是 19:14。"之 s"与非"之 s"在"知""见""闻"三个
动词宾语位置的这种分布情况显然不能用随机概率来解释,
那么是什么因素造成的呢?我们来看具体的例子:

㉗a. 盆成括仕於齐,孟子曰:"死矣盆成括!"盆成括见
　　杀,门人问曰:"夫子何以知其将见杀?"(孟子·尽
　　心下)

---

① "闻"的宾语从句有时是一个语段,而这个语段的开头也可能
用一个"之 s",这种情况我们统计时不计入。

b. 吴,周之胄裔也,而弃在海滨,不与姬通。今而始
大,比于诸华,光又甚文,将自同于先王。不知天
将以为虐乎,使翦丧吴国而封大异姓乎? 其抑亦
将卒以祚吴乎? 其终不远矣。(左传·昭公三十
年)

㉘a. 孟子将朝王,王使人来曰:"寡人如就见者也,有寒
疾,不可以风。朝,将视朝,不识可使寡人得见乎?"
对曰:"不幸而有疾,不能造朝。"……景子曰:"内则
父子,外则君臣,人之大伦也。父子主恩,君臣主
敬。丑见王之敬子也,未见所以敬王也。"(孟子·
公孙丑上)

b. 初,宣子田于首山,舍于翳桑,见灵辄饿,问其病。
(左传·宣公二年)

㉙a. 郑人以王师会之,伐宋,入其郛,以报东门之役。宋
人使来告命。公闻其入郛也,将救之。问於使者曰:
"师何及?"对曰:"未及国。"公怒,乃止。(左传·隐
公五年)

b. 晋侯使大子申生伐东山皋落氏。里克谏曰:"……
夫帅师,专行谋,誓车旅,君与国政之所图也,非大
子之事也……且臣闻皋落氏将战,君其舍之。"(左
传·闵公二年)

例㉗a 前文孟子说"死矣盆成括",所以他的门人问话的时候,
这一事件已是双方的共享信息;例㉗b 前文没有作任何交代,
而"天将以为虐"这样一个虚拟事件是任何人都不可能知道
的,所以是新信息。但请注意这个例子中"知"字句是一个否

定句,而且实际表达的并不是知与不知的问题,而是一种推测
情态,"不知"已经情态化了。例㉘a 前文对王敬孟子的行为
和态度已经作了交代,所以当景子说话的时候这个信息已是
交际双方的共享信息;例㉘b 是宣子初次遇到灵辄时看到的
情景,所以是新信息。例㉙a 前文对于郑国军队入宋国郛这
一事件已作交代,所以后文鲁隐公听说的已是场景中存在的
旧信息;例㉙b 里克说"臣闻皋落氏将战"是第一次报道,因而
是新信息。

　　"知""见""闻"三个动词之所以对"之 s"与非"之 s"宾语
有选择性,可能与它们的场景预设有关。① 一般来说,一个人
知道的事情往往也是他人所知道的,所以"知"字的场景预设
多为交际双方的共享信息,它的宾语所传达的也就自然多为
交际双方的共享信息,说话人的言语目的主要在于确认一种
感知事实。"闻"则不然,一个人听说的事情之所以要报道出
来,一般都是预设交际对象不知道的,所以"闻"的场景预设是
报道新信息,它的宾语自然就多是传达新信息的。② "闻"与
"知"还有一点不同,"知"对非"之 s"基本上是排斥的,而"闻"
对"之 s"却不排斥。不过,"闻"带"之 s"宾语和非"之 s"宾语
在交际动机上是不相同的,以前文例㉓的两个例子为例,例
㉓a 的"圣人之远其子也"据前文可以推知,是交际双方的共享

---

　　① 关于场景理论请参看 Fillmore(1977)。

　　② 太田辰夫(1964)很早就注意到古代汉语里动词"闻"所带的宾
语从句如果是直接引语,则概不使用"之 s",而所带的宾语从句为间接
引语时则没有这个限制。其原因就在于直接引语是报道新信息的,而
间接引语则不一定。

信息,陈亢说"又闻圣人之远其子也"的主要交际目的在于确认一种事实,而例㉓b的整个语境是:"陈司败问昭公知礼乎,孔子曰:'知礼。'孔子退,揖巫马期而进之,曰:'吾闻君子不党,君子亦党乎?君取於吴,为同姓,谓之吴孟子。君而知礼,孰不知礼?'"这里的"君子不党"并没有语境支持,说话人也不认为它表示的是一种真理性的情状,所以后文说"君子亦党乎",那么说话人在这里显然是把"君子不党"作为新信息来报道的。这种情形我们也可以从现代汉语中"闻"的同义词"听说"的使用上看出来。在现代汉语中,"我听说了这件事"和"我听说了一件事"都可以说,但这两个句子的交际目的显然不一样,前一句侧重确认事实,而后一句则侧重报道新信息,所以前一句的自然重音在"听说"上,而后一句的自然重音在"一件事"上。"见"与"知""闻"都不同,一个人的所见可能是交际双方的共同所见,也可能只是说话人自己所见,所以"见"的场景预设在信息共享度上是不确定的,它的宾语也就既可以是报道新信息,也可以是报道旧信息或可推知的信息。[1]

"之 s"和非"之 s"作心理动词"恐""惧""患""恶""愿"的宾语也同样有选择性,具体情况如下表:

---

[1] 魏培泉(2000,637 页)也注意到"见"字所带宾语从句在信息表达上的差异。他指出:"见"的宾语从句如果是非"之 s",通常都是主语亲历目验的具体事件,如果是"之 s",则要么是非事件性的陈述,要么是泛指的或者预期的事件。所谓主语亲历目验的事件,实际上就是报道新信息,而非事件性陈述、泛指或预期的事件实际上都是已知或可推知的共享信息。

		恐	惧	患	恶	愿
论	"之 s"	0	0	2	3	0
语	非"之 s"	1	0	0	0	1
左	"之 s"	6	24	5	10	0
传	非"之 s"	0	1	0	0	1
孟	"之 s"	8	0	0	1	0
子	非"之 s"	0	0	0	0	1

上表显示,"之 s"在心理动词"恐""惧""恶""患""愿"的宾语位置上的隐现有极强的规律性。在"恐""惧""恶""患"的宾语位置上,基本上都是"之 s",而非"之 s"少见,只有"恐"和"惧"分别在《论语》《左传》中各有 1 例。"愿"在三部文献中带小句宾语的用例虽然不多,总共只有 3 例,但却与前四个动词形成鲜明的对立,三个例子全部是非"之 s"。进一步分析所有的例子,可以看出,所有的"之 s"宾语都是可及的,而所有的非"之 s"宾语都是表达新信息的。"之 s"宾语例如:

㉚不患人之不己知,患不知人也。(论语·学而)

㉛潘党既逐魏锜,赵旃夜至於楚军,席於军门之外,使其徒入之……晋人惧二子之怒楚师也,使軘车逆之。(左传·宣公十二年)

㉜孔子曰:"恶似而非者:恶莠,恐其乱苗也;恶佞,恐其乱义也;恶利口,恐其乱信也;恶郑声,恐其乱乐也;恶紫,恐其乱朱也;恶乡原,恐其乱德也。"(孟子·尽心下)

非"之 s"宾语的全部例子是:

㉝吾恐季孙之忧不在颛臾,而在萧墙之内也。(论语·季氏)

㉞子高曰:"天命不慆,令尹有憾於陈。天若亡之,其必令

　　尹之子是与,君盍舍焉? 臣惧右领与左史有二俘之贱

　　而无其令德也。"(左传·哀公十七年)

㉟辞曰:"夫和戎狄,国之福也;八年之中,九合诸侯,诸侯

　　无慝,君之灵也,二三子之劳也;臣何力之有焉? 抑臣

　　愿君安其乐而思其终也。"(左传·襄公十一年)

㊱颜渊、季路侍,子曰:"盍各言尔志?"子路曰:"愿车马衣

　　轻裘,与朋友共,敝之而无憾。"(论语·公冶长)

㊲王曰:"吾惛,不能进於是矣。愿夫子辅吾志,明以教

　　我。我虽不敏,请尝试之。"(孟子·梁惠王上)

　　"之 s"与非"之 s"作"恐""惧""恶""愿"四个动词的宾语
时有不同的选择,也应该与这四个动词的场景预设有关。
"恐""惧""恶"所带的宾语都是原因宾语,是这种原因造成了
施事者的恐惧或厌恶心理,行为的原因一般是既成事实,所以
是交际双方的共享信息。不过当句子的主语是第一人称时,
"恐"和"惧"有明显的因礼貌原则触发的主观化倾向,实际表
达的是句子主语不希望出现某种情况,此时它们所带的宾语
实际上不再是原因宾语而是内容宾语。例㉝㉞两个例子都属
于这种情形,所以这两个例子之内的非"之 s"小句宾语表达
的是新信息,而不是可及性信息。"愿"是"希望"的意思,所带
的宾语是内容宾语,说话人报道某种希望的内容,是预设听话
人不知道的,所以"愿"所带的小句宾语一般都是表达新信息
的。

　　周秦汉语比况动词主要有"如""若""犹(由)"三个。在
《论语》和《左传》里,这三个动词带小句宾语,一律是"之 s",
但到《孟子》里情况有了变化,这三个动词都有带非"之 s"宾

语的例子。具体情况如下表：①

		如	若	犹（由）
论	"之 s"	4	2	1
语	非"之 s"	0	0	0
左	"之 s"	19	0	5
传	非"之 s"	0	0	0
孟	"之 s"	14	7	13
子	非"之 s"	4	4	6

"如""若""犹（由）"表示比况，它们的宾语实际上是比喻的喻体，比喻的喻体一般都是人所共知的常识，是交际双方的共享信息，是可及的，所以在《论语》《左传》里它们所带的小句宾语一律是"之 s"，这是很正常的。例如：

㉟夷狄之有君，不如诸夏之亡也。（论语·八佾）

㊴我在伯父，犹衣服之有冠冕，木水之有本原，民人之有谋主也。（左传·昭公九年）

到《孟子》里，"如""若""犹（由）"所带的小句宾语出现了非"之 s"，不过这些非"之 s"宾语仍然是表示共享信息的，而不是表示新信息的，因而也是可及的。这一点与前两类动词带非"之 s"宾语的情况不同。例如：

㊵舜相尧二十有八载，非人之所能为也，天也。尧崩，三年之丧毕，舜避尧之子於南河之南，天下诸侯朝觐者不之尧之子而之舜，讼狱者不之尧之子而之舜，讴歌者不讴歌尧之子而讴歌舜……舜崩，三年之丧毕，禹避舜之子於阳城，天下之民从之，若尧崩之后不从尧之子而从

---

① "若"在《左传》里带小句宾语只见于引文，统计时不予计入。

舜也。(孟子·万章上)

④我非尧舜之道不敢以陈於王前,故齐人莫如我敬王也。

(孟子·公孙丑下)

④仁之胜不仁也,犹水胜火。(孟子·离娄下)

关于可及性小句不使用"之 s"而使用非"之 s",这种情况我们在下一节再具体讨论。

综上,"之 s"在《论语》等三部文献中的三类动词宾语位置上的隐现情况表明:"之 s"的隐现不是随机的,而是受到其可及性语义特征的制约的。

3 影响"之 s"隐现的其他因素

3.1 前文的各种证据都表明"之 s"是一种可及性结构,如果我们由此逆推:凡是非"之 s",即使与"之 s"处于相同的句法地位,也一定是不可及的。这个推论却显然不能成立,上文例④—④就是反例。例④—④作为反面证据还表明:"之 s"虽然在周秦时期很普遍,但它仍然是一种语用层面的现象,而不是一种强制性的句法行为。作为一种语用层面的现象,则不仅那些表达新信息的小句不能使用"之 s",即使是可及性的小句,也不一定非得使用"之 s"。从文献的实际情况看,具有可及性而又使用非"之 s"的情况主要受到语言内部和语言外部两大因素的影响。

3.2 语言内部因素目前我们能够看出来的主要有以下四个方面:

(1)当小句的主语与谓语之间出现非指谓的其他成分时,使用非"之 s"。非指谓的其他成分指的是关联词或者是指向主语的副词如"皆"等。

小句的主语与谓语之间出现非指谓性的成分可以拿"虽"引导的让步从句作为典型例子。周秦汉语中连词"虽"引导的让步从句有两小类:一类是事实让步,另一类是虚拟让步(假设让步)。事实让步表示一种事实前提,这个前提是交际双方的共享信息,所以是可及的,而虚拟让步表示的是一种假设的情形,一般不是交际双方的共享信息,所以在《论语》《左传》《孟子》三部文献里凡是"虽"引导的虚拟让步从句,均为非"之 s"。在《左传》里,"虽"无论是出现在事实让步从句里,还是出现在虚拟让步从句里,均有两种分布位置:或者在从句句首,或者在从句的主语与谓语之间(在《论语》《孟子》里,"虽"均分布在从句的主语与谓语之间)。我们发现,在事实让步从句中,如果"虽"出现在主语与谓语之间,则皆为非"之 s";如果"虽"出现在句首,则从句绝大多数都是"之 s"。具体情况如下表:

虚拟让步				事实让步			
S 虽 V	S 虽之 V	虽 SV	虽 S 之 V	S 虽 V	S 虽之 V	虽 SV	虽 S 之 V
17	0	9	0	22	0	1	7

上表显示,在虚拟让步中,"虽"可以出现在主谓之间,也可以出现在句首,但当"虽"出现在句首时,后面的小句只能是非"之 s",而不能是"之 s";在事实让步从句中,连词"虽"与"之 s"中的"之"在主语与谓语之间相互排斥,而当"虽"出现在句首的时候,两者之间并不相互排斥,而且从句一般必须是"之 s"形式。这种情况不仅进一步表明了"之 s"的可及性,而且也表明,当"虽"出现在主语与谓语之间时,它占据了"之"字的分布位置,使得"之"字不能出现。例如:

㊸公曰："吾牲牷肥腯，粢盛丰备，何则不信?"对曰："……
　　君虽独丰，其何福之有?"(左传·桓公六年)

㊹虽君之有鲁丧，亦敝邑之忧也。(左传·襄公三十一年)

"虽"出现在句首而从句选择非"之 s"只有 1 例，可视为例外，
这个例子是：

㊺楚师薄於险，叔山冉谓养由基曰："虽君有命，为国故，
　　子必射。"(左传·成公十六年)按：杨伯峻于"虽君有
　　命"下注曰："楚共王曾责之'尔射，死艺'，是君有命禁
　　止其射。"证明这里的"虽君有命"是一个事实让步，而
　　不是虚拟让步。

(2)当小句的主语或者话题成为对比焦点的时候，可以使
用非"之 s"。例如：

㊻始吾於人也，听其言而信其行；今吾於人也，听其言而
　　观其行。(论语·公冶长)

㊼公西华曰："由也问闻斯行诸，子曰有父兄在；求也问闻
　　斯行诸，子曰闻斯行之。赤也惑，敢问。"(论语·先进)

例㊻中的"始吾於人"和"今吾於人"中的"始""今"都是小句的
话题，而上下文语境显示它们是对比焦点；例㊼中的"由也"和
"求也"分别是两个小句的主语，语境显示它们也是对比焦点。
不过这种情况下并不绝对排斥"之 s"，如下例中的小句主语
也是对比焦点，但句子仍然采用了"之 s"形式：

㊽子曰："人之生也直，罔之生也幸而免。"(论语·雍也)①

----

① 《论语》的这个例子传世文献如此，但出土文献不同，作"人生
也直，亡生也幸而免"，正是非"之 s"。

(3)当小句中有其他更高等级的可及性标记或者有另一个可及性标记"之"存在的时候,小句一般不选择"之 s"。魏培泉(2000)指出,当小句的主语是人称代词时一般不选择"之 s",我们在前文已经指出这种情况下不选择"之 s"是因为人称代词是更高等级的可及性标记。前文例㊶之"莫如我敬王也"可以用这个规则来解释。第一人称代词"我"是比"之"的等级更高的可及性标记。魏培泉(2000)还指出,当小句的主语或者宾语中存在领属结构助词"之"的时候,往往不选择"之 s",主语中含有领属结构助词"之"时更是如此。这是因为,领属结构助词"之"与"之 s"中的"之"在性质和功能两方面都是相同的,根据语言的经济原则,同形不共现,所以不选择"之 s"。前文例㊵的小句"天下之民从之"可以用这条规则解释。该例小句的主语"天下之民"已含有一个领属结构助词。

(4)语言内部因素的最后一个是时代因素。前文已经指出,动词"如""若""犹(由)"所带的小句宾语在《论语》《左传》里全部是"之 s",而到了《孟子》里,就出现了非"之 s",这种情况只能用时代因素来解释。王洪君(1987)、何乐士(1989/2004)、大西克也(1994)、魏培泉(2000)、刘宋川和刘子瑜(2006)都注意到西汉时期"之 s"的使用频率已明显下降,《史记》援引周秦时期文献往往将原文的"之 s"改成非"之 s",这种情况虽然也不能排除《史记》作者的语言风格因素,但西汉以后"之 s"渐趋消亡却是历史事实(参见王洪君 1987,魏培泉 2000)。

3.3 语言外部因素主要是周秦文献在流传整理过程中的失真。我们现在所见到的周秦传世文献是经过历代学者传抄整理过的,它们并不是周秦文献的原貌,这一点有出土文献作为强有力的佐证,是确凿无疑的。前文例㊽传世文献跟出土文献就不一样。关于这一点,大西克也(1994)和魏培泉(2000)都已经充分注意到了。我们在《论语》《左传》《孟子》里发现一些具有较高可及性的非"之 s"无法从其他方面找出原因,很可能就是文献失真因素导致的。比如前引例㉔,同样的内容《滕文公下》里使用"之 s",而在《梁惠王下》里却使用非"之 s"。再如:

㊾孔子曰:"禄之去公室五世矣,政逮於大夫四世矣,故夫三桓之子孙微矣。"(论语·季氏)

此例中"禄之去公室五世矣"和"政逮於大夫四世矣"是两个并列的句子,两句的话题部分均为可及性小句,但前一句的话题使用了"之 s",而后一句的话题却使用了非"之 s"。

4　结语

4.1 周秦汉语"之 s"中的"之"来源于指示代词,其原初主要功能与现代北京话"NP+指示代词+VP"中的指示代词一样,是一个可及性标记,用以建构一种可及性话语形式。所不同的是,现代北京话里的"NP+指示代词+V"形式在可及性连续统中处于高度可及层次,而周秦时期的"之 s"应该处于中度可及层次。但不管怎么说,它与现代北京话"NP+指示代词+VP"一样,是说话人可及性话语组织策略的产物,而不是某种句法约束的产物。在周秦文献里,"之 s"的可及性特征仍得到充分的保持,并深刻地影响到这种小句的隐现,从而造成了周秦汉语中"之 s"与非"之 s"小句在各种句法位置上的同现现象。

4.2 根据王洪君(1987)、大西克也(1994)、魏培泉(2000)，"之 s"在汉代之后就逐渐衰微了，到六朝时期的文献里已经变成一种文言残余，这个现象应该有三方面原因。其一是由于"之 s"作为一种话语组织策略始终处于语用层面，没有演变成为古代汉语的一种强势句法规律，从而易于被淘汰。其二，"之 s"中的"之"来源于指示代词，而汉代以后它已经成为一种文言形式，其指示功能已经不被人们所认识和理解。另一方面，"之 s"的可及性又主要依赖于"之"的指示功能，那么，既然"之"的指示功能已经"丧失"了，该小句在实际话语中的可及性标记也就随之"丧失"了，"之"也由此变成了一个羡余成分。其三是由于汉语书面语言系统的形成和发展。"之 s"中的"之"来源于指示代词，指示代词具有极强的空间和时间依赖性。口语都是在特定的时空当中展开的，具有时空的"当下性"，所以在口语中指示代词就显得异常活跃，而书面语则更多地表现为"泛时空性"，指示代词的用武之地被大大削弱了，这种现象可以从现代汉语书面语与北京口语的对照中得到验证。我们可以注意到一个事实，那就是汉代恰好就是汉语书面语与口语逐渐分离的时期，所以"之 s"在这个时期开始衰微显然与此有关。

（原载《中国语文》2008 年第 4 期）

周秦汉语"被动语态"之检讨

0.1 普通语言学所说的被动语态(passive voice)是一种句法范畴或句法—形态范畴。《马氏文通》按照拉丁语法建立汉语语法学,在《实字卷之四》中专辟一章讲"受动字",乃是因为拉丁语之动词有主动态和被动态之分,而在马氏看来,拉丁语动词的主动态与被动态之分在汉语中也存在,因此,马氏所讲的"受动字"实际上指的就是动词的被动语态。马氏讲古汉语中的"受动字"可以通过六种途径识别出来,包括"为……所……"先于外动字式,"为"字先于外动字式,外动字后"於/于"字为介式,"见""被"加于外动字式,"可""足"加于外动字式,以及外动字单用式等六种。他都是从受动字着眼,而不是从句法上所谓的被动式着眼,所列举的六种形式都是用来判别"受动字"的,这与他所接受的理论是一贯的。[①]
20 世纪 30 年代以后的汉语语法学家们虽然接受了马氏的"受动"之说,但着眼点则与马氏迥异。王力《中国现代语法》干脆就说:"叙述句有主动式和被动式的分别。(一)谓语所叙述的行为系出自主语者,叫做主动式……(二)谓语所叙述的行为系施于主语者,叫做被动式……"(1985,87 页)这是纯粹

[①] 后来的一些学者没有搞清楚马氏所依傍的理论,对他的"外动""受动"之分以及所列举的六种形式当中的一部分都提出了批评,例如《〈马氏文通〉读本》说:"受动是外动字的用法问题,马氏把受动字作为一类与外动字、内动字并列,不妥。"这些批评意见实际上是误会了马氏。

从句法上来讲被动语态的。无论是马氏从动词着眼讲被动
语态,还是后来的学者从句法上来讲被动语态,迄今为止,
极少有人怀疑汉语是否有被动语态。就我所知,唯有高名
凯先生曾提出过质疑。他说:"其实,只要详细地研究汉语,
我们就可以看得出,汉语具有动词功能的词,实在并没有施
动和受动的分别。汉语具有动词功能的词是中性的,因为
汉语具有动词功能的词可以没有主语。在这种情形下,因为
主语不存在,施动或受动就很难决定,即因为其很难决定,它
可以是施动,也可以是受动,完全视点如何而定……简言之,
汉语是用施动的形式来表示受动的意义的,如果有必要的
话。"(1986,202 页)

　　0.2 20 世纪以来,研究汉语语法的学者讲被动式,把着
眼点从动词转到句法上来。就古代汉语而言,大家都认可
的所谓被动形式(或者被动标记)是马氏所提出的"为……
所……"式,"为"字式,"於/于"字式和"见""被"式。姚振武
(1999)对这些被动形式逐一进行过检讨,他说:"把'于'
'见''为'看作被动式的'结构特点',依然是用西方语言的
'形态'观念比附汉语的产物,是基本脱离先秦汉语实际的。
据我们研究,先秦汉语受事主语句系统可分为'意念句''遭
遇义动词句'和'指称句'三大类。"(1999,43 页)姚先生认
为,古代汉语中的所谓被动标记"于""见""为"实际上都不
是被动标记,我们基本上赞同他的这一看法。不过,如果只
是证明了"于""见""为"不是被动标记,那还不能就此下结
论说上古汉语没有被动语态。而且姚先生也只是否定了
"于""见""为"是被动标记,并没有否定上古汉语有被动语

态,他用"受事主语句"代替被动句的说法实质上是换汤不换药的说法。有鉴于此,本文想侧重讨论周秦汉语的被动语态问题。

0.3 从普通语言学的角度看,被动语态(passive voice)在语法上有三个要素,其一是要有主语范畴,其二是要有及物范畴与不及物范畴之分,其三是要有一定的形态或句法手段。这三个要素缺一不可,一个及物动词的受事成分在语法上占据句子主语的位置,并通过一定的形态或者句法手段来标明它与及物动词的语义关系,这样构成的句子才是被动句,它所体现出来的不同于主动句的句子形态才是被动语态。本文将立足于以上所说的三个要素来重新检讨周秦汉语的"被动语态"问题。本文所讨论的周秦汉语指的是公元前11世纪到公元前3世纪的汉语,也就是西周到战国末期的汉语。由于本文所涉及的"主语范畴"问题、"及物与不及物之分"问题和"形态"问题都是古汉语语法研究中非常大的也是非常棘手的问题,根本不可能在一篇文章中彻底讨论清楚,所以本文只能拈取一些能看得清的语言事实来讨论,相关问题的深入研究尚期待着方家一起来做。

1 周秦汉语的主语范畴问题

1.1 主语(subject)是在语义因素和语用因素相互作用下语法化出来的一种句法范畴(参见科莫里1987,126—152页)。因其是一种语法化的产物,因此,不是所有的语言都一定会有主语这种语法范畴;有这种语法范畴的语言,其主语的语法化程度也不一定相同,因而,其语法属性和语义涵盖面也不一定相同。① 印欧语系的语言都有主语范畴,而且是一种高度语法化了的句法范畴,主要表现在两个方面:其一是,印欧语的主语范畴对句子中的动词产生了高度约束,一个小句必须要有一个而且只能有一个定式动词,该定式动词要与主语在形态上保持一致关系;其二是,主语范畴的语义涵盖面已经大大超出动词的施事论元,包括了受事论元、当事论元、与事论元等语义角色,甚至还包括了语义角色为空的论元,即所谓形式主语。在世界上的很多其他语言里,其主语范畴与印欧语比较起来就有很大的不同,如在一些比较典型的作格语言里,主语范畴限于施事论元,或者限于施事论元和工具论元,比如在古典藏语中,只有施事论元和工具论元加施格标记 gi。

　　对主语范畴的这样一种理论认识非常重要,它是本文讨论周秦汉语主语范畴的一个理论基础。

　　1.2 Li & Thompson(1976)将世界上的语言划分为主语优先型和话题优先型等不同的类型,认为汉语是话题优先型语言。他们的意见在国际上影响很大。他们的分析是建立在所有的语言都有主语和话题之分的基础之上的,然而如前文所说,主语是语法化的产物,不是所有的语言都一定会有主语。如果一种语言根本没有主语范畴,那么所谓的话题优先也就落空了。所以,我们要相信 Li & Thompson 对汉语的看法在周秦汉语中也是成立的,我们必须先搞清楚周秦汉语到

---

　　① 关于主语问题可参阅 *Subjects and universal grammar—An explanatory theory*,Yehuda N. Falk,Cambridge University Press,2006。

底有没有主语这个东西。要搞清楚周秦汉语有没有主语,是个非常棘手的问题。由于汉字不是汉语的完备记录,也由于汉语史文献在历史传抄过程中的"校勘"等原因,今天我们已经很难窥见周秦汉语的完备状态。比如语音方面是否体现形态差异,我们现在还不甚了了,甚至根本不清楚。《公羊传·庄公二十八年》"春秋伐者为客,伐者为主"东汉何休注云:"伐人者为客,长言之;见伐者为主,短言之。皆齐人语。"如果何休的说法是有根据的,那么在《公羊传》产生的战国时期的齐国方言中,动词"伐"有两个语音形式,反映了主动和被动的形态分别。然而,这样的情况历史留给我们的只是一鳞半爪,连"伐"字在齐国方言中的这种分别要不是何休的注释我们也不得而知。《广韵》"伐"字只有"房越切"一个注音。最近一个时期以来,上古汉语语音研究取得了很多可喜的成果,一些语音史专家也已经意识到要与上古汉语形态问题联系起来,然而,目前阶段语音史的研究成果要全面应用到上古汉语形态研究方面还有很大一段距离。在目前条件下来探讨周秦汉语是否有主语范畴,所可依傍的主要还是句法的表现。

1.3 根据我们的初步观察,周秦汉语有主语范畴。主要有以下六个方面的证据:

(1)来自代词的证据。早在上个世纪初叶,瑞典汉学家高本汉(1913)就用形态差异说来解释上古汉语人称代词繁复的原因,他认为上古汉语的第一、第二人称代词有格和数的分别。他的观点已经影响了一个世纪,至今很多学者仍然相信他的解释大体上是对的。洪波(1996,2000,2002)则根据上古汉语第一、第二人称代词在殷商甲骨文和周代较早时期文献中的使用情况提出上古汉语第一、第二人称代词繁复的原因不是由于形态差异造成的,而是由于表义不同造成的。不过,洪波(1991a,1991b)则通过论证指出周秦汉语中存在着一套兼指代词,这套指示代词由"厥/其""是/时/寔""之""爰""焉"组成,它们在最初阶段有着严格的格位分工,"厥/其"如王力先生早已指出的那样是个领格代词,"是/时/寔"是主格代词,而"之"是个宾格代词,这也是大家所公认的。至于"爰"和"焉",它们最初的功能都是称代处所的,而"爰"总是分布在动词之前,"焉"总是分布在动词之后,所以"爰"是前置处所格,"焉"是后置处所格。它们的这种格位分工在《山海经·五藏山经》得到了最为严格的体现,各司其职,丝毫不爽。《山海经·五藏山经》中"是"字只占据主格位置,说明其语言里存在着主语范畴。

(2)来自话题化的证据。话题化是任何语言都会采用的一种语用同时也牵涉到句法的一种手段。在有主语范畴的语言里,一个通常不占据主语位置的论元成分如果不通过一定的句法或形态运作使它占据主语位置,而仅仅是通过话题化运作使它占据话题的位置,那么它只能占据话题的位置而不能占据主语的位置,主语位置上应该出现的论元成分并不因为其他论元的话题化而影响其出现。比如英语:

①This book I haven't read it.

例中的 this book 是动词 read 的受事论元,它通过话题化手段而提升为句子的话题,但并没有通过一定的句法或形态手段提升为句子的主语,因此句子的主语仍然存在。在有主语的语言里,一个通常不占据主语位置的论元成分如果单纯地被提升为话题,它本身并不影响句子主语的隐现,而且在它的常态位置上会留下一个语迹,至少会留下一个空位,如例①中的 this book 就是如此,它在其常态位置上留下了语迹 it。现在我们来看看周秦汉语的情形。

周秦汉语的动词"言"是一个三价动词,它含有施事论元、受事论元(也称作内容成分)和对象论元。其受事论元可以通过话题化运作而成为句子话题,但一般要在其常态位上置留下语迹"之"。例如:

②夏礼(,)吾能言之,杞不足征也;殷礼(,)吾能言之,宋
　　不足征也。(论语·八佾)

例中"夏礼""殷礼"都是动词"言"的受事论元,现在它们通过话题化运作而成为句子的话题,但在其常态位置上都留下了语迹"之"。如果去掉这个语迹"之",则变成"夏礼(,)吾能言""殷礼(,)吾能言",这样的句子是不能说的。因为在周秦文献中像"吾能言"这样的说法都是表示"我能说话"的意思,其中的"言"只是一个一价动词,只包含施事论元。例如:

③八年春,石言于晋魏榆。晋侯问于师旷曰:"石何故
　　言?"对曰:"石不能言,或冯焉。"(左传·昭公八年)

"言"所包含的对象论元也可以通过话题化而成为句子的话题,这时它的常态位置上要么是一个空位,要么保留一个语迹成分。例如:

④赐也,始可与言诗已矣!(论语·学而)

⑤子曰:"可与言而不与之言,失人;不可与言而与之言,
　　失言。"(论语·卫灵公)

例④"赐"是动词"言"的对象论元,被话题化为句子话题,引介

它的介词"与"后面留下了一个空位;例⑤动词"言"的对象论元被话题化后又被省略了,每个句子中有两个引介它的介词"与"字,前一个的后面留下了空位,而后一个的后面保留了语迹成分"之"。

周秦汉语的动词"杀"也是一个三价动词,包含施事、受事和工具论元。"杀"的受事论元如果只是通过话题运作而成为句子话题,则"杀"字后面要么留下空位,要么保留语迹成分"之"。例如:

⑥今有杀人者,或问之曰"人可杀与?"(孟子·公孙丑下)

⑦去丧,无所不佩。非帷裳,必杀之。(论语·乡党)

例⑥"人可杀与"一句中的"人"是"杀"的受事论元,话题化后,"杀"后留下了空位;例⑦"帷裳"是"杀"的受事论元,话题化并承前省略了,"杀"后保留了语迹"之"。

以上两个例子说明,在周秦汉语里,动词的受事论元如果单纯地话题化,在其固有位置上要有空位或语迹,空位和语迹的存在说明它们并没有成为句子的句法主语。尽管在这种话题化的句子里句子的句法主语可以出现也可以不出现,但无论句子的句法主语出现与否,都说明在这种话题句中仍有一个句法主语存在。

(3)来自主格标记的证据。洪波(1991a,1991b)指出周秦汉语的指示代词"是/寔"有标记主语的功能。例如:

⑧匪舌是出,维躬是瘁。(诗经·小雅·雨无正)——按:出,同"拙"。

⑨唯东宫与西广寔来。(国语·楚语上)

例⑧中的"舌"和"躬"虽然是一对对比话题,但它们分别是动

词"出(拙)""瘁"的当事成分,例⑨中的"东宫和西广"是动词
"来"的施事成分,但并不是对比话题,而它们都用"是/寔"来
标记,说明它们都是句子的句法主语。

(4)来自非话题化的典型受事论元前置的证据。"宾语前
置"用"之""是"等标记,这是大家耳熟能详的周秦汉语语法现
象。例如:

⑩吾斯之未能信。(论语·公冶长)

⑪君人者,将祸是务去。(左传·隐公三年)

例⑩⑪中的"斯""祸"分别是动词"信""去"的受事论元,它们
前置于动词而又未居于句子话题位置,但它们也不是句子的
句法主语,因为它们只是为了凸显才前置的,"之"和"是"的作
用就是这种凸显的标记,所以这种前置不是一种单纯的句法
运作,而是一种句法和语用运作。两例中的"吾"和"君人者"
所占据的则显然是句子主语位置。与此相对照的是,在周秦
汉语中动词的受事论元前置并占据主语的位置则需要有另外
的句法处理。主要有三种方式:一种方式是加遭受义动词,另
一种是变成判断形式,还有一种是排比或对举(详见下文)。
这些方式与非话题化的受事论元前置的处理方式迥然有别。

(5)来自小句的最小构成的证据。小句的最小构成指的
是一个光杆名词和一个光杆动词构成的句子。周秦汉语里如
果一个光杆名词加在一个动词之前构成一个小句,这个光杆
名词一般只能是动词的施事论元或当事论元,这说明周秦汉
语里只有施事论元和当事论元能充当句法主语,从而也证明
有句法主语这种句法范畴的存在。在周秦汉语里受事论元加
在动词之前而又能构成一个独立小句,较常见的只有熟语化

的"日食",非熟语化的说法则要说成"日有食之","日"只是一
个话题,不定代词"有"才是句法主语。《左传》里有一个例外:
"(晏子)曰:'君伐,焉归?'"这个例子中的"君伐"是"君被伐"
的意思。但这个例外是可以解释的,晏子是齐人,根据《公羊
传》何休注,齐国方言里"伐"字有主动态和被动态的对立,那
么这里的"伐"字应该是被动态。

(6)来自使动态的证据。周秦汉语动词的自动用法一般
都是由施事论元或当事论元占据主语位置,当其用作使动时,
则由表示使役者的外在施事论元占据主语位置,而其自身的
内在施事论元或当事论元则要变换到宾格位置。① 例如:

⑫赫赫宗周,褒姒烕之。(诗经·小雅·正月)

例中"烕"是"灭"的使动形式,"褒姒"是"烕"的外在论元(致使
主体),占据了句子主语位置,"赫赫宗周"作为"烕"的内在当
事论元则必须移到宾语位置,虽然经过话题化处理,出现在句
子话题位置,但宾语位置仍保留了它的语迹"之"。在使动态
中施事论元或当事论元必须移到宾语位置,这种处理说明主
语位置只能有一个名词性成分,而不能有两个或两个以上的
名词性成分。这种情况正是主语的特性,因为一个句子只能
有一个主语。

2　周秦汉语动词的句法及物性问题

及物(transitive)和不及物(intransitive)这对概念也是

---

① 本文所说的"内在论元"指的是动词自身语义特征所决定的必
有论元,"外在论元"指的是非动词语义特征所决定的必有论元,而是通
过句法或形态手段赋元后所获得的论元。

《马氏文通》从拉丁语法中借过来的。在印欧语中,动词有及物与不及物之分,而被动语态是只有及物动词才能拥有的一种语态形式。及物和不及物的分别实际上也可以表述为动词的句法及物性的差异。一个动词如果在句法上只能拥有一个核心论元成分,则是不及物的,而拥有两个或两个以上核心论元的动词则是及物的。周秦汉语语序的基本状态是将动词的论元成分或非论元名词性成分安排在前后两侧,而动词的核心论元成分在常态情况下一般都可以不借助介词引介而直接置于动词的前面或者后面。因此,周秦汉语动词的句法及物性可以根据它们在不借助介词的情况下所能共现的核心论元成分的多少来判别。根据这个标准,周秦汉语动词的句法及物性与现代汉语有很大的不同。在现代汉语里,确实有一批只能与一个核心论元成分共现的动词。然而,在周秦汉语里,只与一个核心论元共现的动词却是很少见的,李佐丰(1994)只列举出 16 个常用的。有些动词,比如“死”,在现代汉语里是一个绝对的不及物动词,而在周秦汉语里则可以见到“死”带两个核心论元的例证。例如:

⑬召忽死之。(左传·庄公九年)

这种状况显示,周秦汉语动词的句法及物性与印欧语有很大区别,可以说基本上不存在印欧语那样的及物与不及物两大分野,因此,我们拿印欧语的及物/不及物范畴来范概周秦汉语动词,显然是不合适的。

周秦汉语动词的句法及物性的这种不同于印欧语动词句法及物性的特点,其根源主要在于周秦汉语存在使动态。由于使动态的存在,扩展了很多动词的句法及物性,而且使动态还生成了一种提升动词句法及物性的句法基模（syntactic schema），很多只包含一个内在论元的动词可以仿照使动态句法基模而"活用"为带两个核心论元，使自身的句法及物性得到提升，如前引例⑬动词"死"的这种所谓"为动"用法就是如此。使动态及其所形成的句法基模的另一个重要影响是，它扩展了句法宾格的语义角色，使得在最小成句组合中通常占据主格位置的施事论元和当事论元也可以占据宾格位置，并使得其他论元如原因论元、目的论元也通过"类化"而可以占据宾格位置，成为动词的核心论元。这就打破了宾格位置通常由受事论元和与事论元占据的格局，使得宾格位置的论元角色复杂化了。宾格位置论元角色的复杂化无法都推嬗到主格位置上，反而造成了主格位置论元角色的限制，受事论元、与事论元等不能直接提升到主格位置，就是这种限制的反映。

3 周秦汉语"被动结构"的形态和句法问题检讨

3.1 被动语态的三要素之一是形态和句法形式。本节检讨周秦汉语所谓被动句的形态和句法形式问题。

3.2 上文提到《公羊传·庄公二十八年》何休注，这条材料如果可靠，那么，在周秦时期齐国方言中动词可能存在主动与被动的对立，也就是说，可能存在被动形态。那么，在当时的雅言里是否也存在这种对立呢？有两条材料能反映这个问题：

⑭ 故曰：或劳心，或劳力；劳心者治人，劳力者治於人；治於人者食人，治人者食於人：天下之通义也。（孟子·

公孙丑上)

⑮故善战者致人而不致於人。(孙子兵法·虚实)

例⑭《孟子音义》在"食人"后注音曰"音嗣",在"食於人"后注音曰"如字",而"治人"和"治於人"后皆无注音,亦即皆当"如字"处理。我们知道,"食人"之"食"是使动用法,这种用法《广韵》"祥吏切",而它的自动用法《广韵》"乘力切"。《孟子音义》的作者认为"食於人"中的"食"与其自动用法在读音上没有区别。① 同样,他认为"治人"之"治"和"治於人"之"治"在读音上也没有区别。"治"《广韵》确有两个反切,一个是"直吏切",另一个是"丈之切"。但这两个反切音所反映的不是主动和被动的区别,而是完成体与未完成体的区别。《左传·襄公二十七年》:"夫子之家事治,言于晋国无隐情。"这里的"治"是"治理好"的意思,是"治"的完成体用法,在功能上相当于一个不及物动词或者形容词。陆德明《经典释文》注曰:"治,直吏反。"这条注音材料说明在上古时期,"治"的未完成体用法是读平声"丈之切"的音,而完成体则读"直吏切"的音。无论是哪种情况,都说明"治"在《广韵》所保留的两个反切音与其主动和被动用法无关。例⑮"致人"和"致於人"也是主动和被动的对立。"致"《广韵》只有一个反切音,因此,它的主动和被动用法不大可能有语音上的区别。以上两条材料在一定程度上证明周秦汉语雅言里并不存在主动和被动

---

① 实际上《孟子音义》将"食於人"之"食"注为"如字"是错误的,这个"食"也应该与前一个"食"同音。但即便如此,也是使动用法的读音,而不是反映被动语态。

的形态差异。

　　3.3 至于周秦汉语的被动句法形式和所谓的"被动标记",我们基本上赞同姚振武的观点,长期广泛认可的被动标记"见"是个"遭受"义动词,"为"是"判断"义关系动词,"于(於)"则是个全能介词。

　　"见"被认为是最古老的被动标记,杨伯峻、何乐士(1992)曾举出甲骨文的例证。王力(1980)指出"见"来源于"遭受"义动词,解惠全、洪波(1987)曾详细讨论过"见"的演化过程。"见"加在另一个及物动词之前,它前面的名词在语义上是它后面的及物动词的受事成分,这一点是无可置疑的。例如:

　　⑯盆成括见杀。(孟子·尽心下)

现在一般都认为这种用法的"见"是一个助动词。根据朱德熙(1982),助动词是真谓宾动词,只带谓词性宾语。也就是说,在结构上,助动词是句子的结构核心。那么把"见"看作是一个被动标记显然不合适的。

　　而且,"见"是否是一个真正的助动词也是值得重新考虑的。考之周秦文献,"取""获"等也有类似"见"字的这种功能。例如:

　　⑰大福不再,只取辱焉。(左传·昭公十三年)

　　⑱吾子何爱于一环? 其以取憎于大国也,盍求而与之? (左传·昭公二十六年)

　　⑲使臣获钘军鼓,而敝邑知备,以御不虞,其为吉孰大焉? (左传·襄公九年)

如果我们承认例⑰—⑲中的"取""获"都是普通动词,是句子的主要谓语动词,那我们又有什么理由认为"见"就一定是一个助动词呢? 诚然,"取""获"还可以带名词宾语,也可以带一些看上去有名词化倾向的动词宾语。例如:

　　⑳子鲜不获命于敬姒。(左传·襄公二十六年)

　　㉑夏,单伯会之,取成于宋而还。(左传·庄公十四年)
但"见"字也同样有这种功能。例如:

　　㉒故国离寇敌则伤,民见凶饥则亡。(墨子·七患)
所以我们认为高名凯(1986)的意见是很有道理的:"'见'字本身就是一个具有动词功能的词,而且是施动式的。""见"是一个普通动词,"被"字在周秦时期就更是一个普通动词。一个显著的证据就是,"被"字不仅可以加在一个及物动词的前面,而且还可以加在一个小句的前面。当它加在一个小句的前面的时候,小句一定要用"之 s"形式,也就是小句的主语和谓语之间要加"之"字。例如:

　　㉓有独知之虑者,必被庶人之怨。(战国策·赵策二)

　　"为"字加在一个及物动词或者一个由及物动词构成的主谓短语的前面,而它前面的名词在语义上是后面动词的受事成分,这种用法始见于春秋时期的文献。它后面的主谓短语的动词前再加一个"所"字就构成"为……所……"式,而这种形式则是战国晚期才出现的。很多学者都承认"为……所……"式是从"为"字式演变来的。吕叔湘(1983)认为"为"字式中的"为"字是一个系词,而在他之前,《马氏文通》已经指出"为……所……"式中的"为"字是一个系词。"为……所……"式中的"为"是一个系词,大家比较容易接受,因为大家都知道"所 V"是一个名词性成分。但"为"字式中的"为"字有些学者就不承

认它是系词。这个"为"字是否是一个地道的系词确实是可以讨论的,但它是一个动词性的词则是可以肯定的。请看下面的例子:

　　㉔员不忍称疾辟易,以见王之亲为越之擒也。(国语·吴语)

　　㉕身死国亡,为天下之大戮。(荀子·正论)

以上两个例子中"为"所构成的句子照一般的分析,都是所谓的被动句,但"为"字后面所跟的都是"之 s"形式,"之 s"形式是名词性成分,在这两个句子里它是"为"的宾语无疑。"之 s"形式是"为"字的宾语,那么"为"字就一定是句子的主要谓语动词。无论"为"字是否系词,只要它是一个动词,那么它就不可能是一个被动标记,所构成的句子也就不可能是被动句了。

　　《马氏文通》把"於/于"看作被动标记是最没有道理的。我们知道,"於/于"在古代汉语里是一个全能介词,它可以引介任何一种名词性成分。即便是在受事主语句中,"於/于"也不一定就是引介施事成分。例如《孟子》里有一段很有名的话:

　　㉖舜发於畎亩之中,傅说举於版筑之间,胶鬲举於鱼盐之中,管夷吾举於士,孙叔敖举於海,百里奚举於市。(孟子·告子下)

例中有六个排比句,都是受事主语句,每个句子中都有介词"於"引出的名词短语,但是它所引介的都是处所成分,而不是动词的施事成分。过去人们常举《左传·成公二年》的"郤克伤于矢"作为"於/于"引介施事成分的例子,但这个例子中的"矢"并不是一个施动者,而只是一个工具成分。此外如:

㉗喜生於好,怒生於恶。(左传·昭公二十五年)

这也是一个受事主语句,而"於"引出的是原因成分或源点成分。杨伯峻、何乐士(1992)还曾举出被动句中不用"於/于"而用"自"引出施事成分的例子:

㉘懋父赏御正卫马匹自王。(懋父段)

这也说明"於/于"不是一个被动标记。高名凯说:"'於'是表示'空间''时间'或其他关系的虚词,在具有动词功能的词之后加上一个'於'字,如《孟子》之'治於人',这正表明这个动作是和这'於'字所介绍的具有名词功能的词有关系的。'於'字本来只表示动作或历程所发生的一个地点,而且是泛指的。它只表示动作或历程与其所介绍的具有名词功能的词有关联,但没有说得明白是哪一个方向的关联。"(1986,207 页)高先生这话的基本意思就是,"於"只是引出一个名词性成分,它并不限于引出施事,也并不表示被动。

根据以上所述,周秦汉语所谓"被动式"既没有形态上的区别,也没有句法上的标志,因此,我们只能承认周秦汉语没有主动态和被动态的对立,也就是说,周秦汉语没有被动语态。

4　周秦汉语十二个动词的个案分析

4.1 我们选取周秦汉语中十二个动词,以《春秋左氏经传》《论语》《孟子》三部文献作为调查对象,对它们进行定量分析,摸清它们的使用情况。我们所选择的十二个动词是:召、取、杀、戮、用、食、焚、治、生、伤、丧、辱。选择这十二个动词主要基于以下考虑:第一,它们都能构成 N₁+V+N₂ 句式,且当其构成该句式时,N₁ 不会是动词的受事;第二,它们都是常用动词,使用频率在三部文献中都比较高,甚至很高;第三,它们的自主性程度是不相同的,大致按我们的排列顺序形成一个连续统,越靠前的自主性程度越高,越靠后的自主性越低,因此,它们分别代表了周秦汉语不同类的动词。选择《春秋左氏经传》《论语》《孟子》三部文献也是基于以下考虑:第一,它们是春秋末叶到战国中叶的文献,时代上比较靠近,其语言面貌大致一致,有利于作共时分析;第二,这三部文献都是研究周秦汉语的代表性文献,具有典型性;第三,三部文献的题材各不相同,而又都接近于当时的口语,具有代表性;第四,这三部文献在东汉以后的注疏中保留了一些音注,有利于我们窥见当时的语音面貌。

4.2 上述十二个动词在《春秋左氏经传》《论语》《孟子》中使用的整体情况如下表:①

---

① 表中"主动"指由施事论元充当主语的用法,不过"治""焚""生"三个动词的施事论元是否是真正的施事论元值得推敲,很可能是使动用法的"致使者"(使事论元),因为这三个动词构成最小成句单位NV时,N一定不是施事论元,而只能是当事论元,如"庄公寤生"(《左传·隐公元年》)"厩焚"(《论语·乡党》)。因为使动态中的使事论元与本文所讨论的问题关系不大,姑且把这三个动词的使事论元也放在施事论元里。"无标记受动"指的是受事成分充当主语的用法,"自动"指由当事成分充当主语的用法,即传统所谓"内动"。"使动"指所带宾语是使动宾语但却是动词的内在施事论元或者当事论元的用法。"见"指加在动词之前的"见","为"指加在动词之前或者加在施事成分之前的"为","於/于"指出现在动词之后引出施事成分的介词"於/于"。统计中"为"与"於/于"如果同出则记入"为"类,"见"与"於/于"同出则记入"见"类,但实际上在所统计的三部文献中没有出现"为""於/于""见""於/于"同现的情况。

	召	取	杀	戮	用	食①	焚	治	生②	辱	伤	丧
主动	144	264	509	26	244	194	0	0	0	0	0	0
无标记受动	0	0	0	0	0	7	0	0	0	0	0	0
自动	0	0	0	0	0	0	1	11	59	13	15	5
使动	0	0	0	0	0	38.	43	90	144	24	25	53
"见"	0	0	2	0	0	0	0	0	0	0	0	0
"为"	0	0	0	11	2	0	0	0	0	2	0	0
"於/于"	0	0	0	0	0	1	0	2	0	0	1	0

4.3 表中"召""取"两个动词只有主动用法,既未见使动用法,也未见各种形式的受动用法。

"杀""戮""用"三个动词有主动用法,未见无标记受动用法和使动用法。"杀"可以出现在"见"字句中,"戮""用"可以出现在"为"字句中,在这三部文献中,"杀"与"戮""用"形成互补。这三个动词都未见由受事论元充当主语而用"於/于"引出施事论元的用法。

"食"的主动用法是由真正施事论元充当主语的用法,这种用法上今音读 shí。"无标记受动用法"的 7 个用例皆为"日食",皆出自《春秋左氏经传》,这种用例只能看作是一种熟语

---

① "食"有主动和使动两种用法,主动用法读 shí,使动用法读 sì。表中"主动"栏内的"食"字用例都读 shí,"无标记受动"栏内的 7 个用例都是"日食"的用例,《经典释文》没有将这个"食"注为"祥吏反",因此应该读 shí。"使动"栏内"食"字用例都读 sì,"於/于"字栏内的用例出于前引例⑭,应读 sì。

② "生"有两个基本义项,一是"出生""产生""发生",二是"活着""生存";相应地,它的使动用法也有两种,一种是"使产生""使发生"的意思,另一种是"使活过来""使存活"的意思,本文只考察"生"的"出生""产生""发生"这个义项及其使动用法,因此,其"活着""存活"义及其使动用法不在本文之列。

化的说法。《经典释文》没有把这种用法的"食"注为"祥吏反",因此其读音应该与其主动用法一致。"食"有38例使动用法,皆为"使……吃""给……吃"的意思,这种用法上读"祥吏反"的音,今音 sì。

"焚""治""生"三个动词比较特别。通常我们把下面各例中的主语都分析为这三个动词的施事论元,而把各例中的宾语都分析为这三个动词的受事论元:

㉙黄叟焚廪。(孟子·万章上)

㉚劳心者治人。(孟子·公孙丑上)

㉛戴妫生桓公。(左传·隐公三年)

然而当这三个动词构成最小成句单位 NV 时,N 却只能是"受事论元"。例如:

㉜厩焚。(论语·乡党)

㉝夫子之家事治。(左传·襄公二十七年)

㉞庄公寤生。(左传·隐公元年)

因此通常的认识显然是错误的,例㉙—㉛中的主语并非这三个动词的施事论元,而宾语也非一般的受事论元。这三个例子中的主语应该是使事论元,即这三个例子中的"焚""治""生"实际上都是使动用法,而其宾语是使动宾语,是这三个动词的内在当事论元。如此则例㉜—㉞中的主语就不是受事论元充当主语了,而是当事论元充当主语。基于此,在表中,我们把像例㉙—㉛这样的用例都归入"使动"一栏,而把例㉜—㉞这样的用例都归入了"自动"一栏。这样处理的理由是:(1)一个动词的最小成句单位所体现的应该是其最基本的也是最核心的用法,如果把这三个动词的最小成句单位中的 N 都视为受事论元,则就得承认有一部分动词的最基本最核心用法是受事论元充当主语,那么,周秦汉语的受事主语句就会因此而多出很多倍。(2)如果把这三个动词的最小成句单位中的N视为受事论元,那么"时日曷丧"(《尚书·汤誓》)中的"时日"是否也要处理为受事论元充当主语呢?因为同样可以见到"綦毋张丧车"(《左传·成公二年》)这样的例子。而我们知道"丧"是"亡"的使动形式,"綦毋张"只能是"丧"的使事论元,"车"是"丧"的内在当事论元,同样"时日"也是"丧"的当事论元。因此,把"焚""治""生"三个动词与"丧"作同样的处理显得更为合理。

"焚""治""生"三个动词只有"治"在前引例⑭中有两次用"於"引出施事论元的用法,而且是在对举的情况下使用的。

"辱""伤""丧"三个动词的最小成句单位NV中的N都是它们的内在当事论元,所以它们没有主动用法,只有自动用法和使动用法。"辱"有2例出现在"为"字句中,"伤"有1例出现在"於/于"字句中。

4.4　根据上表和上一小节的分析,可以看出这十二个动词判然分为两个阵营。前六个动词为一个阵营,这个阵营里的动词除了读 sì 的"食"之外,只有主动用法,没有使动用法;后一个阵营有使动用法,但没有主动用法。即便我们把后一个阵营里的自动用法也归入主动用法,但有无使动用法仍然壁垒分明。这说明周秦汉语存在主动态和使动态这个论断是完全正确的。与此相反,在这十二个动词中,除了读 shí 的"食"有熟语化的受动用法"日食"之外,没有一个动词有无标记受动用法,而"见""为""於/于"等,即便承认它们都是被动标记,在这三部文献中的使用频率也是非常低下的,与主动态和使动态用法的使用频率不可同日而语。因此,根据对这十二个动词在三部文献中使用情况的分析,再综合前文对被动形态问题和句法标记问题的检讨,我们可以得出结论:周秦汉语存在主动态(自动态)和使动态的对立,但不存在主动态和被动态的对立。

　　有一点值得最后提出来。两汉以后,随着周秦时期使动态的解体,有相当一部分动词的使动态用法固化为一般的及物用法,而有一部分动词则失去了使动用法,只保留了自动用法。这种嬗变为中古以后新兴被动式——"使役型被动"的产生创造了条件。有关情况我们将另文讨论。

　　(原载《历史语言学研究》第二辑,商务印书馆,2009 年)

先秦判断句的几个问题

先秦时期的判断句问题已有很多专家研究过,似无再容我置喙的余地。但是回顾学者们之所论,多着力于系词,对于先秦时期判断句的历史发展和不同类型的兴替变化问题却涉及不多;此外,对于先秦时期判断句中一些关键词语的功能和性质问题也还存在着歧见,有再探讨的必要。本文拟对先秦时期判断句的历史发展和不同类型的兴替变化问题作一探讨,同时也对先秦判断句中的"惟""非"和"也"字的功能和性质问题再作一些分析。①

1 先秦判断句的类型及其兴替关系

1.0 判断句是对事物的性质或类属进行判断的一种句式。先秦时期有一种为事物命名或分类的句式,例如:

①五行:一曰水,二曰火,三曰木,四曰金,五曰土。(尚书·洪范)

②嘉偶曰妃,怨偶曰仇。(左传·桓公二年)

③北溟有鱼,其名为鲲,化而为鸟,其名为鹏。(庄子·逍遥游)

这种句子不包括在我们所讨论的判断句中。此外像:

④礼之用,和为贵;先王之道,斯为美。(论语·学而)

---

① "惟"在甲骨文里写作"隹""唯",《尚书》写作"惟",《诗经》写作"维",战国文献多写作"唯"。本文用"惟"代表。

⑤是不为也,非不能也。(孟子·梁惠王上)

之类的句子也不包括在我们讨论的范围之内。

　　1.1 先秦时期的判断句其否定形式通常是在前项和后项之间用一个"非"字,春秋以后"也"开始出现于判断句,否定判断句句尾一般都有"也"。例如:

⑥戊午不祀,示咎。戊午非唯咎。(甲骨文合集21987)

⑦非予罪,时惟天命。(尚书·多士)

⑧回也,非助我者也。(论语·先进)

⑨故王之不王,非挟太山以超北海之类也。(孟子·梁惠
　王上)

肯定判断句则有以下四种基本类型:

A. (Np)+Np

⑩淮尸旧我貟晦人。(兮甲盘)①

⑪有王虽小,元子哉。(尚书·召告)

⑫祈父,予王之爪牙。(小雅·祈父)

⑬彼美人兮,西方之人兮。(邶风·简兮)

⑭君子之德,风;小人之德,草。(论语·颜渊)

⑮夫鲁,齐晋之唇。(左传·哀公八年)

⑯万乘之国,弑其君者,必千乘之家。(孟子·梁惠王上)

B. (Np)+惟+Np

⑰女有佳小子……(师虤簋)

⑱载生载育,时维后稷。(大雅·生民)

---

　　① 例⑩及例⑬采自管燮初《西周金文语法研究》,商务印书馆
1981年版,第9页。

⑲髧彼两髦，实难我特。(鄘风·柏舟)

C.（Np)＋为＋Np

⑳孝弟也者，其为仁之本与？(论语·学而)

㉑余为伯儵，余尔祖也。(左传·宣公三年)

㉒重为轻根，静为躁君。(韩非子·喻老)

D.（Np)＋Np＋也

㉓展如之人兮，邦之媛也。(诗经·鄘风·君子偕老)

㉔先进于礼乐，野人也；后进于礼乐，君子也。(论语·先进)

㉕以大事小者，乐天者也。(孟子·梁惠王下)

1.2　以上四种类型在先秦文献中出现的时间并不一致，从殷商到西周，只有 A、B 两种类型，春秋时期才开始出现 C 型和 D 型，其中 C 型始见于《论语》，D 型始见于《诗经》的《国风》。所以，先秦时期的判断句是有时间层次性的，可以分为两个阶段，殷商西周是一个阶段，春秋战国是另一个阶段。从前一个阶段到后一个阶段，不仅类型增加了，而且也存在着明显的兴替变化。在前一阶段中使用频率相当高的 B 型(据我们的统计:《尚书·周书》17 例，《大雅》和《小雅》62 例)，到春秋时期其使用频率急剧下降，除了《诗经》的《国风》里还有一些用例(6 例)外，已不见于《论语》，战国时期就基本上消亡了。A 型在春秋时期的《国风》里使用频率还相当高(39 例)，自《论语》以下，此型的使用频率也同样急剧萎缩。战国文献里虽然还能见到，但其总的使用频率已经非常低了。这两种类型的衰微在时间上正与 C、D 两型的兴起相衔接，显然，它们之间存在着历史兴替的关系。C、D 两型都产生于春秋时期,但它们的使用频率相差悬殊。D 型自产生之后很快即成垄断之势,成为春秋战国时期判断句的优势形式。以《论语》为例,此型共有 55 例,占该书所有肯定判断句的 59%。相对来说,C 型的使用频率则一直不很高,据我们统计,《论语》有 10 例,《左传》112 例,《庄子》34 例,《孟子》19 例,《韩非子》13 例,与各书中 D 型的使用频率相比较,完全不成比例。造成这种局面的原因可能有两方面:一方面可能是由于系词"为"字在春秋战国时期的功能负载过重(它有多种动词功能和多种介词功能),另一方面则可能是由于 D 型的爆发式频率高涨对它的挤压。

2　"惟"和"非"的性质

2.1 先秦判断句中的"惟"和"非"究竟是系词还是副词,这个问题至今仍没有定论。早在 20 世纪 30 年代,王力在《中国文法中的系词》一文中就对这两个词的性质做过讨论,当时他认为"惟"是表示语气的副词,而"非"是否定系词(王力 1937)。后来他在《汉语史稿》里改变了对"非"字词性的看法,认为"非"也是副词(王力 1980,352—353 页)。80 年代以来,陆续又有一些学者对"惟"和"非"的性质提出了不同见解,杨伯峻、何乐士在《古汉语语法及其发展》一书里把"惟"和"非"都定为系词,即代表了 80 年代以来不少学者的共同观点(1994,706—718 页)。

2.2 判断"惟"和"非"的性质,我们认为,在方法上有几点是不可取的:一是孤立地看问题,只看判断句而不及其余;二是拿现代的对译代替对上古汉语语法的分析;三是拿时间过晚的文言材料去比附、解释上古早期的语法现象。以下的分析将尽力避免这几种方法。

"惟"在殷商到西周时期是一个使用频率很高的词,它的分布位置极不固定,几乎可以加在任何一个句法成分的前面。甲骨文和西周金文中"惟"字的分布情况可以参看张玉金(1994)和崔永东(1994),下面举一些《尚书》和《诗经》的《雅》《颂》里的例子:

(1)加在主语(包括判断句主语)之前:

㉖惟太保先周公相宅。(尚书·召诰)

㉗维此惠君,民人所瞻。(大雅·桑柔)

㉘维予小子,夙夜敬止。(周颂·闵予小子)

(2)加在前置宾语之前:

㉙予小子新命于三王,惟永终是图。(尚书·金縢)

㉚维君子使,媚于天子。(大雅·卷阿)

㉛无非无仪,唯酒食是议。(小雅·斯干)

(3)加在谓语动词之前:

㉜予惟以尔庶邦,于伐殷逋播臣。(尚书·大诰)

㉝假寐永叹,维忧用老。(小雅·小弁)

㉞矢诗不多,维以遂歌。(大雅·卷阿)

(4)加在形容词谓语之前:

㉟人惟求旧,器非求旧,惟新。(尚书·盘庚)

㊱罔爱于殷,惟逸。(尚书·酒诰)

㊲执竞武王,无竞维烈。(周颂·执竞)

(5)加在非判断句的名词谓语之前:

㊳民德亦罔不能厥初,惟其终。(尚书·君奭)

㊴文王受命惟中身。(尚书·无逸)

㊵于以盛之,维筐及筥;于以湘之,维锜及釜。(召南·采
苹)

(6)加在句首时间状语之前:

㊶惟十有三祀,王访于箕子。(尚书·洪范)

㊷惟三月哉生魄,周公初基作新大邑于东国洛。(尚书·
康诰)

㊸维此六月,既成我服。(小雅·六月)

以上六种情况下的"惟"字虽然分布的位置不同,其功能却是
相同的,都是起一种标示或强调作用,表示它后面的成分是句
子的信息焦点成分,因此,其中的"惟"都是表示强调的语气副
词。由此我们亦可看出,在殷商西周时期,加语气副词"惟"是
一种常用的凸显信息焦点成分的手段。现在我们再回过头来
看判断句名词谓语前的"惟"字,将它与上述各种分布位置上
的"惟"字进行比较,即可看出判断句名词谓语前的"惟"字与
上述各种位置上的"惟"字在意义功能上并不存在任何明显的
差异,显然是同一个"惟"。因此,对于先秦早期判断句名词谓
语前的"惟"字的性质,我们认为王力从 20 世纪 30 年代就坚
持的看法是正确的,它不是一个系词,而是一个副词。在判断
句中,判断谓语一般总是表达新信息的,在语用上往往成为被
强调的成分,即句子的信息焦点成分,因而加表示强调的语气
副词是不值得奇怪的。

2.3 "非"字是不是系词,似乎不易论定,因为缺乏比较的
对象。但以下几个方面的情况可以帮助我们判定"非"字的性
质。其一,"非"字可以出现在非判断句中表示单纯的否定。

例如：

㊹寡人非能好先王之乐也，直好世俗之乐耳。（孟子·梁惠王下）

㊺夫文王欲立贵道，欲白贵名，以惠天下，而不可以独也。非于是子莫足以举之，故举是子而用之。（荀子·君道）

㊻且夫芷兰生于深林，非以无人而不芳。（荀子·宥坐）

其二，"非"和"惟"可以在同一判断句中共现，"非"字出现在"惟"字之前。例如：

㊼戊午不祀，示咎。戊午非唯咎。（甲骨文合集 21987）

㊽允唯焚。非唯梦。（甲骨文合集 34479）

㊾夫是，谁之故也，非唯旧怨乎？（国语·楚语下）

这种情况下，如果"惟"是系词，则"非"显然不是系词；如果"惟"如我们所论不是系词而是副词，则出现在它前面的"非"也不可能是系词，因为副词出现在系词之后不符合先秦时期的语法通则。其三，春秋以后，产生了句末加"也"字的判断句。这个"也"字具有表示判断的功能，它与同期产生的系词"为"字一般不在同一个判断句中共现（详见下文）。但是"非"与"也"却可以共现，而且自"也"出现之后，否定判断句如果是陈述句，则句末有"也"字是常态。以《论语》为例，该书共有否定判断句 13 例，其中陈述句 11 例，10 例有"也"字。其四，如果"惟"字如我们所论不是系词，则西周以前汉语里不存在用于肯定句的系词，从汉藏语系各种语言的现实情况来看，并不存在有否定系词而却无肯定系词的语言。综合以上四点，我们认为"非"字也不可能是系词，它应是一个副词，王力先生20 世纪 50 年代以后对这个词的性质的看法是对的。

3 "也"字的功能和性质

3.0 "也"字不见于《尚书》以前的文献,最早见于《诗经》。从分布上看,有两个"也",一个分布在句子的主语之后,例如:

⑤夫也不良,国人知之。(诗经·陈风·墓门)

⑤回也,其心三月不违仁。(论语·雍也)

一个分布在句子的末尾,例如:

⑤白圭之玷,尚可磨也;斯言之玷,不可为也。(诗经·大雅·抑)

⑤四海之内,皆兄弟也。(论语·颜渊)

句末的"也"字最早见于《诗经》的《大雅》和《小雅》,但用得较少,总共有 8 例,到《国风》里就多起来了,有 56 例,《论语》以下其使用频率就更高了,所以句末的"也"字差不多是在春秋时期爆发式地出现和频率高涨的。这种爆发式的出现和频率高涨在语言史中是比较奇特的,可能跟语言接触有关,因此我们怀疑它是上古汉语的固有词。"也"在上古属于以母歌部字,这个字似可与藏语的判断词 red(今拉萨话为 re)相比较,而且在功能上也可与藏语拉萨话中的 re 比较,它们都出现在判断句中和表示论断或说明的非判断句中(王志敬 1994,167—170 页)。藏语在历史上与周人的母语关系非常密切(俞敏 1980),日本学者西田龙雄氏认为周人的母语原先是SOV 型语序,这样看来,"也"字有可能是来自周人的母语。不过我们现在还不敢肯定,需要继续研究。

3.1 "也"字主要用于判断句和表示论断或说明的陈述句,这两种句子里的"也"字的功能和性质不一定相同,但肯定

有密切的关系,就像藏语判断句中的 re 与论断、说明句中的
re 一样。这里我们主要讨论判断句里的"也"字。"也"字出
现在判断句句尾是从春秋时期开始的,最早见于《诗经》的《国
风》,《论语》以下大量使用,由"也"构成的判断句成为春秋战
国时期判断句的优势形式。"也"字的性质历来被认为是语气
词或语气助词,但在功能上通常又被认为是"表示判断"或"表
示判断语气"。判断并不是一种语气,认为它表示判断,它就
不应是语气词,如果认为它是语气词,那它就不应是表示判
断。

　　3.2 要确定"也"字的性质,必须先弄清它的功能。从先
秦文献所反映的实际情况来看,"也"字的功能确实是表示判
断。"也"字与系词"为"字差不多是同时出现的,但是它们一
般都不在同一句中共现,形成互补分布。在《论语》里典型的
用系词"为"字的判断句有 10 例,句末皆不用"也"字。《左传》
里用系词"为"字的判断句 112 例,句末亦皆不用"也"字。①
这充分说明"也"字有表示判断的作用,如果"也"字没有表示
判断的作用,那么这种互补分布将无法解释。至于春秋战国
时期有少数判断句不用系词"为",句末也不用"也"字,这种形
式是从殷商西周继承下来的,不能以此为据否定"也"字的判

---

　　① 《孟子》和《吕氏春秋》里有几例判断句用了系词"为"字而句末
也用了"也"字。例如:
　　是为王者师也。(孟子·滕文公上)
　　养其一指而失其肩背而不知也,则为狼疾人也。(孟子·告子上)
　　吾为汝父也。(吕氏春秋·疑似)
这种情况可能与"也"字的判断功能在战国中期以后逐渐弱化有关。

断功能，正如在现代汉语里不因为有“今天星期三”“那张桌子三条腿”之类的句子而否定“是”是系词一样。

3.3 过去人们认为“也”字是语气词，主要是因为它出现在句尾，而汉语出现在句尾的虚字一般都与某种语气有关。判断肯定不是一种语气，但判断句属于陈述句，“也”字有没有表示陈述语气或肯定语气的作用呢？回答是否定的。第一，如果“也”有表示陈述或肯定语气的作用，就不会与系词“为”构成互补分布。第二，当“也”与陈述语气词“矣”“焉”连用时总是分布在最前面，从不后置（参赵长才 1995）。如果它们的性质和功能相同，不可能只有这一种语序排列形式。第三，陈述或肯定语气与疑问或反问语气是不能在同一句子中并存的，但在疑问判断句或反问判断句中，不仅可以出现“也”字，而且还可以与表示疑问或反问的语气词共现。例如：

(54)无为而治者，其舜也与？（论语·卫灵公）

(55)惟求则非邦也与？安见方六七十如五六十而非邦也者？（论语·先进）

(56)唯吾子戎车是利，无顾土宜，其无乃非先王之命也乎？（左传·成公四年）

(57)晏子立于崔氏之门，其人曰：“死乎？”曰：“独吾君也乎哉，吾死也？”（左传·襄公二十五年）

(58)此岂山之性也哉？（孟子·告子上）

既然“也”字没有表示语气的作用而只表示判断，那么，把它看成语气词显然是不合适的。我们认为，如果它确实是来源于周人的母语，它最初很可能是一个系词；如果不考虑它的来源,只看它在先秦时期判断句中的功能和当时汉语的基本语序等实际情况,把它定为表示判断的助词比较恰当。

（原载《南开学报(哲学社会科学版)》2000 年第 5 期）

上古汉语的焦点表达

1 关于焦点的认识

自从焦点概念引入汉语研究之后，近十余年来已有不少学者对汉语的焦点问题进行过研究，不过从他们的文章看，目前大家对焦点问题还没有取得一致的意见。

焦点（focus）是句子信息的一种显现形式，它指的是通过一定的手段将句子信息结构中的某一部分突出出来使之成为听话人注意中心的信息。

国外学者提出焦点有宽焦点（broad focus）和窄焦点（narrow focus）之分。宽焦点指的是处于一个语调丛（intonation-group）的所有成分，窄焦点指的是处于一个语调丛中的重读部分（stressed syllable）。[①] 就汉语来说，宽焦点与窄焦点的区分还需要研究，本文暂且取宽焦点的视域，即将语句中的重读音节及其连带的成分都视为焦点。例如：

①他吃了三碗饭。

例中的重读音节是"三"，但"碗饭"是它的连带成分，所以我们将"三碗饭"视为焦点，而不仅仅将"三"视为焦点。

焦点分常规焦点（normal focus）和对比焦点（contrastive focus）两种。常规焦点是不受控于语境的焦点；对比焦点是受控于语境的焦点，即为了与特定语境中存在的某种信息形

---

① 参见 Alan Cruttenden，2002，73—81 页。

成对比而形成的焦点。

常规焦点有一定之规,不是每个句法成分都有机会成为常规焦点的。例如:

②我今天城里有事。

这个句子的常规焦点只能是"有事",而不可能是别的成分。

③他今天很不高兴。

这个句子的常规焦点只能是"很不高兴"。

④我们学校去了十几个学生。

这个句子的常规焦点只能是"十几个学生"。

与常规焦点不同,对比焦点的产生没有一定之规,任何一个句法成分只要想强调它与语境中存在的对比项的对比,就可以成为对比焦点。所以例②中的"我""今天""城里"都可以成为对比焦点,例③中的"他""今天"都可以成为对比焦点,例④中的"我们""学校""去了"可以成为对比焦点。

一个句子在信息认知上是一个完形单位(unit of gestalt)。作为一个完形单位,一个句子只能有一个前景(figure),而焦点就是这个认知前景,因此,一个句子只能有一个焦点,也就是说,有常规焦点就没有对比焦点,有对比焦点就不存在常规焦点,而且无论是常规焦点还是对比焦点,也都只能有一个。

句子的信息包括命题信息和非命题信息。非命题信息指的是说话人对待命题的认识、态度或情感的信息。焦点是句子信息的一种显现形式,因此,它既可以是某种命题信息,也可以是某种非命题信息。如前文例②④中的焦点都是命题信息,而例③中的焦点则是非命题信息,例中的程度副词"很"表达的是说话人对待命题的认识。我们可以把前者称为命题信息焦点，把后者称为非命题信息焦点。

　　焦点都要借助于特定的形式来显示，所以焦点都是有标记的(marked)。在现代汉语的口语中，焦点都是借助于重音来显示的，无论是常规焦点还是对比焦点，都采用这种手段。这种用来显示焦点的重音被称为逻辑重音(特强重音)(赵元任 1965/1980：44—45 页)，它是一个音强明显高于其他部分的音丛。[①] 采用重音来显示焦点是符合像似原则的，焦点的信息量大，所以它的语音形式也大。[②]

　　焦点都借助于重音来显示，但不限于用重音来显示，如果说话人想使焦点成分更加突出，他还可以借助别的手段。比如，在现代汉语里，语序就是一个常被用来进一步凸显焦点的手段。比较：

　　⑤a. 你′进来吧。

　　　b. ′进来吧，你。

　　例⑤a 的焦点成分"进来"分布在常规位置上，只用重音来显示，而例⑤b 的焦点成分"进来"被移位到句首的位置，除了重音外，还赋予了它一个不同常规的句法位置，因此与例⑤a比较起来，例⑤b 的焦点更加突出。

---

　　① 根据仲晓波、杨玉芳(2003)的实验研究，汉语句子强调重音不仅表现为音强的增加，也表现为音长和音高的增加，不过从一般听感上看，音强的增加是起决定作用的，音长和音高的增加只是伴随现象。当然其具体情况如何还有待于进一步的实验研究。

　　② 实际上采用重音形式来显示焦点，不仅现代汉语如此，在其他语言中也是如此，这是一种语言共性。

为了区别,我们可以把利用重音来显示焦点称为焦点显示,把利用重音之外的其他手段来显示并突出焦点称为焦点凸显。

2　上古汉语的常规焦点

用重音来显示焦点是一种语言共性,古代汉语也应该如此。但是,由于古代汉语只存在于书面上,而汉字又不能将古代汉语句子的信息全部记录下来(事实上世界上所有的通行文字都不能将语言信息全部记录下来),所以,古代汉语句子焦点是否真的使用重音来显示,我们已不能确切地知道了。由于这个缘故,上古汉语句子的常规焦点就不容易判断。不过,尽管对于上古汉语句子的逻辑重音我们无从知晓,但是通过一些句法运作方式和一些特定的句法语义成分,我们还是能看出上古汉语句子常规焦点分布位置的大致情形。

句子一般由旧信息和新信息构成,从旧信息到新信息是人类语言的信息安排共性,并且由此产生出另一个共性,即尾重心原则。所谓尾重心原则,即靠近句子末尾的部分往往是句子的语义重心所在。语义重心实质就是常规焦点。这一点在上古汉语里也似乎不例外。我们可以通过上古汉语的一些句法运作方式看出这一点。比如:

(1)上古汉语介词"以"构成的介词短语既可以分布在动词之前,也可以分布在动词之后位于靠近句末的位置上。很早就有人指出,"以"字介词结构分布位置的不同与语义表达侧重点不同有关,"以"字结构分布在动词之后是句子语义侧重点,而分布在动词之前则不是。^① 鲁国尧先生(1982)曾试图否定这种看法,为此他对《孟子》一书中"以"字结构的分布规律及相关的制约因素进行了全面深入的分析研究。但是从他的研究结果来看,要否定"侧重论"还是不容易做到的。比如他发现《孟子》中"以"字结构前置于动词的两种形式有否定式,而后置于动词的两种形式都没有否定式,他用前置强势来解释这种不对称现象。而根据 Lee 等人(2001)的研究,当句子存在焦点时,否定副词"不"否定焦点成分,否则否定其接邻成分。又据刘丹青最近的研究,汉语的否定副词古今南北都是前置于谓核的^②,而"以"字结构是介词结构,不是谓词性成分,所以否定成分不能直接加在它的前面,而如果否定副词加在谓核动词之前,又与否定焦点成分的规则不相符合,所以导致了《孟子》中"以"字结构后置于谓核动词的两种形式没有否定式,而这种情况正好证明了这两种形式中的"以"字结构是句子的焦点成分。此外像:

⑥君子之爱人也以德,细人之爱人也以姑息。(礼记·檀弓上)

此例中的两个句子是从"君子以德爱人,细人以姑息爱人"通过一定的句法运作手段产生出来的。这是两个对比的句子,其中的"以德""以姑息"是对比的重点,因此是句子中的对比焦点无疑,运用句法运作手段将它们置于靠近句末的位置,显

---

① 参见刘景农《汉语文言语法》。

② 见刘丹青私人交流手稿《汉语否定词形态句法类型的方言比较》。

然就是为了这种表达的需要。

(2)《论语·学而》有这样一个句子:"不好犯上而好作乱者,未之有也。"这个句子我们可以理解为是从"未有不好犯上而好作乱者也"这个句子通过一定的句法运作手段创造出来的。之所以要作这样的运作,其目的显然是要将谓语动词"有"置于靠近句末的位置上。《孟子·公孙丑上》有:"王者之不作,未有疏于此时者也。"其中的"未有疏于此时者也"正好与《论语》中的这个句子所从来的句子句法相同。拿《论语》中的这个句子跟《孟子》中的"未有疏于此时者也"比较一下,很容易看出两者在语义侧重点上的不同,《孟子》句的语义侧重点显然在"疏于此时者"上,而《论语》中的这个句子的语义侧重点则显然在"有"上,由此可见,《论语》的这个句子和《孟子》中的那个句子的焦点成分都是靠近句末的。

不过,虽然上古汉语的常规焦点通常是在靠近句末的位置,但有些因素会影响到常规焦点的选择和分布。就我们目前的观察,影响常规焦点的选择与分布的因素主要有量度表达和情态表达两种。①

量度表达包括量的表达和度的表达。量又包括事物量、时间量和动作行为的频率量等,这些量都是离散量;度指事物性质状态的程度,是事物性质状态连续量的取值。上古汉语

---

①　由于一个句子只能有一个焦点,当一个句子中出现对比焦点时也就不再有常规焦点,所以从一个角度说,对比焦点也是影响常规焦点选择与分布的一个因素。但由于对比焦点是受控于语境的焦点,没有相对固定的位置,也不具备可预测性,所以这里所谈的影响常规焦点的因素把对比焦点除外。

里表达时间量的成分多数情况下就分布在靠近句子末尾的位置,与现代汉语时量成分的常规分布位置一致,占据的就是常规焦点通常分布的位置。例如:

⑦问其病,曰:"不食三日矣。"(左传·宣公二年)

⑧宦三年矣,未知母之存否。(左传·宣公二年)

但有时也可分布在动词前面。例如:

⑨当三在旦,故曰"三日不食"。(左传·昭公五年)

⑩齐人弑悼公,赴于师,吴子三日哭于军门之外。(左传·哀公十年)

当表示时间量的成分分布在动词前面的时候,它仍然是句子的焦点,此时句子的焦点就不在靠近句末的位置上了。

　　表示事物量的词语一般不单独作句子成分,而是与所修饰的名词一起构成数名短语充当句子成分。但是,尽管它不单独充当句子成分,它一般却是句子的焦点成分。例如:

⑪三人行,必有我师焉:择其善者而从之,其不善者而改之。(论语·述而)

通过"必有我师焉"的代词"焉"字我们可以知道,在"三人行"这个句子中,"三人"是句子焦点成分。由于数名短语可以充当句子的主语或宾语,其分布位置并不固定,所以当句子中存在表示事物量的数名短语时,其焦点成分也就不一定位于靠近句末的位置。

　　表示动作频率量的成分即通常所说的动量成分。上古汉语动量成分一般都分布在动词之前。例如:

⑫吾日三省吾身:为人谋而不忠乎? 与朋友交而不信乎? 传不习乎?(论语·学而)

⑬君三泣臣矣。敢问谁之罪也？（左传·襄公二十二年）
与事物量一样,动量一般也是句子的焦点。这样,当句子中有动量成分的时候,句子的常规焦点一般也就不在靠近句子末尾的位置。

上古汉语事物性质状态的程度通常是通过程度副词来表达,其分布位置一般都在谓语中心语之前。例如：

⑭谋夫孔多,是用不集。（诗经·小雅·小旻）

⑮臣负羁绁从君巡于天下,臣之罪甚多矣。（左传·僖公二十四年）

事物的性质状态的程度是一种隐性的量度,对于这种量度的取值主要取决于人的主观视角和态度,因此这种量度的表达都含有主观性,也正因为如此,这种量度的表达一般都会成为句子的焦点,但这种焦点除非有意凸显,否则是不会分布在靠近句末的位置上的。

语言中的情态表达涉及多个方面,不同的情态成分不仅表达的情态功能不一样,在信息表达上的作用和地位也不一定相同。在上古汉语里,有一些由情态副词来表达的情态成分往往是句子的焦点。例如：

⑯王曰："为我悔也,宁亡三城而悔,无危乃悔。寡人断讲矣。"（韩非子·内储说上）

⑰子诚齐人也,知管仲晏子而已矣。（孟子·公孙丑上）

⑱君亟定变法之虑,殆无顾天下之议之也。（商君书·更法）

⑲河东,吾股肱郡,故特召君耳。（史记·季布栾布列传）

⑳留侯病,自强起。（史记·留侯世家）

以上这些例子中的情态副词"断""诚""亟""殆""特""强"或表示说话人对待命题的态度,或表示施动者的意志,或表示施动者的行为方式,都是句子所侧重表达的信息,因而是句子的焦点无疑。

上古汉语的常规焦点问题前人几乎没有涉及过,是一个需要开垦的领域。这里所谈的只是其中一些较为显著的,全面的情况还有待于进一步研究。

3　上古汉语的焦点凸显

焦点凸显是通过一定的手段对句子的常规焦点或对比焦点加以强调,使之更加突出的一种焦点表达方式。上古汉语的常规焦点的常态情况还有很多我们不清楚的情况,但是其焦点凸显由于有明显的形式特征,却是比较好把握的。

焦点凸显一定要使用一种特定的手段,上古汉语的焦点凸显有词汇手段、语序手段和句法手段三种①,这三种手段可以各自单独发挥作用,也可以配合起来发挥作用。

词汇手段指的是用特定的词汇形式来标记焦点。上古汉语里用来标记焦点的词汇形式最常见的是"唯",这个焦点标记在甲骨文里写作"隹",也写作"叀",②金文写作"隹",亦作

---

① 如果把语序看成是句法的一种形式,则也可以将语序手段归入句法手段,本文为了显示语序手段与其他句法手段的差异,故将语序手段单列出来。

② "隹"和"叀"有没有区别是一个问题,张玉金(2001,35—38 页)认为它们是有区别的,不过它们的区别在于出现的句式不同,而不是标记焦点的作用不同。

"叀"或"唯",《尚书》写作"惟",《诗经》写作"维"或"唯",《论语》以下文献一般写作"唯"。"唯"是焦点标记,所以它可以加在任何一种成为句子焦点的成分之前,来凸显该焦点成分,详细情况可参见洪波(2000),兹不赘述。下面举一些例子:

㉑王隹侑祖丁?(甲骨文合集 14755 反)①

㉒白牛叀三,有正?(甲骨文合集 29504)

㉓隹皇上帝百神保余小子,朕猷又成亡竞。(宗周钟)

㉔叀乙且? 匹乒辟远猷。(史墙盘)

㉕唯用妥福㦤前文人。(善鼎)

㉖汝曰:"我后不恤我众,舍我穑事而割正夏。"予惟闻汝众言。(尚书·汤誓)

㉗髧彼两髦,实维我仪。(诗经·鄘风·柏舟)

㉘唯求则非邦也与? 安见方六七十如五六十而非邦也者?(论语·先进)

除了"唯"之外,"职""繄""伊"等也用来作焦点标记。例如:

㉙尔有母遗,繄我独无。(左传·隐公元年)

㉚今诸侯之事我寡君不如昔者,盖言语漏泄,则职女之由。(左传·襄公十四年)

㉛有皇上帝,伊谁云憎?(诗经·小雅·正月)

　　自《尚书》以下文献焦点标记"唯"等也经常与"寔""实""是""之"等配合使用,其中"寔""实"都可看作是"是"的异写

---

　　① 例㉑㉒转引自张玉金《甲骨文语法学》36、37 页,张氏原文将"隹""叀"写作"唯""惠"。

或变体。例如：

㉜不知稼穑之艰难，不闻小人之劳，惟耽乐之从。(尚书·
无逸)

㉝无非无仪，唯酒食是议。(诗经·小雅·斯干)

㉞是师也，唯子玉欲之，与王心违，故唯东宫与西广寔来。
(国语·楚语上)

㉟武侯唯晋实昌。(国语·晋语四)

不过，"寔""实""是""之"并不是焦点标记，而是格标记，
"之"是宾格标记，"寔""实"是主格标记，"是"则既可标记主
格，也可标记宾格(参见洪波 1991a，1991b)，所以当"寔""实"
标记主格时，如果句子谓语成为凸显的焦点，仍可使用"唯"，
上面例㉗就是如此。

自《论语》以下，又有"唯(惟)……为……"格式，句子的焦
点是"唯(惟)"字后面"为"字前面的名词性成分。例如：

㊱唯女子与小人为难养也。(论语·阳货)

㊲唯伐君为不可，民弗与也。(左传·定公十三年)

这种格式在《孟子》中尤其多见。例如：

㊳唯大人为能格君心之非。(孟子·离娄上)

㊴故事半古之人，功必倍之，惟此时为然。(孟子·公孙
丑上)

㊵其一人专心致志，惟弈秋之为听。(孟子·告子上)

这种格式中的"为"字显然不是表示判断的，像例㊵"为"字前
面还出现了格标记"之"，所以"弈秋"显然是"听"的宾语，而不
是判断主语。那么"为"字的作用是什么呢？我们认为它与现
代汉语的焦点标记"是"的功能是一样的，也是一个焦点标记。

实际上,"为"不仅在这种格式中与"唯(惟)"配合是一个焦点
标记,单用的时候有时也是一个焦点标记。例如:

㊶里仁为美。择不处仁,焉得智?(论语·里仁)

㊷礼之用,和为贵,先王之道,斯为美;小大由之。(论语·
学而)

我们知道,上古汉语里形容词是可以单独作谓语的,但这两个
例子中,形容词谓语前面都加了一个"为"字。去掉这个"为"
字,在句法上是没有问题的,但是句子所表达的信息就不一样
了。比如例㊶,句子的焦点成分显然是"里仁",所以下文紧承
这个焦点展开说"择不处仁,焉得智?"如果去掉"为",句子的
焦点成分一般会理解为谓语"美",那样的话,下文的申述就没
有着落了。相反,如果在"里仁"的前面加上一个"唯"字,说成
"唯里仁为美",则句子不仅成立,而且意思也没有丝毫的改
变。由此看来,这两个例子中的"为"字无疑都是焦点标记,标
记它前面的成分是句子的焦点。

上古汉语通过语序手段来凸显焦点有以下几种情况:

(1)将焦点成分移到句首。这是凸显谓语的常用手段,句
子也常常伴随强烈的感叹语气或反问语气。例如:

㊸贤哉,回也!(论语·雍也)

㊹何哉,尔所谓达者?(论语·颜渊)

㊺宜乎百姓之谓我爱也!(孟子·梁惠王上)

㊻为民父母行政,不免於率兽而食人,恶在其为民父母
也?(孟子·梁惠王上)

例㊺的常规语序应是"百姓之谓我爱也宜乎",例㊻中"恶在其
为民父母也"一句的常规语序应是"其为民父母也恶在"。

(2)将焦点成分移至句末。这是凸显状语的手段。例如：

㊼(齐侯)亲推之三。(左传·定公九年)

㊽子之不知鱼之乐全矣。(庄子·秋水)

(3)移位之后加格位标记。在上古汉语里，宾语成为焦点时可以移位到动词之前，然后加宾格标记“之”或“是”，前面可用“唯”，也可以不用。用“唯”的例子已见上文，不用“唯”的例如：

㊾靖共尔位，正直是与。(诗经·小雅·小明)

㊿君子之于天下也，无适也，无莫也，义之与比。(论语·里仁)

(51)吾斯之未能信。(论语·公冶长)

(52)其亡之不恤，而群臣是忧。(国语·晋语三)

上古汉语通过句法手段来凸显焦点有以下几种情况：

(1)句子焦点移位到句子谓语位置，将原句的主语和谓语之间加上结构助词“之”，使之成为一个形式上的偏正短语充当句子主语，如前文例⑥和例㊽。

(2)将句子焦点移位到句子谓语位置上，将句子的其余部分用转指后缀“者”字兜起充当句子主语。例如：

(53)鲁仲连辞让者三。(战国策·赵策三)

(54)范增数目项王，举所佩玉玦以示之者三。(史记·项羽本纪)

(3)采用反问形式。例如：

(55)有朋自远方来，不亦乐乎？(论语·学而)

(56)姜氏何厌之有？不如早为之所。(左传·隐公元年)

我们知道，反问形式并不存在疑问信息，它实际上是通过一种问句形式来对命题或命题的某一部分加以特别的强调,像"不亦乐乎"的实际信息是"真快乐呀","何厌之有"的实际信息是"一点满足也没有"。这种强调我们从《孟子》中的一个例子看得更清楚:

　　㊗金重于羽者,岂谓一钩金与一舆羽之谓哉!

这个例子为了达到对"一钩金与一舆羽"的强调,不仅使用了反问形式,还使用了移位手段,而且还不惜牺牲句法上的合法性而连用两个"谓"字。

　　(4)采用不自足形式。前文说过,句子焦点既可以是命题信息,也可以是非命题信息。非命题信息甚至可以是某种语气信息。在上古汉语里,一个主谓结构如果中间插入一个结构助词"之",它在形式上就变成一个偏正短语,成为一个不能独立成句的句法单位,也就是不自足单位。但是,在一些感叹句中,说话人为了凸显感叹语气,却有意地使用这种不自足的主谓短语。例如:

　　㊘子不我思,岂无他人? 狂童之狂也且!(诗经·郑风·褰裳)

　　㊙於乎,不显文王之德之纯!(诗经·周颂·维天之命)

　　㊚子西曰:"胜如卵,余翼而长之。楚国第,我死,令尹、司马,非胜而谁?"胜闻之,曰:"令尹之狂也! 得死乃非我。"(左传·哀公十六年)

　　㊛(伊尹)思天下之民匹夫匹妇有不与被尧、舜之泽者,若己推而内之沟中——其自任以天下之重也!(孟子·万章下)

以上例中"狂童之狂也且""不显文王之德之纯""令尹之狂也"

"其自任以天下之重也"都是独立的感叹句,但是其主语和谓语之间都加了个结构助词"之",因而句子在字面上是不自足的。

类似的情况在现代汉语中其实也可以见到。例如:

⑫我这个气呀!

⑬他家的孩子也太淘了。我昨天去他家一会儿功夫,那孩子那个闹腾啊!

以上例中的"我这个气呀""那孩子那个闹腾啊"都是独立的感叹句,其中的"这个""那个"虽然不是结构助词,但是它们具有定指功能,要求与名词性成分组合,所以"这个气""那个闹腾"在形式上都是名词性短语。现在它们出现在感叹句中,句子缺乏真正的具有述谓功能的谓语,也不存在语境省略,却能构成独立的句子,其语用动机显然与上古汉语主谓结构加结构助词"之"以凸显感叹语气是一致的。

4 结语

最后需要交代一下的是,上古汉语中的焦点凸显有多种手段,移位是其中之一。但是我们不能由此得出这样的结论:在上古汉语中凡是某个成分的语序分布与该成分的常规分布不一致,就都是焦点凸显。洪波、曹小云(2004)已经指出,上古汉语中指示代词"是"在早期文献中作宾语一律前置于动词,而在晚期文献中除了个别情况下之外,一般已不再前置于动词,这种现象显然与焦点凸显无关。此外,像否定句代词宾语前置、疑问代词作宾语前置都是上古汉语中的句法规律,有人认为这两种宾语前置现象也跟焦点表达有关,我们认为是不妥的，详细情况请参考洪波、曹小云（2004），这里不再细说。

（原载《21 世纪的中国语言学（二）》，

商务印书馆，2006 年）

汉语类别词起源初探

类别词的起源与类别词的来源是两回事。前者是指一种语言为什么会发生类别词,后者是指类别词本身是从别的什么样的词演变来的。本文主要讨论汉语为什么会发生类别词的问题。

类别词,王力先生(1980)称为"天然单位词",现在通行的说法是"个体量词"。国内汉语学界一向将类别词与量词混而不分,其实,类别词与量词无论是意义特征还是性质功能都有着根本差别。

从性质上看,量词是实词,与名词比较接近,它可以接受形容词修饰。例如:

　　①一大把米　　②三大包东西

"大"直接修饰量词"把"和"包"。而类别词则不具有这种性质,类别词本身不能接受形容词修饰,我们不能说:

　　③*一大把刀

只能说:

　　④一把大刀

有时形容词虽然也可以出现在类别词前头,但不是修饰类别词,而仍是修饰后边的名词。例如:

　　⑤一大所房子

"大"不是修饰"所"而是修饰"房子"。

从意义功能上看,量词仅仅表示事物的数量单位,与名词不存在对应关系,因而也就没有双向选择性和制约性。以"一

把米"为例,一方面名词"米"可以有一系列替换形式:

⑥一把菜　⑦一把土　⑧一把盐

另一方面,量词"把"也可以有一系列替换形式:

⑨一捧米　⑩一斤米　⑪一斗米

类别词则不然,一定的类别词与一定的名词具有比较严格的对应关系,因此,在结构中,类别词与名词之间具有双向选择性和制约性,就是说,一定的类别词只要求一定的名词同它组合;反过来,一定的名词也只要求一定的类别词与之组合;组合的双方都不可以任意替换。例如:

⑫三把刀

这个结构中,类别词"把"在普通话里是唯一形式,即不存在第二个替换形式;名词"刀"也只有"锁""钥匙""扫帚""二胡"等有限的可以列举得出的替换形式。

　　类别词与量词不仅在性质功能上存在根本性差别,在起源和分布上也不相同。量词属于文化词,它的发生、发展、变化都受社会文化尤其是社会物质文化的制约,因而量词具有这样两个特点:第一,它不是哪一个民族语言、哪一种类型的语言所独有的,在人类各民族中,只要有它自己的文化,在它的语言中就会有量词存在;第二,在同一民族语言中,不同时代的量词往往变化较大,差别也较大,比如像"一箪食,一豆羹"这样的说法,在孟子时代人人皆知,人人皆用,今天若不是受过专门古文训练的人就不了解这里的"箪""豆"是什么意思。相反,今天的"公斤""米""吨""立方"等量词在汉语的历史文献中也是找不到的。类别词不属于文化词,因此,它的发生、发展、变化与量词全然不同,它不受社会物质文化的制约,唯其如此,它就不是世界各民族语言共有的现象,而只存在于一定类型的语言当中,并成为该类型语言区别于其他类型语言的标志之一。

就我所知,最早主张将类别词与量词分开的是苏联汉学家龙果夫(1958)。龙果夫对汉语语法的研究曾产生过很大影响,偏偏在这一点上中国的语法学家没有重视他的话,直到20世纪70年代才在日本学者桥本万太郎(1977)那里传来回响。但二位先生对量词与类别词的分别都没有作更深的剖析,因此我们作了如上的补充说明。

汉语何以会产生类别词呢?这个问题以前似乎没多少人问过,觉得"天然单位词"也好,"个体量词"也好,总归都是量词,而量词的产生总归与社会的物质文化的发展分不开。70年代中后期,日本学者桥本万太郎才第一次从语法学角度把这个问题郑重地提了出来,而且给出了他自己的解释。他说:"要问亚洲大陆的多种语言为什么必须有类别词,可以回答说,多数是为了给这些单音节语言的名词以某种补充,从而给予像'疤'~'扒'、'牌'~'排'那样同音而不带丰富形态特征的不同类词以一定的'赘言性'。"1982年,复旦大学游汝杰先生写了一篇题为《论台语量词在汉语南方方言中的底层遗存》的文章,也对汉语为什么会有类别词作出了解释。他认为汉藏语系类别词来源于词头,而汉语的类别词及其结构模式又来源于台语。他提出如下几点理由:

(1)汉语南方方言量词的语法作用跟台语十分接近,它们反映了台语语法在汉语南方方言中的底层遗存。

(2)台语量词的语法作用之一——用作名词词头,曾在周秦时广泛使用于南方方言,台语"量+名"这种结构模式在汉语南方方言中留下了底层遗存。

(3)有的汉语量词在汉语本身找不到语源,但是其语音面貌和语法作用却跟台语接近。它们是残留在南方方言中的台语底层量词。有理由认为汉语泛指量词"个"是来源于古台语的。它通过南方方言中的台语底层进入民族共同语。

桥本、游汝杰两人的解释有一同一异。相同点是他们都从形态着眼,桥本认为类别词是单音节而形态贫乏的汉语的一种形态补偿,而游汝杰则认为类别词是原始形态(词头)的遗存。相异点是桥本从目的性方面来解释汉语类别词的发生,游汝杰则从原因方面解释汉语类别词的发生。桥本的形态补偿说不能成立,理由有二:第一,汉语的类别词并不起区别同音词的作用;第二,类别词的性质接近虚词,属功能词。汉语功能词的产生一般都是在一定的语法构造规定下从某种实词虚化来的,类别词也应如此,而不可能为区别同音词便会无中生有地产生出来。游汝杰的解释也有两点站不住脚。第一,汉语类别词与台语音韵面貌接近的只有一个"个",而"个"在汉语中出现的时代是比较晚的,而早在"个"出现之前,汉语中已有标准的类别词"匹"。例如:

⑬马四匹(吴彝)

⑭用匹马束丝(召鼎)

⑮褮(赏)邘(御)正卫马匹(御正卫殷)

这说明汉语类别词来自台语之说站不住脚。第二,早在金文中类别词与名词的组结模式就既有灵活的一面,也有规则的一面。当类别词直接修饰名词时,既有"匹马束丝"这种格式,也有"马匹"这种语序。而类别词一旦与数词组合起来修饰名词,则无一例外置于名词之后,这一规则直到《孟子》时代才被打破(《孟子》中有"一匹雏")。说明类别词来源于词头说站不住脚。

最近,笔者又看到了法国学者游顺钊的文章《从认知角度探讨上古汉语名量词的起源》,文章从认知心理学角度给汉语类别词的发生作了新的解释:"在量词出现之前,当一个数量名词结构中表达数目的字相当多时(如'人万三千八十一人'),说话人会感到有重提一下名词底子的必要。我看正是为了这种记忆的需要,才产生了最初的临时量词。"

游顺钊先生的解释角度是很新颖的,给我们许多启发。不过,他的解释笔者仍难以接受,因为在汉藏语系的语言中有不少语言的类别词还正处在初始阶段——名词回响型阶段。这些语言并不是在数词相当长时才加这种名词回响型类别词的。例如:

泰语:$khon^2$　　$sa:m^1$　　$khon^2$　　三个人

　　　　人　　　三　　　人

　　　$hə:ŋ^3$　　ha^3　　$hə:ŋ^3$　　五间房间

　　　房间　　五　　　房间

拉祜:$qhə^1$　　te^3　　$qhə^3$　　一座山

　　　山　　　一　　　山

　　　$sɿ^6 ve^6$　　te^3　　ve^6　　一朵花

　　　花　　　一　　　花

基诺:pi^{42}　　thi^{44}　　pi^{42}　　一支笔

　　　笔　　　一　　　笔

$a^{44}vu^{33}$　thi^{44}　vu^{33}　一个蛋

蛋　　一　　蛋

而且还有将"回应量词"直接放在名词之后数词之前的,例如:

傣语:som^3　som^3　$muuu^3$　一间房间

房间　房间　　一

$kɔŋ^3$　$kɔŋ^3$　$nuuu^3$　一只瓶子

瓶子　瓶子　　一

即使在汉语中,也不是所有的数量名词结构都只有在数词相当长时才加回响型类别词,相反,像"田七田""人十屮六人"这样只有一个数词或两个数词的情况下加回响型类别词的情况似乎更多些。如《卜辞通纂》所收录的 8 例带回响型类别词的结构,其中的数词都没有超过三个以上。因此我们认为,汉语类别词的产生即使有认知心理方面的原因,恐怕也不是因为数目字太长的缘故。总之,汉语类别词的发生根源还需要继续研究。

在探索根源之前,我们不妨先看看汉语类别词本身的发展轨迹。类别词在汉语文献中出现是很早的,在西周金文中有一"匹"字,历来认为是标准的类别词,没有疑义。甲骨文中有一"丙"字,有人认为是标准类别词(黄载君 1964,潘允中 1982),但也有人不同意,认为"丙"是个集合量词,若干匹马为一丙(王力 1980)。但不管怎么说,标准的类别词在西周就已经出现了。在标准类别词出现之前,还出现过类别词的"前形式(原始形式,初始形式)",这也是大家都公认的。王力先生(1980)说:"原始的天然单位的表示方法是在数词的后面再加同样一个名词,例如殷虚卜辞中所见'羌百羌''人十屮六人’。”黄载君(1964)说:"量词的最原始用法应即‘人十人’‘牛十牛’‘田七田’那个格式,采用相同的名词表示该名词的量。"他们都认为"名词＋数词＋名词"这个格式中后一个同形重复名词是类别词的初始形式,就是说,标准的类别词都是从这种初始形式递嬗演变而来的。

那么,与其问汉语为什么会发生类别词,不如先问问汉语中为什么会出现这种结构。这是一个奇怪的、矛盾的结构,兹分析如下:

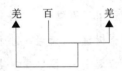

从一个平面来看,这是两个向心结构的套合,而分层次来看,两个向心结构的语序却不一致。

我们认为汉语类别词的产生与这种结构的出现有很大关系,因此要探索类别词的发生根源,必须从解释这种结构入手。

"名词＋数词＋名词"这种结构的出现,按王力和游顺钊的解释,就是纯粹为了计量或记忆需要而凭空在"名词＋数词"之后再加上一个同形名词的。我们认为"名词＋数词＋名词"这种结构的产生并不是简单地在"名词＋数词"之后再加上一个同形名词,它的形成与汉语体词向心结构的语序演变有着根本联系。因此,有必要先对汉语体词向心结构的语序流变作一探讨。

在现代汉语普通话里,体词性向心结构都是中心语在后,修饰语在前的,没有例外。在周秦时期的汉语里,体词性向心结构有两种语序,一种是修饰语置于中心语之前。
例如:

⑯三人行必有我师焉。(论语・述而)

⑰一箪食,一豆羹,得之则生。(孟子・告子上)

⑱乃生男子,载寝之床。(诗经・小雅・斯干)

⑲静女其姝,俟我於城隅。(诗经・邶风・静女)

另一种语序则是将修饰语置于中心语之后。例如:

⑳予有乱臣十人。(论语・泰伯)

㉑不稼不穑,胡取禾三百缠兮。(诗经・魏风・伐檀)

㉒乐彼之园,爰有树檀。(诗经・小雅・鹤鸣)

㉓遂生子男,立为太子。(战国策・楚策四)

在当时,这两种语序虽然并存,但其出现频率并不相等。从总
的情况看,"修饰语＋中心语"这种语序形式是占绝对优势的。
不但形容词、指代词修饰名词都已很难找到后置的例子,就是
数词以及数词与量词或类别词组合起来修饰名词也是前置的
时候大大多于后置。比如《孟子》一书中有数词修饰名词及其
相关结构267例,其中百分之八十以上都是前置的,所以,至
晚到孟子时代,向心结构的修饰语前置于中心语已经成为主
导倾向。但是,当时间前推到殷商时代,情况就不一样了。在
甲骨文中,体词向心结构是"中心语＋修饰语"这种语序形式
占优势的,以"大名＋小名"为例,在《卜辞通纂》中,有属种关
系的"名词＋名词"结构凡41例(重复者不计),其中40例为
"大名＋小名"结构:

㉔庚辰卜,贞:王𣏞祖庚。(三九)

㉕庚寅卜,王贞:翌辛卯,其右后妣辛。(六三)

㉖戊辰卜,㞢贞:勿至皇帚饮,只子。(三〇七)按:"帚"借
　为"妇","饮"为妇之名。

㉗王曰:"侯虎,飘女事。"(五一〇)

㉘告于大邑商。(五九三)

再以数词及数词与类别词、量词组合起来修饰名词的结构为
例,在甲骨文中,与此相关的向心结构是"中心语＋修饰语"占
52.5％,而"修饰语＋中心语"只占47.5％。可见,殷商时代
体词向心结构是以修饰语后置于中心语为主导倾向的。这
样,从殷商到周秦汉语的体词向心结构实际上是处在语序的
变动过程当中,即"中心语＋修饰语"形式随时代顺延而递减,
"修饰语＋中心语"随时代顺延而递增。这种一增一减的趋势
在从甲骨文到《孟子》的不同时代的文献中反映得极为明显
(见下表):

			卜辞通纂	西周金文辞大系图录考释	诗经	论语	孟子
中心语＋修饰语	M＋S	频率	140	50	26	13	18
		百分百	46.5％	22％	13％	14％	7％
	M＋S＋M	频率	8	21	7	7	7
		百分百	3％	10％	3.5％	7％	3％
	M＋S＋L	频率	9	53	11	1	21
		百分百	3％	23％	5.5％	1％	8％
	M＋S＋L_b	频率		22	2	1	3
		百分百		10％	1％	1％	1％
	M＋L	频率	1	10			
		百分百	0.5％	5％			
	M＋L_b	频率		2			
		百分百		1％			

（续表）

修饰语＋中心语	S＋M	频率	143	63	138	56	122
		百分百	47.5%	27.5%	70%	60%	46%
	S＋L	频率		6	11	7	52
		百分百		3%	5.5%	7%	20%
	S＋L$_b$	频率		1	4	7	17
		百分百		0.4%	2%	7%	6%
	L＋M	频率		2		1	5
		百分百		1%		1%	2%
	L$_b$＋M	频率		1			
		百分百		0.4%			
	S＋L＋M	频率					19
		百分百					7%
	S＋L$_b$＋M	频率					1
		百分百					0.4%

M＝名词　S＝数词　L＝量词　L$_b$＝类别词

这种有规律的递增递减趋势应该不是偶然的,它反映的是一种语序形式取代另一种语序形式的过程。根据这个表所显示的情况,再参证其他体词向心结构(如"大名＋小名")的演变情况,可以得出这样的结论:汉语在史前某个时代之前,体词向心结构只有"中心语＋修饰语"一种语序形式,后来出现了"修饰语＋中心语"这种新的语序形式并逐渐取代"中心语＋修饰语"形式。这一结论在汉语本身已无法拿出事实证据,但是同语系其他语言的现实情况可以证明它。在汉藏语系的藏缅、苗瑶、壮侗三个语族的各种语言里,体词向心结构有很多至今仍保持"中心语＋修饰语"的语序形式,具体情况如下表。

	藏缅语族													壮侗语族								苗瑶语族			
	藏语	错那门巴语	羌语	普米语	彝语	拉祜语	纳西语	怒苏语	哈尼语	阿昌语	载佤语	景颇语	独龙语	壮语	布依语	傣语	侗语	么佬语	水语	毛难语	黎语	苗语	勉语	布努语	拉珈语
S(+L_b)+M														+	+	+	+	+	+	+	+	+	+	+	+
A+M													+									+			
$M_小$+$M_大$	+	+	+	+	+	+	+	+	+	+	+	+	+									+			
P+M	+	+	+	+	+																	+	+	+	+
D+M				+	+		+	+		+	+	+										+			
M+S(L_b)	+	+	+	+	+	+	+	+	+	+	+	+	+			+									
M+A	+	+	+	+	+	+	+	+	+	+	+	+	+	+	+	+	+	+	+	+	+	+	+	+	+
$M_大$+$M_小$														+	+	+	+	+	+	+	+			+	+
M+P														+	+										
M+D	+	+					+	+	+	+		+		+	+	+	+							+	+
L_b+M+S														+	+						+				

S＝数词　L_b＝类别词　M＝名词　P＝领属名词、代词　D＝指代词
　A＝形容词

　　从上表的情况看,各语族的向心结构的语序好像是参差不齐的,但可以明确以下几项事实:第一,各语族的形容词修饰名词一律都是后置的。第二,数词及其相关结构修饰名词,藏缅语族一律是后置的,壮侗语族虽以前置为常态,但仍有后置的现象保留(壮语、布依语、傣语),呈现出两种语序共存的局面,与汉语周秦时代的情况极为相似,说明它们正处在变化过程中。从藏缅语族这种整齐性来看,壮侗语族数词及其相关结构修饰名词的原始状态也应是一律后置的。第三,指代

词修饰名词,壮侗语族是一律后置的,苗瑶语族除勉语外也都
后置,藏缅语族有的后置,而有的则前置后置两种情况共存,
这说明其原始状态也一定都是后置的。第四,名词修饰名词
及领属结构,藏缅语族与壮侗语族正构成对立,藏缅语一律前
置,壮侗语一律后置。这种对立在苗瑶语中得到了统一,苗瑶
语的领属结构与藏缅语一致,而名词修饰名词结构与壮侗语
一致,这说明其原始状态也是后置的。至此,就完全有理由肯
定,在原始汉藏母语里,体词向心结构的语序确为"中心语+
修饰语",而且只有这一种语序,从而也就可以肯定原始汉语
也一定如此,汉语中的"修饰语+中心语"形式是后来的变化。

现在我们把上面所论述的情况作一总结:

(1)汉语体词向心结构在历史上曾发生过一次语序变化。

(2)原始汉语里最初只有"中心语+修饰语"一种语序形
式,"修饰语+中心语"形式是后来产生的,根据递减率的计
算,产生时间大约在殷之前1500年左右。

(3)新的语序形式自产生之日起便逐渐取代旧的语序形
式,但语言的演变总是渐进的,因此新旧两种语序长期共存,
这种局面一直延续到有史之后很长一段时间,上古典籍对此
有清楚的反映。

了解了体词向心结构的这种背景之后再回过头来看"名
词+数词+名词"这种矛盾结构的形成,就不难断定它与"名
词+数词""数词+名词"以及这两者之间的流变关系有因果
上的联系。因为,如果汉语的体词向心结构没有发生过语序
转变,始终保持"中心语+修饰语"形式,那么,类别词就不大
可能发生了,即使发生了,其语序也应该像藏语和傣语那样采

用"名词＋名词(类别词)＋数词"形式,这样才符合语序规律。反过来,如果汉语体词向心结构一直就是"修饰语＋中心语"形式,而且只有这一种形式,那么汉语就根本不可能出现"名词＋数词＋名词"结构,也就不可能发生类别词。所以,"名词＋数词＋名词"这种矛盾结构的出现只能作这样的解释:由于汉语体词向心结构经历过一次语序变化,数词修饰名词由后置向前置转变,转变过程中产生出"名词＋数词＋名词"这种非牛非马的临界形式,因此,它不是为了表达或记忆的需要而产生的,是在语序的流变过程中不期然地出现的。

这种结构出现之后,后一同形名词立即成为羡余语素,因而发生虚化,成为类别词的初始形式。此后通过词汇替换或进一步虚化就成为标准的类别词。早期大都采取词汇替换,因为替换不仅概括力大了,而且也避免了重复。

羌百羌　<u>替换</u>▶ 羌十人

人十屮五人 <u>替换</u>▶ 人六百又五十九夫

（原载《现代语言学——全方位的探索》,

延边大学出版社,1990 年）

汉语处所成分的语序演变及其机制

0.1 在形式语法学里没有处所成分这一范畴,处所成分是一种语义句法范畴。目前在汉语语法学里还没有一套通行的语义语法范畴体系的术语,为了行文的方便,我们约定一组与本文有关的语义句法范畴的概念。句子的语义结构以动词为核心,各种体词性成分在语义结构中的功能都取决于其与动词的语义关系。核心动词在语义上表示动作、状态、变化或属性等运动形态,我们统称为谓项;表示谓项的施事、受事、与事、工具等语义角色的体词性成分统称为参项成分,表示谓项运动形态的各种空间和时间背景的体词性成分统称为背景成分,表示谓项运动形态的各种量度的体词性成分统称为量项成分。

0.2 在语义句法里,处所成分属于背景范畴,表示谓项的各种空间背景。处所成分可根据其与谓项的关系分为六类:起点、经由、活动场所、存在处所、方向目标和终点。起点成分(记为 Lq)表示谓项运动的起点或源点。当谓项(记为 V)表现为位移性运动形态时,Lq 表示位移的起点。例如:

①<u>屋里</u>飞出来一只苍蝇

②犯人都<u>从监狱里</u>逃走了

当 V 表现为非位移性运动形态但却能导致某种客体发生位移时,Lq 表示客体位移的起点。例如:

③别<u>从楼上</u>往下倒水

④我刚<u>从你那儿</u>拿了一本书

当 V 的运动形态既非位移亦不能导致某种客体发生位移而只具有方向性时,Lq 表示这种运动方向的源点。例如:

　　⑤从飞机上往下看

　　⑥一连从南面进攻,二连从北面进攻

经由成分(记为 Lj)表示谓项运动的经由处所。当 V 表现为位移性运动形态时,Lj 表示位移时所经由的处所或方位。例如:

　　⑦小偷是从窗户进去的

　　⑧敌机从山背后飞过来,突然袭击我军阵地

当 V 表现为非位移性运动形态但却能导致某种客体发生位移时,Lj 表示客体位移时经由的处所或方位。例如:

　　⑨把垃圾从窗户扔出去

　　⑩连夜将这批货物运过了江

当 V 的运动形态既非位移亦不能导致客体发生位移而只具有方向性时,Lj 表示这种运动方向的经由之处。例如:

　　⑪他从窗户往外看

　　⑫他从门缝里偷窥我

活动场所成分(记为 Lh)表示谓项所表示的动作行为发生的场所。例如:

　　⑬国庆节在天安门广场举行庆祝活动

　　⑭他最近在广州做买卖

存在处所成分(记为 Lc)表示谓项静态性运动形态(状态)的存在处所或范围。例如:

　　⑮墙上挂着一幅画

　　⑯昨天我来的时候,他就坐在这儿

方向目标成分(以下简称目标成分,记为 Lm)表示谓项运动

的方向或目标。当 V 表现为位移性运动形态时,Lm 表示这种位移的方向或目标。例如:

⑰一听说地震了,大家都赶紧往外跑

⑱这班飞机飞往纽约

当 V 表现为非位移性运动形态但却能导致某种客体发生位移时,Lm 表示客体位移的方向或目标。例如:

⑲别随便往外扔东西

⑳你把车往哪儿开呀

当 V 的运动形态既不具有位移性亦不能导致客体位移而只具有方向性时,Lm 表示这种运动形态的方向或目标。例如:

㉑你往哪儿看呢

终点成分(记为 Lz)表示谓项运动的终点。当 V 的运动形态具有位移性时,Lz 表示位移的终点。例如:

㉒下午三点,我们来到了天安门广场

㉓他气喘吁吁地跑进了屋

当 V 的运动形态不具有位移性但却能导致某种客体发生位移时,Lz 表示客体位移的终点。例如:

㉔他把那幅画挂在了墙上

㉕把球踢到了我的脚下

当 V 的运动形态既不具有位移性也不能导致客体发生位移而只具有方向性时,Lz 表示运动方向的终点。例如:

㉖他的眼睛老盯在我的脸上

0.3 处所成分一般要用介词引介,但是有时也可以不用介词引介,介词的用与不用,与充当谓项的动词的性质、处所成分的分布位置以及语用、修辞等方面的需要都有关系,问题比较复杂。"至、及、之、适、如、奔、就、即、在、往、向、进、出、到、过、去（离开）、去（前往）、离"等动词充当谓项时，后面要求接处所成分，且一般不使用介词引介。本文我们着重研究处所成分的语序演变问题，但处所成分的语序演变与介词的使用及兴替有一定的关系，所以处所成分的介词使用情况及其历史兴替情况也是我们关注的对象。

0.4 处所成分的语序指的是以上六种处所成分相对于谓项的分布位置。本文讨论以上六种处所成分相对于谓项的分布位置从上古汉语到现代汉语的演变情况，并试图解释其演变的机制。汉语史一般分为上古、中古、近代和现代四个时期，上古自殷商到两汉，中古自魏晋到五代，近代自宋代到清代，20 世纪以来为现代。我们按时间先后分别选取《左传》《史记》为上古的代表文献，《世说新语》《祖堂集》为中古的代表文献，近代文献则以刘坚、蒋绍愚主编的《近代汉语语法资料汇编》宋代卷和元代明代卷的部分篇目为代表，清代以《红楼梦》为代表。

1　上古汉语处所成分的语序分布及其变化

1.1 Lq 在上古时期有两种分布形式，既有分布于 V 前的，也有分布于 V 后的。用介词"从""由"引介时都分布在 V 前，用介词"于"和"於"引介时都分布在 V 后，用介词"自"引介，则两种分布形式都有。

"从"的介词功能是在战国时期产生的，《左传》里"从"引介 Lq 只有一例。到《史记》里"从"引介 Lq 的用例就多起来了。"由"引介 Lq 在《左传》中未见，《史记》里也很少见。例如：

㉗从台上弹人而观其避丸也。（左传·宣公二年）

㉘上<u>从代</u>来。（史记·孝文本纪）

㉙即墨人<u>从城上</u>望见,皆涕泣。（史记·田单列传）

㉚夫礼<u>由外</u>入。（史记·乐书）

"于""於"引介 Lq 的例子如:

㉛穆姜出<u>于房</u>。（左传·成公九年）

㉜乃掀公以出<u>於淖</u>。（左传·成公十六年）

㉝使人迎公子周<u>于周</u>而立之。（史记·晋世家）

㉞乃取汉王父母妻子<u>於沛</u>。（史记·高祖本纪）

"自"引介 Lq 有两种分布形式,但这两种分布形式不是或然的,而是有历史先后的。在《左传》之前,"自 Lq"一般都分布在 V 后,《春秋》里"自 Lq"绝大多数都分布在 V 后,只有当 V 后出现 Lm 或 Lz 时,才分布在谓项之前。可见在那个时代,"自 Lq"的语序分布形式与"于/於 Lq"的语序分布形式基本上是一致的。到《左传》里,"自 Lq"的这种语序分布限制消失了,"自 Lq＋V"形式不仅在使用频率上超过了"V＋自 Lq"形式(参见表一),而且不再限于 V 后出现其他处所成分时"自 Lq"才前置于 V,这说明当时"自"引介的起点成分的语序分布已经处在变化之中。到了《史记》,"V＋自 Lq"形式在使用频率上已经非常低,"自 Lq＋V"形式已经成为优势语序分布形式。

"自 Lq＋V"例:

㉟王子带<u>自齐</u>复归于京师。（左传·僖公二十二年）

㊱子都<u>自下</u>射之,颠。（左传·隐公十一年）

㊲孔子<u>自陈</u>来。（史记·十二诸侯年表）

㊳天子<u>自帷中</u>望见焉。（史记·孝武本纪）

"V＋自 Lq"例:

㊴楚子囊还自伐吴。（左传·襄公十四年）

㊵子木至自陈。（左传·襄公二十七年）

㊶汉之兴自蜀汉。（史记·六国年表）

㊷王朝步自周。（史记·鲁周公世家）

上古汉语 Lq 大多都用介词引介，但当 V 由“去（离开）”“离”等充当时一般都不用介词引介，Lq 直接分布在 V 后。例如：

㊸子之与我至燕，再三欲去我易水之上。（史记·苏秦列传）

㊹使申叔去穀，使子玉去宋。（左传·僖公二十八年）

㊺今右贤王离其国，将众居河南降地。（史记·孝文本纪）

1.2 上古汉语 Lj 一般也是用“自”“从”“由”“于”“於”引介，其分布形式与 Lq 一样，用“从”“由”引介分布在 V 前，用“于”“於”引介分布在 V 后，用“自”引介有分布于 V 前和分布于 V 后两种形式。

Lj 分布在 V 前例：

㊻遂行，乃从近关出。（左传·襄公十四年）

㊼虢叔自北门入。（左传·庄公二十一年）

㊽其御之妻从门间而窥其夫。（史记·管晏列传）

㊾上自南郡由武关归。（史记·秦始皇本纪）

㊿孔子往问之，自牖执其手。（史记·仲尼弟子列传）

Lj 分布在 V 后例：

(51)济于阴阪。（左传·襄公九年）

(52)师出於陈郑之间，国必甚病。（左传·僖公四年）

(53)入自皇门。（左传·宣公十二年）

(54)武济自辅氏，与鲍交伐晋师。（左传·襄公十一年）

(55)桓公尸在床上六十七日，尸虫出于户。（史记·齐太公世家）

(56)北渡兵於淮以临齐、晋。（史记·越王勾践世家）

(57)入自北门，遇女鸠、女房。（史记·殷本纪）

当V由"出""入""经""涉""济""过"等充当时，Lj亦常常不用介词引介，直接分布在V后。例如：

(58)六鹢退飞过宋都。（左传·僖公十六年）

(59)妇人迎送不出门。（左传·僖公二十二年）

(60)楚子涉睢济江。（左传·定公四年）

(61)单于信之，而贪马邑财物，乃以十万骑入武州塞。（史记·匈奴列传）

(62)跸道，先驱旄骑出横城门，乘舆驰至长陵。（史记·外戚世家）

(63)哀姜归齐，哭而过市。（史记·鲁周公世家）

1.3 上古汉语里Lh一般用"于""於"引介，汉代以后也用"在"引介。① 《左传》里Lh用"于"引介时一律分布在V后，

① "当"有人认为自上古就有引介处所成分的介词功能，我们认为这个词一直没有虚化成一个地道的处所介词，它后接处所成分时，无论是单独作谓项还是出现在连谓结构当中，都是"正处在""正对着"的意思，仍是动词，如"使华寅肉袒执盖以当其阙"（《左传·昭公二十年》），"胥甲、赵穿当军门呼曰……"（《左传·文公十二年》），"唧唧复唧唧，木兰当户织"（《乐府诗集·木兰辞》）。《史记》里的"即"字后接处所成分时，也有人认为是介词，我们认为仍是动词，是"前往"的意思，如"而赵王擅权，使使即县为贾人榷会，人多於国经租税"（《五宗世家》），"（汉王）晨自称汉使，驰入赵壁。张耳、韩信未起，即其卧内上夺其印符"（《淮阴侯列传》）。

用"於"引介时一般也都分布在 V 后,只有个别例子分布在 V
前。"在"在《左传》里已经有介词功能,但不用于引介 Lh。有
两个例子看似引介 Lh 的介词,其实是动词。这两个例子是:

⑭平子……献俘,始用人于亳社。臧武仲在齐,闻之,
　　曰……(左传·昭公十年)

⑮夏五月辛卯,司铎火。火逾公宫,桓、僖灾……孔子在
　　陈,闻火,曰:"其桓、僖乎?"(左传·哀公三年)

《史记》里 Lh 仍以分布在 V 后占绝对优势,但用"於"引
介时已有若干例子分布在 V 前。"在"在《史记》里已经有引
介 Lh 的用例,大都分布在 V 前,有一个例子分布在 V 后。

Lh 分布在 V 后例:

⑯龙斗于时门之外洧渊。(左传·昭公十九年)

⑰妇人笑於房。(左传·宣公十七年)

⑱乃斫大树白而书之曰"庞涓死于此树之下"。(史记·
　　孙子吴起列传)

⑲膝行蒲伏,稽首肉祖,鼓腹吹篪,乞食於吴市。(史记·
　　范睢蔡泽列传)

⑳丞相斯为上崩在外,恐诸公子及天下有变,乃秘之,不
　　发丧。(史记·秦始皇本纪)

Lh 分布在 V 前例:

㉑季孙於鲁相二君矣。(左传·成公二年)

㉒天子躬於明堂临观。(史记·乐书)

㉓赵衰、咎犯乃於桑下谋行。(史记·晋世家)

㉔从官在山下闻若有言万岁云。(史记·孝武本纪)

㉕李斯以为上在外崩,无真太子,故秘之。(史记·李斯

列传）

⑦齐女侍<u>者在桑上</u>闻之，以告其主。（史记·晋世家）

Lh 在《左传》里一般都用介词引介，但在《史记》里常常不用介词引介。不过在语序分布上，不用介词引介的与用介词引介的是一致的，绝大多数分布在 V 后，极少数分布在 V 前（参见表二）。分布在 V 后的例如：

⑦蒙恬为秦将，北逐戎人，开榆中地数千里，竟斩<u>阳周</u>。（史记·项羽本纪）

⑦将军战<u>河北</u>，臣战<u>河南</u>。（史记·项羽本纪）

⑦公孙卿言见神人<u>东莱山</u>。（史记·孝武本纪）

分布在 V 前的例如：

⑧<u>泰山上</u>举火，下悉应之。（史记·孝武本纪）

1.4 上古汉语用于引介 Lc 的介词与引介 Lh 的介词是一样的，主要用"于""於"引介，少数例子用"在"引介。《左传》里 Lc 都分布在 V 后，到《史记》里，用"於"引介时开始出现分布于 V 前的用例。

Lc 分布在 V 后例：

⑧皆衽甲面缚，<u>坐于中军之鼓下</u>。（左传·襄公十八年）

⑧丑父寝<u>於辕中</u>。（左传·成公二年）

⑧名藏<u>在诸侯之策</u>。（左传·襄公二十年）

⑧故太上皇终不得制事，<u>居于栎阳</u>。（史记·韩长儒列传）

⑧平公恐惧，<u>伏於廊屋之间</u>。（史记·乐书）

⑧婴齐其入宿<u>卫在长安</u>时，取邯郸樛氏女。（史记·南越列传）

Lc分布在V前例：

(87)於传载之，云受命所乘。（史记·司马相如列传）

《史记》里Lc亦常不用介词引介，这种情况下一般也都分布在V后，但有个别例子分布在V前。

Lc分布在V后的例如：

(88)上尝坐武帐中。（史记·汲郑列传）

(89)今列侯多居长安。（史记·孝文本纪）

(90)祁侯贺为将军，军荥阳。（史记·孝文本纪）

Lc分布在V前的例如：

(91)太上皇辇上坐，帝奉玉卮上寿。（史记·汉兴以来将相名臣年表）

1.5 上古汉语Lm亦用“于”“於”引介，但当V由“奔”“适”“如”“走”等动词充当时，常常不用介词引介，所以“于”“於”引介目标成分的用例比较少。无论是否用介词引介，上古汉语的Lm都一律分布于V后。例如：

(92)五月辛丑，大叔出奔共。（左传·隐公一年）

(93)百濮离居，将各走其邑，谁暇谋人？（左传·文公十六年）

(94)吴人见舟于豫章，而潜师于巢。（左传·定公二年）

(95)楚人谋徙於阪高（左传·文公十六年）

(96)夷吾将奔翟。（史记·晋世家）

(97)公奔于卫。（史记·鲁周公世家）

(98)王始不从，乃使子胥於齐。（史记·越王勾践世家）

1.6 上古汉语Lz亦皆分布在V后，大多数用“于”“於”引介，也有用“在”引介或不用介词引介的。例如：

⑨遂置姜氏于城颍。（左传·隐公元年）

⑩剑及於寝门之外。（左传·宣公十四年）

⑩齐侯以诸侯之师伐晋，及高粱而还。（左传·僖公九年）

⑩孔子自陈迁于蔡。（史记·孔子世家）

⑩屈原至於江滨。（史记·屈原贾生列传）

⑩匈奴入代，与约和亲。（史记·孝景本纪）

1.7《左传》《史记》处所成分分布情况及其频率表。

表一：《左传》《史记》用介词引介的处所成分的语序分布及其频率表①

	起点		经由		活动场所		存在处所		目标	终点
	pLq+V	V+pLq	pLj+V	V+pLj	pLh+V	V+pLh	pLc+V	V+pLc	V+pLm	V+pLz
左传	从1 自78	于41 於30 自30	自18 从1	于5 於15 自10		于637 於351		于176 於90 在5	于6 於8	于259 於136 在13
史记	从130 由2 自115	于15 於84 自3	从54 由2 自16	于5 於14 自8	于2 於10 自7	于148 於895 在2	於1	于32 於147 在1	于1 於7	于207 於389 在14

表二：《左传》《史记》不用介词引介的处所成分的
语序分布及其频率表②

	起点		经由		活动场所		存在处所		目标		终点	
	Lq+V	V+Lq	Lj+V	V+Lj	Lh+V	V+Lh	Lc+V	V+Lc	V+Lm	Lm+V	Lz+V	V+Lz
左传		4		10	2	17		7		34		55
史记		9		14	7	60	1	55		36		129

表一和表二显示，上古汉语各种处所成分总的来说都是

---

① 《左传》据《春秋经传引得》统计，《史记》据《史记索引》统计。

② 《左传》据僖公元年至三十三年传统计，《史记》据《项羽本纪》《吕太后本纪》《孝文本纪》《孝景本纪》《孝武本纪》统计，疑问代词充当处所成分的未计入。

以分布于 V 后为优势语序分布形式的,但从先秦到汉代,起点成分、经由成分和活动场所成分已经开始发生语序变化,其中起点成分的语序变化尤为显著。

2　中古汉语处所成分的语序分布及其发展

2.0 处所成分在中古早期(魏晋南北朝时期)的语序分布状况与中古晚期(晚唐五代时期)语序分布状况有明显的不同,下面将中古早期与晚期分开来叙述。

2.1《世说新语》里 Lq 大多用介词引介,有少数不用介词引介,用介词引介的和不用介词引介的都有两种分布形式。介词有"从""於""自"三个,"从"的使用频率最高。Lq 用"从"引介时都分布在 V 前,用"自"引介时有分布于 V 前和 V 后两种形式,这与《史记》是相同的。值得注意的是 Lq 用"於"引介时,不仅有分布于 V 后的形式,也出现了分布于 V 前的形式,这是"於"引介 Lq 在中古早期的一个显著的变化。

Lq 分布在 V 前例:

⑩顾长康从会稽还。(言语)

⑩公於内走马直出突之。(雅量)

⑩陶公自上流来,赴苏峻之难,令诛庾公。(假谲)

Lq 分布于 V 后例:

⑩夜光之珠,不必出於孟津之河;盈握之璧,不必采於昆仑之山。(言语)

⑩求英奇於仄陋,采贤俊於岩穴。(言语)

⑩弹棋始自魏宫内。(巧艺)

Lq 不用介词引介时,大多数分布在 V 后,少数分布在 V

前。例如：

⑪武子乃令兵儿与群小杂处，使母帷中察之。（贤媛）

⑫羊孚<u>南州</u>暂还，往下许。（宠礼）

⑬王在东闻谢丧，便出<u>都</u>诣子敬。（伤逝）

⑭（谢公）后出为桓宣武司马，将发<u>新亭</u>，朝士咸出瞻送。
（排调）

《祖堂集》里 Lq 有用介词引介的，也有不用介词引介的，以用介词引介的居多数。介词使用频率最高的是"从"，"於""自"的用例已经很少了。此外，中古早期新兴的介词"向"在《祖堂集》里也用于引介 Lq，"在"也有个别用例。Lq 用介词引介和不用介词引介都有两种分布形式，但都以分布于 V 前占绝对优势，用介词"从""向""在"引介时都分布在 V 前，用"於""自"引介时有分布于 V 前和 V 后两种形式（参见表三、表四）。

Lq 分布在 V 前例：

⑮有僧<u>从曹溪</u>来。（卷六）

⑯师曰："大夫<u>自京城</u>来。"（卷三）

⑰只知沤<u>向水中</u>出。（卷九）

⑱师曰："<u>於一棒</u>下入佛境界。"（卷十九）

⑲师问僧："<u>什么处</u>来？"（卷六）

Lq 分布在 V 后例：

⑳无由得出离<u>於三界</u>。（卷三）

㉑一乘良玉叮咛来<u>自於双林</u>。（卷十二）

㉒沙门惠能生<u>自边方</u>。（卷二）

㉓师下<u>绳床</u>立。（卷六）

2.2《世说新语》里 Lj 多数不用介词引介,少数用介词
"从""於"引介。用介词"从""於"引介的皆分布在 V 前,不用
介词引介的皆分布在 V 后。例如:

⑫令史受杖,正从朱衣上过。(政事)

⑫庾每诣周,庾从南门入,周从后门出。(尤悔)

⑫遇桓於岸上过,王在船中。(任诞)

⑫周侯诣丞相,历和车边。(雅量)

⑫谢中郎经曲阿后湖,问左右:"此是何水?"(言语)

⑫遣弟子出都,语使过会稽。(文学)

《祖堂集》里 Lj 的语序分布与《世说新语》基本一致,用介
词引介时皆分布于 V 前,不用介词引介时基本上都分布于 V
后,只有一例分布于 V 前。介词主要用"从","於""向"各有
一例。例如:

⑬尔时阿难则骋神通,从钥孔入。(卷一)

⑬天人於窗牖中叉手白太子言。(卷一)

⑬汝诸人还得个入处摩? 若未得入,即向这里入。(卷十
九)

⑬师因便下阶收坐具。(卷七)

2.3 Lh 的语序变化发轫于上古而大行于中古,在《世说
新语》里已是分布在 V 前的占优势,到《祖堂集》里分布于 V
前的使用频率进一步提高,已占绝对优势。

《世说新语》里 Lh 有用介词引介的,也有不用介词引介
的。引介 Lh 的介词有"在""於""就""于""从"五个。"在"
"於"常见,"就""于"的例子很少,"从"用来引介 Lh,属特例。
用"在"引介的基本上都分布在 V 前,有一例分布在 V 后;用

"就"引介的分布在 V 前,用"于"引介的分布在 V 后。用"於"引介的 Lh 与它引介 Lq 和 Lj 一样,在中古早期大规模前移,《世说新语》里"於 Lh"分布在 V 前和分布在 V 后两种形式虽然都比较常见,但分布在 V 前的已开始占优势。Lh 不用介词引介在《史记》里开始出现分布于 V 前的用例,到《世说新语》里其分布于 V 前的使用频率大幅度提高,已成为优势分布形式。Lh 分布在 V 前例:

⑭孔车骑与中丞共行,<u>在御道</u>逢匡术。(方正)

⑮韩后与范同载,<u>就车中</u>裂二丈与范,云:"人宁可使妇无裤邪?"(德行)

⑯<u>於坐</u>问张:"北方何物可贵?"(言语)

⑰尔时积雪,长史<u>从门外</u>下车,步入尚书,著公服。(容止)

⑱管宁、华歆共<u>园中</u>锄菜。(德行)

Lh 分布在 V 后例:

⑲有北来道人好才理,与林公相遇<u>於瓦官寺</u>。(文学)

⑳七人常集<u>于竹林之下</u>。(任诞)

㉑刘伶恒纵酒放达,或脱衣裸形<u>在屋中</u>,人见讥之。(任诞)

㉒每当至讲时,辄窃听<u>户壁间</u>。(文学)

《祖堂集》与《世说新语》一样,Lh 有两种分布形式,但分布于 V 前的使用频率比《世说新语》更高。《祖堂集》用于引介 Lh 的介词有"在""於""向""就""于"和"从","在""於""向"比较常见,"就""于"用例较少,"从"只偶尔一用。此外,不用介词引介的也很常见。用"向""就""从"引介的都分布在

V 前,用"在"引介的也基本上都分布在 V 前,只个别例子分布在 V 后。"於"引介 Lh 分布在 V 前的使用频率进一步提高,分布在 V 后的已是少数;此外,"于"引介 Lh 在上古都是分布在 V 后的,在中古早期的《世说新语》里没有出现,但到《祖堂集》里也开始出现分布于 V 前的用例。Lh 不用介词引介分布在 V 前的使用频率较之《世说新语》又有发展,已占绝对优势,分布在 V 后的已是个别现象。

Lh 分布于 V 前例:

⑭雪峰在法席造饭头。(卷六)

⑭年二十五,於幽州延寿寺受戒。(卷八)

⑭将锹子向法堂前过来过去。(卷六)

⑭某等欲得就和尚面前收过。(卷八)

⑭于虎州果见五十八僧来寻卢行者。(卷十四)

⑭花种虽因地,从地种花生。(卷二)

⑭如雾里行,虽不湿衣,时时有润。(卷六)

Lh 分布在 V 后例:

⑮落发於当州藉山。(卷十七)

⑮坟于坚固大师塔之左。(卷九)

⑮云喦问院主游石室云:"汝去入石室里许,莫只与么便回来。"院主无对,师云:"彼中已有人占了也。"(卷六)

2.4 Lc 在《史记》里还只有极个别的例子分布在 V 前,到中古时期,分布于 V 前的使用频率逐渐提高,到《祖堂集》里,分布于 V 前的使用频率已经超过分布于 V 后的使用频率。

《世说新语》里 Lc 分布于 V 前时一般都用介词"在"引介,不用介词引介的只有两例。例如:

⑮㊂祥尝<u>在别床</u>眠。(德行)

⑮㊃杜预拜镇南将军,朝士悉至,皆<u>在连榻</u>坐。(方正)

⑮㊄山公大儿著短袴,<u>生中</u>倚。(方正)

分布在 V 后的大多不用介词引介,用介词引介的是少数,介词有"在""於""著(箸)""于"。例如:

⑮㊅吴道助、附子兄弟居<u>在丹阳郡</u>。(德行)

⑮㊆南阳刘粼之高率善史传,隐<u>於阳歧</u>。(栖逸)

⑮㊇文若亦小,坐<u>箸膝前</u>。(德行)

⑮㊈师次<u>于襄阳</u>。(豪爽)

⑯㊀玄亦疑有追,乃<u>坐桥下</u>。(文学)

《祖堂集》里 Lc 分布在 V 前时,用介词引介的仍占大多数,但不用介词引介的已不是个别现象,分布在 V 后时仍以不用介词引介居多。分布在 V 前时所用介词有"在""向""於""从"四个,其中用"从"引介的仅一见,属特例。例如:

⑯㊁一人不安,<u>在涅般堂里</u>将息。(卷六)

⑯㊂<u>向少林寺里</u>冷坐地。(卷十三)

⑯㊃<u>於床</u>端然趺坐。(卷十五)

⑯㊄座主<u>从那个寺里</u>住?(卷五)

⑯㊅先师问么甲<u>阿那个寺里</u>住?(卷七)

⑯㊆师有一日<u>法堂里</u>坐。(卷十四)

分布在 V 后时所用介词有"在""於""著""于"等,"在""於"居多,"著""于"较少见。例如:

⑯㊇我有一宝琴,寄<u>在旷野中</u>。(卷八)

⑯㊈祥禅师住<u>於峡山</u>。(卷二)

⑯㊀止大中末间住<u>于新丰山</u>。(卷六)

⑰雪峰养得一条蛇,寄着南山意若何?(卷七)

⑰神会大师住洛京菏泽寺。(卷二)

2.5 Lm 在上古时期都分布在 V 后,且多不用介词引介,到中古早期,这种情况仍占绝对优势。例如:

⑰周镇罢临川郡还都,未及上住,泊青溪渚。(德行)

⑰含委职奔姑孰。(言语)

⑰殷仲堪当之荆州,王东亭问曰⋯⋯(政事)

但是,中古早期开始出现分布在 V 前的用例,《世说新语》里目标成分有 5 例分布在 V 前,其中 3 例用新兴介词"向"引介,2 例不用介词引介。例如:

⑰裴方向壁卧,闻王使至,强回视之。(容止)

⑰哭毕,向灵床曰:"卿常好我作驴鸣,今我为卿作。"(伤逝)

⑰祖曰:"昨夜复南塘一出。"祖于时恒自使健儿鼓行劫钞,在事之人亦容而不问。(任诞)

⑰遂饥经日,迷不知何处去。(汰侈)

到中古晚期,分布于 V 前的使用频率进一步提高,《祖堂集》里 Lm 分布于 V 前的使用频率,总体上已经超过分布于 V 后的使用频率(参见表三和表四)。《祖堂集》里 Lm 分布于 V 前时大多都用介词引介,只有在问对中以目标为问对焦点时可不用介词引介。所用介词有"向""到""过"三个,"向"最常见,"到"和"过"要和"来""去"搭配,用例比较少。例如:

⑰有僧问师:百年后向什摩处去?(卷八)

⑱遂见行者将一铛饭向堂中心著。(卷四)

⑱和尚云:"子归来须到石头处来。"(卷五)

⑱问曰:"达摩未来时在什摩处?"师答曰:"只在这里。"进

曰:"为什摩不见?"师曰:"过西天去。"(卷八)

⑱雪峰问少师:"什摩处归?"对曰:"江西。"(卷六)

⑱有人问:"什摩处去?"师云:"无处去。"(卷十五)

Lm 分布于 V 后时一般仍不用介词引介,用介词引介的是极
少数(参见表三)。例如:

⑱乐普云:"同行什摩处去?"师云:"去东京。"(卷十九)

⑱师因随道吾往檀越家相看。(卷六)

⑱道明在岭头分首,便发向北去。(卷十八)

2.6 从上古到中古,处所成分当中唯有 Lz 没有发生语序
变化,只是引介 Lz 的介词增加了,新产生了"著""向""到"等,
同时,随着新的介词的产生以及大量的终点成分不用介词引
介,上古时期使用频率极高的"於"和"于"的使用频率大幅度
下降,在《世说新语》里"于"没有用例,"於"只有 6 例,《祖堂
集》里,这两个介词各有十几例。

《世说新语》《祖堂集》终点成分的例子如:

⑱进人若将加诸膝,退人若将坠诸渊。(世说新语·方
正)

⑱仲智手批之,刀为辟易於户侧。(世说新语·方正)

⑲语信云:"可掷箸门外。"(世说新语·方正)

⑲招庆云:"是什摩心行推人向泥里箸。"(祖堂集·卷十
一)

⑲葬在磁州涂阳东北七十余里。(祖堂集·卷二)

⑲师便去到南岳让和尚处。(祖堂集·卷四)

⑲伏牛和尚与马大师送书到师处。(祖堂集·卷三)

(195) 假其舟楫达<u>于唐国</u>。(祖堂集·卷十七)

(196) 千幅轮相出<u>於棺外</u>回示迦叶。(祖堂集·卷一)

2.7 以上分别分析了中古时期各类处所成分的语序分布及其发展情况,兹将《世说新语》《祖堂集》处所成分的语序分布情况及其频率列表如下:

表三:《世说新语》《祖堂集》用介词引介的处所成分的
语序分布及其频率表①

	起点		经由		活动场所		存在处所		目标		终点	
	pLq+V	V+pLq	pLj+V	V+pLj	pLh+V	V+pLh	pLc+V	V+pLc	pLm+V	V+pLm	pLz+V	V+pLz
世说新语	於5 从20 自5	於5 自2	从9 於2		於38 在52 就2 从1	於30 在1 于1	在17	于3 著4 在3 於5	向3			於9 至4 著11 诸4
祖堂集	於2 从152 向13 在1 自5	於7 自4 于1	於1 从24 向1		於117 在62 向68 就4 于3 从2	於44 于14 在1	於7 从1 向17 在34	於11 于3 在10 著4	向30 到3 过4	於1 向3	於16 于15 在6	到18 向3

表四:《世说新语》《祖堂集》不用介词引介的
处所成分的语序分布及其频率表②

	起点		经由		活动场所		存在处所		目标		终点	
	Lq+V	V+Lq	Lj+V	V+Lj	Lh+V	V+Lh	Lc+V	V+Lc	Lm+V	V+Lm	Lz+V	V+Lz
世	9	12		31	33	17	2	52	2	66		136
祖	27	12	1	11	42	2	11	38	13	31	1	121

从表三和表四可以看出,中古时期是处所成分语序变化最激烈的时期。在上古时期已经开始由后置于谓项向前置于

---

① 《世说新语》据余嘉锡《世说新语笺疏》统计,《祖堂集》据《祖堂集索引》统计。

② 《世说新语》据余嘉锡《世说新语笺疏》统计,《祖堂集》据卷六至卷九统计。

谓项演变的 Lq 和 Lj,到中古时期分布于 V 前的频率优势进一步扩大,Lq 分布于 V 后实际上已经成为残存形式。Lh 和 Lc 的语序变化西汉开始发轫,中古时期是它们语序变化的锐进时期,Lh 分布于 V 前已经成为优势语序分布形式,Lc 则演变为分布于 V 前和分布于 V 后两种语序分布形式相对均衡的态势。Lm 的语序变化从中古早期开始,到中古晚期新的语序分布形式即跃升为优势语序分布形式。在六种处所成分当中,只有 Lz 保持着原有的语序分布形式。可以说,到中古晚期,六种处所成分新的语序分布格局已经显现出端倪了。

3　近代汉语处所成分的语序分布及其发展

3.0 近代汉语可分三个时期,宋代为早期,元明为中期,清代为晚期。从处所成分的语序发展来看,又可划分为两个阶段,宋代是处所成分上承中古的继续发展时期,元明清是处所成分新的语序分布格局的最终形成时期。

3.1 Lq 发展到宋代,已经基本上完成了语序变化的过程。在宋代,Lq 用介词引介的一般都分布在 V 前,在我们统计的语料里只有一个例外的例子,见于《河南程氏遗书》;也有少数用例分布在 V 前而不用介词引介。Lq 分布在 V 后一般都不用介词引介,且 V 限于"出""离""下"等几个趋向动词充当。元明清语料所反映的情形与宋代语料之情形一致。

引介 Lq 的介词在近代又有新的发展,上古时期常用的"於"和"于"在中古晚期即已很少使用,近代早期"于"已不见,"於"亦只偶尔用之,到近代晚期也最终消失了。"自"在中古早期即已衰减,到近代逐渐成为文言形式,在书面上不绝如缕,绵延至今,但到近代中期,"自"的用例就已经非常少见了。在旧介词被逐渐淘汰的同时,也在增加新的介词。宋代"就"有了引介起点成分的功能,"去"和"将"也偶尔用于引介起点成分。到清代又出现了"打"。不过,除了最晚出现的"打"之外,这些新产生的介词都是昙花一现,并没有保留下来,生命力最强的还是从上古就有的"从"字。

Lq 分布在 V 前例:

⑲⑦人只为自私,将自家躯壳上头起一意,故看得道理小了他底。(河南程氏遗书)

⑲⑧时四军萧干闻我军再压境,自燕来涿州。(三朝北盟会编·燕云奉使录)

⑲⑨乃见一个孩儿,面带青色,爪似鹰鹞,开口露牙,从池中出。(大唐三藏取经诗话·入王母池之处)

⑳⑩皇甫松去衣架上取下一条绦来。(简贴和尚)

⑳①就身上解下一个刺绣香囊。(万秀娘仇报山亭儿)

⑳②我恰才这槽儿里头拔上两洒子水也。(老乞大)

⑳③你打园里来,可曾见你宝兄弟?(红楼梦·三十二回)

Lq 分布在 V 后例:

⑳④先生云:"某起自草莱,无前任历子。"(河南程氏遗书)

⑳⑤狮子峥嵘,摆尾摇头,出林迎接。(大唐三藏取经诗话·过狮子林及树人国)

⑳⑥两个离了五里头大路,入这小路上来。(万秀娘仇报山亭儿)

⑳⑦你从几时离了王京?(老乞大)

⑳⑧湘云陪着吃了一个,便下座来让人。(红楼梦·三十八回)

3.2 Lj 与 Lq 一样,到宋代也基本上完成了语序变化的过程。宋代的语料里,Lj 用介词引介时,都分布在 V 前,也有少数用例分布在 V 前而不用介词引介。分布在 V 后的都不用介词引介,且 V 限于"出""进""上""下""入"等少数几个趋向动词充当。元明清语料里的情形亦与宋代语料里的情形一致。

引介 Lj 的介词同中古时期一样,最常用的是"从"。"於"在中古时期用例已很少,到近代早期已经非常罕见,中期以后即消失了。在近代早期,产生了"取"字;到晚期,"打"除了引介 Lq 之外,也能引介 Lj。Lj 分布在 V 前例:

⑳果有使来,从甚路来?(三朝北盟会编·绍兴甲寅通和录)

⑳等候国信使赵良嗣同取登州海路前去奉使。(三朝北盟会编·茅斋自叙)

⑳令军马陆路前去。(王俊首岳侯状)

⑳正打街头过,见吊个花碌碌纸榜。(庄家不识构阑)

⑳你打后门去,有小子和车等着呢。(红楼梦·三十七回)

Lj 分布在 V 后例:

⑳仆归,过白沟,至种师道营。(三朝北盟会编·茅斋自叙)

⑳恍然洛女下瑶阶。(大宋宣和遗事)

⑳还没出屋门,只听外头柴草响。(红楼梦·三十九回)

⑳恰待出寺门,只见一个官人领着一个妇女。(简贴和尚)

㉒⑧一进<u>院</u>门,只见满地下竹影参差,苔痕浓淡。(红楼梦·
三十五回)

3.3 Lh 到近代早期仍有两种语序分布形式,但是无论是
用介词引介的,还是不用介词引介的,都以分布于 V 前占绝
对优势,分布于 V 后显然已经是旧的语序分布形式的残存
了。到了近代中期,在经历了上千年的漫长演变过程之后,
Lh 最终完成了语序变化的过程。在我们调查的元明语料里,
Lh 只有用"於"引介时有几个例子分布在 V 后,其他一律分
布在 V 前。介词"於"到元明时期已经是文言词,它引介 Lh
分布在 V 后亦当是一种文言形式。

近代是引介 Lh 的介词由繁到简迅速衰减的时期。中古
晚期和近代早期是引介 Lh 的介词最为繁复的两个时期,这
两个时期中用来引介 Lh 的介词有"在""於""向""就""从"
"于"等六七个。到近代中期,"从"引介 Lh 的功能消失了,
"于"亦不再使用,"於"只见于"就於"连用的情况。到近代晚
期,"就""向""於"等都被淘汰了,只剩下一个"在"。

Lh 分布在 V 前例:

㉒⑨又<u>於诸处</u>雇募万人。(三朝北盟会编·茅斋自叙)

㉒⑳<u>就烛灯下</u>把起笔来,就白纸上写了四句诗。(简贴和
尚)

㉒㉑我几遍<u>在你茶坊里</u>吃茶,都不见你。(万秀娘仇报山亭
儿)

㉒㉒你客人则<u>这车房里</u>安排宿处。(老乞大)

㉒㉓老太太<u>背地里</u>和我说宝丫头好。(红楼梦·三十五回)

Lh 分布在 V 后例:

㉔与夏人逆战於阿磨下水。(三朝北盟会编·燕云奉使
　录)

㉕又当时种师道、杨可世皆失利於白沟。(三朝北盟会编·
　茅斋自叙)

㉖马行积雪中。(三朝北盟会编·茅斋自叙)

㉗万一不从,便身膏鼎镬,亦得与龙逢、比干游於地下足
　矣。(大宋宣和遗事)

3.4 Lc 的语序分布发展到中古晚期已经是分布在 V 前
的使用频率和分布在 V 后的使用频率大致均衡的局面,到了
近代,它的两种语序分布形式在使用频率上处于均衡的态
势,并未能再进一步发展变化,无论是宋代还是元明清时
期,它都与中古时期一样,有两种语序分布形式,使用介词
引介的和不使用介词引介的皆如此,而且两种语序分布形
式的使用频率总的来看仍不相上下。在发生语序变化的处
所成分当中,像 Lc 这样由原来的一种语序分布形式发展成
为两种语序分布形式并存且彼此不分轩轾的是很特殊的,
很值得我们思考。

近代时期引介 Lc 的介词有"在""於"和"于",最常用的
是"在"。"於"在早期和中期有一定量的用例,到晚期则很少
使用了。"于"在早期尚有用例,中期以后就消失了。

Lc 分布在 V 前例:

㉘绘等只得在水府庙以俟。(三朝北盟会编·绍兴甲寅
　通和录)

㉙某等於岸上伺候人马间,见一人做燕人装束,向某等说
　话。(三朝北盟会编·绍兴甲寅通和录)

㉚见你在帘子下立地。（简贴和尚）

㉛万员外慢腾腾地掀开布帘出来，柜身里凳子上坐地。
（万秀娘仇报山亭儿）

㉜火伴，你将料捞出来，冷水里拔着。（老乞大）

㉝如今那贼现在官司牢里禁着。（老乞大）

㉞彼时宝玉姐妹们也都在这里坐着。（红楼梦·三十九回）

Lc 分布在 V 后例：

㉟翌早阿骨打设一虎皮，坐雪上。（三朝北盟会编·茅斋
自叙）

㊱佛住鸡足山中，此处望见。（大唐三藏取经诗话·入竺
国度海之处）

㊲朕今与夫人同坐於殿上，卿立阶下，能有章疏乎？（大
宋宣和遗事）

㊳只见琥珀站在屏风跟前。（红楼梦·四十四回）

3.5　Lm 从中古早期开始发生语序变化，近代是其语序变
化渐次完成的时期。在宋代，Lm 有两种语序分布形式，且仍
以分布于 V 后占优势。但是到元明时期，Lm 分布于 V 前的
使用频率已经超过了分布于 V 后的使用频率；到了清代的
《红楼梦》里，Lm 用介词引介的已经全部分布在 V 前，分布在
V 后不用介词引介的用例也很少了，且 V 仅限于"去""回"
"进"等几个趋向动词充当。可以说，Lm 到了清代已经基本
上完成了语序变化的过程。

Lm 在上古时期大多不用介词引介，少数用"於"和"于"
引介。到中古早期产生了专用介词"向"，中古晚期产生了
"到""过"，但大多数仍不用介词。近代时期是引介 Lm 的介

词大发展的时期,在这个时期里先后产生了"去""往""望"
"投""照"等专门引介 Lm 的介词(参见表五)。与此同时,不
用介词引介的 Lm 在使用频率上逐渐减少。宋代时不用介词
引介的 Lm 的使用频率还远远高出使用介词引介的 Lm 的使
用频率,元明时期即大幅度下降,到清代,不用介词引介的
Lm 无论是绝对量还是相对比例都已经远远低于使用介词引
介的 Lm 的量了(参见表五、表六)。

Lm 分布在 V 后例:

㉓⑨相温云:"待遣人同去南朝商量。"(三朝北盟会编·茅
斋自叙)

㉔⓪日下出门,差往大金山西军前和议。(三朝北盟会编·
靖康大金山西军前和议录)

㉔①大金国主阿骨打已亲领兵甲数万,初欲趋中原。(三朝
北盟会编·燕云奉使录)

㉔②白干地把那厮杀了,将身逃归邢州路去。(新编五代史
平话)

㉔③避怕本使问着,走往阜城县周家藏闪。(元典章·碾死
人移尸)

㉔④又忙命人去火神跟前烧香。(红楼梦·三十九回)

Lm 分布在 V 前例:

㉔⑤药师向西退身。(三朝北盟会编·靖康城下奉使录)

㉔⑥情愿上这一条路去,四方八面撺掇他去这路上行。(朱
子语类·训门人)

㉔⑦当时叫这合哥引着一行人,取苗忠庄上去。(万秀娘仇
报山亭儿)

㊽猴行者即将金环杖<u>向磐石上</u>敲三下。(大唐三藏取经
诗话·入王母池之处)

㊾天子出的师师门,相别了<u>投西</u>而去了。(大宋宣和遗
事)

㊿说着,同周瑞家的带了刘老老<u>往贾母这边</u>来。(红楼梦·
三十九回)

3.6 Lz从上古到中古没有发生语序变化,从中古到近
代也没有发生语序变化。Lz是六种处所成分当中唯一没有
发生语序变化的,始终分布在V后。引介Lz的介词在近代
也经历了由繁到简的发展过程。在宋代,引介Lz的介词有
"於""在""于""到""至""次""过""诸""至於"等,元明时期
开始简化,到清代,常见的只有"到""在""至"三个介词了。例
如:

㉕上行<u>过崇政殿</u>,方引班,孝民等升殿跪奏皇子郎君截得
赦书之意。(三朝北盟会编·靖康城下奉使录)

㉕军既<u>入雄州</u>,毕上城。(三朝北盟会编·茅斋自叙)

㉕行次<u>怀州</u>,遇金人大军。(三朝北盟会编·靖康大金山
西军前和议录)

㉕本朝军马<u>进於燕城之南</u>。(三朝北盟会编·茅斋自叙)

㉕那僧儿接了三件物事,把盘子寄<u>在王二茶坊柜上</u>。(简
贴和尚)

㉕须臾苏醒,便踏起来向着师师道前俯伏<u>在地</u>。(宣和遗
事)

㉕宝玉滚<u>到贾母怀里</u>,贾母笑的搂着叫心肝。(红楼梦·
四十回)

3.7 近代汉语处所成分的语序分布情况及其频率统计。

表五:近代汉语用介词引介的处所成分的语序分布及其频率表①

	起点		经由		活动场所		存在处所		目标		终点	
	pLq+V	V+pLq	pLj+V	V+Lj	pLh+V	V+pLh	pLc+V	V+pLc	pLm+V	V+pLm	pLz+V	V+pLz
宋	于1 於1 由5 从51 自30 去2 就11 向1 将1	自1	从11 由3 自3 於1 取5		於35 在69 于1 就33 从5 向11	於40 在2 于1	於11 在24 以1	於10 于1 在24	向34 往3 望1 取1 去10 来1	过2 向8 往2 於3		次2 至14 在47 到49 于3 於26 过3 诸2 至于1
元明	於2 从6 将1		从1 自1		在14 就7 向1 就於3	於3	於1 在17	於10 於3	向2 往10 望1 投10 到3 从1	往4		至4 在7 到5 於4 过1 从1
清	由1 从7 自1 打3		从4 打1		在65		在12	於2 在42	向14 往51 到6 照1			至27 在23 到27 过1

---

　　① 宋代部分据《近代汉语语法资料汇编·宋代卷》所收《河南程氏遗书》《碧岩录》《三朝北盟会编》《王俊首岳侯状》《大唐三藏取经诗话》《朱子语类》《简贴和尚》《万秀娘仇报山亭儿》统计,元代明代部分据《近代汉语语法资料汇编·元代明代卷》所收《元典章》《宣和遗事》《新编五代史平话》《老乞大》统计。《简贴和尚》和《万秀娘仇报山亭儿》两篇小说的年代不甚确定,我们暂时接受刘坚先生在《近代汉语语法资料汇编·序》中的说法,把它们的初作年代算在南宋。在统计过程中,我们也发现这两篇小说里处所成分的语序分布情况和介词使用情况与我们调查统计的其他宋代语料有些差异,更接近元明时期语料所反映的情况。

表六：近代汉语不用介词引介的处所成分的语序分布及其频率表

	起点		经由		活动场所		存在处所		目标		终点	
	Lq+V	V+Lq	Lj+V	V+Lj	Lh+V	V+Lh	Lc+V	V+Lc	Lm+V	V+Lm	Lz+V	V+Lz
宋	15	26	2	50	60	11	21	44	8	141		445
元明	8	9	2	4	25		24	8	28	14		80
清	3	4		6	31		46	1	13	7		81

4　汉语处所成分语序演变规律及其机制

4.1 以上三节我们分别分析描写了汉语处所成分在上古时期、中古时期和近代的语序分布情况、语序演变情况以及介词的使用情况，概括起来有以下几点：

（1）Lq 和 Lj 最初是分布在 V 后的，用介词"自""于""於"等引介或不用介词引介。但是在先秦时期它们即开始向 V 前演变，是六种处所成分中发生语序演变最早的。在战国时期的文献里，这两种处所成分用从动词虚化而来的介词"从""由"引介时已经全部分布在 V 前，用"自"引介时也开始向 V 前演变。到汉代，"从/由 Lq""从/由 Lj"继续保持着前置于 V 的语序分布形式，"自 Lq""自 Lj"也演变为前置于 V 形式占优势。中古时期，介词"自"逐渐被战国时期新兴的介词"从"取代而从口语里消失，"自 Lq"和"自 Lj"成为文言形式，虽有少数分布在谓项之后的用例，已是文言的孑遗（《世说新语》用"从"引介 Lq 的有 20 例，而用"自"引介的只有 7 例；用"从"引介 Lj 的有 9 例，而未见用"自"引介的用例。《祖堂集》用"从"引介 Lq 的有 152 例，而用"自"引介的只有 9 例；用"从"引介 Lj 的有 24 例，亦未见用"自"引介的用例）。"于/於 Lq"和"于/於 Lj"在上古时期都是分布在谓项之后的，没有发生语序变化,到中古时期开始向前置于 V 发展,但是"于""於"这两个介词在中古时期也逐渐成为文言词,"于/於 Lq"和"于/於 Lj"没有完成前置于 V 的语序变化,"于""於"就从口语里消失了,到近代早期的白话文作品中已经极少见到这两个介词引介 Lq 和 Lj 的用例了。在中古和近代汉语里,产生了"向""就""取""将""打"等引介 Lq 和 Lj 的介词,但这些介词大多昙花一现,生命力不强,到现代汉语里还继续使用的只有一个"打"字。这些中古和近代新产生的介词引介 Lq 和 Lj 也都分布在 V 前。所以,使用介词引介的 Lq 和 Lj 的语序演变发轫于上古,而完成于中古,近代汉语和现代汉语里这两种处所成分由介词引介分布在 V 后的都是上古文言的孑遗。

(2)Lh 在先秦时期基本上都分布在 V 后,《左传》里只有极个别的例子分布在 V 前。到西汉时期 Lh 仍以分布于 V 后占绝对优势,但是它的语序变化也就从这个时候开始了。战国时期新兴的介词"在"在《史记》里开始有引介 Lh 的功能,它引介 Lh 的用例虽然不多,但大多数都分布在 V 前。最值得注意的是介词"于""於"引介的 Lh 开始出现分布在 V 前的用例。Lh 的大规模前移是在中古时期,《世说新语》里 Lh 用介词"在"引介时一律分布在 V 前,用"於"引介和不用介词引介时分布于 V 前的使用频率也比分布于 V 后的高。《祖堂集》里 Lh 无论是介词引介还是不用介词引介都是分布于 V 前的使用频率大大高于分布于 V 后的使用频率。Lh 的语序变化完成于近代中期,在元明时期的语料里,Lh 无论是用介词引介还是不用介词引介,都基本上只分布在 V 前了,只有用"於"引介时,有个别例子分布在 V 后,那显然是文言的孑遗。

（3）Lc 在先秦时期只有分布在 V 后一种语序分布形式，到汉代开始出现分布于 V 前的用例，但还仅只是个别的例子，不足以证明 Lc 在汉代已经开始向 V 前演变。Lc 真正开始向 V 前演变是从中古早期开始的，《世说新语》里 Lc 用介词"在"引介时大多都分布在 V 前。到《祖堂集》里，Lc 分布于 V 前的使用频率进一步增加，除了用"在"引介时大部分分布在 V 前以外，中古早期新兴的介词"向"也开始出现引介 Lc 的功能，"向 Lc"都分布在 V 前。此外，"於 Lc"也开始出现前置于谓项的用例。因此到中古晚期，Lc 分布于 V 前的使用频率已经与分布于 V 后的使用频率相抗衡并略胜之。但是，中古晚期以后 Lc 并没有像 Lh 那样继续向 V 前发展。在近代，虽然有的介词引介 Lc 总是分布在 V 前，而有的介词引介 Lc 总是分布在 V 后，但总的来看，Lc 始终保持 V 前和 V 后两种分布形式，且使用频率大体一致。使用介词引介时是如此，不使用介词引介时也是如此。这种语序分布局面一直保持到今天，请看现代汉语的例子：

㉘他在凳子上坐着／他坐在凳子上

㉙你在这里等着／你等在这里

㉚那幅画在墙上挂着／那幅画挂在墙上

所以，Lc 的语序演变趋势与前三种处所成分的语序演变趋势都不同，它是从分布于 V 后一种语序分布形式演变为可分布于 V 后亦可分布于 V 前两种语序分布形式。

（4）Lm 在上古时期都分布在 V 后，并且多不用介词引介。到中古早期产生了一个新介词"向"，这个介词在《世说新语》里只用来引介 Lm，分布在 V 前，Lm 从此开始了语序演变。到中古晚期,Lm 用介词引介分布在 V 前的使用频率进一步提高。在《祖堂集》里,"向"引介 Lm 大多数都分布在 V 前,新兴介词"到"和"过"引介 Lm 都分布在 V 前。到近代早期,Lm 用介词引介时大多数都已分布在 V 前;到近代中期,Lm 用介词引介时基本上都分布在 V 前了。与使用介词引介时的语序变化相一致,不使用介词引介的 Lm 从中古晚期到近代晚期也逐渐地前移,分布于 V 前的使用频率逐渐提高,分布于 V 后的使用频率逐渐降低。到现代汉语里,Lm 使用介词引介时一般都分布在 V 前,分布在 V 后的有时也出现,但明显带有书面语色彩,口语里是不大说的。请比较:

㉑这趟车往哪儿开?

㉒这趟车开往哪儿?

Lm 不使用介词引介而分布在 V 后,口语里似乎只有"去""进""来"等极少数几个动词充当 V 时才可以。所以 Lm 语序演变的趋势与起点成分、经由成分和活动场所成分是一致的,由 V 后向 V 前演变。这种演变趋势到近代晚期已基本完成了。

(5)Lz 是处所成分当中唯一一种从古到今没有发生语序变化的,虽然在近代汉语的文献里偶然也有 Lz 分布在 V 前的用例,但并没有形成一种演变趋势。现代汉语里也有"上海我去过,广州我也去过"这样的句子,但这是终点成分的话题化,是一种语用变体。

4.2 汉语的六种处所成分最初都是分布在 V 后的,但是从上古时期开始,有五种处所成分先后发生了语序变化,只有 Lz 始终保持原有的语序分布形式。在发生语序变化的五种处所当中，Lq、Lj、Lh 和 Lm 都是由后置于 V 向前置于 V 演变，而 Lc 则是由后置于 V 一种语序分布形式演变为可后置于 V 亦可前置于 V 两种语序分布形式。面对汉语处所成分的语序演变及其规律我们不禁要问：变者何因？不变者何恃？显然，只是把处所成分的语序演变及其规律描写出来并没有解决问题的全部，我们还需要进一步挖掘隐藏在处所成分语序演变及其规律背后的更深层的东西，找到引起处所成分发生语序演变、使处所成分出现语序演变规律的机制。

4.3 对于处所成分发生语序变化的原因，我们首先会想到介词兴替的作用。汉语引介处所成分的介词从古到今，经历了由简到繁、又由繁到简的螺旋式发展过程。在上古早期（殷商西周时期），处所介词只有"于"和"自"两个，到春秋战国时期出现了"於""从""由"和"在"①。中古时期产生了"著（着）""向""就""过""到"等，近代时期又产生了"往""望""打""取""去"等。随着新的处所介词的出现，一些旧有的处所介词也逐渐被淘汰。"自"和"于"到中古早期就已经是书面的或文言的介词了（《世说新语》里已经不大使用了），"於"大致在中古晚期或近代早期也从口语里消失了。中古和近代虽然产生了一大批处所介词，但大多生命力不强，所以到了近代晚期的《红楼梦》里，处所介词又变得比较单纯了。从文献所反映

---

　①　"在"，有人认为在殷商甲骨文里就已经有介词功能，我们认为这种说法不一定可靠。春秋以前，"在"在有些句子中看似介词，其实是动词。如《论语》："子在齐闻韶。"这里的"在"与其宾语一起作"闻"的时间状语从句，句子的意思是"夫子在齐国的时候，听了《韶》乐。""在"的介词功能是在战国时期产生的。

的情况来看,处所成分的语序变化与介词的使用和兴替似有一定关系。其一,新的介词的产生与使用,会使相关的处所成分出现新的语序分布形式。比如 Lm 在上古时期用"于""於"引介或不用介词引介,其语序分布只有分布于 V 后一种形式。到中古时期,产生了引介 Lm 的介词"向",Lm 因此出现了前置于 V 的语序分布形式,从此开始了其语序演变的历程。Lh 原来是用介词"于"和"於"引介的,分布在 V 后,介词"在"的使用使其出现了前置于 V 的语序分布形式。其二,有些新兴介词及其所引介的处所成分往往有其固定的分布位置,从而给处所成分的语序演变带来积极的或消极的影响。比如"从"虚化为介词后,它引介的 Lq 或 Lj 总是分布在 V 前,介词"著"引介的处所成分无论是 Lc 还是 Lz,总是分布在 V 后。但是,如果我们全面系统地来看处所成分的语序分布和语序演变,就会发现单纯从介词的使用和兴替角度来解释处所成分语序演变的成因是很有问题的。其一,处所成分的语序演变并非总是与新兴介词的使用相关,一些固有介词引介的处所成分也会发生语序变化,而且处所成分当中最先发生语序变化的即是由固有介词引介的。"自"是一个很古老的处所介词,它是引介 Lq 和 Lj 的固有介词之一。"自"引介的处所成分(Lq 和 Lj)最初是分布在 V 后的,但是在春秋时期它所引介的处所成分便可有条件地分布在 V 前;到战国时期,它所引介的处所成分更是大规模地往 V 前移动了。到了西汉时期,"自"引介的处所成分已经演变为前置于 V 占优势了。"于"和"於"在整个上古时期的使用频率极高且功能极强,可以引介六种处所成分里的任何一种。在战国以前,"于"

"於"所引介的处所成分几乎没有前置于 V 的用例,但是汉代以后它们也开始向 V 前移动,到了中古早期的《世说新语》里,"於"引介活动场所成分时已经有一多半分布在 V 前了。其二,新兴的介词及其引介的处所成分也不是都固定不变的,有些新兴的介词引介不同的处所成分时,会分布在不同的位置上。比如"在"引介 Lh 时一般分布在 V 前,引介 Lz 时分布在 V 后,而引介 Lc 时则既可以分布在 V 前也可以分布在 V 后。介词"向"也是如此,它引介 Lh 和 Lc 时分布在 V 前,引介 Lz 时分布在 V 后,引介 Lm 时既有分布在 V 前的,也有分布在 V 后的。其三,最值得注意的是不用介词引介的 Lh 和 Lc 的语序变化。这两种处所成分从上古开始即都有不用介词引介的,而其语序分布亦随着各自的语序变化而变化。在上古时期,这两种处所成分都是以后置于 V 为优势语序分布形式的,不用介词引介时亦是如此;中古以后,Lh 的语序分布演变为以前置于 V 占优势,不用介词引介的也演变为前置于 V 占优势;Lc 逐渐演变为可前置于 V 亦可后置于 V 两种语序分布形式,不用介词引介的亦是如此。这些情况表明,尽管介词的使用和兴替在一定程度上对处所成分的语序演变起了促进作用,但却不能把处所成分语序演变的成因归结为介词的使用和兴替。

4.4 戴浩一(1988,1990—1991)论证了"时间顺序原则(PTS)"对汉语语序的重要支配作用,认为 PTS 是汉语的"一条总的句法限制","它管辖着汉语中大多数可以定出的句法范畴的语序表现"。张敏(1996)进一步指出,PTS 不仅管辖着现代汉语大多数句法范畴的语序表现,而且也制约着汉语的语序变化。所谓"时间顺序原则",指的是一种句法组织原则,即句法单位的语序铺排遵循事件过程的先后顺序。"时间顺序"实际上包含着两个层次,一个是物理世界的时间顺序,一个是逻辑世界的时间顺序。逻辑世界的时间顺序是在物理世界的时间顺序的基础上形成的,属于人的认知范畴,它不仅包括人对物理世界时间顺序的认识和反映,也包括人以物理时间为依据对事物之间逻辑关系的推衍。语言是人认识世界反映世界的工具,也是人在认识世界过程中的产物,所以人在认识世界反映世界过程中获得的成果必然会对语言产生影响,PTS 就是人把在认识世界反映世界过程中获得的逻辑时间顺序映现(icon)在语言当中对语言句法单位的组合顺序所产生的制约与支配作用。在不同类型的语言里,PTS 对其句法单位组合顺序的支配作用的程度不一定相同。形态发达的语言,PTS 所起的作用似乎要小一些,而形态越不发达的语言,PTS 所起的作用越大。在同一种语言的不同历史时期,PTS 所起作用的程度也不一定相同。从汉语的历史发展来看,有一种明显的趋向,即随着时间的后移,PTS 的制约与支配作用越强烈,处所成分的语序演变即体现了这种趋向。处所成分作为谓项的空间背景成分,它们与谓项所表示的行为及行为的参与者之间存在着逻辑时间顺序关系,这一点戴浩一(1988)已经论证过。戴还指出,现代汉语把行为起始的处所成分和行为发生的处所成分排在动词的前头,而把行为归趋的终点成分排在动词后面,即是遵循 PTS 的结果。本文的调查研究表明,在上古汉语里,尽管由"自""从""由"引介的 Lq 和 Lj 已经开始了语序变化,但是就处所成分的整体语序分布情况而言,是以分布于 V 后为常态语序分布形式的。所有的处所成分,无论其与谓项之间是什么样的语义关系和逻辑时间顺序关系,其常态分布都在谓项的同一侧,这种语序分布规律显然不是遵循 PTS 的。而从上古开始,Lq、Lj、Lh、Lc 和 Lm 相继发生语序变化,Lq、Lj、Lh 和 Lm 由后置于 V 向前置于 V 演变,Lc 向可前置于 V 亦可后置于 V 的方向演变,而 Lz 则始终保持其原有的语序分布位置,演变的结果是六种处所成分的语序分布由上古的总体不遵循 PTS 到现代汉语的总体遵循 PTS。由此我们认为,PTS 才是引发汉语处所成分语序演变的真正动因。在六种处所成分当中,Lq 和 Lh 由后置于 V 向前置于 V 演变以及 Lz 不发生语序演变,其 PTS 理据都是显而易见的,Lj、Lc 和 Lm 三种处所成分语序演变的 PTS 理据还需要作一些说明。Lj 表示人或事物在运动过程中经由的空间处所,这种意义使它在物理时序上既不先于行为也不后于行为,但在汉民族的认知心理领域里是把它与 Lq 归为同一认知范畴的,自古及今大都使用相同的介词引介即是其证。因此 Lj 在汉民族的逻辑时序上先于 V,由后置于 V 向前置于 V 演变,也是遵循 PTS 的。Lm 表达的是动作行为的预定终点或位移方向,在物理时间顺序上,行为主体(或被位移的客体)应先发出、动作行为,然后向预定目标位移。但在逻辑时间顺序上,目标是预定的,先有预定的目标,主体或被位移的客体才会向目标位移,所以 Lm 向 V 前演变也是遵循 PTS 的。我们的调查结果显示,在五种发生语序演变的处所成分当中,Lm 的语序演变发生得最晚,完成的时间也最晚,这或许与它所表示的意义在物理时间顺序上后于动作行为有关,同时也说明逻辑时序虽以物理时序为基础,但不完全等同于物理时序,逻辑时序对语言的影响力更强,也更为广泛,更为深刻。Lc 是五种发生语序变化的处所成分当中比较特殊的一种,它的语序演变的结果看起来似乎是违背 PTS 的,而实际上却是 PTS 制约汉语语序及其演变的一个强有力的证据。Lc 表示静态性动作行为(状态)存在的处所或范围,以某种状态存在的主体与所存在的空间处所或范围之间是一种存在物和存在空间位置的关系,存在物的存在状态与存在处所之间无论是在物理时序上还是在逻辑时序上都不存在显豁的时间顺序关系,因此,Lc 由上古时期分布于 V 后演变为既可分布在 V 前也可分布在 V 后从另一个侧面体现了 PTS 对处所成分语序演变的制约与支配作用。①

4.5 从上古到现代,汉语处所成分经历了大规模的语序演变。演变的动因是对汉语的语序有着广泛制约作用的 PTS,演变的结果是处所成分由整体上的非理据分布演变为整体上的理据性分布。不过我们也注意到,在处所成分语序分布的理据化过程当中,有一部分趋向动词充当 V 与相关的处所成分搭配时始终保持着或保留着非理据性语序分布形式。具体说,"去(离开)""离""出"等趋向动词充当 V 与 Lq 搭配,"进""入""出""过"等趋向动词充当 V 与 Lj 搭配,"奔""适""如""使(出使)""去(前往)""上"等趋向动充当 V 与 Lm

---

① 戴浩一(1988)已指出,"住""睡""坐"等状态动词与存在处所成分搭配时,存在处所成分可前置亦可后置,这是由于存在处所成分与这些动词搭配时它们之间的时间顺序是模糊的。

搭配,相应的处所成分常常或总是不用介词引介,直接分布在谓项之后,并且始终保持或保留着这种语序分布形式。这种违反处所成分语序演变总体规律的现象我们认为与以下两方面原因有关。其一,这些趋向动词都是传统语法所说的不及物动词,为单参项动词,但这些动词都要求至少有一个处所成分与之搭配,所以除了参项价语外还至少有一个处所价语。汉语的二价动词在组句时有一个很强的价语语序分配规律,即在不使用介词的情况下将两个价语分别置于动词的前和后。所以,当这些趋向动词充当 V 与相应的处所成分搭配时,由于参项成分(施事成分)占据了 V 前的位置,遂将处所成分置于 V 后,以适应二价动词组句规律。其二,汉语的韵律单位是双音节(参见冯胜利 1997),而这些趋向动词都是单音节动词,因而一般不能构成一个独立的韵律单位,处所成分置于其后可以满足韵律要求。下面几组例子能够证明这一点:

㉓ ＊从门进　　　从大门进去　　　进门

㉔ ＊从城里出　　从城里出来　　　出城

㉕ ＊从这儿离　　从这儿离开　　　离开这儿

这三组例子左边的一组都不能成立,而右边的两组由于满足了韵律要求都能够成立。

　　这样看来,汉语处所成分在语序演变过程中虽然存在不符合语序演变规律的现象,但这些现象都是有原因的,所以不影响处所成分总的语序演变规律的成立。

(原载《纪念马汉麟先生学术论文集》,

南开大学出版社,1998 年)

第四章　语法化问题(一)

论汉语实词虚化的机制

0.1 汉语从有文献记载的时候开始就是一种虚词比较发达的语言,虚词在语法上发挥着极其重要的作用,而汉语各个历史时期的虚词绝大多数都是从实词虚化来的。

0.2 我国学者很早就注意到汉语虚词与实词的关系,元代周伯琦《六书正伪》云:"大抵古人制字,皆从事物上起。今之虚字皆古之实字。"不过古代语文学家多用声转假借来解释虚词与实词的关系,没有认识到虚词多由实词虚化发展而来。① 对实词虚化现象的研究是从 20 世纪 50 年代开始的,王力先生《汉语史稿》对介词"把""被"等的演化过程的分析开创了我国实词虚化研究的先河。80 年代以来,实词虚化现象的研究更加活跃,研究成果不断涌现。中国社会科学院语言研究所刘坚、江蓝生、曹广顺等对于近代汉语虚词的演化过程的研究,南开大学解惠全对于上古汉语实词虚化现象的研究,受到了学术界的关注。

0.3 我国学者对于具体的实词虚化现象的研究已经取得了可喜的成绩,然而,理论上的挖掘与阐发尚不够深入。近年来,虚化问题已成为国际语言学界的热门课题,尤其在虚化理论方面,发展速度很快。就我所知,国外已经有两部这方面的

---

① 　如郝懿行《尔雅义疏·释诂下》云:"凡语词之字,多非本义,但取其声。"徐灏《说文解字注笺》云:"凡语辞多借音,不必深求其义也。"袁子让《字学元元》云:"而,颊毛也,借为语助。""焉,本江淮黄鸟名,借为语助。"

著作出版。相比较而言,我们在这方面又滞后了。汉语是当今世界上唯一的一种有着数千年文献记载的语言,各个历史时期的文献不仅忠实地反映了当时虚词的基本面貌,而且也忠实地反映了实词向虚词演化的过程和脉络。这对于研究实词虚化,总结其规律,提出相应的理论,是很有利的。所以我们有条件也更有责任在实词虚化的研究领域里为历史语言学作出更大的贡献,尤其是理论上的贡献。

1

1.1 在语法学上,实词与虚词有比较确定的内涵。实词是指那些有词汇意义的、能够独立充当句法成分的词,如名词、动词、形容词等;虚词是指那些词汇意义已经弱化或者完全不具有词汇意义、在语法上不能够独立充当句法成分的词,如介词、连词、助词等。但是从意义上看,所谓的实与虚是相对的。在实词内部,指示代词和类别词要比名词、动词虚一些;在虚词里边,介词又要比连词、助词实一些。即使在实词和虚词之间,实与虚也没有截然的界限,比如副词,有人认为是实词,有人认为是虚词,其原因就在于副词的意义是实是虚比较模糊。我们讨论实词虚化,是把它看成一种语法的变异现象,所以应在语法学的框架里进行,主要应关注实词向虚词的转化,但是也应该看到虚化与意义密切相关,因而不能不考虑意义上虚实的相对性。基于此,本文所讨论的实词虚化,既包括实词向虚词的转化,也包括虚词内部意义较实的词向意义更虚的词的转化。总之,我们认为,所谓实词虚化,是指实词向虚词转化,或者较虚的词向更虚的词的转化。确切地说,

是指词汇单位在使用过程中由于某种因素的影响逐渐失去原
有的意义、转而获得一种新的语法意义、其语法性质和语法功
能亦随之发生根本性变化的过程。

1.2 虚化不是自然而然地发生的,而是在一定条件下由
于某种因素的影响和制约而发生的。能够引起词汇单位丧失
其原有的词汇意义和语法意义,使其获得某种新的语法意义,
并使其语法性质和语法功能发生根本性的变化,这样的因素
我们称之为虚化机制。

1.3 关于虚化的机制,国外一些学者很重视认知因素对虚
化的影响,Bernd Heine 等学者认为认知上的隐喻是虚化的主
要机制。① 就汉语来说,认知因素对于某些词汇单位的虚化确
实有着直接影响,动词"死"虚化为程度副词就是一个例子。动
词"死"的意义是"失去生命",可以出现在补语的位置上,例如
"打死""杀死"。在补语的位置上,通过隐喻,它可以表示程度
达到极端,并由此虚化为程度副词。试比较下面三例:

①诸葛亮气死了周瑜。

②气死我了。

③我恨死他了。

例①的"死"是本义,例②的"死"则是用"失去生命"的意义来
隐喻程度达到极端,"失去生命"的意义虽然没有完全消失,但
只是作为一种隐喻的表象。例③的"死","失去生命"的意义
完全消失了,只表示程度的极端,"死"遂虚化为程度副词。

认知因素对于汉语的实词虚化有直接影响,不过这种影响

---

① 见 *Grammaticalization—A Conceptual Framework*,45—64 页。

的范围是有限的,据我们考察,它只对少数动词或形容词向副词虚化起作用。在汉语动词向介词虚化的过程中,认知因素虽然也有一定作用,但只是间接作用。石毓智(1995)曾分析汉语介词衍生的原因,认为汉语介词的衍生与连动结构的时间一维性有关,时间的一维性属于认知方面的。但是实际上时间的一维性对于汉语介词的衍生只起间接作用,那就是它使得汉语介词所从来的那些动词在句法结构中的某些句法能力(如时体表现)大大弱化了,从而为这些动词向介词虚化创造了条件,而汉语介词衍生的真正机制是这些动词所分布的句法结构及其所蕴含的语义关系。汉语的连动结构非常丰富,而在这种结构中发生虚化的动词只是极少数。同样是连动结构,同样受时间一维性的制约,"陪他上街""送他去车站"中的"陪"和"送"就没有向介词虚化,连虚化的趋势也没有,这就说明时间的一维性不是介词衍生的直接动因。总之,认知因素对于汉语的实词虚化有一定的影响,但是直接受认知因素的影响而发生虚化的情况比较少见,因此,认知因素不是汉语实词虚化的主要机制。

对于汉语实词虚化的机制,刘坚、曹广顺、吴福祥三位先生曾进行过研究。他们在《论诱发汉语词汇语法化的若干因素》(下称《因素》)一文中提出,诱发汉语实词虚化的因素有四种:句法位置的改变,词义的变化,语境的影响和重新分析。把重新分析列为虚化的一种诱因,我们认为是不妥当的。重新分析是指"没有改变表层表达形式的结构变化"[1],虚化发

---

①　参见 Bernd Heine 等 *Grammaticalization—A Conceptual Framework*,215 页。

生以后导致原结构关系的变化,这是虚化的结果,而不是诱因。① 除了重新分析之外,句法位置的改变和词义的变化两种因素也只是间接因素,它们的作用是改变或扩大了某些实词的句法分布,从而为实词虚化创造了条件。以《因素》所举的"看"字为例,动词"看"由"瞻视"义引申出"试探"义,但是这种词义变化本身并不能使"看"的"试探"意义弱化,也无法改变"看"的动词性质。"看"在"试探"意义上发生虚化乃是由于在这种意义上"看"的分布扩大了,不仅能在句中作主要谓语动词,也能出现在句子末尾作连动结构的第二动词;而当它分布在祈使句句尾的时候,一方面它前面的部分可以独立成句,另一方面由于"看"的存在,整个句子在语用上表示一种希望受话对象尝试某种行为的语气,这两方面的原因导致"看"发生了虚化,成为一个表示尝试语气的语气词。所以,我们认为句法位置的改变和词义的变化只是为实词虚化创造了条件,但不是实词虚化的机制。

2

2.1 要了解汉语实词虚化的机制,首先必须了解汉语的虚词系统,了解它在汉语这个巨系统中的地位以及与其他子系统的关系。汉语的虚词是一个准开放的语法词汇系统。我

---

① 对于这一点,三位先生实际上也有比较清楚的认识。他们写道:"重新分析的作用是从认知的角度把这种词义虚化、功能变化的过程以结果(虚词产生)的形式表现出来并加以确认。换言之,所以要重新分析正是因为某个词汇单位的语法化已经使句子结构的语义关系产生了变化,重新分析标志着这个词汇单位语法化过程的完成。"

们说它是语法词汇系统,是因为它一方面是汉语词汇系统的一个组成部分,另一方面它又是用来表示语法意义的,属于汉语语法系统的下位子系统。我们说它是准开放系统,是因为它在一定程度上表现出了开放系统所具有的性质特点。其一,它与环境之间存在着信息能量的交流。在汉语语法大系统中,虚词系统与句法系统有着双向的信息能量交流;在汉语词汇大系统中,虚词系统与实词系统也有着单向的能量输送关系,实词系统为它提供词源。介词、连词和助词都是从实词虚化来的,相当一部分副词和语气词也是从实词发展来的。其二,它的发展演化过程具有自组织性。一方面,由于源源不断的实词虚化,使得虚词的数目越来越多,但是虚词系统在适应汉语语法日益精密化的同时,能够通过自组织功能不断地淘汰一些旧质,使系统本身始终保持简练有序的状态。另一方面,虚词系统还能够通过自组织功能对实词虚化进行控制,限制某些具有虚化趋势的实词进一步虚化。

　　虚词系统与句法系统的双向交流关系表现在两个方面:一方面,虚词系统在句法系统的功能上发挥着极其重要的作用,正是由于有各类虚词的存在,汉语的句法结构关系和句法语义关系才得以确立和实现;另一方面,句法结构及其所蕴含的各种句法语义关系在很大程度上制约着虚词的功能。汉语介词的语法作用是引介一个体词性成分与动词发生句法关系和语义关系,但是介词的表义功能却需要它所引介的体词性成分与动词的语义关系来确立(参见谢惠全、洪波 1988);连词和结构助词也是如此,早在一百年前,马建忠就已经正确地指出:"'而'字之为连字,不唯用以承接,而用为推转者亦习见焉。然此皆上下文义为之,不知'而'字不变之例,唯用以为动静诸字之过递耳。是犹'与''及'等字之用以联名代诸字也。"①"夫然,'而'之位不变者也,而上下截之辞意,则又善变者也。唯其善变,遂使不变者亦若有变焉。"②

2.2 由于虚词与句法结构之间存在着信息能量交流关系,句法结构及其所蕴含的句法语义直接影响制约着虚词的语法功能和语义功能,因此汉语的实词虚化也就必然与句法结构及其所蕴含的句法语义密切相关。解惠全先生在《谈实词的虚化》一文中指出:"实词的虚化,要以意义为依据,以句法地位为途径。也就是说,一个词由实词转化为虚词,一般是由于它经常出现在一些适于表现某种语法关系的位置上,从而引起词义的逐渐虚化,并进而实现句法地位的固定,转化为虚词。"③这段话抓住了汉语实词虚化的根本原因。刘坚等三位先生的《因素》一文指出语境的影响是实词虚化的一种因素,也是非常正确的。

综合时贤的研究成果和我们的考察,我们认为,汉语实词虚化的机制有两种:一是认知因素,一是句法语义因素。在这两种机制中,句法语义因素是主要机制,汉语大多数的实词虚化都是受句法结构和句法语义的影响而发生的。

2.3 由句法语义机制引起的实词虚化有两种情况:一种是单纯地由句法机制引起虚化,另一种是以句法结构为条件、

---

① 见《马氏文通》282 页。

② 见《马氏文通》291 页。

③ 见《语言研究论丛》第四辑,213 页。

以句法意义为机制而引起虚化。汉语里有相当多的形容词或动词虚化为副词就是单纯由句法机制引起的。如古代汉语里副词"诚"和"实"都是从形容词虚化来的,虚化的原因是它们可以出现在状语的位置上,也就是说,在句子中作状语使得形容词"诚"和"实"的词汇意义逐渐弱化了并逐渐具有了副词的性质,最终虚化为副词。以句法结构为条件、以句法意义为机制而引起的虚化是句法语义机制的主要方面,介词、连词、助词、部分副词和部分语气词都是受这种机制的影响而从其他类词虚化出来的。下面举两个例子。

假设连词"使"是在战国时期从动词虚化来的,以下几例向我们展示了"使"字的虚化过程:

④郑人使我掌其北门之管。(左传·僖公三十二年)

⑤弈秋,通国之善弈者也。使弈秋诲二人弈,其一人专心致志,惟弈秋之为听,一人虽听之,一心以为有鸿鹄将至,思援弓缴而射之。(孟子·告子上)

⑥如使人之所欲莫甚于生,则凡可以得生者,何不用也?使人之所恶莫甚于死者,则凡可以辟患者,何不为也?
(孟子·告子上)

例④的"使"是动词,意思是"使令";例⑤的"使"仍是动词,但"使"所在的分句含有假设的句法意义;例⑥中的两个"使"字则显然是假设连词,前一个"使"字与假设连词"如"字连用,后一个"使"字单用。"使"字是怎样从动词虚化为假设连词的呢?让我们来分析一下动词"使"的句法分布和它所在的句子的句法语义情况。表示"使令"意义的动词"使"最常出现的句法结构是所谓的兼语式,如例④,把这种句法结构形式化,即:

$$S_1 + 使 + O_1(S_2) + V_2 + O_2$$

这里的"$O_1(S_2)+V_2+O_2$"部分是可以独立成句的,这为"使"字的虚化提供了句法条件。在先秦时期,由"使"字构成的这种兼语式经常出现在假设复句里充当假设条件分句,如例⑤。在假设复句里,"使"构成的假设条件分句表示的是一种假设的情况,"使"字所表示的使令行为的使令者是不存在的,因而"使"字前头不可能出现主语(S_1),这样"使"字就处在句首的位置上,而它的使令意义也因为无使令者而弱化了。假设复句的假设意义本来是假设条件分句所负载的一种句法意义,由于"使"字前头不出现主语,它的使令意义已经弱化,而它后面的部分又可以独立成句,因而,假设条件分句的假设意义就逐渐依附于"使"字上,使它虚化为一个假设连词。

"夫"字在古代汉语里是一个很常见的指示代词,表示远指。例如:

⑦桓公自莒反于齐,使鲍叔为宰。辞曰:"臣,君之庸臣也……若必治国家者,则其管夷吾乎?……"桓公曰:"夫管夷吾射寡人中钩,是以滨於死。"(国语・齐语)

⑧鲁人为长府。闵子骞曰:"仍旧贯,如之何? 何必改作?"子曰:"夫人不言,言必有中。"(论语・先进)

⑨孟施舍似曾子,北宫黝似子夏,夫二子之勇未知其孰贤,然而孟施舍守约也。(孟子・公孙丑上)

后来虚化为助词,在论断性的说明句或判断句句首起标记话题的作用。例如:

⑩夫战,勇气也,再而衰,三而竭。(左传・庄公十年)

⑪夫我则不暇。(论语・宪问)

　　⑫夫人必自侮，然次人侮之。家必自毁，而后人毁之；国
　　　必自伐，而后人伐之。（孟子·离娄上）
"夫"字由指示代词虚化为助词，在句法方面有两个条件：一是
分布于句首作定语，起指别作用；一是所在的句子是论断性的
说明句或判断句。而它之所以发生虚化，一方面是由于它出
现在表示论断的说明句或判断句句首的时候，它所指别的对
象出现在它的后面且缺乏语境照应，从而使得它的指别作用
弱化了。① 另一方面是由于"夫"字指别的对象在语用上是句
子的话题，这样它所指别的对象就与句子的话题重合了，从而
使它具有了标记话题的作用。标记话题功能的获得使它本来
已经弱化了的指别作用最终丧失了，"夫"字遂虚化为助词。

3

　　弄清汉语实词虚化的机制对于研究汉语的实词虚化有两
方面的意义：其一，在分析实词虚化的过程或某些虚词的来源
时可以避免主观臆测和牵强附会。比如古代汉语的虚词
"则"，有人认为是从表示"法则"义的名词虚化来的。我们知
道虚词"则"主要是起关联作用，而表示"法则"意义的名词
"则"根本不具有关联作用，不具备向起关联作用的虚词虚化
的句法语义条件，"法则"意义与关联作用的各种意义之间也

---

　　① 指示代词无论是指别还是称代，一般都需要有语境照应，其指
代的对象应在前文出现过或存在于说话双方所处的时空环境中。因为
指示代词是有定的，只有指代对象有语境照应，才能满足有定性的需
要。"夫"字出现在表示论断的说明句或判断句句首的时候，它的指别
对象出现在它之后且缺乏语境照应，因而它的指别作用明显地弱化了。

不可能构成隐喻关系,所以虚词"则"不可能是从表示"法则"义的名词虚化来的。其二,能够正确地认识平行虚化现象的根源。汉语里有很多平行虚化的现象,如动词"使"虚化为假设连词,与它同义的"令"也虚化为假设连词;动词"见"在表示"遭受"意义上虚化为表示被动的助动词,动词"被"在表示"遭受"意义上也有相同的虚化;指示代词"斯"虚化为连接条件复句或因果复句的连词,指示代词"是"也有相同的虚化。这类平行虚化的现象是怎样产生的呢?通过研究我们不难发现,这是由于它们受到了相同的句法语义因素的影响,也就是说,是相同的虚化机制造成了平行虚化。关于平行虚化的问题我们将另文讨论。

(原载《古汉语语法论集》,语文出版社,1998 年)

论平行虚化

0.1 汉语的虚词大多由实词虚化而来。所谓虚化,是指实词向虚词的转化,或者较虚的词向更虚的词的转化,即:词汇单位在使用过程中,由于某种因素的影响逐渐失去其原有的意义、转而获得一种新的语法意义,其语法性质和语法功能亦随之发生根本性变化的过程。

0.2 汉语的各类虚词中都有不少功能相同的同义词,这些同义词往往是由同义或不同义的词汇单位平行虚化而产生的。所谓平行虚化,是指不同词汇单位由于分布在相同的句法环境中受到相同的因素的影响,从而出现方向相同的虚化。本文主要讨论两个问题,一是平行虚化现象的根源,二是平行虚化的类型。

1 平行虚化的根源

1.0 平行虚化现象在汉语里相当常见。如假设连词"使""令""为"是从表示"使令"义的动词虚化来的,表示被动的助动词"见"和"被"是从表示"遭受"义的动词虚化来的。此类虚化现象是如何产生的呢? 要弄清其根源,必须首先弄清汉语实词虚化的机制。

1.1 实词虚化是在一定条件下由于某种因素的影响而发生的,能够直接影响一个词汇单位,使它发生虚化的因素,我们称之为虚化机制。具体地说,虚化机制是指那些能直接导致词汇单位丧失其原有的词汇意义和语法意义,使它获得某种新的语法意义,并使其语法性质和语法功能发生根本性变化的因素。

1.2 关于汉语实词虚化的机制,解惠全指出:"实词的虚化,要以意义为依据,以句法地位为途径。也就是说,一个词由实词转化为虚词,一般是由于它经常出现在一些适于表现某种语法关系的位置上,从而引起词义的逐渐虚化,并进而实现句法地位的固定,转化为虚词。"①刘坚、曹广顺、吴福祥(1995)认为,影响汉语词汇单位语法化的因素有四种:句法位置的改变,词义变化,语境影响,重新分析。

我们认为,汉语实词虚化的机制主要包括两个方面:其一是认知因素,其二是句法语义因素。

认知因素反映的是认知上的隐喻对实词虚化所起的直接作用②,如动词"死"字虚化为程度副词就是通过隐喻实现的:

①诸葛亮气死了周瑜。

②气死我了。

③我恨死他了。

例①的"死"是本义,例②的"死"则是用"失去生命"的意义来隐喻程度达到极端,"失去生命"的意义虽然没有完全消失,但只是作为一种隐喻的表象,例③的"死","失去生命"的意义完全消失了,只表示程度的极端,"死"已经虚化为程度副词。

汉语里有很多副词的产生与隐喻机制密切相关,类别词

---

① 见解惠全《谈实词的虚化》,《语言研究论丛》第四辑,213 页。

② 德国学者 Bernd Heine 等在《虚化论》中认为认知上的隐喻是虚化的主要原因。参见 *Grammaticalization—A Conceptual Framework*,45—64 页。

(亦称个体量词)的产生也与隐喻有关。此外,一些虚词的功能扩展也是隐喻使然,如古代汉语介词"于(於)"由引介处所成分扩展到引介时间成分和各种对象成分即与隐喻有关。关于隐喻对汉语词汇单位虚化的影响面和影响程度我们将另文讨论,需要指出的是:隐喻是一种认知因素,这种因素对词汇单位虚化的影响不是必然的,带有一定的随机性,也就是说,哪个词汇单位受其影响发生虚化,哪个词汇单位不受其影响,往往是随机的、不可预见的。隐喻也能造成词汇单位的平行虚化,但这种平行虚化也是随机的。比如"生"和"死"是一对反义词,"死"通过隐喻可以修饰形容词,由此虚化为程度副词(如"死顽固"),"生"通过隐喻也可以与形容词搭配,由此虚化为程度副词(如"生疼");"好"与"坏"也是一对反义词,"好"通过隐喻虚化为程度副词(如"好长""好难过"),但"坏"却没有发生同样的虚化。鉴于此,本文我们将着重讨论由句法语义机制导致的平行虚化现象。

　　句法语义因素是影响汉语词汇单位虚化的主要机制,汉语里大多数词汇单位的虚化都是受句法语义因素的影响而发生的。句法语义因素,指的是在特定的句法结构中某种特定的语法意义对词汇单位的虚化所产生的影响。我们可以把含有特定语法意义的句法结构称为句法语义场,处在特定句法语义场中的某个词汇单位因受到该句法语义场中的语法意义的影响而失去其原有的功能和意义,获得一种新的语法意义,从而发生虚化,这就是句法语义因素对词汇单位虚化的影响。这里所说的语法意义包括两类:一类是句法结构中不同成分之间的认知关系意义,如施事与动作行为、动作行为与工具、原因与结果等；一类是语用关系意义，如话题与说明等。下面用两个实例来说明句法语义因素对词汇单位虚化的影响。

假设连词"使"是战国时期从动词虚化来的，以下几例向我们展示了"使"字的虚化过程：

④郑人使我掌其北门之管。（左传·僖公三十二年）

⑤使弈秋诲二人弈，其一人专心致志，惟弈秋之为听，一人虽听之，一心以为有鸿鹄将至，思援弓缴而射之。（孟子·告子上）

⑥如使人之所欲莫甚於生，则凡可以得生者，何不用也？使人之所恶莫甚於死者，则凡可以辟患者，何不为也？（孟子·告子上）

例④是兼语句，其中"使"是动词，意思是"使令""派遣"；例⑤的"使"既可以理解为动词"使令""派遣"的意思，也可以理解为假设连词，表示"如果"的语法意义。例⑥中的两个"使"已经虚化为假设连词，只表示"如果"的语法意义。因为出现在兼语句中的动词"使"要求后面的兼语是指人名词，且该名词在语义上能够支配后一个动词，此句中"使"字后面出现的不是指人名词，而且该名词性成分在语义上也不能支配后一个动词，所以不是动词；例中两个"使"所在句子都是假设复句的假设条件分句，"使"在句中除了承载假设的语法意义外，不再有其他功能，所以是假设连词。

通过上面三个例子的分析可以看出，"使"字虚化的关键是例⑤。此例在虚化上被称为临界现象，透过这个临界实例可以看出"使"是如何虚化的。此例有两个特点值得注意：其一，"使"所在的句子仍符合兼语句的要求，"使"后面的名词是

指人名词,且在语义上能够支配后一个动词;其二,"使"所在
的句子是假设复句的假设条件分句,该分句具有假设的超语
段意义,句中"使"字前面没有出现使令者且不可能出现使令
者。前一个特点显示"使"仍然具有使令动词的功能和意义,
后一个特点则显示了该例中的"使"的使令动词功能和意义已
经弱化,同时"使"出现在含有假设意义的句法语义场当中,句
子中蕴含的超语段假设意义要求"词汇化"（实现为词汇形
式）,"使"所处的句法位置以及它的使令动词的功能和意义的
弱化为它负载起假设的超语段语法意义提供了可能。因此,
"使"字的虚化乃是在假设复句的句法语义场中发生的,是具
有超语段假设意义的句法语义场促成了"使"向假设连词的虚
化。

　　"夫"字在古代汉语里是一个很常见的指示代词,表示远
指。例如:

　　⑦鲁人为长府。闵子骞曰:"仍旧贯,如之何? 何必改
　　　作?"子曰:"夫人不言,言必有中。"（论语·先进）

　　"夫"作为远指代词有指别和称代两种功能,后来由指别
功能虚化出标记话题的助词用法,虚化是在论断性说明句或
判断句的句首"夫"的指别对象充当句子话题这样的句法语义
场中发生的。

　　起指别作用的"夫"出现在句中时,一般都有语境照应,其
指别对象出现在上文或出现在说话双方所处的时空语境当
中,如上例中"夫"的指别对象出现在上文,即"闵子骞"。有时
候"夫"指别的对象出现在它的后面,但上文仍有语境照应。
例如:

⑧(鲍叔)辞曰:"……若必治国家者,则其管夷吾乎?……"

　桓公曰:"夫管夷吾射寡人中钩,是以滨於死。"(国语·

　齐语)

如果"夫"指别的对象出现在它的后面而又没有语境照
应,"夫"的指别功能便弱化了。例如:

⑨孔子曰:"求! 君子疾夫舍曰欲之而必为之辞。"(论语·

　季氏)

此例中的"夫"如果删去也基本上不损原句的意义,可见
此例中"夫"的指别作用已经非常弱了。当"夫"出现在论断性
说明句或判断句句首的时候,由于"夫"指别的对象即是句子
的话题,"夫"因此获得标记话题的功能,而另一方面句子的话
题在指称上又总是泛指的,亦即不存在具体的确定的指称对
象,这样"夫"的指别作用便落空了,使得本已弱化了的指别功
能完全丧失了。"夫"在论断性说明句或判断句句首获得了标
记话题的功能,同时也完全失去了指别功能,遂虚化为仅起标
记话题作用的句首助词(有人称为提起连词或发语词)。例
如:

⑩夫战,勇气也,再而衰,三而竭。(左传·庄公十年)

⑪夫人必自侮,然后人侮之。(孟子·离娄上)

1.3 上文说过,认知上的隐喻因素对词汇单位虚化的影
响有一定的随机性,句法语义因素与隐喻因素相反,它对词汇
单位虚化的影响带有强制性。一个词汇单位分布在某个特定
的句法语义场当中,如果该句法语义场蕴含着影响该词汇单
位发生虚化的语义因素和句法条件,那么,该词汇单位在没有
负面因素干扰(如使用频率过低、已带有文言色彩、相关语法

子系统的自组织调节等)的情况下即会发生虚化。由句法语义因素导致的平行虚化现象即是句法语义因素强制性的具体体现和有力证明。

由句法语义因素引起的平行虚化现象在汉语里广泛存在,如"把"和"将"都是在连动结构里虚化为引介受事成分的介词的。在连动结构里,"把"和"将"都是与后一个动词共有一个受事宾语,而在语用上,后一个动词是句子的语义重心,从而引起"把""将"的虚化(参见祝敏彻1957,王力1958)。表示被动的助动词"见"和"被"都是在谓语的句法位置上发生虚化的,虚化的原因是表示"遭受"义的动词"见"和"被"作谓语时可以带及物动词作宾语,而在语义上句子的主语是这个作宾语的及物动词的受事成分,在语用上,句子的信息焦点和语义重心都落在作宾语的及物动词上,从而导致原结构的重新分析,"见"和"被"虚化为表示被动的助动词(参见解惠全、洪波1987)。假设连词"使""令""为"都是在假设复句的假设条件分句里发生虚化的,"使"前文已作过分析,"令""为"的虚化机制和虚化过程与"使"完全一样。特定的句法语义因素就好比特定的"磁场",进入相同"磁场"的词汇单位,受到相同的句法语义因素的影响,都会发生方向相同的虚化,形成了虚化的场效应。因此,汉语词汇单位平行虚化现象的根源是句法语义因素对词汇单位虚化的强制性制约作用。

2　平行虚化的类型

2.0 根据我们的考察,平行虚化有两种类型,一种是实词意义相同,分布的句法语义环境相同,因而出现平行虚化;另一种情况是实词意义不同,而分布的句法语义环境相同,也出现平行虚化。

2.1 实词意义相同,分布的句法语义环境相同因而发生平行虚化的例子有很多,上面提到的"把""将"、"使""令""为"和"见""被"等都属于这一类。下面再举两组例子:

(1)是、斯、兹、此

古代汉语的指示代词"是""斯""兹"和"此"都具有分布于条件复句或因果复句的两个分句之间回指前一分句的功能。例如:

⑫言必当理,事必当务,是然后君子之所长也。(荀子·儒效)

⑬丘! 去汝躬矜与汝容知,斯为君子矣。(庄子·外物)

⑭先王有服,恪谨天命,兹犹不常宁。(尚书·盘庚上)

⑮背盟而欺大国,此必败。(左传·成公元年)

在这种句法语义环境当中,"是""斯""兹"和"此"的称代作用已经弱化,主要的作用是在语用上起关联过递的作用,因而它们相继虚化为联接因果复句或条件复句的连词。例如:

⑯且成,孟之保障也,无成是无孟氏也。(左传·定公十二年)

⑰舜不穷其民,造父不穷其马,是舜无失民,造父无失马也。(荀子·哀公)

⑱我欲仁,斯仁至矣。(论语·述而)

⑲知惧如是,斯不亡矣。(左传·成公七年)

⑳若可,师有济也,君而继之,兹无敌矣。(左传· 昭公二十六年)

㉑今王室乱,单旗、刘狄剥乱天下,壹行不若……晋为不道,是摄是赞,思肆其罔极。兹不榖震荡播越,窜在荆蛮,未有攸底。(左传·昭公二十六年)

㉒有德此有人,有人此有土,有土此有财,有财此有用。(礼记·大学)

不仅古代汉语的指示代词"是""斯""兹""此"分布在因果复句和条件复句的两个分句之间发生了相同的虚化,现代汉语的指示代词"那"和"那么"也在因果复句和条件复句的两个分句之间虚化成连词。例如:

㉓你要是能干的话,那也用不着我了。

㉔他已经决定不去了,那么我们怎么办?

(2)及、与、共

"及"的本义是"达到",引申出"偕同""跟……在一起"的意义。例如:

㉕昔育恐育鞠,及尔颠覆。(诗经·邶风·谷风)

"与"的本义是"党与",引申出动词"参与",又从"参与"义引申出"偕同""跟……在一起"的意义。例如:

㉖子行三军,则谁与?(论语·述而)

"共"作动词有"共有"的意思,由此引申出动词"偕同""跟……在一起"的意义。例如:

㉗昔吾尝共人读书,言及王莽形状。(颜氏家训·勉学)①

在"偕同""跟……在一起"这个意义上它们是同义词,能

---

①　此例及以下例㉝㊱㊸㊹引自柳士镇《魏晋南北朝历史语法》。

构成"名词＋及/与/共＋名词＋动词"这样的连动结构。在这种连动结构构成的句子当中，"及""与""共"的宾语在语义上是后一个动词所表示的动作行为的参与者，因而导致原结构的重新分析，"及""与"和"共"由动词虚化为介词，引介动作的参与对象。"及"和"与"是在先秦时期发生虚化的，而"共"则是在魏晋时期开始虚化的。虽然虚化的时间有先后，但是虚化的条件和机制是完全相同的。"及""与""共"用作介词的例子如：

㉘惠公之季年，败宋师於黄。公立而求成焉，九月，及宋人盟於宿。（左传·隐公元年）

㉙楼缓新从秦来，赵王与楼缓计之。（战国策·赵策三）

㉚明当共汝至彼聚落，有所索取。（百喻经·与儿期早行喻）

介词"及""与""共"引介动作行为的参与者在句子中作状语，这样就与施事成分分布在谓语动词的同一侧，同时在语义上"及""与""共"所引介的行为参与者与施事成分一样，也是谓语动词所表示的动作行为的发出者，因而"及""与""共"又都进一步虚化为表示并列关系的连词：

㉛生庄公及共叔段。（左传·隐公元年）

㉜用之则行，舍之则藏，惟我与尔有是夫？（论语·述而）

㉝体要与微辞偕通，正言共精义并用。（文心雕龙·征圣）

2.2 实词意义不同而分布的句法语义环境相同，从而发生平行虚化，这一类的例子虽不如前一类那么普遍，但也并不罕见。下面举两组例子：

(1)因、坐

"因"的本义是"凭借""依靠"。例如:

㉞因谁之力? 因宋人、蔡人、卫人之力也。(公羊传・隐
公十年)

在这个意义上,"因"可以构成连动结构。例如:

㉟散名之加诸万物者,则从诸夏之成俗曲期,远方异俗之
乡,则因之而为通。(荀子・正名)

㊱(栾)盈曰:"虽然,因子而死,吾无悔矣。"(左传・襄公
二十三年)

在这样的连动结构里,"因"的宾语在语义上可以是后一
动词的条件,如例㉟,也可以是后一个动词的原因,如例㊱。
当"因"的宾语在语义上是后一个动词的原因时,"因"字逐渐
虚化为引介原因成分的介词。例如:

㊲六月,刘屈氂因蛊斩。(史记・将相名臣年表)

"坐"字在秦汉之际产生出"触犯""因……获罪"的意义,
在这个意义上,"坐"可以构成连动结构。例如:

㊳妾父为吏,齐中皆称其廉平,今坐法当刑。(史记・孝
文本纪)

在这样的连动结构里,"坐"的宾语在语义上是后一个动
词的原因,从而使"坐"字虚化为引介原因成分的介词。例如:

㊴溯流汲江,子坐取水溺死。(水经注・卷三十三)

"因"和"坐"从动词虚化为引介原因成分的介词,它们的
动词意义并不相同,只是由于它们分布的句法语义环境是一
样的,因而出现平行虚化。

(2)为、替

"为"在上古时期作为动词有"帮助"的意义。例如：

⑩行令军中曰："为吕氏右袒，为刘氏左袒。"(史记·吕太
　后本纪)

在"为吕氏右袒""为刘氏左袒"这样的连动结构里，"为"字的宾语往往是后一个动词的受益对象，从而使"为"字逐渐虚化为引介受益对象的介词。例如：

⑪为人谋而不忠乎？(论语·学而)

"替"在汉语里出现较晚，作动词是"替代"的意思，可以构成连动结构。例如：

⑫愿为市鞍马，从此替耶征。(乐府诗集·木兰诗)

在连动结构里，"替"的宾语在语义上是后一个动词的受益对象，因而"替"逐渐虚化为引介受益对象的介词。不过"替"字虚化的时间很晚，是近代才发生的。例如：

⑬当日众人都替你喝采："好对夫妻！"(警世通言·崔待
　诏生死冤家)

"为"和"替"的动词意义不一样，虚化的时间也相差很远，但是它们分布于相同句法语义环境，因而也出现平行虚化。

2.3 通过以上分析可以看到，词汇单位的虚化，不论其原来的意义是否相同，也不论其出现的时间是否相同，只要分布在相同的句法语义环境当中，便会发生方向相同的虚化。由此我们可以得出两点结论：其一，分布于相同的句法语义环境中的词汇单位，如果发生虚化，其虚化的方向也必相同，即同分布者必同发展。其二，分布于相同的句法语义环境中的词汇单位，如果其中有发生虚化的，那么其他的词在没有别的外在因素影响的情况下迟早也会发生虚化。

3　结语

　　汉语词汇单位的虚化大多数是在一定的句法语义环境中受句法语义因素的影响而发生的,这种因素对词汇单位虚化的影响带有强制性,受这种强制性因素的影响,汉语里出现了大量的平行虚化现象。了解和认识平行虚化现象具有重要意义。其一,可以据此追溯某些虚词的来源。汉语有着悠久的历史文献记载,大多数虚词的来源都可以通过历史文献揭示出来,但也有少数虚词或者由于虚化的年代过于久远,或者由于文献材料不足而无法弄清它们的来源,这时我们就可以利用同分布者必同发展这条平行虚化规律去追溯其来源。其二,可以据此建立某些虚词的虚化链。一个实词如果经过两次或两次以上的虚化,便会形成一个虚化链。在建立虚化链时,可能会因材料不足而弄不清虚化链上各个环节之间的关系,或者会因材料不足而使虚化链出现缺环。这时我们同样可以利用同分布者必同发展这条规律来帮助建立虚化链。其三,可以据此推断或预测某些词的虚化方向。

　　(原载《汉语史研究集刊》第二辑,巴蜀书社,2000 年)

"于""於"介词用法源流考

关于"于"字的本义,《说文·亏部》说:"于,於也。象气之舒于。"清代王筠认为"于"即"吁"字的本字,他在《说文释例》中说:"然吾意'于'当为'吁'之古文。《诗》皆连'嗟'言之。'于嗟麟兮',《传》以为叹词。'于嗟乎驺虞',《传》以为美之。'于嗟阔兮',《传》以'吁嗟'释之。此三诗盖皆用本义,非省借也。"(引自《说文解字诂林》卷五)后人多从王说。不过,"于"字在古籍中使用本义的用例却不多,从甲骨文开始,它便假借为动词"往"义,并由此引申出动词"到达"义、"在"义和"比"义,进而虚化出一系列介词用法。动词"往"义例如:

①□□卜,行贞,王其步自良于主。(卜辞通纂七〇八)

②予惟以尔庶邦于伐殷逋播臣。(尚书·大诰)

动词"到达"义例如:

③帝初于历山,往于田。(尚书·大禹谟)

④惟三月,周公初于新邑雒,用告商王士。(尚书·多士)

动词"在"义例如:

⑤于以采蘩,于沼于沚。(诗经·召南·采蘩)

⑥凤皇鸣矣,于彼高冈。(诗经·大雅·卷阿)

⑦于以采藻,于彼行潦。(诗经·召南·采苹)

动词"比"义例如:

⑧《太誓》曰:"我武惟扬,侵于之疆,则取于残,杀伐用张,于汤有光。"(孟子·滕文公下)——集注:"比于汤之伐桀又有光焉。"

"到达"义、"在"义都是"往"义的引申,"比"义又是"到达"义的引申。

"於"字的本义是乌鸦。《说文·乌部》说:"乌,孝乌也,象形……於,象古文乌省。"《穆天子传》三:"比徂西土,爰居其野,虎豹为群,於鹊与处。"用的即其本义。"於"字用作动词和介词,又是借为"于"字,最早的用例见于金文。"於"字用作动词,有"在"义、"比"义和"对于"义。"在"义例如:

⑨《易》之兴也,其於中古乎?（周易·系辞)

⑩卫有士十人於吾所。（吕氏春秋·期贤)

⑪家宰制国用,必於岁之杪。（礼记·王制)

动词"比"义例如:

⑫今嬖宠之丧,不敢择位,而数於守适。唯惧获戾,岂敢惮烦?（左传·昭公三年)——杜注:"不敢以其位卑而令礼数如守适夫人。"

⑬舜有大功二十而为天子,今行父虽未获一吉人,去一凶矣,於舜之功,二十之一也。（左传·文公十八年)

⑭晋侯许之七百乘,邴子曰:"此城濮之赋也。有先君之明与先大夫之肃,故捷。克於先大夫,无能为役。"（左传·成公二年)

"对于"义例如:

⑮寡人之於国也,尽心焉而已。（孟子·梁惠王上)

⑯父母之於子,虽为邻国夫人,犹曰吾姜氏。（公羊传·桓公三年)

"对于"义为"于"字所无,它是较晚出现的义项,大约在春秋末期到战国初期,其来源大约是动词"往"义和"在"义。

　　"于"和"於"虽然是被假借和假借的关系,但由于借义行而本义废,所以段玉裁说它们是古今字[1],这种说法不能算错。而从词汇角度来看,"于"字的一些较古用法如"往""到达"等意义是"於"字所不具备的,而"於"字后来发展的一些新义也是"于"字所没有的,所以王力先生说它们是骈词[2],这也是符合实际的。

　　相对来说,"于""於"在古汉语中,动词用法不很常见("在"义的使用频率略高一些),最常见的是介词用法。其出现频率之高,用法之广,都是其他介词难以比拟的。不过,尽管它们的介词用法广泛、复杂,却并不是彼此没有联系的。这些用法与"于""於"的各项动词之间以及它们相互之间都呈现出或近或远、或明显或不明显的联系,形成一个庞大而又严密的用法系统。本文的目的就在于试图弄清这些用法之间的联系和发展脉络,以利于更好地研究和掌握这两个介词。下面依据"于""於"引进的内容分成五个方面来讨论。

1　引进处所和时间

　　"于""於"引进处所(空间)和时间的用法有很大的一致

---

　　[1]　《说文·乌部》"乌"字条下曰:"於,象古文乌省。"段注曰:"……此字既出,则又'于''於'为古今字。《释诂》《毛传》《郑注经》皆云:'亏,於也。'"又《说文·亏部》"亏"字条下段注云:"《释诂》《传》皆曰:'亏,於也。'凡《诗》《书》用'亏'字,凡《论语》用'於'字,盖'于''於'二字在周时为古今字,故《释诂》《毛传》以今字释古字也。"

　　[2]　王力先生曰:"'于'是'於'的较古形式,甲骨文的介词用'于'不用'於',《书经》和《诗经》《易经》也只用'于'为常。由此看来,'于'和'於'是骈词。"(《汉语史稿》中册,332 页)

性,故将二者合在一起讨论。

(1)引进动作行为或情况发生或实现的处所、时间,可译为"在"。引进处所的例如:

⑰如彼筑室,于道谋,是用不溃于成。(诗经·小雅·小旻)

⑱晋侯卒于扈。(左传·宣公九年)

⑲己未,同盟于鸡泽。晋侯使荀会逆吴子于淮上,吴子不至。(左传·襄公三年)

⑳庞涓死于此树之下。(史记·孙子吴起列传)

㉑季孙於鲁相三君矣。(左传·成公十六年)

㉒如会,外乎会也,於会受命也。(穀梁传·僖公二十八年)

㉓某月某日将杀我於蒲圃,力能救我则於是。(公羊传·定公八年)

引进时间,"于"字的用例很少,而且"于"及其宾语只出现在谓语动词之前。"於"及其宾语多数出现在动词之前,少数出现在动词之后。例如:

㉔周公居东二年,则罪人斯得,于后公乃为诗以贻王。(尚书·金縢)

㉕子於是日哭,则不歌。(论语·述而)

㉖故春蒐、夏苗、秋狝、冬狩,皆於农隙以讲事也。(左传·隐公五年)

㉗先主之正时也,履端於始,举正於中,归余於终。(左传·文公元年)

㉘繁启蕃长於春夏,蓄积收藏於秋冬。(荀子·天论)

"於"与指示代词"是"构成表示时间的短语,只出现在动词前面。例如:

㉙晋於是始起南阳,阳樊不服,围之。(左传·僖公二十五年)

㉚於是鹓得腐鼠,鹓鶵过之,仰而视之,曰:"嚇!"(庄子·秋水)

㉛於是诸郡县苦秦吏暴。(汉书·陈胜传)

按:本项用法是从动词"在"义虚化来的。动词"在"义表示人或事物存于某个处所或时间,介词"在"义引进动作行为或情况发生或实现的处所、时间,词汇意义并无大的变化,只是语法功能有了变化,词性也因之而发生了变化。其语法功能的改变,乃是其所处语言环境使然的:当"于""於"引进动作行为或情况发生的处所或时间时,构成"V(O₁)于(於)O₂"或"于(於)O₂V(O₁)"句式。起初,V与"于(於)"是连动关系,由于V是句子的语意重心所在,"于(於)"所引进的处所或时间在语意上则处于从属地位,起一种修饰或限制的作用,所以,"于""於"及其宾语的语法功能就逐渐发生变化。由连动式中的一个谓语变成了修饰语或补足语(状语、补语),"于""於"的词性也就由动词虚化为介词了。下面还有几项介词用法是从动词虚化来的,其虚化途径都与此同,届时将不一一赘述。

(2)引进动作行为所从起或所经由的处所或时间。可译为"从"。当"于""於"引进的是处所时,根据句中谓语动词的不同,可分为三小类:

A.当谓语动词是含有"获得""拯救""打发"等义的及物

动词时,"于""於"引进的处所是动词宾语所表示的事物位移的起点。例如:

㉜郑武公娶于申,曰武姜。(左传·隐公元年)

㉝祭仲逆郑子于陈而立之。(左传·桓公十八年)

㉞宜民宜人,受禄於天。(诗经·大雅·假乐)

㉟今燕虐其民,王往而征之,民以为将拯己於水火之中也。(孟子·梁惠王下)

㊱司马长卿窃资於卓氏。(汉书·扬雄传)

㊲郑庄以任侠自喜,脱张羽於戹,声闻梁楚之间。(史记·郑当时传)

一些不及物动词活用为及物动词后,也有这种用法。例如:

㊳召孟明、西乞、白乙使出师於东门之外。(左传·僖公三十二年)

㊴其人曰:"能亡人於国,不能见於此,焉用之?"(左传·文公七年)——杜注:言能与人俱亡於晋国。

㊵此入而杀也,其不言入,何也?外徵舒於陈也。(穀梁传·宣公十一年)

上古时期,这种用法中"於"及其宾语只出现在动词后面,中古以后,偶尔也有前置的。例如:

㊶故其亡也,无一瓦之覆,一垅之植以庇而为生。吾何恃而能自守邪?吾於汝父知其一二,以有恃於汝也。(欧阳修·泷冈阡表)

B.当谓语动词是不及物动词或者是及物动词的受动用法时,"于""於"引进的处所是主语所表示的事物位移的起点。例如:

㊷豕人立而啼,公惧,队于车。(左传·庄公八年)

㊸有起于甲中者,抱赵盾而乘之。(公羊传·宣公六年)

㊹孟子曰:"舜发於畎亩之中,傅说举於版筑之间,胶鬲举於鱼盐之中,管夷吾举於士,孙叔敖举於海,百里奚举於市。"(孟子·告子下)

㊺子生三年,然后免於父母之怀。(论语·阳货)

㊻鱼不可脱於渊。(老子·三十六章)

C.当谓语动词是含有"经历"义的动词时,"于""於"引进的处所是主语所表示的人或物经历的场所。例如:

㊼秋,子元以车六百乘伐郑,入于桔柣之门。(左传·庄公二十八年)

㊽戊寅,济于阴阪,侵郑。(左传·襄公九年)

㊾祭仲将往省于留,涂出于宋。(公羊传·桓公十一年)

㊿淮出于荆山之左,当涂之右,奔流二山之间而扬涛北注也。(水经注·淮水)

51今者臣来,过於溜上。(战国策·齐三)

52十二月乙酉,入南里,堕其城,涉於乐氏,门于师之梁。县门发,获九人焉。涉於氾而归。(左传·襄公二十六年)

53仲尼适楚,出於林中,见佝偻者承蜩,犹掇之也。(庄子·达生)

在引进时间作为起点时,用"於"不用"于",且多与"是""此"结合,也没有以上三小类的区别。例如:

54於是而后,公得其所也。(穀梁传·成公二年)

55鲁於是始尚羔。(左传·定公八年)

⑯晋於是乎失诸侯。(左传·定公四年)

⑰昔讨逆弱冠,以一校尉创业,今后主举江东而弃之,宗
　庙山陵,於此为墟。(资治通鉴·晋纪三)

按:此项用法是从(1)项"在"义引申来的。其区别在于:(1)项
用法中,句子的主语和宾语所表示的人或事物都不发生位移,
或虽发生位移,其位移的范围也是在"于""於"引进的处所或
时间里,而本项用法中,句子的主语和宾语所表示的事物必有
一个发生位移,"于""於"引进的处所或时间只是这种位移的
起点或经由之处,其终点必在该处所或时间之外。可作图比
较:

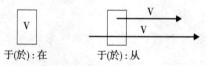

从(1)(2)两项用法的区别上可以看出,"于""於"由"在"
义向"从"义转化,其所在句子的谓语动词起了关键作用,可以
说,谓语动词的改变,是"于""於"语法意义变化的主要原因。
此外,上下文的语义环境也起了一定作用。比如像(1)中的例
⑲"逆吴子于淮上"和(2)中的例㉝"逆郑子于陈",其语法关系
相同,谓语动词也相同,但两句中"于"字的语法意义却不同,
这就是上下文语义环境起作用的结果。离开上下文,那就无
从判断这两个"于"字的不同。

(1)(2)两项用法的区别和引申过程还使我们领会到这样
一个道理,即虚词语法意义的发展与实词词汇意义的引申有
很大差别。它们自身的意义在发展过程中并不起重要作用,
起重要作用的是它们所处的语言环境(包括语法环境——分

布情况、组合关系等——和语义环境）。语言环境决定它们的
发展方向并推动它们朝该方向发展。因此,我们在考察虚词
的发展变化时,要着重考察它们所处的语言环境,而不能仅注
意它们本身固有的意义。

（3）引进动作行为所归趋的处所或时间。可译为"往"
"到"。引进处所时,根据句中谓语动词的不同,可分为四个小
类：

A. 当谓语动词是含有"到达""回归""依附"等义的不及
物动词时,"于""於"引进的是主语所表示的人或事物到达的
终点。例如：

⑱送子涉淇,至于顿丘。（诗经·卫风·氓）

⑲王及郑伯入于邬。（左传·庄公二十五年）

⑳夫人姜氏归于齐,大归也。（左传·宣公十八年）

㉑子曰："先进於礼乐,野人也;后进於礼乐,君子也。"（论
　语·先进）

㉒鸟兽之肉不登於俎。（左传·隐公五年）

㉓四月,晏弱城东阳而遂围莱。甲寅,堙之,环城,傅於
　堞。（左传·襄公六年）

B. 当谓语动词是含有"奔赴""迁徙""出使""逃亡"等义
的不及物动词时,"于""於"引进的处所是主语所表示的人或
事物归趋的方所。例如：

㉔辛亥,哀公缢。干徵师赴于楚。（左传·昭公八年）

㉕於是晋国之盗逃奔于秦。（左传·宣公十六年）

㉖巫臣请使於吴。（左传·成公七年）

㉗海运则将徙於南冥。（庄子·逍遥游）

⑱臧昭伯之从弟会,为谗於臧氏,而逃於季氏。(左传·
　　昭公二十五)

按:A、B两小类的动词都含有"趋向"意义,不同的地方
是:A小类的动词都是瞬时动词,"于(於)O",强调动作的结
果;而B小类的动词都是非瞬时动词,"于(於)O"强调动作的
过程。所以A小类的"于""於"一般译为"到",而B小类的
"于""於"多译为"往"或"到……去"。

C. 当谓语动词是不含有"趋向"义的不及物动词,或者是
及物动词的受动用法时,"于""於"引进的处所是主语所表示
的人或物由于动词动作的结果而处的位置或境地。例如:

⑲是我寡君之命委于草莽也。(左传·哀公十五年)

⑳矢著于庄门。(公羊传·定公八年)

㉑葵丘之盟,陈牲而不杀,读书加于牲上。(穀梁传·僖
　　公九年)

㉒君子曰:"鬻拳可谓爱君矣,谏以自纳於刑,刑犹不忘纳
　　君於善。"(左传·庄公十九年)

㉓於是还师滨海而东,大陷於沛泽之中。(公羊传·僖公
　　五年)

㉔弁冕虽旧,必加於首。(穀梁传·僖公八年)

D. 当谓语动词是含有"处置"义的及物动词或者不及物
动词的使动用法时,"于""於"引进的处所是宾语所表示的人
或事物因动词动作的结果而处的位置或境地。例如:

㉕遂寘姜氏于城颍。(左传·隐公元年)

㉖霣石于宋五。(春秋·僖公十六年)

㉗舜流共工于幽州,放驩兜于崇山。(孟子·万章上)

⑱君将纳民於轨物者也。(左传·隐公五年)

⑲不待期而薄人於险,无勇也。(左传·文公十二年)

⑳今二子者,君生则纵其惑,死又益其侈,是弃君於恶也。
(左传·成公二年)

在本项用法中,"于""於"引进时间,则没有以上四小类的区
别,但其位置却不像引进处所那样一律出现在动词之后,也有
在动词之前的。例如:

㉑自我不见,于今三年。(诗经·豳风·东山)

㉒右广初驾,数及日中,左则受之,以至于昏。(左传·宣
公十二年)

㉓自孤守疏勒,於今五载,胡夷情数,臣颇识之。(后汉书·
班超传)

㉔自吾氏三世居是乡,积於今六十岁矣。(柳宗元:捕蛇
者说)

按:此项用法是从动词"往""到达"义虚化来的。其虚化
条件与虚化途径与(1)同。此外,本项用法与(1)项"在"义也
有密切关系,尤其是 C、D 两小类。像"弁冕虽旧,必加於首"
"寘姜氏于城颍",其中的"于""於"均既可译成"到"也可译成
"在",即是其证。

2　引进对象

(4)引进受索取的对象。本项用法句中谓语动词都含有
"索取"义,"于""於"引进的对象是索取物的领有者或裁决者,
可译为"向"。例如:

㉕定王使子服求后于齐。(左传·宣公六年)

⑧晋侯使郤克徵会于齐。(左传·宣公十七年)

⑧今我欲徼福假灵于成王。(左传·昭公三十二年)

⑧晋侯复假道於虞以伐虢。(左传·僖公五年)

⑧是天下之民所以要利於上者,非斗无由也。(荀子·议兵)

⑨薛谭学讴于秦青。(列子·汤问)

按:此项用法是从(2)项用法 A 小类引申来的。在(2)A 中有"获得"义一类,与本项用法的动词同类。本项用法区别于(2)A 之处有二:第一,动词的语义特征稍有差别。(2)A 中的"获得"义类动词的语义特征是求取并已得到,本项中的"索取"义类动词的语义特征是求取,前者动词动作的结果已经明朗,后者动词动作的结果还不得而知。第二,(2)A 中"于""於"的宾语都是表示处所的词语,本项中"于""於"的宾语则多是表示人的词语(国名可作两解,可以指处所,也可以指人,要在具体语言环境中依据动词和上下文确定)。

(5)引进给予的对象。本项用法句中谓语动词均含有"给予"义。"于""於"引进的对象是接受给予者,可译为"给"。例如:

⑨郑子产献捷于晋。(左传·襄公二十五年)

⑨景公有爱女,请嫁于晏子。(晏子春秋·内篇杂下)

⑨己所不欲,勿施於人。(论语·颜渊)

⑨使狐偃将上军,让於狐毛而佐之。(左传·僖公二十七年)

⑨邾庶其以漆闾丘来奔。季武子以公姑姊妻之,皆有赐於其从者。(左传·襄公二十一年)

⑯大臣父兄有能进言於君，用则可，不用则去，谓之谏。
（荀子·臣道）

按：此项用法是从(3)的 D 小类用法引申来的。在(3)D
中，动词均有"处置"义，它们表示对宾语所表示的事物的一种
处置，其处置结果是使其宾语所表示的事物处于"于""於"引
进的处所之中。本项用法的动词含有"给予"义，也表示对宾
语的一种处置，其处置结果是使其宾语所表示的事物归"于"
"於"引进的对象所领有。在这一点上两者是相通的，所以，
"于""於"能由"往""到"义向"给"义转化。本项用法和(3)D
的不同之处：一是动词的类不同；二是"于""於"引进的对象不
同：(3)D 中"于""於"引进的是处所，本项中"于""於"引进的
是人或物。

(6)引进谓语动词所关涉的对象，可译为"向""对""对于"
等。根据句中谓语动词的不同，可分为两小类：

A. 当谓语动词属于言语类时，"于""於"引进的对象是听
话人，多译作"向"或"对"。例如：

㊆石碏使告于陈曰："卫国褊小，老夫耄矣，无能为也。此
　　二人者实弑寡君，敢即图之。"（左传·隐公四年）

㊈隐为桓立，故以桓母之丧告于诸侯。（公羊传·隐公元
　　年）

㊉周桓公言於王曰："我周之东迁，晋郑焉依。"（左传·隐
　　公六年）

⑩夫人谮公於齐侯。（公羊传·庄公元年）

⑩哀公问社於宰我。（论语·八佾）

B. 当谓语动词是"有""无""忠""信""损（害也）""妨（害

也)""毒(害也)""便""礼""愧"这一类无明显动作性的动词
时,多译为"对""对于"。例如:

⑩天子有事于文武。(左传·僖公九年)

⑩苟无大害於其社稷,可无亢也。(左传·昭公元年)

⑩夫子礼於贾季。(左传·文公元年)

⑩人不间於其父母昆弟之言。(论语·先进)

⑩官之奇谏曰:"晋国之使者,其辞卑而币重,必不便於
　　虞。"(穀梁传·僖公二年)

这一小类绝大多数都是用"於"字,很少用"于"。按:此项
用法是从用法(3)引申来的。此项用法的动词虽不是趋向动
词,也没有明显的动作性,但其方向还是很明显的,"于""於"
所引进的对象即其动词动作所向,这与用法(3)是一致的。

(7)引进动词的直接对象。可不译或译为"对""对于"
"在……方面"等。例如:

⑩国将兴,听于民,将亡,听于神。(左传·庄公三十二
　　年)

⑩故不明于敌人之政不能加也。(管子·七法)

⑩不愧于人,不畏于天。(诗经·小雅·何人斯)

⑩郑伯由是恶于王。(左传·庄公二十一年)

⑪父在观其志,父没观其行,三年无改於父之道,可谓孝
　　矣。(论语·学而)

⑫夫大国令於小国,而皆获其求。(左传·昭公十六年)

⑬曰:"许子奚为不自织?"曰:"害於耕。"(孟子·滕文公
　　上)

⑭桀,天子也,而无是非:赏於无功,使谗谀以诈伪为贵;

　　诛於无罪,使伛以天性剖背。(韩非子·安危)

⑮沛公居山东时,贪於财货,好美姬。(史记·项羽本纪)

⑯今李生学於诗有年矣。(柳宗元:送李判官往桂州序)

　　按:此项用法是从用法(6)和用法(13)(见下文)引申来的。所不同的是用法(6)和(13)都是引进动词动作所关涉的对象和方面,它们在现代汉语中的对应形式也是介词结构,所以翻译时,"于""於"要译出来,不能省略,而本项用法"于""於"引进的是动词的直接对象,在语义上与动词是支配和被支配的关系。这种情况在现代汉语中的对应形式大多是动宾结构,所以翻译时可用动宾结构去对译,"于""於"不必译出来。就是在古汉语中,这种"于""於"也是可以不用的,而且不用的情况似乎更多些。但不能据此认为用"于""於"的情况罕见,更不能认为是"不当用介词而用了介词"。① 上面我们适当地多举了几个例子,就是为了说明这一点。

　　至于为什么用这种动补结构去表达深层语义的支配关系,可能有以下三方面的因素:第一,有些动词原本不是及物动词,而是不及物动词或者形容词。如"明""贪"等本来是形容词,"烝""禳"(此两词都是表示一种祭祀活动)"侮""省"等本都是不及物动词,这些词若有涉及的对象,则须用"于""於"引进。后来它们逐渐发展成为及物动词或者具有了及物动词的用法,在有涉及对象时,出于习惯,仍用"于""於"引进。第二,有一部分动词虽是及物动词,但本来它们只能带一个宾语,若涉及的对象是两个,其中一个就要用"于""於"引进。例

────────────

　　① 见杨伯峻先生《古汉语中之罕见语法现象》。

如动词"听"就是如此。在《春秋》三传中,动词"听"共出现154次,其中"听"表"听任"义的3例。在其他151例中,"听"的对象不出现的64例,出现的87例。87例中只有一个涉及对象的84例,其中72例表示"听"的内容,一律不加"于""於"。例如:

⑪⑦听远音者闻其疾而不闻其舒。(榖梁传•桓公十四年)

⑪⑧八年春,公如晋。朝且听朝聘之数。(左传•襄公八年)

⑪⑨曰:自今日既盟之后,郑国而不唯晋命是听,而或有异志者,有如此盟。(左传•襄公九年)

12例表示"听"的对象,8例加"于""於"引进,4例不加。例如:

⑫⑳国将兴,听于民。(左传•庄公三十二年)

⑫㉑听於人以救其难,不可以立武。(左传•成公六年)

⑫㉒自今请虽吾家听子而行。(左传•襄公三十一年)

涉及对象为两个的有3例,表示听的内容的都不用"于""於"引进,表示听的对象的,1例用"於"字引进,2例用指代词"焉"字。在功能上,"焉"相当于介词结构"于是""于之"。该三例是:

⑫㉓子展曰:"师而伐宗可矣,若我伐宗,诸侯之伐我必疾,吾乃听命焉。"(左传•襄公十一年)

⑫㉔卫人立公孙剽,孙林父、宁殖相之,以听命於诸侯。(左传•襄公十四年)

⑫㉕季孙曰:"子家子亟言於我,未尝不中吾志也。吾欲与之从政,子必止之,且听命焉。"(左传•定公元年)

第三,"于""於"的加与不加,似乎还有修辞效果上的差异。加"于""於"有强调引进对象的作用。如:"余不许,将戕於余。"(《左传·定公十四年》)这句话我们可以译成"我不答应,[他]就要杀了我。"但若译成"我不答应,[他]就要把我杀了"就带有较强的强调意味。如此看来,这种用法的"于""於"不仅可以用现代汉语的"对""对于"(甚至于"把")对译,而且它的作用也与"对""对于""把"等很相似。

(8)引进服务对象,可译为"为(wèi)""替""给"。例如:

⑫齐侯使管夷吾平戎于王。(左传·僖公十二年)

⑫言於齐侯曰:"群臣不尽力于鲁君者,非不能事君也。"(左传·昭公二十六年)

⑱妇人遂行,生二子於邻氏。(左传·成公十一年)

⑲仲尼曰:"叔向,古之遗直也,治国制刑,不隐於亲。"(左传·昭公十四年)

⑳毋宁毙於虞人,以俎豆於贵家。(马中锡:中山狼传)

㉛舜曰:"惟兹臣庶,汝其于予治。"(孟子·万章上)

按:本项用法是从用法(5)引申来的。在(5)中,谓语动词动作的结果是使其宾语(或受动主语),所表示的事物归"于""於"引进的对象所有,这个结果也是动词动作的目的。本项用法中,动词动作的目的是为"于""於"引进的对象服务,因此,本项用法与(5)在语义上是一致的。不同的是它们所在句中谓语动词的类不同。(5)中动词都是"给予"类动词,而本项用法中的动词均非"给予"类动词。

(9)引进与主语交与行动的对象,可译为"跟""同"。例如:

㉜遂告于诸侯曰:"寡君有不令之臣达,构我敝邑于大国,

既伏其罪矣,敢告。"(左传·宣公十四年)

⑬晋赵婴通于赵庄姬。(左传·成公四年)

⑭宋华元善於令尹子重。(左传·成公十一年)

⑮故燕王欲结於君。(史记·廉颇蔺相如列传)

⑯赵尝五战於秦,二败而三胜。(苏洵:六国论)

按:此项用法是从(3)引申来的。这从下面的例子中可以看出:"林属於山为麓。"(《穀梁传·僖公七年》)此例中"於"字既可理解为"到",又可理解为"同"。本项用法不同于(3)的地方:一是动词不同,(3)中的动词多带有趋向义,本项用法中的动词则无此义;反过来,本项用法中的动词都表示一种交互动作即主语所表示的人或物有某种动作,"于""於"引进的人或物亦必须有某种动作,而用法(3)中的动词则否。二是"于""於"所引进的内容不同,(3)中"于""於"引进的是处所,本项用法中的"于""於"引进的是人或物(绝大多数是人)。

(10)引进比较的对象,"于""於"可译为"比""过"或"跟""同"。根据句子谓语动词的不同,可以分为两小类:

A.当谓语是形容词时,可译为"比""过"。例如:

⑰古我先王将多于前功。(尚书·盘庚下)

⑱伤人之言,深于矛戟。(荀子·荣辱)

⑲天下莫弱於水,而攻坚强者莫之能胜。(老子·七十八章)

⑭季氏富於周公。(论语·先进)

⑭青,取之於蓝而青於蓝。(荀子·劝学)

⑭此所谓枝大於本,胫大於股,不折必披。(史记·魏其武安侯列传)

B. 当谓语是动词"比"和表示异同的不及物动词时,可译为"跟""同"。例如:

⑭此二君者异於子干。(左传·昭公十三年)

⑭是何异於刺人而杀之曰"非我也,兵也"?(孟子·梁惠王上)

⑭人同於己则可,不同於己,虽善不善。(庄子·渔父)

⑭荆国之为政,有似於此。(吕氏春秋·察今)

⑭曹操比於袁绍,则名微而众寡。(三国志·蜀书·诸葛亮传)

⑭亮……每自比於管仲、乐毅,时人莫之许也。(三国志·蜀书·诸葛亮传)

按:本项用法 A、B 两小类虽都表示比较,但亦有差别:A比较程度,比较对象与比较的内容都出现;B 仅表示比较,或指明异同,并且只出现比较对象而不出现比较内容。这两小类之间的差别与它们的不同来源是有关系的。A 小类"于""於"来源于动词"比"义,是动词"比"义的虚化。B 小类是用法(9)的引申。动词"同""比"都可在(9)中出现。如:"吴,周之胄裔也,而弃在海滨,不与姬通。今而始大,比于诸华,光又甚文,将自同於先王,不知天将以为虐乎? 使翦丧吴国而封大异姓乎? 其抑亦将卒以祚吴乎?"(《左传·昭公三十年》)仔细体味起来,这里已隐含比较之意,其为(10)B 的来源是很明显的。

(11)引进议论的对象和与议论对象相关涉的对象,可译为"对于"。例如:

⑭宋,先代之后也,於周为客。(左传·僖公二十四年)

⑮⓪子於郑国,栋也。(左传·襄公三十一年)

⑮①於文皿虫为蛊。(左传·昭公元年)

⑮②不义而富且贵,於我如浮云。(论语·述而)

⑮③我於《武成》,取二三策而已矣。(孟子·尽心下)

⑮④於下属掾吏,务掩过扬善。(汉书·丙吉传)

按:本项用法是从动词"对于"义虚化来的。动词"对于"义用"於"不用"于",所以本项用法也只用"於"不用"于"。又本项用法虽与(6)B都译成"对于",但来源不一样,用法也有差别:第一,本项用法"於"字一律置于动词之前,而(6)B则一律置于动词之后;第二,两项用法所用的动词不一样,(6)B中包括无动作性的不及物动词、形容词和及物动词,本项则多是判断动词,其他动词也没有有无动作性的限制。

3 引进范围、方向

(12)引进动词涉及的范围,可译为"在……之中"。例如:

⑮⑤吴人曰:"於周室我为长。"晋人曰:"於姬姓我为伯。"
(左传·哀公十三年)

⑮⑥请神择於五人者,使主社稷。(左传·昭公十三年)

⑮⑦燕於姬姓独后亡。(史记·燕世家)

⑮⑧儒者所谓中国者,於天下乃八十分居其一耳。(史记·
孟子荀卿列传)

⑮⑨苟全性命於乱世,不求闻达於诸侯。(三国志·蜀书·
诸葛亮传)

按:此项用法是从用法(1)"在"义引申来的。因为范围只是处所的抽象化。在古汉语中,很少用"於……中"来表示范围,所以当"於……"表示范围时,要译成"在……中"。这种用法用"於"不用"于"。"於"引进的必须是事实上的两个或两个以上的人或事物。

(13)引进动词关涉的方面,可译为"在……方面"。例如:

⑯敏於事而慎於言。(论语·学而)

⑯后羿自鉏迁於穷石,因夏民以代夏政,恃其射也,不修民事,而淫于原兽。(左传·襄公四年)

⑯民勤於力则功筑罕;民勤於财则贡赋少;民勤於食则百事废矣。(穀梁传·庄公二十九年)

⑯晋侯谓女叔齐曰:"鲁侯不亦善於礼乎?"(左传·昭公五年)

⑯夫子拙於用大矣。(庄子·逍遥游)

⑯荆国有余於地,而不足於民。(墨子·公输)

按:此项用法是从(6)B引申来的。本项用法与(6)B所用动词的类基本相同:大多数是形容词,少数是不及物动词,及物动词只有"有"和"无"两个,所以(6)B中的"于""於"能往本项用法引申。本项用法不同于(6)B的地方主要是"于""於"引进的内容不一样。(6)B中"于""於"引进的是人或物,本项"于""於"引进的是事。

4　引进凭借和原因

(14)引进动作的凭借,可译为"以""用"等。例如:

⑯历告尔百姓于朕志。(尚书·盘庚下)

⑯宜鉴于殷,骏命不易。(诗经·大雅·文王)

⑯是故非诚贾不得食于贾,非诚工不得食于工,非诚农不

得食于农。(管子·乘马)

⑯栾武子曰:"楚自克庸以来,其君无日不讨国人而训之于民生之不易,祸至之无日,戒惧之不可以怠。在军,无日不讨军实而申儆之于胜之不可保,纣之百克而卒无后。训以若敖蚡冒筚路蓝缕以启山林。"(左传·宣公十七年)

⑰昔者黄帝氏以云纪,故为云师而云名;炎帝氏以火纪,故为火师而火名;共工氏以水纪,故为水师而水名;大皞氏以龙纪,故为龙师而龙名;我高祖少皞挚之立也,凤鸟适至,故纪於鸟,为鸟师而鸟名。(左传·昭公十七年)

⑰吾又次之以怠,怠故遁;卒之於惑,惑故愚。(庄子·天运)

⑰蓟丘之植,植於汶皇。(战国策·燕策)

⑰民保於城,城保於德。(左传·哀公七年)

⑰治欲者,不以欲以性;治性者,不於性以德。(淮南子·齐俗训)

按:此项用法是从(1)和(3)引申来的。用法(1)表示主语所表示的事物处在某一处所之中,或者在某一处所中从事某种活动。用法(3)表示主语或宾语所表示的人、物往某一处所归趋。当"于""於"引进的内容可以指处所又可以指事物时,"于""於"就会出现两解。例如:

⑰晵占于彞,其于朝夕监。(史晵彞)

⑯二年,封卫于楚丘。(左传·闵公二年)

⑰据于蒺藜,所恃伤也。(左传·襄公二十五年)

例⑰⑰两例中的"于"字都有"在""以"两解,例⑯有"到"
"以"两解。这种情况可以看成是"于""於"由"在""到"义往
"以"义发展的过渡阶段。当"于""於"引进的内容由处所换成
事物,所在句子的谓语动词也有了相应的变化时,"于""於"便
由"在""到"义发展成为"以"义。

(15)引进动作行为或判断的根据,可译为"按照""根据"。
例如:

⑱於诸侯之约,大王当王关中。(史记·淮阴侯列传)

⑲今吴王前有太子之郤,诈称病不朝,於古法当诛。(史
记·吴王濞列传)

⑱於是始皇问李信:"吾欲攻取荆,於将军度,用几何人而
足?"(史记·王翦列传)

⑱阿骨打八子,正室生绳果,於次为第五,又生第七子,乃
燕京留守易之之父。(洪皓:松漠记闻)

按:此项用法是从用法(14)引申来的。(14)表示凭借,本
项用法表示根据,语义相近,所以能够引申。本项用法出现得
比较晚,到《史记》中才用得比较多。由于它出现较晚,所以只
用"於"而不用"于"。"於"及其宾语只在动词前面出现。

(16)引进动作发生的原因,可译为"由于""因为"。例如:

⑱业精于勤,荒于嬉;行成于思,毁于随。(韩愈:进学解)

⑱喜生於好,怒生於恶。(左传·昭公二十五年)

⑱今陈国,道路不可知,田在草间,功成而不收,民罢於逸
乐,是弃先王之制也。(国语·周语中)

⑱民之憔悴於虐政未有甚於此时者也。(孟子·公孙丑上)

⑱夫道成於学而藏於书、学进於振而废於穷。(潜夫论·

赞学)

⑱若韩信伤心於失楚,彭宠积望於无异,卢绾嫌畏於已
　　隙,英布忧迫於情漏,此事之缘也。(文选·为曹公作
　　书与孙权)

按:此项用法是从(2)B引申来的。(2)B表示主语所表
示的人或事物从"于""於"引进的处所开始进行位移。本项用
法则表示主语所表示的人或物所从事的某种活动或所形成的
某种状态从"于""於"引进的内容中产生。因此,本项用法与
(2)B是一脉相承的。不同之处有二:一是动词的类不同,(2)
B中的动词都具有位移性,本项用法所用动词却无此语义特
征;二是"于""於"所引进的内容不同,(2)B引进的是表示处
所义的词语,本项用法中"于""於"引进的是表示事的词语。

5　引进主动者

(17)引进主动者,可译为"被"。例如:

⑱忧心悄悄,愠于群小。(诗经·邶风·柏舟)

⑲有间,晏子见疑于景公。(晏子春秋·内篇杂上)

⑲郤克伤於矢,流血及屦。(左传·成公二年)

⑲相如既归,赵王以为贤大夫,使不辱於诸侯。拜相如为
　　上大夫。(史记·廉颇蔺相如列传)

⑲臣恐见欺於王而负赵,故令人持璧归,间至赵矣。(史
　　记·廉颇蔺相如列传)

⑲然兵破於陈涉,地夺於刘氏,何也?(汉书·贾山传)

按:此项用法的来源不止一个,一部分是从用法(2)A引
申来的。(2)A中的动词有含"获得"义的,动词动作的结果是

使其所表示的事物归主语所表示的人或物所有。"于""於"引进的是该事物的原领有者或者存在之处。"获得"义类动词不仅可以带名词性宾语,也可以带动词性宾语。当它带动词性宾语时,该动词性宾语所表示的动作便及于主语所表示的人或事物,与主语构成受动关系,"于""於"引进的则是主动者。如:"取陵於大国。"(《左传·昭公十六年》)"灌夫受辱於居室。"(司马迁《报任安书》)都是如此。"于""於"便由此逐渐发展出引进主动者的用法。另一部分是从(1)引申来的。用法(1)中所使用的动词很复杂,其中有一部分动词跟主语之间本来就是受动关系。如:"寡君闻君亲举玉趾,将辱於敝邑。"(《左传·僖公二十六年》)这里"辱"与"君"之间便是受动关系,由处所变为人或物,而且是谓语动词的施事者时,原句型就变成了被动句型,"于""於"也随之引申为表示被动的语法意义。下面几个例子都有歧义,产生歧义的原因就是"于""於"所引介的词语有"处所"和"人"两解。这一情况可以视为"于""於"由"在"义向"被"义转化的过渡阶段:

⑭天下之恶一也,恶於宋而保於我,保之何补?(左传·庄公十二年)

⑮穿封戍囚皇颉,公子围与之争之,正於伯州犁。(左传·襄公二十六年)

⑯其弟期,大叔疾之从孙甥也。少畜於公。(左传·襄公二十五年)

此外,本项用法还可能有第三、第四个来源。譬如"于""於"引进原因的用法和引进凭借的用法有时也与引进主动者的用法有某种联系:

⑲莫敖狃於蒲骚之役,将自用也。(左传・桓公十三年)

⑱其伤於缚者,即幸留,病数月乃瘳,或竟成痼疾。(方苞:狱中杂记)

⑲曰:"异哉,吾闻之也,辩而不德,必加於戮。"(左传・襄公二十九年)

前两例"於"有"因""被"两解,后一例"於"有"以""被"两解。由此看来,"于""於"的"因"义、"以"义也很可能是引进主动者这一用法的来源。

以上是对"于""於"的介词义与动词义之间的关系以及各项介词用法之间的关系和发展脉络所作的初步调查、分析和疏理,兹图示如下:

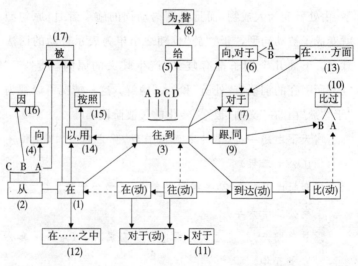

(本文与解惠全老师合写,原载《语言研究论丛》第五辑,南开大学出版社,1988 年)

古代汉语表示被动的"被"和"见"

0　引言

0.1 在及物动词前加"被""见"是古代汉语中常见的两种被动表示法。对于这种用法的"被"和"见"的词性,《马氏文通》只说它们是加于外动前之字,后来的语法虚词著作及古代汉语教材有的避而不谈,有些谈了,但众说纷纭,莫衷一是。现在选几种有代表性的说法列表如下:①

	Ⅰ	Ⅱ	Ⅲ	Ⅳ	Ⅴ	Ⅵ
被	动词	助动词	介词	介词	助词	介词
见	副词	助动词	词头	介词	副词	助动词

0.2 面对这种分歧局面,我们考虑,如果孤立地、静止地来谈"被""见"的词性,恐怕不太容易取得一致意见,如果从用法、作用上和来源上把两个字加以对比来讨论,问题或许会简单一些。

1　"被""见"的用法和作用

1.1 "被"和"见"都只能用在及物动词之间表示被动,而不能引进施事者。例如:

---

① 以上Ⅰ代表陈承泽《国文法草创》,Ⅱ代表王力《汉语史稿》,Ⅲ代表潘允中《汉语语法史概要》,Ⅳ代表华南师院中文系《古代汉语虚词》编写组《古代汉语虚词》,Ⅴ代表李新魁《汉语文言语法》,Ⅵ代表何乐士等《古代汉语虚词通释》。

①信而见疑,忠而被谤。(史记·屈原列传)

②曾子见疑而吟,伯奇被逐而歌。(论衡·感虚)

用"被""见"构成的被动句,如果需要说出施事者,都要用介词"于"引进(偶尔用介词"为"引进)。例如:

③万乘之国被围于赵。(战国策·齐策)

④吾长见笑于大方之家。(庄子·秋水)

⑤烈士为天下见善矣。(庄子·至乐)

1.2 以上五例说明"被"和"见"的用法是完全相同的。至于"亮子被苏峻害"(《世说新语·方正》)这样的"被"字,那是南北朝时期出现的新用法,与用在及物动词前的"被"不是一回事,我们在下文将要提到。

2　表示被动用法的来源

2.1 关于"被"字这一用法的来源,王力先生在《汉语史稿》中曾做过详细论述[①],后来潘允中先生在《汉语语法史概要》中也曾谈及[②]。下面综合两位先生的论述,并略作补充,用八个例子说明"被"字由名词到动词再到表示被动的演化过程:

⑥翡翠珠被,烂齐光些。(楚辞·招魂)

⑦皋兰被径兮斯路渐。(楚辞·招魂)

⑧其不可被以罪过者,以私剑而穷之。(韩非子·孤愤)

⑨泽被生民。(荀子·臣道)

---

① 参见王力《汉语史稿》中册 430 页。

② 参见潘允中《汉语语法史概要》253—254 页。

⑩下施之万民,万民被其利。(墨子·尚贤中)

⑪被明月兮佩宝璐。(楚辞·涉江)

⑫秦王复击轲,被八创。(战国策·燕策一)

⑬国一日被攻,虽欲事秦,不可得也。(战国策·齐策一)

据《说文》,"被"的本义是名词"寝衣",如例⑥。由此引申为动词"覆盖",如例⑦。"覆盖"义抽象化而引申为动词"加上去"和"施及",如例⑧⑨。"加上去"和"施及"用于被动义而引申为动词"获得",如例⑩。"覆盖"义又引申为动词"披"(加于身上),如例⑪。"披"和"加上去"用于被动义而引申为动词"遭受""蒙受",如例⑫。表示被动的"被"就是由"获得"义和"遭受""蒙受"义转化而成,如例⑬。也就是说,它的直接来源是"获得"义和"遭受""蒙受"义的动词"被"。

2.2 按照以上分析"被"字的做法,再用五个例子来分析一下表示被动的"见"字的来源:

⑭心不在焉,视而不见。(礼记·大学)

⑮王寿负书而行,见徐冯于周涂。(韩非子·喻老)

⑯掘掘然用力甚多而见功寡……用力甚寡而见功多。

(庄子·天地)

⑰故国离寇敌则伤,民见凶饥则亡。(墨子·七患)

⑱且夫有高人之行者,固见负于世;有独智之虑者,必见

骜于民。(商君书·更法)

"见"的本义是动词"看见",如例⑭。由"看见"引申为动词"遇见""见到",如例⑮。由"遇见""见到"又引申为动词"收到""获得"和"遭受"义,如例⑯⑰。表示被动的"见"就是由"收到""获得"义和"遭受"义的动词转化而成的,如例⑱。也就是

说,它的直接来源是"收到""获得"和"遭受"义的动词"见"。

2.3 通过以上分析,可以看出,"被"和"见"在"获得""遭受"二义上具有同义关系,它们又都转化为表示被动,仍然具有同义关系。也就是说,从意义上看,它们由"获得""遭受"义的动词向表示被动的转化是同步进行的。

2.4 从句法途径上看,这种转化也是同步进行的:"获得""遭受"义的动词"被"和"见"不仅可以与名词(或名词性短语组合),还可以与动词(或动词性短语)组合。与名词组合的如"被其利""被八创"和"见功""见凶饥","被""见"与其后的名词构成动宾关系,这时它们都不可能发生转化。与动词组合的如"士大夫子弟,数岁以上,莫不被教"(《颜氏家训·勉学》)、"行叩诚而不阿兮,遂见排而逢谗"(《楚辞·逢纷》)。"被""见"与其后的动词也构成动宾关系,成为"V_1(被、见)+V_2"形式,而宾语 V_2 的语义指向却是句子的主语,也就是说,"被""见"的宾语与句子主语有深层的支配与被支配关系,从而引起句子表层的重新分析,"被""见"由谓语动词降为专门或主要表示被动语法关系,而其宾语则上升为句子的主要谓语动词。

2.5 综上所述,将表示被动的"被""见"转化过程作图对比如下:

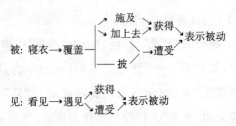

3　"被""见"的词性

3.1 既然"被""见"的用法和作用相同,所由来的途径一致,它们就应当属于同一词类。因此,像0.1表中所列的Ⅰ、Ⅲ、Ⅴ、Ⅵ那样把"被""见"分属两个词类的做法是不妥当的。

3.2 "被""见"的词性究竟属于哪个类虽然还有商榷的余地,但我们认为,表中所列的诸家说法中有几种是可以否定的。有人把"忠而被谤"和"亮子被苏峻害"等同起来,一并看作介词,说"忠而被谤"之类的句子是省略了施事者①,这是不符合汉语历史事实的。"被"字表示被动出现于战国,在南北朝以前,它不能引进施事者;"见"字表示被动出现于西周,它也有过像是引进施事者的用法,只是未被广泛使用。像"亮子被苏峻害"的"被"确为介词,"见人诃责"(《百喻经》)的"见"像是介词,但这种用法是南北朝时期兴起的,它是从动词直接转化而来,与"忠而被谤"的"被"不仅不同时,而且也没有直接关系,不能混为一谈。

那么,"被和见"是不是副词呢? 如果仅从它们出现的位置来看,与一般的副词确无区别,然而从意义上看,它们比表示时间、程度、范围、否定、语气等的一般副词要实在一些;从来源上看,它们与动词"被""见"还相去不远,以至有时不易区别;从发展来看,到现代汉语里"被"可以构成"被不被"的形式,如"被不被开除""被不被录用"(比较:"挨不挨打""受不受

---

①　如《古代汉语虚词通释》。

重视"),而副词则不能。根据这些,我们认为"被"和"见"都不宜讲作副词。

根据同样的理由,可以说,"被""见"不可能是助词或动词词头,因为在意义上和功能上它们都与助词或词头相去太远了。

3.3 那么现在需要讨论的就是它们究竟是动词还是助动词。要讨论这个问题,首先得弄清动词与助动词的异同。助动词是辅助性的动词,它是动词这个上位聚合之下的一个小类。① 助动词与一般动词一个很大的区别在于词汇意义较弱,而语法意义较强。在 2.1 和 2.2 两小节中所分析的"被""见"由"获得""遭受"义的动词向表示被动转化的过程,实际就是它们的词汇意义"获得""遭受"逐渐弱化乃至失落,表示被动的语法意义逐渐增强乃至成为主要意义的过程。像"莫不被教"的"被",分析其语义成分,它既有"获得"义,又有"被动"义,"遂见排而逢谗"的"见"也一样,既有"遭受"义,又有"被动"义。可是像"身被征作礼官"(《世说新语·规箴》)的"被"就不同了,它的"获得"义已经非常微弱,甚至可以说已经失落,而"被动"义则很强,变成了主要意义;"休居乡不见谓不修,临难不见谓不勇"(《庄子·达生》)的两个"见"字情况也一样,"遭受"义已经非常微弱,主要是表示被动。既然表示被动的"被""见"词汇意义都很微弱,而主要是表示语

---

① 吕叔湘《汉语语法分析问题》:"助动词……是'辅助性的动词'。"朱德熙《语法讲义》将助动词排列在动词节内,与及物动词、不及物动词、名动词等动词小类并列。

法意义,那么它们的词性也就以定为助动词为宜,而不应定为动词。

3.4 我们说表示被动的"被""见"是助动词,同时也注意到它们与动词"被""见"有时不易区别。例如:

⑲臣以空虚,被蒙拔擢,入充近传。(三国志·魏书·钟繇华歆王朗传)

⑳子夏被蚩于先圣,臣又荷责于束今。(魏书·献文六王列传)

㉑常以谢石黩累,应被清澄,殷浩忠贞,宜蒙褒显,是以不量轻弱,先众言之。(晋书·儒林传)

㉒受诬两端,见疑二国。(北齐书·文襄帝纪)

例⑲"被"与"蒙"连用,例⑳"被"与"荷"对举,例㉑"被"与"蒙"对举,例㉒"见"与"受"对举,"被"和"见"都明显地带有动词性质。但我们不能据此来确定它们是动词,因为这是"被""见"由动词向助词转化过程中处于过渡状态的临界现象。语言是渐变的,任何一种语言现象的产生和发展都不是突然实现的。在汉语语法发展的历史上,类似的处于过渡状态的现象并不罕见,就"被"和"见"而言,甚至可以说这种过渡状态始终没有结束。比如现代汉语可以说"一个被批评,一个受表扬","受"无疑是动词,那么"被"呢? 如果仅就这类例子来看,说"被"也是动词,应该是没有问题的。但"受表扬"可以说成"受到(或"了"或"过")表扬",而"被批评"则不能,可见"被"和"受"并不相同。研究汉语语法发展的历史,往往就需要抓住那种处于过渡状态的现象,从中找出主流,看清趋势,并进而总结和阐明发展演变的规律。

4　"被"字句和"见"字句的语用意义

4.1　王力先生在《汉语史稿》中提出"汉语被动句的基本作用是用来表示不幸或者不愉快的事情"①,三十年来鲜有异议。但就"被"字句和"见"字句而论,事实并非如此。

4.2　如上文所述,从直接来源上看,来源于"遭受"义的助动词"被""见"表示不幸、不愉快的事情,那是很自然的;来源于"获得"义的"被""见"就不一定有这种意义了。即以王力先生统计过的《世说新语》来说,由"被"字构成的被动句共 27个,其中表示幸运或好的事情的有 7 个("被遇"②"被知遇""被征""被举""被召""被礼遇"),占四分之一。我们又调查了《春秋三传》《庄子》《墨子》和《韩非子》中的"见"字。表示被动的共有 49 例,其中表示不幸或不愉快事情的和表示好事或无所谓好坏的(分别用"坏"和"好"表示),情况如下表:

	"坏"	"好"
《三传》	4	3
《庄子》	2	7
《墨子》	3	4
《韩非子》	16	10
总计	25	24

六部书相加后"坏"和"好"的比例是 25∶24,二者几乎是平分秋色。这个比例数只能说明"见"字句的语用意义既可以表示坏事,也可以表示好事。因此,说被动句的基本作用是表示不幸或者不愉快的事情这一结论并不能成立。

---

①　见《汉语史稿》中册,第 432—433 页。

4.3 当然,王力先生也提到了有"例外",并指出"它们所表示的绝大多数是关于在上者的恩宠"(如上述《世说新语》的7个"被"字例),接着又假设:"在古代封建社会里,一般人以为在上者的恩宠是和灾祸一样地不可抗拒的,所以要用被动式。"①就古代汉语被动式来说,表示不幸和恩宠的确实占多数(上述六部书中表示无所谓好坏事的也只有 5 例),可是究其原因,首先还得从语言本身去寻找。以"被""见"为例,那就是来源于"遭受"义的一般表示坏事,来源于"获得"义的多表示好事或无所谓好坏的事。如果不考虑"被""见"还有动词"获得"义这一来源,那么它们表示好事或无所谓好坏的事这一作用就成为无源之水了。至于从人们的社会心理去解释,有时也是必要的,不过恐怕得放在第二位。

(本文与解惠全老师合写,原载
《天津师范大学学报》1987 年第 5 期)

---

① 见《汉语史稿》中册,第 433 页。

使动形态的消亡与动结式的语法化

迄今为止,研究动结式的文章已经很多了。在很长一段时间里,研究动结式历史的文章所关注的焦点主要是动结式的形成时间,对于动结式如何从话语形式到语法形式的演变过程则关注得比较少。石毓智、李讷《汉语语法化的历程》一书中对动结式的语法化过程进行了考察,但忽略了上古使动范畴的衰退、消亡与动结式语法化之间的关系,而且他们对于动结式语法化过程中某些问题的看法也还有值得探讨的地方。

本文分两大部分,第一部分讨论使动形态的衰落与消亡,主要是给梅祖麟先生的观点补充一些证据;第二部分讨论上古使成结构向动结式的语法化。

1　上古使动形态的衰亡

动结式是以句法形式表示动作行为及其结果状态。动结式所表示的语法意义在上古本是由使动词来表达的,动结式乃是伴随着上古使动形态的衰落与消亡而逐渐语法化出来的。

在上古早期,汉语存在使动形态,这是很多学者都承认的(参见潘悟云 1991,梅祖麟 1980、1991)。至于使动形态的表现形式,则还需要进一步研究。从同族词(按:根词及其派生词以及从同一根词派生出来的派生词称为同族词)来看,上古早期使动形态的主要表现形式是 *s-前缀,例如"亡"(自动)"丧"

（使动）、"灭"（自动）"威"（《广韵》"许劣切"，使动：《诗经·小雅·正月》："赫赫宗周，褒姒威之"）、"脱"（自动）"税"（使动：《韩非子·十过》"税车而放马"）。自动词与使动词有不同写法的并不多，更多的自动词和同根使动词写法一样，而读音不同。但由于上古早期没有注音材料，所以对于上古早期很多自动词和使动词的语音差异我们都无法直接了解到。所幸汉代以后经师授徒，口耳相传，保留了一部分自动词和使动词的不同语音形式，而这些不同语音形式在反切产生之后得到了反映。受 *s-前缀的影响，汉代以后，一部分动词自动形式与使动形式的对立变成声母清浊的对立，即"清浊别义"。这种清浊别义现象在晋代以后的一些文献中有所反映，后来为陆德明汇集于《经典释文》当中。

关于使动形态的衰退和消亡时间，梅祖麟认为："清浊别义作为能产的构词法，在东汉已经开始衰落，到六世纪渐趋灭亡。"（2000，236 页）我们接受梅先生的这个观点，下面举几条证据。

1.1 V_1OV_2 使成式的产生。我们知道，使动词所表达的意义与一个使成连动结构所表达的意义基本相当，所以上古的使动词要用一个动结式或使令兼语式来翻译。例如：

①远人不服，则修文德以来之。（论语·季氏）

②晋人与姜戎败秦师于殽。（春秋·僖公三十三年）

例①的"来之"要翻译成"使他们来（归）"；例②的"败秦师"要翻译成"打败秦师"。

在上古早期，很多自动词或形容词兼具使动用法，或者反过来说，很多使动词兼具自动或形容词用法。因此，表达一个使成事件就有两种表达方式：一种是直接用使动词来表达，如例①②，或者采用包含一个使动词的连动式来表达。例如：

　　③余姑翦灭此而朝食。（左传·成公二年）

另一种是采用包含一个表示结果状态的自动词或形容词的使成连动结构来表达。例如：

　　④王卒乱，郑师合以攻之，王卒大败。（左传·桓公五年）

　　⑤（费）伏公而出，斗，死于门中。（左传·庄公八年）

　　根据调查，我们发现，当使成式采用包含一个表示结果状态的自动词或形容词的使成连动结构这种表达方式时，如果前项动词含有[＋使役]意义，可以构成紧缩的 V_1OV_2 形式。例如：

　　⑥余助苗长矣。（孟子·公孙丑上）

　　⑦召临江王来。（史记·孝景本纪）

　　但如果前项动词不含有[＋使役]意义，则构成的使成连动结构不能是紧缩的 V_1OV_2 形式，即像例④这样的情况，不存在“攻之败”的说法。《左传》中有“子都自下射之，颠”（《隐公十一年》）这样的例子，有人认为是 V_1OV_2 形式，但此例的后项动词“颠”前省略了主语，它与前项动词及其宾语之间存在停顿，并不是紧缩的连动结构。中华书局影印《十三经注疏》、杨伯峻《春秋左传注》等标点本都在“之”字后逗，是完全正确的。根据我们对《左传》的调查，在使成式连动结构中，后项动词如果是自动词，只有两种形式：一种是 SV_1O,SV_2。例如：

　　⑧火焚山，山败。（左传·昭公五年）

　　⑨齐侯以诸侯之师侵蔡，蔡溃。（左传·僖公四年）

另一种是 SV_1O,V_2。例如:

⑩前后击之,尽殪。(左传·隐公九年)

⑪射其左,越于车下;射其右,毙于车中。(左传·成公二年)

这后一种形式实际上是前一种的省略形式,即后项动词前省略了主语。因此,后项动词是自动词的使成式连动结构都是松散的,而不是紧缩的。这种情况说明,非使役性的 V_1OV_2 使成结构与使动形态不并存。

从理论上说,V_1OV_2 形式与使动形态不并存的原因在于:在自动词有使动用法的情况下,单用即可表达使成事件,构成 V_1V_2O 形式(如例③),也可表达使成事件,因而不可能产生紧缩的 V_1OV_2 形式。只有当自动词不能用作使动的时候,不再能带受事宾语,才有可能产生 V_1OV_2 形式。据此,我们认为,V_1OV_2 形式的产生也就意味着使动形态的衰落和消亡。

V_1OV_2 形式在《史记》中即可见到。例如:

⑫伤中贵人,杀其骑且尽。(史记·李将军列传)

不过,"尽"在《史记》中可以作使动词用,也可以作自动词用,但更多的是出现在状语的位置上。例如:

⑬沛公欲王关中,使子婴为相,珍宝尽有之。(项羽本纪)

⑭阳虎欲尽杀三桓适(嫡)。(鲁周公世家)

所以例⑫很可能是对状语的强调而将它移位到句末,使"杀其骑"成为句子的话题。如果是这样,这个例子就不能分析成 V_1OV_2 结构了。所以《史记》中的这个例子并不典型。典型的 V_1OV_2 形式的大量出现是在魏晋南北朝时期。例如：

⑮风吹窗帘动,言是所欢来。(乐府诗集·华山畿)

⑯以梨打我头破乃尔。(百喻经·以梨打破头喻)

⑰数日中,果震柏粉碎,子弟皆称庆。(世说新语·术解)

那么,按照上面的推论,在魏晋南北朝时期,使动形态已经消亡了。

1.2 "及物动词＋使令动词＋不及物动词"式复杂使成式的出现。前文说在上古早期,使成式连动结构如果前项动词含有[＋使役]义时可以构成 V_1OV_2 形式,如例⑥⑦。例⑥⑦中的 V_1 含有[＋使役]意义,但都不是典型的使役动词,典型的使役动词是"使""令"。例如：

⑱故水旱不能使之饥,寒暑不能使之疾,祅怪不能使之凶。(荀子·天论)

⑲薄者数内大使以震其君,使之恐。(韩非子·八奸)

在西汉以前,这种使成式连动结构中 V_1 都是自主的使役动词,整个句子表示的是施动者有目的的使成事件,V_1 如果是使令动词,要理解为"让",如例⑲。例⑱中的"使"似可理解为"致使""导致",但此例的下文是：

　　本荒而用侈,则天不能使之富;养略而动罕,则天不能使之全;倍道而妄行,则天不能使之吉。

结合下文一起来看,例⑱中的"使"就不能理解为"致使""导致",而只能理解为"让"了。

到了公元1世纪以后,这种使成式连动结构发生了变化,使令动词"使""令"不仅可以是目的性的"让",也可以是致因性的"致使""导致"。例如：

⑳天何不令夏台、羑里关钥毁败？（论衡·感虚）

㉑有扣头而死者，未有使头破首碎者也。（论衡·儒增）

例⑳中的"令"是"让"的意思，而例㉑中的"使"则是"使得""致使"的意思。在使令动词发生这种意义变化的同时，还出现了一种复杂的使成结构，即在使令动词之前又出现一个及物动词，这个动词表示的是使成事件的真正致因。例如：

㉒触不周山而使天柱折。（论衡·谈天）

㉓养令翮成，置使飞去。（世说新语·文学）

以上两例所表示的使成事件，在上古早期都是用及物动词加使动词来表示的，而此时使用了及物动词加使令动词加自动词的繁复形式来表示。这种复杂使成结构中的使令动词实际上是以词汇形式表达了上古早期使动形态成分所表达的语法意义，因此这种繁复形式的出现只有一种可能，那就是自动词的使动用法在当时的口语中已经消失了。

1.3 使动词使动用法的衰退。在新的表达使成事件的句法形式出现的同时，文献中自动词的使动用法也在急剧下降甚至消亡。根据李平（1987）的统计，《世说新语》中动词的使动用法只有 27 例（包括重复出现的），《百喻经》中动词的使动用法只有 4 例。再以"败"字为例，在战国中期的《左传》中，"败"的自动用法和使动用法的使用频率都很高，到了西汉中期的《史记》中，"败"使动用法的使用频率已经明显下降了，但仍然比较常见。下表是《左传》《隐公》至《僖公》、《史记》《秦本纪》至《高祖本纪》中"败"字自动用法和使动用法的统计：

左传		史记	
自动	使动	自动	使动
33	44	32	17

但是到南北朝时期,"败"字的使动用法就很少见了。下表是《三国志·魏志·武帝纪》和《宋书·武帝纪》中"败"的使用情况:

三国志		宋书	
自动	使动	自动	使动
15	4	16	3

《三国志》中"败"字的 4 例使动用法有 2 例是出现在"为……所败"这种从西汉流传下来的被动格式中,《宋书》中"败"字的 3 例使动用法有 2 例是出现在"为……所败"这种格式中。例如:

㉔谭为尚所败。(三国志·魏志·武帝纪)

㉕荆州刺史道规遣军至长沙,为循所败。(宋书·武帝纪)

这种情况表明,到魏晋六朝时期,"败"字的使动用法基本上已经成为残存的文言形式。

1.4 使动形态消亡的文献记载。"败"字使动形式的消亡在稍晚一些时候的《颜氏家训》中已经明确指出来了。《颜氏家训·音辞篇》说:"江南学士读《左传》,口相传述,自为凡例,军自败曰败,打破人军曰败(补败反)。诸传记未见补败反,徐仙民读《左传》,唯一处有此音,又不言自败、败人之别,此为穿凿耳。"这段记载说明,在颜之推生活的年代,"败"字的自动用法和使动用法在口语中已经没有语音上的差异,所以颜之推认为江南学士读《左传》区别"败"字自动用法和使动用法的读音是"自为凡例",而徐仙民读《左传》将一处的"败"注为"补败反",是"穿凿"。

梅祖麟(2000,236页)说:"当清浊别义在口语中活跃时,不必用文字点明,人们自然而然地会按照字的不同用法说出清浊两音,倒是在清浊别义衰落时,才需要在经典的诠释中注明。"颜之推提到的徐仙民即徐邈,是东晋末叶的人。徐邈《左传音读》虽只于一处注明"补败反",但既作注,说明当时口语中"败"字已无"补败反"的音,即通过声母的清浊来区别自动和使动的语音差异已经消失了。与徐邈同时代的吕忱在其所著《字林》中对于清浊别义亦有注明,例证见梅祖麟(2000,236页),可见,清浊别义至晚在晋代已经消亡了。

2　动结式的语法化

2.1 动结式是动词带黏着性结果补语的动补结构。这种动补结构中的动词可以是及物动词,也可以是不及物动词;充当补语的可以是不及物动词、形容词或及物动词。动结式在功能上相当于一个动词,也有及物和不及物之分(朱德熙1982,127页)。所谓不及物,指的是动结式后面不能出现宾语。例如可以说:

㉖你把孩子闹醒了。

㉗那本书我买贵了。

但不能说:

㉘ * 你闹醒了孩子。

㉙ * 我买贵了那本书。

梅祖麟(2000,230页)在探讨动结式的形成过程时对于确定唐以前的动结式提出了三条标准：（1）动补结构是由两个成分组成的复合动词，前一个成分是他动词，后一个成分是自动词或形容词；（2）动补结构出现于主动句：施事者＋动补结构＋受事者；（3）动补结构的意义是在上列句型中，施事者用他动词所表示的动作使受事者得到自动词或形容词所表示的结果。梅先生的这三条标准与现代汉语动结式的一般理解不相符，我们不取。

我们认为，根据现代汉语动结式的特点，判别动结式的标准最重要的有两条：

（1）两个动词是否构成紧缩的句法形式，不是紧缩的句法形式不是动结式。所谓紧缩的句法形式，即两个动词之间没有其他成分，也不存在停顿。

（2）后项动词（形容词）是否完全受控于前项动词，如果是完全受控于前项动词，且满足第一条标准的要求，则是动结式；反之则不是动结式。所谓受控于前项动词，即第二条标准的理由是，在现代汉语中，动结式表示一种使成事件，在这个使成事件中，后项动词所表示的行为、变化或状态是前项动词所表示的动作行为直接产生的结果，句子的施动者只能通过前项动词所表示的行为来达成后项动词所表示的行为、变化或状态，而不能直接支配、控制后项动词所表示的行为、变化或状态。例如：

㉚我把他吓哭了。

例中施动者"我"只能通过"吓"来影响"他"，使"他""哭"，而不能直接支配、控制"哭"。由此我们知道，上古时期使动词在连动结构中充当后项动词所构成的结构不可能是动结式，因为，使动词所表示的行为总体现施事者的自主使役性，即使出现在连动结构中充当后项动词，也仍然直接受控于施事者，体现施事者的使役行为。比较以下两例：

㉛及战，射共王，中目。（左传·成公十六年）

㉜师还，馆于虞，遂袭虞，灭之。（左传·僖公五年）

例㉛中的"中"不是使动词，所表示的行为完全是前项动词"射"的结果；例㉜的"灭"是使动词，它不仅表示前项动词"袭"的结果，同时也受控于施事者，体现施事者的自主使役性。

以下讨论动结式的语法化，即以上面两条标准作为判别动结式的基本原则。

2.2　动结式来源于上古的使成连动结构，动结式的语法化即松散的使成连动结构向凝固的动结式语法形式演变的过程。在很长一段时间里，学者们所关注的是典型动结式的产生时间。但是，动结式的形成实际上经历了长时间的语法化过程，在这个过程中，不同类型的使成连动结构发生语法化的时间和完成语法化过程的时间并不一致，所以我们认为，重要的不在于弄清何时产生了动结式，而在于弄清不同类型的使成结构向动结式的语法化过程。

2.2.1　上古早期的使成式话语形式。前文说过，上古早期的使成连动结构有两类，一类是前项动词含［＋使役］义，所构成的使成连动结构即通常所说的兼语式；另一类是前项动词不含［＋使役］义，动结式是从后一类使成连动结构发展来的。

在战国中期以前，后一类使成式连动结构按构成的动词

的不同可分为三类五型:

Ⅰ类 A 型:及物动词＋及物动词

Ⅱ类 B 型:及物动词＋使动词

Ⅱ类 C 型:不及物动词＋使动词

Ⅲ类 D 型:及物动词＋不及物动词(形容词)

Ⅲ类 E 型:不及物动词＋不及物动词

Ⅰ类 A 型有三种具体表现形式:

A(a)式:$V_1O_1V_2O_2$。例如:

㉝及战,射共王,中目。(左传·成公十六年)

㉞鞭之见血。(左传·庄公八年)

A(b)式:V_1 而 V_2O。例如:

㉟遇仇牧人于门,批而杀之。(左传·庄公十二年)

㊱射而中之。(左传·成公十六年)

A(c)式:V_1V_2O。例如:

㊲譬之宫墙,赐之墙也及肩,窥见室家之好。(论语·子张)

㊳孔子望见颜回攫其甑中而食之。(吕氏春秋·君守)

㊴是与天下之所察知有与无之道者。(墨子·明鬼下)

以上三种形式中,前两种形式比较常见,第三种形式非常罕见,我们在战国中期以前的文献中只检索到一个例子,另从《墨子·明鬼下》和《吕氏春秋·君守》中各检到一个例子。《墨子》一书多为墨家后学所为,非尽墨子本人之作,所以《明鬼》篇难以定为战国中期以前作品。

Ⅱ类 B 型也有三种表现形式:

B(a)式:$V_1O_1V_2O_2$。例如:

⑩师还,馆于虞,遂袭虞,灭之。(左传·僖公五年)

⑪乃伐齐师,败之。(左传·定公九年)

B(b)式:V₁而V₂O。例如:

⑫匠人斫而小之。(孟子·梁惠王下)

⑬贤人举而上之。(墨子·尚贤中)

B(c)式:V₁V₂O。例如:

⑭余姑翦灭此而朝食。(左传·成公二年)

⑮天或者以陈氏为斧斤,既斫丧公室,而他人有之。(左传·哀公十五年)

Ⅱ类C型我们只见到一种形式,也只有一个例子:

⑯齐侯伐卫,战,败卫师,数之以王命,取赂而还。(左传·庄公二十八年)

此例不少人引作"战败卫师",查中华书局影印《十三经注疏》、杨伯峻《春秋左传注》等皆在"战"后读,这是正确的。此例《春秋》经文原是:"齐人伐卫。卫人及齐人战,卫人败绩。"孔颖达《疏》云:"此经既言齐人伐卫,不言齐及卫战,而言卫人及齐人战者,《公羊》以为伐人者为客,被伐者为主,以主及客,故使卫人主齐。"可见,这里"战"的主体是卫人,而"败卫师"的主体是齐人,不能连读。

Ⅲ类D型有两种表现形式:

D(a)式:V₁O,V₂。例如:

⑰前后击之,尽殪。(左传·隐公九年)

⑱射其左,越于车下;射其右,毙于车中。(左传·成公二年)

D(b)式:V₁O,S(O)V₂。例如:

㊾火焚山,山败。(左传·昭公五年)

㊿齐侯以诸侯之师侵蔡,蔡溃。(左传·僖公四年)

Ⅲ类 E 型有三种形式,其中第三种形式非常少见。

E(a)式:(S)V$_1$,(S)V$_2$。例如:

㉛(费)伏公而出,斗,死于门中,石之纷如死于阶下。(左
  传·庄公八年)

㉜卫人及齐人战,卫人败绩。(左传·庄公二十八年)

按例㉛的前项动词与后项动词之间没有其他成分,有人
引作"斗死于门中"。但是,此例后面有"石之纷如死于阶下"
句,与"死于门中"并列,所以当在"斗"后读。另外,根据我们
对《左传》的调查,"死"在《左传》中作使成式连动结构的后项
动词共 16 例,其中 13 例都有"而"字连接,1 例有其他成分与
前项动词相隔,又查中华书局影印《十三经注疏》,此例读为
"伏公而出斗,死于门中"。

E(b)式:SV$_1$ 而 V$_2$。例如:

㉝许之,夜缒而出。(左传·僖公三十年)

㉞夷齐北至於首阳之山,遂饿而死。(庄子·让王)

E(c)式:V$_1$V$_2$。例如:

㉟走出,遇贼于门。(左传·庄公八年)

以上三类使成式都是动结式的源头,但不同类的使成式
发生语法化的时间有先有后,下面我们分别进行探讨。

2.2.2 Ⅰ类 A 型有三种形式,但在战国中期以前,并非所
有能出现在此型中的动词都能构成这三种形式。比如"杀"经
常在此型中充当后项动词,但是"杀"只能出现在(a)(b)两式
中而不能出现在(c)式中,也就是说,"杀"只能构成 A(a)式和

A(b)式使成结构,不能构成 A(c)式使成结构。根据我们的调查,能够在 A(c)式中充当前项动词的只有"望""窥""察",而充当后项动词的只有"见"和"知"。"望""窥""察"都是自主的视觉行为动词,"见"和"知"则是非自主的知见动词。那么,也就是说,在战国中期以前,只有视觉行为动词及与之相关的知见动词才能构成 A(c)式。由视觉行为动词和相关的知见动词构成的 A(c)式有两个特点:第一,此式的前项动词和后项动词在意义上都指向施动者;第二,后项动词都是非自主的,所表示的行为不受施动者动控制,而完全受控于前项动词所表示的行为,表示的是前项动词所表示的行为的必然结果。后一个特点表明,A(c)式已经是动结式。不过,在战国中期以前,这种动结式刚刚形成,前项动词与后项动词之间还不是非常紧密,有时还可以打开而成为连动式。例如:

　　㊹顾而见人,黑而上偻,深目而豭喙。(左传・昭公四年)

　　此例中"顾而见人"是一个使成结构,前项动词"顾"与后项动词"见"之间出现了连词"而"。

　　汉代以后这种动结式已不再能打开了。《史记》中"望见"凡 29 例,"顾见"2 例,但不见"望而见"或"顾而见"的连动形式。

　　根据以上情况,可以得出结论:A 型(c)式向动结式的语法化开始于战国中期以前(最早的例子见于春秋末期的《论语》)而完成于西汉。

　　A 型中由"中""杀""伤"等充当后项动词构成的使成结构在汉代开始了语法化进程。"中""杀""伤"充当后项动词构成的使成结构在先秦时期没有 c 式,到了汉代的《史记》中开始

大量出现 c 式结构。下表是《史记》中"射"充当前项动词而"杀""中""伤"充当后项动词构成的使成结构的使用情况:

	紧缩式	非紧缩式
杀	128	3
中	9	7
伤	7	1

上表显示,"杀""中""伤"在《史记》中充当后项动词所构成的使成结构都是紧缩形式占优势,其中"杀""伤"更是占绝对优势。在这三个动词中,"中"和"伤"是非自主动词,在使成结构中充当后项动词时受控于前项动词而不受控于施动者,因此,由"中""伤"充当使成结构的后项动词而形成紧缩形式,已经是动结式了。

"杀"是自主动词,在使成结构中充当后项动词时不仅受控于前项动词,也受控于施动者,所以,尽管在《史记》中大量出现紧缩形式,但是我们没有办法检验在这种紧缩的使成结构中"杀"是否不受施动者控制,因此不能确定它是动结式。不过,由于"杀"字从《史记》开始经常出现在紧缩的使成结构当中,使得它在这种结构中逐渐非自主化和不及物化,所以到魏晋时期随着"V_1OV_2"形式的产生,也出现了"VO 杀"形式:

⑤⑦雄鸽不信,瞋恚而言,非汝独食,何由减少?即便以觜(嘴)啄(啄)雌鸽杀。(萧齐·求那毗那译《百喻经》,《大正藏》,4,557 中。转引自梅祖麟 2000,228 页)

梅祖麟(2000,228 页)认为"V 杀"在某个时期被"V 死"同化而变成动补结构。我们认为"V 杀"变成动结式,不是受"V 死"的同化,而是其自身演变的结果。而这种演变首先是从"杀"字在使成结构中充当后项动词时的非自主化和不及物化开始的。

2.2.3　Ⅱ类使成结构的后项动词都是使动词,使动词不管它所从来的是自主动词还是非自主动词,成为使动词之后都是自主动词,直接受控于施动者。因此,Ⅱ类使成结构无论是松散的还是紧缩的,都是连动结构,而非动结式。

在先秦时期,此类使成结构松散形式的使用频率要远远高于紧缩形式的使用频率。到了汉代,紧缩形式的使用频率明显上升,但仍不及松散形式的使用频率。以“败”字为例,下表显示的是《左传》和《史记》中“败”字在此类使成结构中充当后项动词时的使用情况:

	紧缩式	非紧缩式
左传	1	10
史记	18	46

此类使成结构的紧缩形式虽不是动结式,但是其紧缩形式的广泛使用,使之成为动结式语法化的结构形式基础之一,尤其是为中古以后及物动词加不及物动词的动结式的及物化提供了形式基础。但是到中古早期,随着使动形态的消亡,这种使成结构在口语中也就消亡了。

2.2.4　Ⅲ类使成结构在战国中期以前基本上都是松散的话语形式,紧缩形式只有 E(c)式,而且我们只见到一个例子。

Ⅲ类使成结构包括 D、E 两型,D 型是及物动词加不及物动词(形容词),E 型是不及物动词加不及物动词(形容词)。

石毓智、李讷(2001,63 页)认为Ⅲ类 D 型使成结构在先秦就存在紧缩的 V₁OV₂ 形式,下面是他们举的两个例子:

⑤城射之殪。(左传·昭公二十一年)

(59)予助苗长矣。(孟子·公孙丑上)

但是例(58)中华书局影印《十三经注疏》及杨伯峻《春秋左传注》均标点为“城射之,殪”,所以此例应是D(a)式而不能算是紧缩的双动插宾式使成结构;例(59)的前项动词含有使令意义,是使令兼语式,不属于Ⅲ类D型使成结构。

D型使成结构到汉代基本上没有发生什么变化。《史记》中开始出现紧缩的双动插宾(V_1OV_2)形式,《李将军列传》中有如下例子:

(60)杀其骑且尽。

(61)追射我立尽。

但这两个例子由于起强调作用的副词都出现在后项动词之前,所以在语用上都应作如下理解:“且尽”“立尽”是全句的逻辑谓语,其前的成分是句子的话题。

真正的 V_1OV_2 形式直到中古早期才开始大量出现,例子如前引例⑮至⑰。其时由于使动形态已经全面衰落,不及物动词和形容词不再有使动形式,因而不再能带宾语,所以在及物动词加不及物动词构成的使成结构中,宾语只能出现在前项动词之后。

在真正的 V_1OV_2 形式出现的同时,新的及物动词加不及物动词(形容词)加宾语的动结式也产生了。下面是我们从《说文解字》中发现的一个例子:

(62)《说文·水部》:“滰,浚乾渍米也。孟子曰:‘夫子去齐,滰淅而行’。”段玉裁注:“自其方沤未淘言之曰‘渍’,米不及淘,抒而起之曰‘滰’。‘乾’音‘干’。”

根据段注,这里的“浚乾”即“浚干”,即将浸泡过的米捞起来沥干。按"乾"作"干燥"讲最早见于《诗经》,《诗经·王风·中谷有蓷》:"中谷有蓷,暵其乾矣。"孔颖达疏:"暵然其干燥矣。"考先秦两汉文献,"乾(干)"用作"干燥"义时没有使动的例子,因此出现于东汉《说文》里的"浚乾渍米"显然是及物动词加形容词加宾语的动结式。

及物动词加不及物动词构成的使成结构虽然到东汉时期已经产生紧缩形式,并且出现了后面带宾语的例子,但是,这种类型的语法化过程在那个时期还只能说刚刚开始,在其后的很长一段时间里,V_1V_2O 形式与 V_1OV_2 经历着此长彼消的过程,直到元代,这个演替过程才基本上完成了。请看"打"作为前项动词构成的使成结构在唐代至元代若干文献中的使用情况:

	V_1OV_2	V_1V_2O
朝野佥载	3	2
敦煌变文	5	3
祖堂集	3	8
朱子语类	32	7
南村辍耕录	0	5

在 V_1OV_2 形式产生的同时,还出现一种插入使令动词的变体形式(如例㉓),这种形式一直沿用到宋代,在《朱子语类》中仍可见到。例如:

㊹放教他宽。(卷二·理气下)

㊽须是先筑教基址坚牢。(卷八·学二)

这种变体实际上是将使成结构中前项动词对后项动词的使成意义词汇化,它反映出 V_1OV_2 形式是一种松散的句法结构,而不是一种动结式。

　　元代以后,V_1OV_2 形式及其插入使令动词的变体形式基本上消亡了,虽偶有用例,已是一种残存形式,能充当 V_2 的动词或形容词已经局限在少数双音节词范围之内。因此,元代可以看作是 D 型使成结构语法化为动结式的完成时间。

　　E 型在战国中期以前也基本上没有紧缩形式,我们只在《左传》中检到一个例子,即例㊿,其中的后项动词"出"是自主动词。非自主动词充当后项动词的紧缩形式始见于战国后期,《韩非子》里出现"饿死"3 例。到汉代,由非自主动词充当后项动词的紧缩形式开始大量出现。以"死"字为例,《史记》中有"病死""饿死""饥死""战死""震死""饥寒死""贫饿死"等。同时,这种紧缩形式的使用频率也已经占绝对优势,下表是《史记》中"死"字作后项动词构成的 E 型使成结构的使用情况:

紧缩式	非紧缩式
61	16

　　根据这种情况,我们认为,到汉代此型中后项动词由非自主动词充当时已经成为动结式。因为非自主的后项动词只受控于前项动词而不受控于句子的施事者,所以应视为动结式。由于此型的两个动词都是不及物动词,所以此型语法化为动结式以后仍然是不及物的,不能带受事宾语,至今犹然。

　　2.3 至此我们可以对使成结构向动结式的语法化作一总结:上古的使成结构向动结式的语法化,首先是从及物动词加及物动词类的视觉行为动词加知觉动词这一小类开始的,而此类由其他动词构成时其语法化是从汉代开始的;及物动词加使动词构成的使成结构和不及物动词加使动词构成的使成结构随着使动形态的消亡而消亡,分别并入及物动词加不及物动词和不及物动词加不及物动词两小类;及物动词加不及物动词的使成结构从东汉后期开始向动结式演化,最终完成的时间则要到元代;不及物动词加不及物动词构成的使成结构从战国后期开始向动结式样演化,到汉代,其语法化程度已经相当高了。

（原载《语法化与语法研究（一）》,商务印书馆,2003 年）

唐宋时期"取"的两种虚词用法的再探讨

1　已有研究的回顾及本文的研究范围

　　"V取"在唐宋时很常见,曹广顺(1995,61—71 页)对"取"的虚化有详细论述。根据他的研究,"取"最初为实义动词,表"取得",充任连动式后一动词,用于"V取"与"V取O"格式,汉魏六朝时 V 一般是获得义动词,"V取"的宾语被 V 和"取"共辖(share)(曹广顺 2000,79 页),"取"是及物动词,"V取"可还原为"V而取":

　　①a.余营诸王皆年齿尚幼,可夺而取之。(晋书·载记第
　　　　二·刘聪)

　　　b.彼必外迫内困,然后发此使耳,可因其穷,袭而取之。

　　(三国志·魏志·刘晔传)

由于"V取"这个连动式是通过 V 的行为达成"取"的行为,所以逐渐演变为动结式,"取"成为结果补语,仍表获得:

　　②桐郎复来,保乃斫取之,缚着楼柱。(古小说钩沈·祖
　　　　台之志怪)

入唐后,"取"前的 V 扩大到无获得义动词,"取"虚化为动态助词,表示动作行为的完成或状态的持续:

　　③a.一声歌罢刘郎醉,脱取明金压绣鞋。(李郢:张郎中
　　　　宅戏赠,《全唐诗》6855 页)

　　　b.若遇丈夫皆调御,任从骑取觅封侯。(秦韬玉:紫骝
　　　　马,《全唐诗》198 页)

继而在动态助词的基础上又演化出词缀用法：

④不信比来长下泪，开箱验取石榴裙。（则天武后：如意
　娘，《全唐诗》59 页）

曹对"取"的语法化历程的分析可图示如下：

"取得"动词连动式→"取得"义结果补语→动态助词（表
示完成/持续）→词缀

继曹之后，吴福祥（1996，2001—2002）也涉及"取"字的语
法化，在 2001—2002 年文章中他针对"取"字作为"补语标记"
的来源问题勾勒了"取"字的语法化历程：

"取得"义动词→动相补语 ⟨完成体标记→补语标记 / 持续体标记⟩

吴没有涉及"取"的词缀功能，也没有提到"结果补语"这
个环节，他所说的"补语标记"指下面例子中"取"的功能：

⑤合取药成相待吃，不须先作天上人。（张籍：赠施肩吾，
　《全唐诗》4360 页）

"动相补语"吴指的是下面一类例子中的"取"：

⑥我今以手掌盛取少少汁饮而活于命。（《佛本行经》24）

曹、吴二位对"取"字语法化的研究是相当全面而又深入
的，本文拟在曹、吴二位研究成果的基础上，就其中的"动态助
词"说和"词缀"说谈一点我们的不同看法，以就教于曹、吴二
位及诸方家。为论述方便，我们将曹描述的各种"取"分别标
为"取$_1$"（连动式后一动词）、"取$_2$"（结果补语）、"取$_3$"（完成体
标记）、"取$_4$"（持续体标记）、"取$_5$"（词缀）。

本文调查的材料范围是：《全唐诗》《祖堂集》《朱子语类》
《全宋词》《近代汉语语法研究资料汇编·唐代卷》《近代汉语

语法研究资料汇编·宋代卷》。文中有部分例子取自曹、吴的论著。

2　动态助词说质疑:"取₃"、"取₄"和 "了"、"着"的功能差异

曹、吴都认为"取"在语法化过程中曾产生动态助词(体标记)用法,"取₃"和"取₄"在功能上分别同于后来演化成熟的动态助词"了""着"。但是拿"取"字的这种功能与"了""着"进行比较,我们可以看到以下差异:

(1)搭配差异:"取₃""取₄"只与自主动词搭配,而"了""着"没有这种搭配限制。曹、吴所举的29例"取₃""取₄"的例子以及我们调查到全部"取₃""取₄"的例子中"取"前的 V 全部都是自主动词,例如:

⑦a. 脱却天衣便入水,中心抱取紫衣裳。(《敦煌变文集》 112 页)

b. 将取金瓶归下界,捻取金瓶孙膑旁。(《敦煌变文集》 113 页)

c. 买取归天上,宁教逐世尘?(徐寅:和仆射二十四丈牡丹八韵,《全唐诗》8185 页)

d. 郡王收了,叫两个当直的轿番,抬一顶轿子,教:"若真个在,把来凯取一刀;若不在,郭立! 你须替他凯取一刀!"(崔待诏生死冤家,《汇编宋》447 页)

"了""着"则不仅可以与自主动词搭配,也可以与非自主动词和形容词搭配。"了""着"与非自主动词和形容词搭配的例子如:

⑧a. 求新不肯拣高楼,怕倒了高楼一世休。(刘知远诸公调,《汇编宋》358 页)

b. 如此春来春又去,白了人头。(欧阳修:浪淘沙·今日北池游,《全宋词》141 页)

c. 传闻有意用幽侧,病着不能朝日边。(黄庭坚:病起荆江亭即事十首(其二),《宋诗钞》913 页)

d. 看那从嫁锦儿时……一双眼睛插将上去,脖项上血污着。(一窟鬼道人除怪,《汇编宋》455 页)

(2)事件情状差异:"了"表示完成,如果带"了"的动词单独成句,则该句子一定是表示已然事件;如果带"了"的动词不单独成句,"V 了"本身表示的动作行为或变化也是已然的。反观"取"字,我们检查了曹、吴所举的所有此类例句,发现有不少例子"V 取"表示未然行为。例如:

⑨a. 待取满庭苍翠日,酒尊书案闭门休。(李群玉:移松竹,《全唐诗》6610 页)

b. 谁将古曲换斜音,回取行人斜路心。(王建:斜路行,《全唐诗》3388 页)

c. 愿持精卫衔石心,穷取河源塞泉脉。(王睿:公无渡河,《全唐诗》5742 页)

d. 凭君画取江南胜,留向东斋伴老身。(张佑:招徐宗偃画松石,《全唐诗》5839 页)

e. 嫁取个,有情郎,彼此当年少,莫负好时光。(明皇帝:好时光,《全唐诗》10040 页)

例⑨a 至⑨e 显然都是表示未然事件的。⑨e 单就所引部分看,"嫁取"似乎可以理解为已然事件,但是前文是"宝髻偏宜

宫样,莲脸嫩,体红香。眉黛不须张敞画,天教人鬓长。莫倚
倾国貌,"将"莫倚倾国貌"一句与所引部分联系起来看,表达
的应是"……不要倚仗美丽的容颜,(应该)嫁一个有情的男
子……"这样的意思,所以"嫁取"表示的是未然事件。

"着"表示动作行为或状态的持续,"V 着"单独成句,所表
示的事件都表示正在进行中;"V 着"不单独成句,"V 着"表
示的事件相对另一事件也是正在进行中。因此"V 着"表示的
事件都是正在进行中的。反观曹、吴所举的所有"取$_4$"例证,
有一些所表示的事件显然不是正在进行中的。例如:

⑩a. 婆出,当有一人与婆语者,即记取姓名,勿令漏泄。
(朝野金载,《太平广记》卷一七一)

　　b. 问我新从何处来,听取老夫细祗对。(《敦煌变文集》
610 页)

　　c. 汝今帝释早须归,领取眷属却回去。(《敦煌变文集》
632 页)

这几个例子中"V 取"都是表示未然事件的,而不是表示正在
进行的动作行为。

(3)"了""着"是体标记,与被动句不排斥。例如:

⑪a. 若只怎么休去,却是妙喜被渠问了,更答不得也。
(大慧普觉禅师书,《汇编宋》224 页)

　　b. 被一个云游和尚引着一个道人在此住持。(水浒全
传·六回)

"取$_3$""取$_4$"排斥被动句,我们调查的所有"V 取"句子只有两
例是出现在被动句中,且这两例的"取"都不是"取$_3$""取$_4$",而
是"取$_2$"。例子如下:

⑫a. 昨日必是立旗招安,为贵朝军马袭取。(三朝北盟汇
　　编,《汇编宋》109 页)

　　b. 灵神听启:成都府住,奈张叶自幼攻书。因往宸京,
　　　路途里被劫取。(张协状元,《汇编宋》543 页)

(4)"了""着"对句子主语的语义类型没有选择性,"取₃"
"取₄"对句子主语的语义类型有选择性,排斥受事成分充当句
子主语,这一点在我们收集到的例子中未发现例外,有几个例
子是受事成分充当主语,但其中的"取"是"取₂"。例如:

⑬a. 口上珊瑚耐拾取,颊里芙蓉堪摘得。(游仙窟,《汇编
　　唐》3 页)

　　b. 酌量诸夏须平取,期刻群雄待遍锄。(李山甫:代孔
　　　明哭先主,《全唐诗》7363 页)

　　"取₃""取₄"与"了""着"的以上四点差异从不同角度证明
了"取₃""取₄"不是动态助词。如果它们是动态助词,就不应
该对所与搭配的 V 的自主与非自主语义特征有选择性;如果
它们是动态助词,表示完成和状态持续,就不可能会出现在与
完成、持续相矛盾的未然事件句中。所以第(1)(2)两点差异
已经可以充分证明它们不是动态助词。至于第(3)(4)两点,
是在它们真正的语法意义的作用下产生的句法表现,虽然与
动作行为的过程特征没有直接关系,但也从另一个角度说明
它们不是动态助词。

3　我们对取₃、取₄的性质和功能的看法

　　根据上述第(1)(2)两点差异,说明"取₃""取₄"并不是作
体标记的动态助词,根据上述第(3)(4)两点差异,可以看出,

"取₃""取₄"虽然已经虚化了,但还没有完全丧失动词性质。因为只有动词才有对句子主语的语义类型有选择能力,而在含"取₃""取₄"的句子中,"取"前的动词都是自主的行为动词或状态动词,它们对受事主语并没有排斥性,所以对受事主语的排斥显然来自"V取"的结合,或者说主要来自"取"字。所以我们认为,"取₃""取₄"的性质仍是动词,在句子中作补语。不过,"取₃""取₄"的补语功能与"取₂"的补语功能显然又是有差异的。"取₂"含有明显的"取得"义,"取₃""取₄"大多已经完全没有了"取得"义,有些情况下即使还带有一点"取得"义的影子,但也是非常弱的。比较下面的例子:

⑭a. 司徒下燕赵,收取旧山河。(杜甫:散愁二首(其一),《全唐诗》2438 页)

b. 彼此不忘同心结,收取头边蛟龙枕。(王建:赠离曲,《全唐诗》3381 页)

c. 今日临行尽交割,分明收取媚川珠。(李曜:赠吴圆,《全唐诗》8718 页)

以上前一个例子中的"取"有着明显的"取得"义,是"取₂",后两个例子中的"取"虽然同样是与"收"组合,也还有一点"取得"义的影子,但却是非常弱的,是"取₃""取₄"。根据这种情况,如果将"取₃""取₄"归入结果补语,那也是不合适的。

吴福祥(1998)在重新检讨完成体助词"了"的来源时,对下面这样一些例子中的"了"的性质和功能有新的认识:

⑮a. 欺枉得钱君莫羡,得了却是输他便。(王梵志诗·欺枉得钱君莫羡)

b. 王陵只是不知,或若王陵知了,星夜倍程入楚,救其

慈母。(敦煌变文集·汉将王陵变)

　　c.伤嗟世上人男女,成长了不能返思虑。(敦煌变文集·

父母恩重经讲经文)

他认为上述例子中的"了"是动相补语(phase complement)。

　　我们认为吴福祥对上述例子中"了"的功能的新认识是正

确的,同时我们也认为,"取₃""取₄"的功能与上述例子中的

"了"的句法功能是一致的,也应是动相补语。吴福祥对于

"取"字既认为它有动相补语功能,同时又认为它有动态助词

功能。可是他所举的"取"的动相补语的例子,我们找不出与

"取₃""取₄"(即他所认为的动态助词)的显著差异。

　　动相补语这个概念是赵元任(1980,228—230页)提出来

的,丁邦新译成"状态补语"。赵先生举了几个现代汉语作动

相补语的词,其中包括"着"和"了"。对于动相补语的功能,赵

先生认为是表示首位动词的"相"(丁译为"状态"),这个"相"

具体是什么,赵先生没有说,根据他所举的例证,可以看出,

"相"即是动作行为或状态的达成,或者说动作行为"有结果"

(吴福祥 2001—2002,25页)。根据我们对"取₃""取₄"用例的

考察,都可以作与此相同的解释。

　　不过,在唐宋时期,动相补语除了"取""了"之外,还有

"得""着""却""将"等,它们共同的语法意义是表示动作行为

或状态的达成,但是受它们各自来源的影响,彼此之间还是有

细微的语义差别的,拿"取"和"却"来说,"取"多含有"内向"的

意义,而"却"则多含"外向"的意义。这种意义差异导致了它

们搭配动词的差异,"取"与"收""买""成""接""合""记""留"

"写""画"等动词搭配,而"却"则多与"杀""斩""斫""卖""放"

等含[＋致失]语义特征的动词搭配,此外还可以与"老""冷"等具有消极变化意义的形容词搭配,两者的搭配范围大体上呈互补状态。也正是由于这种意义上的细微差异,导致它们与趋向动词搭配能力的差异,比如"将"由于本身表示的达成意义没有方向性,所以就经常与趋向动词"来""去"搭配(参见曹广顺1995,46—61页),而"取""却"由于有比较明确的方向性,所以一般不与趋向动词"来""去"搭配(参见曹广顺1995,10—16页,61—71页)。

4 "取₅"的性质和功能

曹认为"取₅"是词缀,认为它"不是用来表示动态的,这类例句:①都是陈述一些未然的事件;②都带有祈使、劝诱的意思……在这种情况下,'动＋取'①就等于'动',要求或劝说动作主体做某种动作"(1995,67页)。曹对"取₅"出现的语境的观察和分析是正确的,但是将"取₅"定性为词缀我们觉得可以讨论。

我们认为"取₅"是一个助词,它附着在动词后面,表示该动作行为是说话人的一种愿望,可以称为意愿态助词。

我们说它是一个助词而不是一个词缀,有两点理由:

(1)"取₅"不是必有的,当句子中有别的成分来表示说话人的主观意愿时,"取₅"就不出现。例如:

⑯a.摘取芙蓉花,莫摘芙蓉叶。(王昌龄:采莲曲三首(其三),《全唐诗》277页)

---

① "取"原文误排作"将"。

b. 古歌旧曲君休听,听取新翻杨柳枝。(白居易:杨柳枝,《全唐诗》397 页)

c. 劝君莫惜金缕衣,劝君惜取少年时。(无名氏:金缕衣,《全唐诗》406 页)

d. 试留青黛着,回日画眉看。(本事诗·情感第一)[比较:留取老桂枝,归来共攀折。(皎然:答道素上人别,《全唐诗》9214 页)]

e. 何不高声问着?(《景德传灯录》卷十三)[比较:欲识桃花最多处,前程问取武陵儿。(独孤及:送别荆南张判官,《全唐诗》2779 页)]

前三个例子都是肯定句与否定祈使句相对,肯定句中用了"取₅",而相对的否定祈使句中因为有祈使否定词"莫"表示了说话人强烈主观意愿,所以都不用"取₅";后两个例子中句末带"着"的句子都是祈使句,对于句中的"着"字的作用,吕叔湘有很精辟的论述:"如欲以一语通概'着'字之语气,可曰,宣达言者之意志,而尤以加诸彼方,以影响其行为为其主要作用。"(1984,66 页)所以,后两个句子由于句末有这样一个语气词存在,故动词后就不再使用"取₅"

(2)"取₅"不仅可以加在单音节动词之后,也可以加在双音节动词之后。这种例子在唐诗中即可见到。例如:

⑰a. 欲知妾意恨主时,主今为妾思量取。(元稹:苦乐相倚曲,《全唐诗》4609 页)

b. 他日为霖不将去,也须图画取风流。(曹松:南海陪郑司空游荔园,《全唐诗》8244 页)

在《朱子语类》中更为多见。例如:

c. 今既要理会,也须理会取透;莫要半青半黄,下梢都
　　不济事。(朱子语类·学三)

d. 又曰:"世间只有个阛阓内处,人须自体察取。"(朱子
　　语类·论语一)

e. 某说:"若如此,则前面方推这个心去事亲,随手又去
　　寻摸取这个仁;前面方推此心去事兄,随手又便着一
　　心去寻摸取这个义。"(朱子语类·论语十七)

f. 当事亲,便当体认取那事亲者是何物,方识所谓仁;
　　当事兄,便当体认取那事兄者是何物,方识所谓义。
　　(朱子语类·论语十七)

"取₅"的功能是表示说话人的主观意愿,受这种语义功能
的影响,"取₅"有下列句法表现:

(1)"取₅"附着的动词所表示的动作行为都是施动者可以
控制的,据我们的调查,唐宋时期出现在"取₅"前的动词共有
89个,全部是自主动词。

(2)"取₅"大量出现于祈使句中。例如:

⑱a. 劝君多买长安酒,南陌东城占取春。(刘禹锡:戏赠
　　崔千牛,《全唐诗》4115页)

b. 分明记取星星鬓,他年相逢应更多。(刘禹锡:重寄
　　表臣二首(其一),《全唐诗》4125页)

c. 还有会处,会取好。莫道总是都来圆取。(《景德传
　　灯录》卷二十五)

d. (净)赶出去桥亭上眠。(生)看取同人劝您。(张协
　　状元,《汇编宋》567页)

但是,也应注意到,"取₅"并不仅限于出现在祈使句中,像

唐诗中的下列句子都不是祈使句：

⑲a. 今生已过也，结取后生缘。（开元宫人：袍中诗，《全
唐诗》8966 页）

b. 几时身计浑无事，拣取深山一处居。（姚合：寄崔之
仁山人，《全唐诗》5647 页）

c. 少年花蒂多芳思，只向诗中写取真。（段成式：嘲飞
卿七首（其一），《全唐诗》6769 页）

d. 何人借与丹青笔，画取当时八字愁。（吴融：即席，
《全唐诗》7878 页）

e. 韩员外家好辛夷，开时乞取三两枝。（元稹：辛夷花，
《全唐诗》4326 页）

f. 若为种得千竿竹，引取君家一眼泉。（顾况：送李山
人还玉溪，《全唐诗》2969 页）

g. 借取秦宫台上镜，为时开照汉妖狐。（徐寅：咏怀，
《全唐诗》8146 页）

h. 独酌还独语，待取月明回。（白居易：对新家醖玩自
种花，《全唐诗》5230 页）

i. 明朝欲向翅头山，问取禅公此义还。（皎然：问遥山
禅老，《全唐诗》9250 页）

j. 春醒酒病兼消渴，惜取新芽旋摘煎。（陆希声：阳羡
杂咏十九首·茗坡，《全唐诗》7914 页）

（3）含"取₅"的句子排斥被动句和一般受事主语句，在我
们所调查的语料里没有一个"取₅"出现在被动句的例子，出现
在受事主语句的例子有，但动词前要么有施动主语出现，要么
省略了施动主语，没有一个只有受事主语而不存在施动主语

的例子。例如：

⑳a. 元和妆梳君记取，髻堆面赭非华风。（白居易：时世
妆，《全唐诗》4705页）

　b. 木雁一篇须记取，致身才与不才间。（白居易：偶作，
《全唐诗》5180页）

　c. 因谓帝曰："佛性非见，必见水中月，何不攫取？"（《景
德传灯录》卷七）

以上第一个例子动词前出现了施动主语，后两个例子省略了
施动主语。

　(4)除了祈使句外，"取₅"与其他一些能体现说话人主观
态度或意愿的句式也有亲和力，如表示测度询问的句式和表
示反诘的句式都能显示说话人的主观态度和意愿，所以"取₅"
可出现在这样的句式中。例如：

㉑a. 这些道理如此分白，不如早了，却是和好。各自守取
道理莫好？（乙卯入国奏请(并别录)，《汇编宋》21页）

　b. 既称绝世无，天子何不唤取守京都？（杜甫：戏作花
卿歌，《全唐诗》2308页）

目的复句和假设复句的主句常含有说话人的主观意愿，所以
"取₅"也可以出现在这样的句式中。例如：

㉒a. 为报艳妻兼少女，与吾觅取朗州场。（李令：寄女，
《全唐诗》9874页）

　b. 深藏数片将归去，红缕金针绣取看。（刘言史：看山
木瓜二首(其二)，《全唐诗》5326页）

　c. 若遇丈夫皆调御，任从骑取觅封侯。（秦韬玉：紫骝
马，《全唐诗》198页）

　　d. 若也丈夫相公欢喜之时,所得钱物,阿郎一一领取。

　　(庐山远公话,《汇编唐》262 页)

以上前两个例子是目的复句,后两个例子是假设复句,主句都表示说话人的意愿,都出现了"取₅"。

　　(5)与上一条形成对照的是,由于"取₅"表示的是说话人的积极意愿,亦即希望动作行为能发生,而汉语中的一般否定(即使用"不"字否定)本身却带有消极意愿①,所以"取₅"绝对不在一般否定句中出现②。

　　表示意愿态的助词"取"在汉语通用语中已经消亡了,但在广西的平话中还保留着。例如:③

　　㉓a. 我不坐车,我走取——我不坐车,我走着去。

　　b. 你拿取过来,不要扔取——你拿过来,不要扔。

　　c. 亚种菜炒取吃好吃。(炒着吃好吃)

　　d. 亚种药含取,莫吞落去!(别吞下去)

　　(本文与谷峰合写,原载《汉语史学报》第五辑,

上海教育出版社,2005 年)

────────────

　　①　赵元任(1980,388 页)指出:用"不"往往有"不肯"的意思。朱德熙(1982,200 页)说:"'不'加在表示动作的动词或词组前边往往是对某种意愿的否定(不愿意、不肯、不想)。"

　　②　"取₅"也不在动态否定句中出现,这是由于"取₅"表示意愿,所以句中动词所表示的行为都是未然的,而动态否定是表示对动作行为的已然的否定,两者相冲突,倒不是由于两者在意愿性上有什么矛盾。

　　③　例 a、b 是我们调查的例子,例 c、d 引自覃远雄等《南宁平话词典》。

第五章 语法化
问题(二)

"非 X 不可"格式的历史演化和语法化

现代汉语口语中单用的"非"是一个情态副词[①]，赵元任说它表示"强硬的肯定"（1980，388 页）。例如：

①他非要自己来。（赵元任 1980，388 页）

②我说下雨天凉，让你换长裤，你非抖骚，穿短裤。（王朔：永失我爱）

赵元任说这种用法的副词"非"是"非 X 不可"的省略式，《现代汉语八百词》也采纳了赵的说法（1980，179 页）。从来源上说，赵的说法是完全正确的。不过，现在北京话里"非"字已经取得了独立的情态副词的地位，不仅常常后面不出现"不可"等词，而且在很多情况下很难再加上"不可"等词了。[②] 例如：

③怎么解释她也不听，非说有人看见了。（王朔：永失我爱）

"非"的这种情态副词用法是"非 X 不可"这个格式语法化的一个结果。

本文分三节，前两节讨论三个问题：一、"非 X 不可"格式的历史演化情况；二、"非 X 不可"格式的结构语法化；三、

---

① 情态副词过去一般叫做语气副词，赵元任管它叫"评价副词"，张谊生管它叫"评注副词"。我们认为这类副词属于 modality 范畴，modality 现在一般翻译作"情态"，所以我们把这类副词叫"情态副词"。

② 在一些方言里，甚至已不再有"非……不可"之类的格式，如笔者的家乡安徽省庐江县话（属江淮官话）就是如此。

"非……不可"的功能语法化以及单用"非"字的产生。最后一节就本文涉及的一些现象谈一点我们的认识。由于篇幅所限,行文中引例不得不尽量减少,这一点还请读者原谅。

1

1.1 古代汉语中很早就有"非 X 不 Y"格式,是一种强调格式,通过"非""不"的双重否定强调 X 是 Y 的必要条件。这种格式在春秋和战国早期的文献里已经比较常见。例如:

④析薪如之何? 匪斧不克;取妻如之何? 匪媒不得。(诗经·齐风·南山)

⑤天子非展义不巡守,诸侯非民事不举,卿非君命不越竟。(左传·庄公二十七年)

这一格式强调的对象是 X,X 因此成为说话人的移情对象,所以这一格式也常常用来表达说话人的主观推论。例如:

⑥五十非帛不暖,七十非肉不饱。(孟子·尽心上)

⑦交非我不亲,怨非我不解。(韩非子·三守)

"非 X 不可"是"非 X 不 Y"的一种特殊表现形式,最早的例子见于《左传》:

⑧君子曰:"忠为令德,非其人犹不可,况不令乎?"(左传·成公十年)

到战国晚期秦汉时期,这个格式越来越常见。例如:

⑨今欲并天下,凌万乘,诎敌国,制海内,子元元,非兵不可!(战国策·秦策一)

⑩君且欲霸王,非管夷吾不可。(史记·齐太公世家)

受"非 X 不 Y"格式表达主观推论的影响,"非 X 不可"格式从一开始就用来表示对某种事理必要性的主观推论和强调,成为一种主观表达格式。

战国秦汉时期的"非 X 不可"格式在形式上有这样几个特点:(1)在先秦文献里这个格式还比较松散,"非 X"与"不可"之间还可以打开,插入别的成分,如例⑧的"非 X"与"不可"之间插入了连词"犹"。再如:

⑪唯吾谓,非名也则不可。(墨子·经说下)

⑫是故求其诚者,非归饷也不可。(韩非子·外储说左上)

以上两例都插入了助词"也"字,例⑪还插入了连词"则"字。"也"的作用是与"非"一起表示否定判断,"则"起关联作用。从例⑧⑪⑫可以看出,当时"非 X"与"不可"还是关系比较松散的两个命题,它们既相互依存,又各自具有一定的独立性。不过,汉代以后这种情况就发生了变化,呈现出明显的凝固化倾向,《史记》中有 4 个例子,都是凝固化的,如例⑩。(2)"非 X"构成一个否定判断,X 既可以是体词性的,也可以是谓词性的,但这个时期 X 多由体词性成分充当,我们在先秦两汉文献中检索到这种格式 14 例,其中 10 例都是由体词性成分充当的。(3)在先秦两汉时期,"非 X 不 Y"格式总是成句的,因此是一个有界化格式①,但"非 X 不可"在这个时期却没有完全有界化,有时它的后面可以直接接后续谓语。

---

①　有界化在不同层次上有不同的表现。这里的有界化是在句子层次上说的,指的是句子成分的成句性程度,比如现代汉语里句末语气词"了""呢"等具有很强的成句性作用,所以它们是句子层次上的一种有界化标记。

例如：

⑬非易不可以治大,非简不可以合众。(淮南子·诠言训)

⑭船非水不可行。(说苑·杂言)

1.2 到了唐宋时期,"非 X 不可"格式不仅使用频率进一步提高,在形式上也有显著变化,主要表现在三个方面:其一,该格式已经完全凝固化了,"非 X"与"不可"之间不再能打开插入其他成分。其二,X 由谓词性成分或小句充当的大幅度上升,显示出强烈的谓词化倾向。我们在《太平广记》和《朱子语类》中共检索到该格式 28 例,其中 X 由体词性成分充当的 15 例,由谓词性成分或小句充当的 13 例,彼此已不相上下,这与先秦两汉时期相比,有了显著的变化。X 是由体词性成分充当的。例如:

⑮非君不可正此狱。(太平广记·卷 296·董慎,出《玄怪录》)

⑯和戎之使且须谙练朝廷事,非(李)揆不可。(太平广记·卷 436·卢杞,出《嘉话录》)

X 是谓词性成分或小句的。例如:

⑰但以事机密,虑有所泄,非生人传之不可。(宣室志·淮南军卒)

⑱若《孟子》《诗》《书》等,非读不可。盖它首尾自相应,全藉读方见。(朱子语类·卷 118·训门人六)

其三,该格式的有界化程度进一步增强,已发展到接近完成的阶段。《太平广记》和《朱子语类》中的 28 例只有两例有后续谓语,例⑮是其中之一,另一例是:

⑲非修道不可以延生也。(太平广记·卷 59·太玄女,出《女仙传》)

1.3 明清时期的文献里,"非 X 不可"格式的使用极不均衡,有些文献里比较多见,如《三国演义》(13 例)、《东周列国志》(6 例)、《聊斋志异》(8 例)等,而有些文献里却相当罕见甚至不见,如《三言》(4 例)、《金瓶梅》(无)、《儒林外史》(无)、《红楼梦》(无)、《儿女英雄传》(1 例)等。造成这种分布不均衡现象的原因很可能是这种格式的书面化和文言化。我们可以看到,上述三部用例较多的文献都是文言性作品或文言性较强的作品,而用例罕见或不见的文献则都是口语性较强的作品。

大概也正是由于明清时期这种格式已经书面化文言化了,所以这个格式在用法上也呈现出文献不均衡性,突出的一点就是,X 的谓词化在不同文献中呈现出显著不均衡性。有些文献中 X 由谓词性成分或小句充当的占绝对优势,如《东周列国志》中 6 例有 5 例的 X 是谓词性的或小句,《聊斋志异》中 8 例有 6 例的 X 是谓词性的或小句。而有的文献中 X 由体词充当的又占绝对优势,如《三国演义》13 例,其中的 X 全部是体词性的。此外,文言化还使得该格式的有界化出现停滞甚至复古,比如《三国演义》13 例中就有 4 例"不可"后面有后续谓语。例如:

⑳非子衡不可为媒。(三国演义·五十四回)

㉑非一二年不可平复。(三国演义·五十九回)

不过,尽管这个时期该格式有明显的文言化倾向,但还是有一些非常值得注意的变化。具体有以下两点:(1)当 X 由谓词性成分或小句充当时,该格式已经完全有界化了;(2)在晚清的一些南方官话背景的小说中出现了"非得 X 不可(成/行)"格式。① 例如:

㉒姓王的不能这么好惹的,非得见个上下不成。(狐狸缘全传·十五回)②

㉓然而要办这件事,非得要先把几个当权的去了不行。(二十年目睹之怪现状·五十三回)

(3)在晚清南方官话背景的小说中还出现了一种新的用法——强调纯粹的主观意愿。例如:

㉔(二郎)怒发冲冠的道:"我非得将他们的尸灵皮斩尽不可!"(狐狸缘全传·十九回)

这种用法与表示对客观事理必要性的推论和强调的区别在于,这种用法没有了事理的前提,只强调说话人或施动者的主观意愿。

1.4 清代以北京话为语言背景的作品如《红楼梦》《儿女英雄传》等都不用或极少使用"非 X 不可"格式,说明清代北京话里基本上不用这个格式。可是到 20 世纪 30 年代以后以

---

① "非得 X 不可"在《东周列国志》中已见用例:此事非得先子会不可。(四十八回)此书在元代即有话本流传,明代余邵鱼据以撰《列国志传》,其后冯梦龙改订为《新列国志》,到了清朝乾隆年间,蔡元放又予以删改润色,定名《东周列国志》。所以此书的语言背景比较复杂,而且只有一个例子,我们还不能据以确定"非得 X 不可"格式在元明时期或清中叶就有了。

② 《狐狸缘全传》作者不详,有人怀疑是清末的邹弢,邹是江苏无锡人。作品故事以浙西为背景,所以这部小说的语言背景是南方官话应无问题。

老舍为代表的北京作家作品中,"非 X 不可"格式却一下子多起来,这种情况当是文言形式重新进入到北京口语的结果,同时南方官话对北京话的影响也是一个可能的原因,有关问题还值得进一步研究。

20 世纪北京话中的"非 X 不可"有三种用法:

(1)表示对事理必要性的推论和强调。例如:

㉕他讨厌他们,鄙视他们,可又非跟他们打交道不可。

　　(老舍:正红旗下)

㉖我们合计,要搬倒这洋人还非大梦拳不可。(王朔:千

　　万别把我当人)

(2)表示对事理必然性的推论和强调。例如:

㉗"先偷个馒头垫垫底儿!"天赐自己知道非失败不可了。

　　(老舍:牛天赐传)

㉘阿眉的身体越来越糟,再这么搞下去,非停飞不可。

　　(王朔:空中小姐)

(3)强调主观意愿。例如:

㉙"偏不是老虎,是鳄鱼!"一个非说老虎不行,一个非讲

　　鳄鱼不可。(老舍:小坡的生日)

㉚"非去不可非去不可!"学生们固执地要求,一齐动手

　　拉。(王朔:一点正经没有)

以上第二种用法不见于 20 世纪以前的历史文献,是 20世纪北京话里新发展出来的。由于是新兴的用法,其使用频率就不如另外两种用法,请看上述三种用法在老舍作品中的使用情况:

作品 语义类型	老舍作品:213 例
事理必要性推论和强调	34.5%
事理必然性推论和强调	20%
强调主观意愿	45.5%

20 世纪北京话里"非 X 不可"格式不仅产生了一种新的用法,在其他方面也有显著变化,概括起来有以下四点:(1)强调主观意愿的用法虽然产生于晚清,但我们只见到一个孤例,可是在老舍的作品中这种用法的使用频率陡然上升,成为该格式的主要用法。这一变化从上表就可以清楚地看出来。(2)该格式的有界化已经完成,不仅 X 由谓词性成分或小句充当时已经完全有界化,X 由体词性成分充当时也已经有界化了,后面不再能出现任何后续谓语。与此相应,该格式后面可以加体标记"了",并且可以作为一个整体充当定语或进入"是……(的)"格式。例如:

㉛直到除夕了,非买东西不可了,她才带着二姐一同出征。(老舍:正红旗下)

㉜这些非应酬不可的应酬,提高了母亲在亲友眼中的地位。(老舍:正红旗下)

㉝不管怎样吧,大舅妈是非来不可的。(老舍:正红旗下)

(3)该格式表示对事理必然性的推论和强调以及强调主观意愿时,X 都只能由谓词性成分或小句充当,在表示对事理必要性的推论和强调时,X 由谓词性成分或小句充当的也成为绝对优势。我们在老舍作品的 213 例中只发现 1 例 X 由体词充当。据此我们有理由认为,在现代北京话里,该格式中的 X 由体词性成分充当已是文言的滞留,该格式中 X 的谓词化已经基本完成。(4)该格式在 20 世纪北京话里乍盛乍衰。以老舍作品为代表的 20 世纪上半叶,该格式突然盛行;而到了以王朔作品为代表的下半叶,该格式又迅速衰微。在老舍作品中我们共检索到"非 X 不可"213 例,还检索到异形同义的"非 X 不行"8 例、"非 X 不成"1 例,共 222 例。在王朔作品中我们只检索到"非 X 不可"10 例,没有检索到"非 X 不行"和"非 X 不成"这两种异形同义格式。

以上四点变化前三点与该格式的语法化相关,最后一点则与单用的"非"字的产生与迅速膨胀直接相关,这两个问题我们在下一节讨论。

2

2.1 "非 X 不可"格式的结构语法化

"非 X 不可"格式的语法化包括结构语法化和功能语法化两个方面,这里先讨论其结构语法化。该格式的结构语法化指的是该格式由松散的非有界化的双命题话语格式演变为凝固的有界化的单命题语法形式。

该格式的结构语法化包含三点变化,即该格式的凝固化、有界化以及 X 项的谓词化。

该格式产生于先秦时期,是"非 X 不 Y"格式的一种特定表现形式,它的初始形式是松散的,"非 X"与"不可"之间可插入关连成分或其他成分,如例⑧⑪⑫等。从汉代开始,该格式就呈现出明显的凝固化倾向,不过,我们在东汉的《论衡》里仍能见到这样的例子:

㉞文挚对曰:"非怒王,疾不可治也。"(论衡·道虚篇)

到了唐宋时期,该格式完成了凝固化过程,"非 X"与"不可"之间不再能打开插入其他成分,那时该格式已经变成一个凝固化的熟语格式。

　　该格式的有界化也开始于上古时期,《史记》中的 4 个例子,都独自成句。但当时该格式还只是具有有界化的倾向,并未彻底有界化,在先秦两汉文献中检索到的 14 例中有 5 例"不可"后面出现了后续谓语,这表明当时非有界化的用例比例还是相当高的。到了唐宋时期,该格式的有界化程度大幅度提高,《太平广记》和《朱子语类》里的 28 例中只有 2 例有后续谓语,这表明在唐宋时期该格式的有界化程度已经相当高了。不过,该格式有界化的最终完成则要到 20 世纪的现代汉语,其原因主要是在明清时期该格式一度文言化了,阻碍了其有界化的发展。

　　在先秦两汉时期,该格式中 X 可以是体词性成分,也可以是谓词性成分,但体词性成分占绝对优势,到唐宋时期,X 有谓词性成分或小句充当的使用比例才开始大幅度上升,所以该格式中 X 的谓词化是从唐宋时期开始的。X 的谓词化,既有该格式的内部原因也有当时的外部原因。就内部原因而言,随着该格式的凝固化和有界化,"非 X"的独立性被格式完全吸收掉,由原来的双命题变成了单命题,"非……不可"合起来变成该格式的命题谓语,这使得"非"字的否定判断作用被削弱了。① 与此同时,该格式的强调功能也随着格式的凝固化和有界化而得到进一步增强,相应地,"非……不可"的命题谓语功能就被

---

　　①　在上古时期,"非"字在一般判断句中与句末的"也"字一起构成否定判断。在先秦两汉时期的"非 X 不可"格式中,由于句法的紧缩,表示判断的"也"字往往被删约(也有不删约的,如例⑪⑫),因此"非"字实际上是独自承担了否定判断的作用,"非 X"构成一个否定判断命题。

削弱了。"非……不可"的命题谓语功能被削弱,就要求其中的 X 的可独立性要有所增强。在可独立性方面,谓词和小句明显高于体词,因此导致了 X 的谓词化。至于外部原因,我们认为有两点,其一是唐宋时期"非"字的书面语化、文言化以及它的否定判断功能的丧失。"非"字在上古汉语里虽然是个副词,但是在否定判断句中,由于句末"也"字的语气词化和功能泛化,其否定判断作用主要是由"非"字承担的。到了唐宋时期,口语中的否定判断句已经广泛使用"非是"和"不是"①,单用"非"字成为书面语形式或文言形式,因此在当时的口语中"非"字单独表示否定判断的作用就逐渐丧失了。"非 X 不可"格式虽然是从上古汉语继承下来的,但该格式活在唐宋时期的口语当中,就不能不受到当时口语的影响,因此该格式中"非"字否定判断作用的削弱也是不可避免的。"非"字否定判断作用的削弱,也就意味着放宽了 X 的属性限制。② 其二是

---

　　①　系词"是"字产生于秦汉时期,到东汉已经发展成熟,当时否定判断开始使用"非是"(参见唐钰明 2002,242 页)。例如:

　　此是轮上嬉戏使肠结如是,食饮不消,非是死也。(安世高译《㮤女祇域因缘经》,转引自唐钰明 2002,242 页)
到了唐代,否定判断开始使用"不是"。例如:
　　你亦不是人,妻子亦不礼汝。(《朝野佥载》卷五)
　　②　上古时期判断句的判断谓语由体词性成分充当是一般规律,由谓词性成分充当的较少见,由小句充当则必须插入结构助词"之"使它变成一个体词性的短语。"非"字产生于上古时期,因此它与这种句法规律相匹配。即使到了唐宋时期,"非"字单独用于判断句时仍基本上保持着这样的匹配规律。根据我们对《朝野佥载》和《朱子语类》前十五卷的统计,"非"字单独用于判断句时,其后的判断谓语由体词性成分充当的比例与由谓词性成分或小句充当的比例分别是:33 比 8,99 比 58(比较:《朱子语类》前十五卷中"不是"后面的相应成分的体谓之比是 125 比 177)。

唐宋时期判断句中判断项由谓词性成分充当的使用比例的整
体上升。我们调查了《朱子语类》前十五卷中由"不是"构成的
判断句的判断项,由体词性成分充当的 125 例,由谓词性成分
或小句充当的 177 例,且小句作判断项时一律不采取体词化
手段。这种情况自然也会对"非 X 不可"格式中的 X 产生影
响。

明清时期,尽管该格式文言化了,但是除个别文献外,X
的谓词化还是有了较大发展,到了 20 世纪北京话里,这个演
化过程基本上完成了,非谓词化的用例已经极为少见,可以视
为历史滞留的残迹了。

综上所述,该格式结构语法化的三方面形式变化或起始
于汉代,或起始于唐宋时期,各自完成的时间也不一致。到
20 世纪的北京话里,演变最为迟缓的 X 的谓词化也基本上完
成了演变过程,至此该格式的结构语法化亦即单命题化也就
宣告完成了。在 20 世纪北京话里我们可以看到一个事实,任
何一个双命题格式,不论它是松散的还是凝固的,都存在两个
语义重心,表现在语音上就是可以拥有两个逻辑重音。拿与
"非 X 不可"格式相近的"非 X 才 Y"格式做例子,这个格式是
双命题格式,它拥有两个语义重心,语音上就可以拥有两个逻
辑重音。例如:

㉟新发下来的衣服鞋袜,他都不肯穿,非到迫不得已的时
候才换上。(老舍:无名高地有了名)

㊱你瞧你,我说一句,你说十句,成心使矛盾升级。怎么
着? 非弄成动乱你才舒坦?(王朔:永失我爱)

与"非 X 才 Y"格式相反,"非 X 不可"格式无论表示哪种意义

都只拥有一个语义重心,在语音上只可能有一个逻辑重音。请看前文的例㉕至㉚,每个例子中的"非 X 不可"都只能有一个逻辑重音。这一事实就是该格式单命题化的有力证据。

2.2"非……不可"的功能语法化及单用"非"字的产生

"非……不可"格式的功能语法化指的是该格式由命题谓语演变为纯粹表示说话人对待命题的立场、态度或情感的高位谓语。

"非……不可"的功能语法化是与"非 X 不可"格式的意义演化联系在一起的。该格式的结构语法化发展到明清时期,尽管尚未最终完成,但是在有些文献里它的结构语法化程度已经相当高了,当 X 由谓词或小句充当时已经完全有界化了,这表明该格式在此情况下已经单命题化了,这一点为"非……不可"的功能语法化提供了结构条件。另一方面,该格式从一开始就是一个主观表达格式,唐宋以后,随着该格式结构语法化也就是单命题化程度的提高,它表达主观强调的功能也在逐步增强。到了清末,就由推论和强调事理必要性发展出强调主观意愿的用法。该格式表示对事理必要性的推论和强调时,实际上也包含着说话人或施动者的主观意愿,但是这种用法上一般都有一个表示原因(事理)的前提,这种前提的存在抑制了说话人或施动者的主观意愿,因而成了一种推论。当说话人或施动者完全抛开事理,那么该格式就只剩下表达主观意愿的意义了,所以,该格式强调主观意愿这用法是该格式原始意义的自然引申。这种新的用法只表达说话人或施动者的主观意愿,是一种纯粹表达主观性的用法,也就是说,在这用法上该格式完全主观化了,因而促动了"非……不可"的高位谓语化。

由于清代文献中这种新的用法只有个别例子，无法从中看出该格式中"非……不可"的高位谓语化。到 20 世纪的北京话里，这种用法已经成为该格式的主要用法，我们可以从 20 世纪北京话的文献中清楚地看到这种用法上"非……不可"的高位谓语化。

首先，这种用法上，该格式中的 X 只能由谓词性成分或小句充当，绝对不允许由体词性成分充当，这说明这种用法上要求 X 必须具有可独立性。其次，这种用法上，"不可"后面不能有体标记"了"。前文说过，20 世纪北京话里该格式后面可以加体标记"了"，但是体标记"了"实际上只能加在第（1）种用法和第（2）种用法的"不可"后面，前者如例③，后者如例②。当该格式表示第（3）种用法也就是强调主观意愿时，"不可"后面是不能加"了"的。为什么这种用法上"不可"后面不能加"了"？原因只能有一个，那就是"非……不可"已经高位谓语化了。因为高位谓语是情态谓语，这决定了它所在的命题不可能成为一个事件命题，而只能是一个非事件命题，非事件命题是不能加体标记的。第三，这种用法上，该格式的逻辑重音在"非"字上，而且是唯重音项。北京话里"非 X 不可"格式的三种用法其逻辑重音各不相同，第（1）用法的逻辑重音一般在"不可"上，它表明这种用法上"非……不可"还是命题谓语；第（2）种用法的逻辑重音一般在 X 上，它表明这种用法上"非……不可"的命题谓语功能已经非常弱了（不过，这种用法上后面还可以有体标记"了"，说明"非……不可"还没有完全丧失命题谓语功能）；第（3）种用法的逻辑重音在"非"上，且"非"字是唯重音项。我们知道,在现代汉语北京话里,状语位置上的副词只有成为唯高位谓语,才会成为唯重音项,所以,这种用法上的逻辑重音转移到"非"字上,使它成为唯重音项,只能表明"非……不可"已经丧失了命题谓语功能,成为一个纯粹的高位谓语。

"非……不可"在强调主观意愿这种用法上语法化为高位谓语,此时"非"字成为唯重音形式,而"不可"则变成了轻读形式。我们知道,现代北京话里语流轻重音是与所负载的信息量成正比的,重读形式负载的信息量大,轻读和轻声形式负载的信息量小。所以"非……不可"的语流轻重音的不同反映了它们各自所负载的信息量的不同,"非"字在此高位谓语中负载的信息量大,而"不可"负载的信息量小。为什么"非"和"不可"共同构成高位谓语,而它们各自所负载的信息量却不是均衡的? 这要从汉语高位谓语的一般分布规律角度来解释。高位谓语表达的是情态,汉语里表达情态的功能项一般都分布在命题谓语之前,也就是一般所说的状语的位置上。"非……不可"是由松散的话语形式凝固而成的一个结构,它语法化为高位谓语后,两个构成成分被命题谓语隔开了,这不符合汉语高位谓语的一般分布规律。根据语言的系统性和自组织功能,自然就会选择命题谓语之前的成分作为该高位谓语的主要功能负载项,这样"非"就获得了逻辑重音。"非"成为该高位谓语的主要功能负载项,"不可"就必然会变成一个功能羡余成分,这样它在语流轻重音上就变成了轻读形式。在话语中,功能羡余成分是很容易被语境吸收掉的,所以自 20 世纪上半叶起,随着"非……不可"作为高位谓语的大量使用,"不可"就开始脱落,形成了"非"字单独充当高位谓语的局面。到了 80—90 年代,"不可"脱落的现象越来越普遍,从而"非"字单用的时候也就越来越多。这就是 20 世纪北京话里"非 X 不可"格式乍盛乍衰而单用的"非"字却越来越普遍的主要原因。① 目前,根据我们对几位北京人的初步调查,作为高位谓语,"不可"尽管在语流中已经很少说出来,但在语言心理上(尤其是在中老年人的语言心理上),这个"不可"往往还是存在的,这也许就是《现代汉语八百词》未将作为高位谓语用的"非"字单独立一个义项的原因吧。不过,从我们对王朔作品的调查情况来看,有不少"非"充当高位谓语的用例已经很难补上"不可"了,所以我们认为"非"字已经取得了独立的充当高位谓语的情态副词的资格。

3

以上考察了"非 X 不可"格式的历史演化情况、结构语法化情况以及"非……不可"的功能语法化情况,其中有三点值

---

①　此外还有一个原因。情态副词"非"是由于高位谓语"非……不可"的羡余成分"不可"的吸收脱落而产生的,但作为一个新兴的情态副词,它的生命力非常强大,因此它回过头来又去兼并"非……不可"的其他用法。我们在王朔作品中,不仅可以看到它强调主观意愿的用法,而且也可以看到它表示对事理必然性的推论和强调的用法。例如:

(1)一个人,就算他挺无聊,也不见得就非是个流氓。(王朔:浮出海面)

(2)若不是杨重眼疾手快,一把托住于观,他非摔个头破血流。(王朔:你不是一个俗人)

这显然是"非"字兼并的结果,因为推论和强调事理必然性的"非……不可"格式中"非"字是不重读的,而这种单用的"非"字一般都是重读的,说明它虽然兼并了这种用法,却仍保留着它高位谓语的语音形式。

得在此提出来,以就教于方家。

(1)关于结构语法化与功能语法化。根据前文的考察,"非 X 不可"格式的语法化包括了结构语法化和功能语法化两个方面。该格式由松散的双命题话语格式演化为凝固的有界化的单命题语法格式,这是该格式的结构语法化,但是它的这种语法化既不是其功能语法化所引发的,也没有直接导致其功能语法化,直到今天,该格式在表示对客观事理必要性的强调时,它仍然没有语法化为高位谓语,所以该格式结构语法化的发生与其功能语法化没有关系。该格式的结构语法化为其功能语法化提供了结构基础,但功能语法化的发生却是由该格式所表达的主观性因素促发的,因此,从语法化的动因和过程角度看,其功能语法化也是独立于其结构语法化之外的。由此我们认识到,结构语法化和功能语法化是语法化的两个方面,或者说是两种不同的语法化。尽管在很多情况下这两种语法化总是交织在一起的,彼此互为因果或条件,但有时它们也会是各自独立的,因此我们在认识上将这两种语法化分开看来是有必要的。就汉语来说,如果我们对语法化的认识已经超越了传统的实词虚化的范围,那么有很多变异或演变现象都可以纳入语法化领域,这其中有不少现象只发生了结构语法化而没有发生功能语法化,也有不少现象只发生了功能语法化而没有发生结构语法化。比如汉语的双音节词,大多都是由双音节短语凝固而成的,董秀芳(2002)对此有很好的研究。由双音节短语演变为双音节词,这其实也是一种语法化,其中除了少数虚词之外,双音节实词的产生都只是发生了结构语法化,而没有发生功能语法化。再比如,汉语的副词有很多种,其中有些副词是由其他副词语法化而来的,比如弱读的语气副词"都"就是由范围副词语法化而来的,这种语法化是功能语法化,但没有发生结构语法化。即便是那些结构语法化与功能语法化交织在一起的语法化现象,将两者分开来看待也是有益的,这样至少可以使我们在分析研究相关的语法化现象时更周到更深入。

(2)关于语法化与语音弱化问题。语法化会引起语音形式的变化,这是语法化的普遍规律。过去研究语法化的学者多认为语法化会导致相关语言形式的语音弱化,在国内,江蓝生(2000,157—167页)对此也有专文论述。应该承认,语法化引起相关语言形式的语音弱化,这确实是非常普遍的现象。但不能就此认为语法化只会引起语音形式的弱化。"非……不可"的功能语法化表明,语法化有时也会引起语音形式的强化。在汉语里,伴随着语法化而出现语音形式强化的现象还不止是一个"非"字,比如"是"字,它由判断动词语法化为充当高位谓语的情态副词,也相应地发生了语音形式的强化。又比如"太",它由程度副词语法化为充当高位谓语的情态副词,也相应地发生了语音形式的强化。类似的现象还有不少。由此我们也可以发现一条规律,在现代汉语里,高位谓语一般总是占据着句子的逻辑重音,因此,凡是由其他类词语法化为充当高位谓语的情态副词,也就会伴随着发生语音形式的强化。当然,这种情况从根本上说是由高位谓语决定的,而不是由这些词汇单位的语法化本身决定的。不过,无论怎么说,这种语法化现象没有引起语音形式的弱化,这是不容否定的事实。

(3)关于主观性与语法化的关系问题。本文认为"非……

不可"的功能语法化是由格式的主观性因素促动的,也就是说,我们承认主观性是语法化的一种动因。但是,同时我们也注意到,"非 X 不可"格式从一开始就是一种主观表达格式,具有主观性,可是该格式一直到清代末年,才由于其主观性表达而衍生出一种新的用法,即由对客观事理必要性的推论和强调衍生出强调主观意愿的用法,并在这种新的用法上促发了该格式的功能语法化;而在对客观事理必要性的推论和强调这种用法上,主观性同样存在,而且其使用的历史要悠久得多,可是始终没有促发"非……不可"的功能语法化。再有,"非 X 不可"格式是"非 X 不 Y"格式的一种特殊形式,"非 X 不 Y"格式在战国时期其所表达的主观性程度就已经非常高了,像"五十非帛不暖,七十非肉不饱",这种说法也几乎就是纯粹主观化的表达,可是其中的"非……不"也始终没有发生功能语法化。看来,主观性与语法化的关系并不是我们想象的那么简单,其中还有一些问题需要我们去进一步探索和解决。国外有些学者很重视主观性对语法化的作用,甚至认为所有的语法化现象都与主观性有关(参见沈家煊 2001),对此我们恐怕要慎重对待。

（本文与董正存合写,原载《中国语文》2004 年第 3 期）

汉语给予动词的使役化
及使役动词的被动介词化

在汉语史上,有一些给予动词发生了使役化,即由给予义演化出使役义;另外,也有一些使役动词(包括一些从给予动词演化来的使役动词)语法化为被动介词。对于这两种演化情况,已经有不少专家学者对它们进行了描写和解释,取得了很丰硕的成果。但是我们认为,在对这两种演化现象的解释方面还存在着一定的空间,本文因是而作。

1 给予动词的使役化

给予动词指含[＋给予]语义特征的动词。从上古一直到明代,表示一般性给予行为的动词最常见的是"与",从清代初期开始,"给"的使用频率急剧上升,并在清代中叶以后逐渐取代了"与",成为一般性给予行为的最常用动词(洪波 2004)。"与"和"给"在不同的历史时期里由给予义演化出使役义,我们把这种演化称为给予动词的使役化。

冯春田(2000)认为除了"与""给"之外,"教""交""让"的使役义也是由给予义演化来的。我们认为"教"在"指教"义上虽然含有[＋给予]语义特征,但也含有[＋使役]语义特征,所以很难说"教"的使役义就一定是从其给予语义特征演化来的。至于"交",当"交付"讲时确实有显著的[＋给予]语义特征,但是在它有使役用法的时候,它的"交付"义仍然很少见,不具备这种演化的频率基础,所以我们比较赞同太田辰夫

(1987)的意见,"交"是"教"的借字。"让"的本义是"责备",在上古就有给予义,但比给予义产生得更早的还有"退让"义,这两种意义都有可能演化出使役义,所以也很难说"让"的使役义就一定是从给予义演化出来的。

不管怎么说,"与""给"是典型的给予动词,下面着重讨论这两个典型给予动词是如何发生使役化的。

"与"字的使役义是中古早期产生的。冯春田(2000,636页)举了《晏子春秋》中的一个例子,认为这是上古的用例。不过《晏子春秋》的成书年代一直是一个悬而未决的问题,有人认为这部书是六朝才成书的①,而且只有一个孤例,难以为据。比较可信的例子是冯所举的《世说新语》中的一个例子:

①远咏老庄,萧条高寄,不与时务经怀。(世说新语·品藻)

中唐以后"与"字的使役用法越来越多见。例如:

②虽贫眼下无妨乐,纵病心中不与愁。(白居易:会昌二年春题池西小楼)

③老氏便要常把住这气,不肯与他散,便会长生久视。(朱子语类·大学三)

"给"字的使役义始见于清代中叶的《红楼梦》,之后便逐渐多起来。例如:

④紫鹃这话原给黛玉开心。(红楼梦·八十七回)

⑤也好替刘姑娘明明心迹,给钱同秀臊臊脾呢!(花月痕·四十二回)

---

① 参见吴则虞《晏子春秋集释·序言》。

　　对于给予动词为什么会演化出使役义,蒋绍愚(2002,163页)曾就"给"字由给予义向使役义的转化作过仔细的分析。他指出,"给"是在下面的句法语义框架(为行文的方便,我们称之为句型 A)中发生使役化的:

　　N_1(施事)＋V_1(给)＋N_2(给予对象/V_2 的施事)＋V_2

句型 A 是给予动词使役化的句法条件和语义条件,如果不能满足这样的句法语义条件,给予动词就不可能发生使役化。由此我们明白了以下两个问题:其一是为什么有些给予动词没有发生使役化。比如"献""赠""馈"等都是给予动词,可是它们都没有发生使役化。究其原因,乃是由于它们不出现在句型 A 中 V_1 的位置上。我们查考了《左传》《史记》《世说新语》《祖堂集》《金瓶梅》《红楼梦》等一些有代表性的文献,均未见它们出现在句型 A 中 V_1 位置的用例。其二是"与"和"给"的使役化为什么一个发生在中古而一个发生在近代。"与"在上古就是一个一般给予动词,可是它却极少出现在句型 A 中 V_1 的位置,在先秦两汉文献中我们只在《孟子》里发现一个可疑的例子:

　　⑥他日其母杀是鹅也,与之食之。(孟子·滕文公下)

直到《世说新语》里才有可靠的例子。例如:

　　⑦取手巾与谢郎拭面。(世说新语·文学)

所以"与"的使役化不可能发生在先秦两汉时期,只可能发生在六朝以后。"给"本来是供给的意思,即含[＋给予]义,但是在这个意义上它不出现在句型 A 中 V_1 的位置上;作为一般给予动词虽然也在上古就有了,但一直是一个低频词,直到明代以后才逐渐多起来,真正的高频使用则是清代以后的事(洪波 2004)。作为一般给予动词的"给"能在句型 A 中 V_1 的位置上出现也是明代以后才可以见到。例如：

⑧仍于犯人名下追牛只入官,给民领养。(吏文辑览·榜文)

所以"给"字的使役化不可能发生在明代以前。

不过,句型 A 只是给予动词使役化的句法语义条件,而不是动因。也就是说,不出现在此句型中 V_1 位置上的给予动词不可能发生使役化,但能出现在此句型中 V_1 位置上的给予动词却不一定就发生使役化。比如"赐"。"赐"是个给予动词,它可以带双宾语,并且在先秦就可以带一个谓词性受事宾语,构成"N_1(施事)+V_1(赐)+O_1(N,对象宾语)+O_2(V,受事宾语)"这样的句型。在这个句型中,"赐"的对象宾语同时又是充当受事宾语的谓词性成分的施事成分,虽然其句法结构与句型 A 不同,但是其语义结构却与句型 A 完全相同。这样的例子我们在《左传》中发现 3 例,在汉代的《史记》中则更为常见,有 25 例。例如：

⑨赐我先君履。(左传·僖公四年)

⑩惠公以重耳在外,畏里克为变,赐里克死。(史记·晋世家)

⑪乃赐丞相告归。(史记·万石张叔列传)

然而"赐"却没有发生使役化。

对于句型 A 是给予动词使役化的句法语义条件而不是动因这一点,蒋先生也注意到了,所以他认为,在句型 A 中,施事成分之后给予动词之前往往还有其他动词,这个动词所表示的动作行为使得给予动词的给予义淡化,从而引起给予动词的使役化。蒋先生的这一看法未必允当。确实,在"与"
"给"的一些处于给予和使役临界状态的例子中我们往往会看
到它们的前面还有一个动词,但却并不是绝对的。例如:

⑫遇着强人,你门怎区处? 把担杖钱和本便与他将去。

　(张协状元)

⑬紫鹃这话原给黛玉开心。(红楼梦・八十七回)
例⑫中的"与"冯春田认为是使役义,但实际上它的给予义也
还很明显;例⑬中的"给"也是既可以理解为使役义,也可理解
为给予义。因此这两例中的"与"和"给"都是处于使役化过程
中临界状态的例子,但是这两例中施事成分之后给予动词之
前都未出现其他动词,可见句型 A 中给予动词之前是否有动
词不是它们使役化的动因。

　　那么,究竟是什么因素造成了给予动词的使役化呢? 我
们认为是认知上的前景凸显(Figure salience)因素造成的。

　　句型 A 的实际句例都是两个事件合成一个命题,事件一
是给予事件,事件二是由 N_2 为施事成分、V_2 为谓元构成的
行为事件。对于句子的施事成分(N_1)来说,事件一是方式,
事件二是动机,也就是施事者通过给予行为使后面一个行为
得以实现,因此给予行为与后一个行为之间是使成关系。在
实际话语中,该句型的句子中给予动词所表示的给予行为和
后项动词所表示的动作行为都有可能成为说话人的焦点信
息。当两者之中的某一个成为信息焦点时,就成为前景信息,
而另一个则随之成为背景信息。根据语用的一般原则,在不
采取特别手段的情况下,靠近句子末尾的成分就是句子的焦
点所在(即"尾重心原则"),因此后项动词所表示的动作行为

成为焦点信息的概率要大大高于给予动词所表示的给予行为。当后项动词所表示的动作行为成为焦点信息时,前项给予动词所表示的给予行为就成为背景信息。根据认知心理学的图形与背景理论,图形与背景(即前景信息与背景信息)不能被同时感知和理解为同一种事物,图形(前景信息)更容易被感知。因此,当给予行为成为背景信息时,表示该行为的谓元给予动词的给予义因不易感知而被削弱了,而它与后项动词所表示的动作行为之间的使成关系则因后项动词所表示的动作行为的凸显而得到了相应的强调,由此导致了原句法结构和语义结构的重新分析,原来的连动结构变成使役兼语结构,给予动词也因此而转化为使役动词。①

　　该句型实际句例中的给予动词所表示的给予行为要成为前景信息,需要采取特别手段。就汉语来说,我们注意到的主要有两种手段,其一是词汇加强手段,其二是使成阻断手段。前一种手段又有两种情况,一是色彩加强。比如给予动词"赐"为什么没有发生使役化呢?原因在于该动词在给予义之外还有一种强烈的敬体色彩意义,这种色彩意义使得它在句子中总是成为焦点信息,从而使得它与后项动词所表示的动作行为之间的使成关系没有机会凸显出来,它也就没有机会发生使役化。二是合成加强,即通过合成手段来加强给予义的表达。比较:

---

① 由给予动词演化来的使役词是否是动词是个值得讨论的问题。有一个现象值得注意,它们与原型使役动词"派""请"等比较起来,已经丧失了很多作为动词的基本句法特征。不过目前学术界一般还是把它们视为动词,这里暂且仍从成说。

⑭这件事给他办理。

⑮这件事交给他办理。

例⑭单用一个"给",例⑮用合成的"交给",我们明显可以体会到例⑮中给予义的表达要强于例⑭中给予义的表达。所以例⑭中的"给"可以有两解,既可解释为给予,也可解释为使役;而例⑮中的"交给"则没有这种歧解。

使成阻断手段就是在给予动词和后项动词之间插入其他能使两者之间的使成关系被阻断的成分。例如:

⑯我给你一块糖吃。(比较:这块糖我给你吃)

例⑯中给予动词的受事宾语没有被提取出去,仍保留在原来的位置上,它的存在产生了一种阻断效应,使得给予行为与后项动词所表示的动作行为之间的使成关系在形式上被阻断了,因此该例中动词"给"的给予义没有被削弱。我们可以看到,"与""给"的使役化都是在它们的受事宾语不出现或被提取出去充当句子主语的情况下发生的,所以句型 A 中 V₁的后面只有一个 N 成分,如果"与"和"给"的受事宾语仍保留在原位上,它们就不可能发生使役化,其原因就是受事宾语的存在具有使成阻断效应。

以上情况从相反的方面进一步证明,在给予连动结构中,如果给予行为被凸显为前景信息,句子的使成关系就得不到凸显,也就不可能产生结构的重新分析,给予动词也就不可能转化为使役动词。

2　使役动词的被动介词化

给予动词不能直接语法化为被动介词,必须经过使役化

变成使役动词之后才能进一步语法化为被动介词。对此我们
有两方面证据,其一是给予动词的使役动词用法先于被动介
词用法产生,至少也是同时产生的,而没有使役动词用法后于
被动介词用法产生的情况。"与"的使役动词用法在六朝时期
就产生了,它的被动介词用法则是唐代以后才出现的。①
"给"的被动介词用法与使役动词用法都是始见于《红楼梦》,
是同一个时期产生的(蒋绍愚 2002,洪波 2004)。其二是语法
化为被动介词的使役动词有一批,除了"与""给"之外还有
"教""让""叫"等,这其中"叫"作为动词没有给予义,所以它的
被动介词用法显然不是从给予义来的,只能是从它的使役用
法来的。

　　本节讨论的对象也不限于从给予动词演化来的使役动
词,也包括其他使役动词。

　　对于使役动词的被动介词化,太田辰夫(1987)、蒋绍愚
(2002)、江蓝生(2000)、冯春田(2000)等都曾做过研究,他们
的意见蒋绍愚(2002)作了概括,有三点:

　　(1)汉语的动词表主动和表示被动在形式上没有区别;

　　(2)能转化为被动的使役句的谓语动词必须是及物的;

　　(3)能转化为被动的使役句的主语不是施事成分,而是受
事成分。

---

　　①　"与"也有人认为在上古就有被动介词用法。冯春田(2000,
638 页)举《战国策·秦策五》中的"遂与勾践禽"为例。此例中"与"训为
被动介词最早见于王念孙《读书杂志》,但是此例的"与"有异文,鲍彪本
作"为",且这种用法在上古文献中极为罕见(王念孙也只举到两个例
子),所以非常可疑,我们不取。

这三点当然都是正确的,不过仍有一些问题没有解决,第一,并不是所有的使役动词都发生了向被动介词的语法化,而只是一部分使役动词发生了这种语法化,这种现象的背后有什么东西在起作用呢? 第二,在汉语中,受事主语句和被动句是两个不同的概念,受事主语句有很多,其中只有一部分被认为是被动句,所以受事成分充当句子主语,并不意味着句子就变成了被动句,即使在使役动词构成的兼语句中受事成分充当句子主语也是如此。那么,是什么因素导致了使役兼语句向被动句的转化呢? 这两个问题不解决,使役动词向被动介词的语法化问题就没有从根本上得到解决。

对于第一个问题,冯春田(2000,644—648 页)曾试图找出答案。他认为使役动词有两类,"教(交)""叫""让""与"等是一类,"使""令""遣"等是另一类。他说,相比较而言,后一类的使役动词的"意义特点突出",或所表示的动作行为特征明显,因此难以转化为被动介词。他的看法已经触及到问题的本质了,只是他未能把它表述得更清楚。

使役是一个语义范畴,在这个范畴里有若干成员,这些成员的使役强度是不等的,有的成员的使役强度很强,而有的成员的使役强度则很弱,它们的使役强度由强到弱形成一个连续统,冯春田(2000)、刘永耕(2000)已经注意到这个连续统的使役强度差异问题。我们认为使役范畴的使役强度连续统大体可分为三个等级,即(a)命令型——高强度使役、(b)致使型——中强度使役、(c)容让型——弱强度使役。命令型使役动词有"命""遣""请""派"以及语义未泛化的"使(派遣义)""令(命令义)"等;致使型使役动词有语义泛化了的"使""令"

以及冯春田所谓的表示具体使役的"教（交）""叫""让""与"等；容让型使役动词表示"容让""容许"义，"教（交）""叫""让""与""给"等都有这样的使役义。汉语史的事实告诉我们，只有容让型使役动词才发生了被动介词化，而其他两类都没有发生被动介词化①，因此可以断定，使役动词的被动化与它们的使役强度有直接关系。

　　具体说来，命令型使役动词都是原型使役动词，使役意义是它们的固有意义，没有语境依赖（刘永耕 2000），它们的动词性也最强，可以单独充当谓语构成句子。这类使役动词的使役性最强，它们对使役施事的依赖性也最强，由这类使役动词构成的句子一般都有明确的使役施事成分，或直接出现，或有明确的语境支持。致使性使役动词的使役强度弱于命令型使役动词，它们的使役意义有语境依赖，它们对使役施事的依赖性也明显弱于命令型使役动词，由它们构成的使役句可以没有使役施事。例如：

　　⑰弈秋，通国之善弈者也。使弈秋诲二人弈，其一人专心

　　　致志……（孟子·告子上）

这个例子里"使"的使役施事成分没有出现，而且没有语境支持，因此可以视为没有使役施事。但是，正如冯春田所说，这类使役动词尽管使役强度大大弱于命令型使役动词，但仍然"意义特点突出"，使役性还比较强，因此它们构成的使役句，

---

　　①　据冯春田（2000），"使"在中古时期有个别表示被动的例子，我们认为这是受"教"等弱使役动词的类化所致。但由于它不是弱使役动词，所以这种类化没有进行下去，"使"最终也就没有发展成为被动介词。

对后项动词的受事成分占据句子主语位置这种情形是排斥
的。例如不能说:

⑱ * 这件事使他去办。

⑲ * 这件事令他去办。

容让型使役动词的使役性最弱,对使役施事的依赖性也最弱。
由它们构成的使役句完全可以没有使役施事成分。例如:

⑳承恩不在貌,教妾若为容。(杜荀鹤:春官怨)

㉑他倒说我是什么人,进来做什么。叫我说:"怎么不许
家里人送饭么?"(醒世姻缘传·四十三回)

容让使役动词构成的使役句如果后项动词是及物的,其受事
成分可以占据句子主语的位置,例如:

㉒这件事让他去办。

㉓这件事给他去办。

而且还可以允许下面的情形:

㉔我让你打一下,行了吧。

这个例子中"我"是"让"的使役施事成分,同时也是后项动词
"打"的受事成分。

由上可见,只有容让型使役动词具备向被动介词语法化
的句法语义条件,其他两类使役动词都不具备向被动介词语
法化的条件,所以只可能是容让型使役动词语法化为被动介
词。

由容让型使役动词构成的使役句后项动词的受事成分可
以占据句子主语的位置,这为这类使役动词向被动介词语法
化提供了句法语义条件,但是我们却不能说凡是这类使役动
词构成的句子后项动词的受事成分占据句子主语位置的就是

被动句。比如例㉒—㉔都符合这种要求,但我们一般都不会把它们当作被动句。这说明受事成分占据句子主语位置只是为这类使役动词向被动介词语法化提供了句法语义条件,却不是这类使役动词向被动介词语法化的动因。

对于这类使役动词向被动介词转化的动因,蒋绍愚(1994,2002)注意到事件的已然与未然的不同影响。他认为使役句所表示的事件一般都是未然的,而被动句所表示的事件一般都是已然的,所以如果一个由这类使役动词构成的句子如果表示的是已然事件,句子就往往被理解为被动句。诚然,有时候确实存在这种情况。例如:

㉕我让你打一下。

㉖我让你打了一下。

例㉕一般不会理解为被动句,而例㉖更容易被理解为被动句。但是这种情况却不是绝对的。例如:

㉗我已经让你打了一下,还不够吗?

这个例子中"让"所在的句子也是表示已然事件,但一般都不会把它理解为被动句。可见,事件的已然与未然也不是这类使役动词向被动介词语法化的动因。

那么,容让型使役动词语法化为被动介词的动因究竟是什么呢?要说明这个问题,必须从使役兼语句为什么会变成被动句入手,也就是要从上面提出的第二个问题入手。而要回答使役兼语句为什么会变成被动句的问题,又得从汉语被动句的语用蕴含意义说起。

汉语的被动句不同于英语的被动句。英语的被动句只是一个句法范畴,只要是受事成分充当主语,构成的句子就是被动句,在语用上没有特别的蕴含意义。汉语的被动句不仅是一个句法范畴,同时也是一个语义范畴,它有特别的语用蕴含意义。人们早就注意到汉语的被动句有"表示不幸"的语用含意,所谓"表示不幸",就是谓语动词所表示的动作行为对受事主语产生了消极影响。但这种说法并不全面,它不能涵盖像"臣被尚书召问"(蔡邕《被收时表》)"他被提拔为市长"这样一些句子,所以王力(1980,432—434 页)又补充说:"我们可以这样设想:在古代封建社会里,一般人以为在上者的恩宠是和灾祸一般地不可抗拒的,所以要用被动式。"王力的这个补充意见是在承认被动句表示不幸的前提下的自圆其说,它即使能解释古代的"臣被尚书召问"这类现象,却不能解释现代的"他被提拔为市长"之类的现象。我们认为汉语被动句的语用蕴含意义是表示出乎说话人意料之外,即动作行为对受事者的影响出乎说话人的意料。动作行为对受事者产生消极影响,而这种消极影响不是说话人所期望的,当然就是意料之外,说话人自然倾向于使用被动句来表达,这就是被动句多"表示不幸"的由来;但是也应该注意到相反的情况,比如:

　㉘我恨不得把他杀了。

　㉙? 我恨不得他被我杀了。

例㉘是一个很正常的句子,例㉙却是一个很奇怪的句子,一般是不说的。例㉙为什么觉得奇怪呢?原因就在于这个句子前半部分已经表达了"杀他"是说话者的愿望,而后半部分却使用了被动表述方式,造成前后矛盾。例㉘㉙表明,如果动词所表示的动作行为对受事者所产生的影响是说话人所期望的,那么即使对受事者是"不幸"的,说话人也不会倾向于使用被动句来表述。

另一种情况,当动作行为对受事者所产生的影响是积极的(也就是"表示幸运")时候,如果这种影响不是出乎说话人意料之外,就不倾向于使用被动句来表达,反之则也倾向于使用被动句来表达。例如:

㉚? 像他那样的业务尖子也被晋升为教授了。

㉛像他那样不学无术的人也被晋升为教授了。

例㉚基本上是一个不可接受的句子,而例㉛却是一个很正常的句子。因为业务尖子晋升为教授是意料之中的事情,它与被动句的语用含意不相容,而不学无术的人被晋升为教授是出人意料的事情,与被动句的语用含意正相吻合。

以上两方面的事实说明汉语被动句的语用含意是表示动作行为对受事主语的影响出乎说话人意料。被动句的这种语用含意决定了被动句的移情对象(Target of empathy)是受事主语(张洪明 1994),而说话人使用被动句的话语意图则主要就在于使人关注谓语动词所表示的动作行为对受事主语的影响,亦即受事主语与谓语动词之间的被动关系。容让型使役兼语句转化为被动句即与说话人的这种话语意图直接相关。

当容让型使役动词构成的使役兼语句由后项动词的受事成分充当句子主语而使役施事成分没有出现或根本不存在而不可能出现的时候,或者句子的使役施事成分与后项动词的受事成分合而为一成为句子主语的时候,句子的句法语义结构就与被动句的句法语义结构同构,此时,如果句子表达的是后项动词所表达的动作行为对受事主语的影响出乎说话人意料之外因而使受事主语成为移情对象,那么,受事主语与后项动词之间的被动关系就成为前景信息而被凸显出来，容让型使役行为遂成为背景信息而被弱化，从而导致原结构的重新分析，使容让型使役兼语句转化为被动句。我们可以通过下面两个例子来证明这一点：

㉜我给（让/叫）你骗了一次，不可能再给（让/叫）你骗第二次了。

㉝这件事给（让/叫）他办去了。

在现代汉语里，"让""给""叫"都有使役动词和被动介词两种功能，所以从理论上讲，例㉜㉝都应该是一个歧义句，既可以解释为使役兼语句，也可以解释为被动句。但是我们理解这两个句子的时候，例㉜很容易理解为被动句，而却要费很大的劲儿才能将这个句子理解为使役兼语句；相反，例㉝我们只会理解为使役兼语句，而不会理解为被动句。为什么会有这样的理解差异呢？我们可以看到，例㉜的后项动词"骗"对句子的受事主语有消极影响，这种影响显然不是说话人所期望的，因而是出乎意料的。正因为这个原因，使得这个句子中的受事主语成为说话人的移情对象，它与句子的后项动词之间的被动关系也因此而被凸显了出来，成为前景信息，于是我们理解这个句子时就容易将它理解为被动句。而例㉝的后项动词对句子的受事主语没有消极影响，"让他办这件事"显然是说话人所期望的，因而没有出乎意料的语用含意，所以这个句子的受事主语就没有成为说话人的移情对象，它与后项动词之间的被动关系也就没有被凸显出来成为前景信息，句子的前景信息仍然是使役关系，这就使得我们难以将这个句子理解为被动句。

使役动词语法化为被动介词是与句子的被动化同步发生的。当句子由后项动词的受事成分充当句子主语且具有了出乎说话人意料之外的语用蕴含意义,句子主语与后项动词之间的被动关系就被凸显出来成为前景信息,导致了原结构的重新分析,由使役兼语句变成了被动句,在此情况下,容让型使役动词也就相应地失去了它的使役意义以及作为使役动词存在的句法语义条件,因而语法化为被动介词。

3　结语

(1)本文认为,汉语给予动词的使役化和使役动词的被动介词化,都是由于认知上的前景凸显因素导致原结构的重新分析而发生的。不过,从文章的分析中也可以看出来,给予连动结构和使役兼语结构之所以会分别形成使成关系凸显和被动关系凸显,实际上都与一定的语用因素直接相关,因此,也可以说,这两种演化现象是在语用因素和认知因素的合力作用下产生的。

(2)由给予动词语法化为使役动词,由使役动词语法化为被动介词,这是两个不同的语法化过程。前者具有相当广泛的普遍性,Bernd Heine & Tania Kuteva 在《World lexicon of grammaticalization》一书中列举了多种语言的例子,但是他们没有提到使役动词向被动介词语法化的现象,因而也没有提到“给予→使役→被动”这一语法化链。实际上,这一语法化链不仅存在,而且也具有一定的语言普遍性。在汉语里,不仅官话方言里的“与”“给”由给予动词语法化为使役动词,再由使役动词语法化为被动介词;在一些南方方言里,也存在相同的现象,如闽方言的"乞"、闽方言和客家方言的"分"、粤方言的"畀"、吴方言的"拨"等都经历过这一语法化链。[①] 在汉语之外,泰语里的 haɯ³ 和南部壮语里的 haɯ³ 都是给予动词,同时也是使役动词和被动介词,显然也同样存在这样一个语法化链。对于这一语法化链的语言普遍性问题,不是本文要研究的问题,但是我们相信这种语言普遍性的背后应该有着相同的动因,那就是认知上的前景凸显。

（本文与赵茗合写,原载《语法化与语法研究（二）》,
商务印书馆,2005 年）

---

① 闽方言、粤方言和客家方言据《汉语方言词汇》,吴方言据刘丹青《语序类型学与介词理论》206—207 页。

"连"字句续貂

"连"字句是现代汉语语法研究中引人注目的一个课题，20 世纪 80 年代以来，对这一课题进行研究的文章就有十多篇。这些文章从不同角度、使用不同方法对"连"字句展开了全方位的研究，有些成果给我们以深刻的启迪。本文拟在方家已有成果的基础上，从"连"字和"连"字句的来源入手，对"连"字的性质、功能以及这种句式的语用意义等尚有争议的问题作进一步的研究，是为续貂。

1 "连"字的虚化与"连"字句的语法化

1.1 "连"字句是指下面这类句子：

①偏是咬舌子爱说话，连个"二"哥哥也叫不上来，只是"爱"哥哥"爱"哥哥的。（红楼梦·二十回）

②那些天，我连这些女孩的笑声都十分厌恶。（王朔文集 1,59 页）

这是一种强调句式，"连"字后面的体词性成分是被强调的成分。

1.2 "连"字句中的"连"字是从"连带""连同"义的"连"字虚化来的（参见刘坚等人 1992），其虚化的促动因素和过程如下：

在"连带""连同"意义上，"连"字构成的句子的典型格式是：X 连 Y（共）VP。其中 X 和 Y 都是体词性成分，它们共有一个谓项（VP），在语义上，它们相对于谓项的语义关系是相同的,也就是说它们在语义上同角色,所以谓项之前可以有副词"共""并""一起""一齐""一块儿"等副词。这种例子六朝时期就有了,唐代以后更为常见(参见孙锡信 1992,刘坚等人 1992),例如:

　　③尝发所在竹篙,有一官长连根取之,仍当足,乃超两阶用之。(世说新语•政事)

　　④忽有观音金像,连光五尺,见高座下。(古小说钩沈•冥祥记——转引自刘坚等人 1992,207 页)

到现代汉语里,这个格式也并没有因为"连"字的虚化而消失,例如:

　　⑤龙卷风袭击山村,大树被连根拔起。(今晚报)

　　这种句子里的 X 是谓项的初始动因,Y 是"连类而及",因而出现分裂句,X 从本句中分裂出来单独成句,其典型格式是"XVP,连 Y 也/都 VP"。但是两句的谓项仍由相同的动词(有时也用同义动词)充当,彼此保持着语义同一性。分裂句最早见于宋代(参见刘坚等人 1992,周小兵 1996),至今仍可见到。例如:

　　⑥这个转水车相似,只拨机关子,他自是转,连那上面磨子、筛箩一齐都转。(宋儒语录——转引自周小兵 1996,180 页)

　　⑦店小二哪里敢过来,连那正要买肉的主顾,也不敢拢来。(水浒传——转引自周小兵 1996,180 页)

　　⑧他们反打伙儿打了茗烟,连秦钟的头也打破了。(红楼梦•九回)

　　⑨接受我就连我的缺点全盘接受……(王朔文集 4,552 页)

在分裂句里,由于 X 独立成句,本句只剩下 Y 一项,所以"连"字的"连带""连同"意义被弱化了。但是,由于前后句的谓项具有语义同一性,因而"连"字的"连带""连同"义并没有完全丧失,如例⑦仍可以理解为"……连同那正要买肉的主顾,也不敢拢来"。

由上述分裂句进一步发展,就出现了"类推句"(参见周小兵 1990,1996)。"类推句"的结构类型与分裂句基本相同,其典型格式也是"XVP,连 Y 也/都 VP",两者的根本区别在于"类推句"前后两句的谓项不再具有语义同一性。例如:

⑩可惜有名的禁魂张员外,只为悭吝二字,惹出大祸,连性命都丧了。(古今小说·宋四公大闹禁魂张)

⑪当日国公爷的模样儿,爷们一辈儿的不用说了,自然没赶上;大约连大老爷、二老爷也记不清楚了罢?(红楼梦·二十九回)

⑫之后,据说那四个人说说笑笑踏上了归程,也调侃也自嘲但无人再提游戏之事。连关于此事的玩笑也不再开。(王朔文集 2,383 页)

在"类推句"中,尽管 X 和 Y 仍保持着语义角色的同一性,但由于前后句的谓项不再具有语义同一性,"连"字的"连带""连同"义失去了谓项的语义支持,因而彻底丧失了,完成了虚化的过程。表现在形式上就是本句的谓项之前一般必须使用"也"或"都"而不再能使用指向 X 和 Y 的"共"类副词。

1.3 从上述分析可以看到,在"连"字虚化的过程中,"连"字所在句子的结构发生了变化,到"类推句"阶段,不仅"连"字完成了虚化过程,彻底丧失了"连带""连同"意义,而且由于 X

所在句子的谓项与本句的谓项不再具有语义同一性,本句的语境依赖也大大减弱了,具有了独立性。这种独立性为典型"连"字句的产生奠定了基础,所以,"连"字的虚化过程实际上也是"连"字句的语法化过程。

在"连"字的虚化过程中,对"连"字句的语法化产生促动作用的还不仅仅是结构的变化和句子独立性的增强,更在于Y项的意义变化和强调意义的获得。在"连"字表示"连带""连同"意义的原始句中,X是谓项的促动因素,Y是"连类而及",但Y与X比较,在意义上并不一定表示某种"典型事例"。所谓"典型事例",即"YVP"的可能性最小(参见崔希亮1993)。我们可以看到,上述例⑤中的"根"是"典型事例",因为"大树"之"根"是最不可能被"拔起"的。例③中的"根"则不是"典型事例",对于行为"取"来说,"竹"之"根"无所谓"最可能"或"最不可能"。由于Y不一定表示"典型事例",所以在原始句中,Y是否成为被强调的部分也是不确定的,要依赖于前后文及说话人的话语动机。发展到分裂句阶段,Y演变为一律表示"典型事例",如例⑥中的"磨子、筛箩"本身不可能"转",是"他"转带动它们一起转,所以它们"转"是"典型事例"。例⑧描述的是家塾里打架的事,"茗烟"是下人,也是打架的挑起者,但"秦钟"是宝玉的好友,又是寄读的客人,所以他的头被"打破"是"典型事例"。与表示"典型事例"相应,Y所在的句子都成为强调句,它本身成为被强调的部分,拥有句子的逻辑重音。到"类推句"阶段,尽管X句与Y句的谓项不再具有语义同一性,但两句仍保持着语义联系,它们总是共同描述某一种特定的主题(比如例⑩是围绕着"禁魂张员外"展

开的,例⑪是围绕着"国公爷的模样"展开的),因此 Y 表示
"典型事例"并被强调的语义、语用特性没有改变。周小兵
(1990,1996)注意到,无论是分裂句(周称为"基础句")还是
"类推句",都存在列举多项 X 的前件或全称性 X 前件。例
如:

⑬骂了觉新,骂了克明,连周氏也挨了骂。(转引自周小
　　兵 1996,171 页)

⑭所有跟我熟识的人都对我视而不见,昂首擦肩而过,就
　　连售菜窗口那个平素一见我就开玩笑的胖姑娘,看到
　　我也是一脸冰霜。(王朔文集 3,234 页)

这两种情况的存在实际上都是为了突出 Y 的典型性,用邢福
义(1986)的话说,是把情况推向极端。

Y 的典型性是相对于 X 而言的,因此对 Y 的强调,其语
用目的是要达到对包括 X 在内的"周遍性"强调。这样,当 X
不出现或因不能遍举而不能出现、成为一种语境隐含的时候,
典型"连"字句就产生了(关于 X 成为语境隐含的问题,下文
还将进一步讨论)。最早的典型"连"字句大约见于宋元时期,
刘坚等人(1992,209 页)曾举到话本小说《陈从善梅岭失浑
家》中的一个例子,是典型的"连"字句,我们在话本小说《宋四
公大闹禁魂张》里也发现一个:

⑮仔细看时,和店房都不见了,连王吉也吃一惊。(话本
　　小说·陈从善梅岭失浑家——转引自刘坚等人 1992,
　　209 页)

⑯二人那里肯招,大尹教监中放出两家的老婆来,都面面
　　相觑,没处分辩。连大尹也委决不下,都发监候。(话

本选·宋四公大闹禁魂张)

典型"连"字句产生之后,"连"字句的语法化亦告成功。不过,正如"连"字发生虚化之后,其"连带""连同"意义并不因此消失一样,典型"连"字句产生之后,它所从来的分裂句和"类推句"也仍然存在,只是随着时间的后移,经历着此长彼消的过程。到当今北京话里,典型"连"字句已成垄断之势,分裂句已经比较少见,"类推句"的使用频率也远远比不上典型"连"字句了。周小兵(1996)曾对"连"字句的历史进行过考察,我们在写作本文时又对《红楼梦》(前三十回)和《王朔文集》的"连"字句进行了调查。综合周小兵和我们的调查,可以清晰地看到"连"字句的历史发展轨迹:①

	分裂句	类推句	典型"连"字句
水浒传	7,58%	3,25%	2,17%
警世通言	12,35%	18,53%	4,12%
红楼梦(前三十回)	13,21%	8,13%	40,66%
王朔文集	24,12%	49,25%	123,63%

2　"连"字的性质和功能

弄清了"连"字的虚化过程和"连"字句的语法化过程,再来讨论"连"字句的有关语法、语义问题,就有了基础和依据。本节先讨论"连"字的性质和功能问题。需要指出的是,由于存在"连"字的虚化和"连"字句的语法化过程,以下所论一律以典型"连"字句为对象。

---

①　我们对《红楼梦》《王朔文集》的调查是手工做的,可能会有遗漏,但即使有遗漏也是随机的,因而不会影响到分析的结果。

2.1 "连"字是"连"字句标志之一,它的性质和功能都颇有争议。关于"连"字的性质,20世纪80年代早期的权威观点是把它看成介词,赵元任《中国话的文法》、吕叔湘主编的《现代汉语八百词》和朱德熙《语法讲义》都持这种观点。80年代晚期以来人们越来越倾向于否定介词说,但究竟是什么性质的词,又有多种不同的观点。沈开木(1988)主张语气词,周小兵(1990)主张副词,邢公畹(1994)认为是助词,最近的观点是张伯江、方梅(1996)提出的,他们认为是"焦点标记"。关于"连"字的功能,《现代汉语八百词》认为是"表示强调",后来陆续又有"表示比较""表示递进""表示加合和标举极端事例""标示对比焦点"等种种不同的观点。一个词的性质和功能有这么多种不同的说法,可算得上是创纪录了。

2.2 "连"字句的基本格式是"连 Y 都/也 VP",其中与"连"字的性质、功能直接相关的特点有以下四个方面:

(1)"连"字与它后边的 Y 发生直接的结构关系,而不是跟它后面所有的成分(尽管它后面的成分可以成句)发生直接结构关系。这一点可以通过变换识别出来。例如:

⑰a. 他连晚饭也没吃就躺下了 →连晚饭他也没吃就躺下了 → *连他晚饭也没吃就躺下了

　　b. 我连一本书也没有买到→连一本书我也没有买到 → *连我一本书也没有买到

以上变换显示:"连"字句如果有其他话题,可以出现在句首或 Y 的后边,但不能出现在"连"与 Y 之间。这说明"连"与 Y 组成一个不可拆开的句法板块,"连"字首先与 Y 构成直接结构关系。

(2)Y 从形式上看是非常灵活的,既可以是各种各样的体词性成分,也可以是谓词性成分甚至句子形式,但根据白梅丽(1981)、曹逢甫(1989)等人的研究,谓词性成分或句子形式在这个格式里都"名词化"了,所以 Y 实际上都是体词性的。

(3)Y 在语义上不是 VP 的某种固定的语义句法成分,它相对于 VP 的语义关系可以是多种多样的,但不论它是什么样的成分,都必定是 VP 在语义上可以控制的成分,VP 在语义上不能控制的成分不能进入 Y 位置。例如:

⑱对于我来说,钱不是问题。

⑲从前我在北京住过。

如果将这两个句子转换成"连"字句,例⑳的"钱"和"问题"都可以占据 Y 的位置,但"我"不可以占据 Y 位置;例㉑的"我"和"北京"都可以占据 Y 位置,但"从前"不可以占据 Y 位置:

⑳a. 对于我来说,连钱也不是问题。

　b. 对于我来说,钱连问题都不是。

　c. ＊连我钱不是问题。

㉑a. 从前连我也在北京住过。

　b. 从前我连北京也住过。

　c. ＊我连从前也在北京住过——北京我连从前都住过。

(4)句子的逻辑重音一定在 Y 上,也就是说,句子的焦点在 Y 上。与此相关的还有两个特点:第一,只要保持逻辑重音位置,"连"字即使省去也不会影响句子意义的表达。也就是说,句子的焦点不会因"连"字的隐现而改变。例如(重音单位字体为黑体。下同):

㉒a. 在这里连**人民日报**都看不到。

b. 在这里**人民日报**都看不到。

第二,如果 Y 不是一个词汇单位,逻辑重音的位置有时是不固定的。例如:

㉓a. 连**中文**报纸也买不到,更甭说别的报纸了。

b. 连中文**报纸**也买不到,更甭说别的中文读物了。

㉔a. 连**这**两位客人也被气走了。

b. 连这两位**客人**也被气走了。

逻辑重音的位置不同,焦点也就不同,句子的意思也就随之改变了。这两个特点说明,句子的焦点取决于逻辑重音,与"连"字没有必然的联系。

根据以上四个方面的特点,我们认为"连"字的性质有几种可以排除。其一,副词可以排除。因为副词一般都是分布在谓词性成分之前,至少是必须能够分布在谓词性成分之前,"连"字不具有这种分布能力。其二,连词可以排除。因为不管"连"字句在更大的话语环境中与其他句子构成什么样的关系,"连"字本身只与句内的一个体词性成分发生直接结构关系。其三,助词、语气词和焦点标记这三种说法也可以排除。这三种说法都是将句子的强调功能与"连"字联系起来,而根据第(4)个特点,句子的焦点与"连"字没有直接的联系,所以无论把"连"定性为助词、语气词还是焦点标记都是不合适的,而且汉语里也不存在只与一个体词性成分发生结构关系而又分布在它前面的助词或语气词。同样根据以上四个方面的特点,我们认为《中国话的文法》《现代汉语八百词》和《语法讲义》等著作将"连"定性为介词是唯一正确的定性。因为在汉语的虚词当中,只有介词是与句子内部的一个体词性成分发生直接结构关系的。有学者认为,介词通常都引介某一种语义句法成分,而"连"字后面的成分相对于谓项来说,其语义关系却是多种多样的,因而"连"字不宜看成一个介词(周小兵1990,1996)。其实汉语的介词并不是都固定地引介某一种语义句法成分,有的可以引介多种不同的语义句法成分,比如"关于""对于""就"等就是如此。所以这种情况并不能成为将"连"定性为介词的一种反证。

将"连"字定性为介词,不仅是唯一与上述特点都不矛盾的定性,而且也是唯一可以从"连"字的来源上进行解释的定性。

根据上一节的分析我们知道,在"连带""连同"义上,"连"字后面的 Y 与它前边的 X 同角色,到分裂句和"类推句"里,尽管"连"字的"连带""连同"义逐渐虚化,但它引出一个与 X 同角色的参项这种功能没有改变。到典型"连"字句,虽然 X 没有出现,但是句子仍然隐含着 X 项,因而,Y 的功能仍然是引出一个与隐含 X 同角色的参项。

"连带""连同"义的"连"字很早就发展为介词了(参见刘坚等人 1992)。典型"连"字句中的"连"字既然仍保持着原有的语法功能,那么它的性质与"连带""连同"义的"连"字也应该是一致的。即便"连带""连同"义的"连"字因为具有词汇意义,还有动词的性质,典型"连"字句中的"连"字的语法功能是引出一个语义参项,一个体词性成分,它的性质也只能是介词。

2.3《现代汉语八百词》将"连"定性为介词,这是完全正确的。但是它在解释"连"字的功能时说是"表示强调",这与定性却是矛盾的。"连"字句是一种强调句式,"连"字引出的

Y 或 Y 的一部分是句子强调的部分。但根据前文的分析我们可以看到,这种强调主要是通过对比重音显示出来的,跟"连"字没有必然的联系,所以"连"字不可能具有"表示强调"的作用。"表示强调"的说法站不住,同样,"表示比较""表示递进"等说法也站不住。还有一些学者认为"连"字有"甚至"义,这也同样是将句子隐含的意义附会到"连"字上。第一,"连"可以与"甚至"在同一个句子中共现。例如:

㉕他感到舒心畅气,陶醉在对这本书大肆增删的遐想之中,甚至连增加的细节、具体的措辞都想到了。(王朔文集 4,26 页)

第二,"甚至"是副词,可以直接置于谓项动词的前面,"连"字永远不能这样。

　　"连"字只与它后面的 Y 发生直接结构关系,它的基本功能就是引介 Y。从语义上看,Y 有两个特点:其一,它不是谓项的某种固定的语义句法成分,但它总是谓项能够控制的某种参项,这个参项总与句子隐含的 X 参项同角色。其二,与句子隐含的 X 相比较,它表示的"总是说话者认为最有可能(或最不可能)这样的事例"(马真 1982)的"典型事例"。如果将 X 的上述两个语义特点考虑进去,则"连"字的功能可以进一步概括如下:它引介表示"典型事例"的体词性成分。

3　"连"字句的语用意义

　　3.1 "连"字句是一种强调句式,它通过对"连"字引出的 Y 或 Y 的一部分的强调来表达一种语用意义。由于 Y 表达的是"典型事例",这种"典型事例"是与隐含的同角色参项相比较而言的,因而,"连"字句强调的语用意义不仅与 Y 密切相关,也与隐含的同角色参项密切相关。隐含的同角色参项是通过"都"或"也"显示出来的。

"连"字句的一个显著特点是 Y 的后面一般必须要使用副词"都"或者"也",而且它们可以交替。对于"都"和"也"的作用,马真(1982)认为它们仍然是范围副词,"都"仍是表示总括,"也"仍是表示"类同"。但是,在其他场合,表示总括的"都"和表示类同的"也"是不可以交替的,因为它们的意义不同搭配要求也不同。"都"表示总括,要求它的所指具有全称性;"也"表示类同,要求它的所指不具有全称性。例如:

㉖a. 大家都去。

　　b. ＊大家也去。

㉗a. 你去我也去。

　　b. ＊你去我都去。

在"连"字句中,"都""也"前面的 Y 在语义上表达相关同角色事物中的"典型事例",因而它本身所指对象不论是单数的还是复数的,一般都是特称的,而不能是全称的。[1] 下面的句子

---

　　[1]　曹逢甫(1989)认为 Y"在所指上总是有定的或全称的",这种说法并不符合实际情况,Y 不一定都是有定的,通常情况下更不能是全称的。周小兵(1990)在他收集的 600 多个"连"字中曾发现两个句子的 Y 是由表示全称的体词性成分充当的,他举出的一个例子是:

　　　　有一个青年女子剑术很好,不独在那一带地方闻名,连全越国都知道她

这个例子将全称与特称对举,全称项已失去周遍性指称意义,所以成立;若删去特称项,句子就站不住了。比较:

　　　　＊他是个大明星,连全国人都知道他

都不成立：

㉘a.＊连所有的米我都煮了饭。

　b.＊连一切阶级敌人都是纸老虎。

　c.＊连人人都不喜欢他。

　d.＊连任何人都不愿意去。

　e.＊他连什么字都不认得。

　f.＊连大家都赞成他的意见。

因此,在"连"字句中,如果"都""也"仍表示其固有的意义而又单纯地指向Y,则不仅它们的交替是不可解释的,连它们的存在都失去了依据。根据"连"字句的来源我们知道,"都""也"是从分裂句阶段开始出现的,是原有"共"类副词的替换。在意义上它们既指向本句的Y,也指向分裂出去的X。因此,到典型"连"字句,虽然X没有出现,但保留"都""也",其作用显然就是为了表明X仍作为一种隐含存在于语境当中。"都""也"既指向本句的Y也指向隐含的X,用"都"是将Y所指对象与隐含的X作为一个整体来总括,用"也"则是将Y所指对象与隐含的X作为"类同"的两项来分指,它们的交替只是一种表面现象(参见马真1982)。

　3.2 在典型"连"字句中,Y表示"典型事例","都""也"的作用是表明存在隐含X,那么,我们在分析分裂句和"类推句""连"字本句的语用意义时所得到的结论也同样适用于典型"连"字句,其语用意义也是通过对表示"典型事例"的Y的强调达到对包括X在内的"周遍性"强调。简单地说,"连"字句的语用意义是强调"周遍性"。

　陆俭明(1986)研究过现代汉语的"周遍性主语"问题,其

中有带"一"的数量名结构在否定句中被强调时,具有周遍性
指称意义。这类数量名结构的周遍性指称意义是通过句子的
否定项对"一"所表示的最小量的否定而获得的。沈家煊
(1999)指出,对最小量的否定和对最大量的肯定都能达到周
遍性否定或肯定的目的。在"连"字句中,Y 表示"典型事例"。
前文说过,所谓"典型事例",即在相关事物中,"YVP"的可能
性最小,它包括两类,当 Y 本身是"最可能如此"的,则谓项是
否定的;当 Y 本身是"最不可能如此"的,则谓项是肯定的。
"最可能如此"的事物实际上就是相关事物中的低限典型,反
之则是相关事物中的高限典型。低限典型就是最小量,高限
典型就是最大量,所以,"连"字句的"周遍意义"也是通过对最
小量的否定或对最大量的肯定获得的。我们可以看到,在
"连"字句中,如果 Y 表示的是最可能的"典型事例",则句子
必定是否定的;反之,句子必定是肯定的,如果反过来,则句子
就难以接受。例如:

　　㉙a. 村长的办公室里连桌子都没有,更别说电脑了。

　　　　? 村长的办公室里连桌子都有,更别说电脑了。

　　　b. 村长的办公室里连电脑都有了,更别说桌子了。

　　　　? 村长的办公室里连电脑都没有,更别说桌子了。

　　㉚a. 连蚂蚁都知道保护自己,更别说人了。

　　　　? 连蚂蚁都不知道保护自己,更别说人了。

　　　b. 连人类都不知道地球之外还有没有生命,更别说蚂
　　　　蚁了。

　　　　? 连人类都知道地球之外还有生命,更别说蚂蚁了。

这一事实说明,"连"字句与其他情况下通过对最小量的否定

或对最大量的肯定而达到周遍性否定或肯定之目的的情形是一致的,从而也进一步证明"连"字句所强调的意义确实是"周遍性"意义。

3.3 前文说过,在"连"字句中,如果 Y 不是一个词汇单位,则逻辑重音的位置有时是不固定的,重音位置的不同,句子的意义也会随之改变。会发生改变的意义不是别的,正是句子强调的周遍意义。比较下面两个句子:

㉛a. 他连**我**的名字都忘了。

　　b. 他连我的**名字**都忘了。

例 a 的逻辑重音在"我"上,句子强调的是特定场合包括"我"在内的所有人,有"他忘记了所有人的名字"这样的意义。例 b 的逻辑重音在"名字"上,句子强调的是特定场合包括"名字"在内的"我的一切",有"他忘记了我的一切他本来知道的东西"这样一种意义。这组例子中的 Y 是一个体词向心结构,定语和中心语都具有指称功能。逻辑重音的位置不同,句子所强调的周遍意义也就不同。不仅这一类体词向心结构充当 Y 时会因逻辑重音位置的改变而有这样的语义改变,定语不具有指称功能的体词向心结构充当 Y 时,也会因逻辑重音位置的改变而发生周遍意义的改变。例如:

㉜a. 连**旧**书都很贵。

　　b. 连旧**书**都很贵。

㉝a. 连**这**位客人也被气跑了。

　　b. 连这位**客人**也被气跑了。

㉞a. 连**一**件像样的衣服都没有。

　　b. 连(一)件像样的**衣服**都没有。

例㉜a 的逻辑重音在"旧"上,句子强调的是特定场合包括"旧书"在内的所有书,b 的逻辑重音在"书"上,句子强调的是特定场合包括"旧书"在内的所有商品。例㉝a 的逻辑重音在指示词"这"上,句子强调的是特定场合包括"这位客人"在内的所有客人。b 的逻辑重音在"客人"上,句子强调的是特定场合包括"这位客人"在内的所有人员。例㉞a 的逻辑重音在"一"上,句子强调的是特定场合没有"像样的衣服"。b 的逻辑重音在"衣服"上,句子强调的是特定场合缺乏包括"像样的衣服"在内的相关事物(衣服、装饰品等)。

这种现象表明,"连"字句的 Y 虽然是"连"字引介出来的,但特称典型的确认和强调却是通过逻辑重音来标记的。也正因为这个缘故,只要保持逻辑重音的位置,"连"字即使省略了也不影响句子的成立和强调意义的表达。

(原载《语言教学与研究》2001 年第 2 期)

"给"字的语法化

"给(gěi)"是现代汉语中的一个高频字,作为动词是"给予"的意思,同时也有非常丰富的虚词用法。"给"这个字在上古常见的是表示"供给""丰足"的意思,《广韵》"居立切",见母入声缉韵,现代音读 jǐ。"给"当"给予"义讲亦见于上古。例如:

①若残竖子之类,恶能给若金!(吕氏春秋·权勋)高诱注:"给,与也。"

但是这种意义在明代以前很不常见,请看表一①:

作品	给	与
世说新语	2	74
朝野佥载	1	65
因话录	0	21
唐摭言	3	44
祖堂集	1	93
梦溪笔谈	12	18
容斋随笔	6	34
老学庵笔记	4	24
朱子语类	18	100②
大宋宣和遗事	14	65
元刊老乞大	0	34

---

① 此表《朱子语类》之前各书据田小琳《国学宝典》电脑语料库统计,《元刊老乞大》是我们据韩国庆北大学校出版部 2000 年本统计。《国学宝典》语料库尚未臻完善,间有失校处,故统计数字未必完全正确,但不至影响统计的价值。表中的数字包括"给""与"的"给予"义用法例及与此义密切相关的虚词用法例。

② 《朱子语类》"给"字全文统计,"与"只统计前二十卷。

　　所以有人怀疑近代以来广泛使用的"给"义字不是从原有的"给"字来的。日本学者太田辰夫、志村良治等都认为近代以来表示"给予"义的"给(gěi)"是从"馈"来的。太田认为:"'给'是北京话乃至北方话特有的词,同样被作为官话的南京官话中没有这个词。作为动词用作'给予'的意思,作为介词(前置词)用作 to 或 for 的意思,是清代北京话资料中才开始见到的,在此以前的作品中绝对未见……因此跟 kei 这个音相对,用收-p 尾的入声字'给',完全是一个假借字。"(1991,174—175 页)对于所假借的是何字,他说朝鲜的汉语课本《老乞大》中的"馈"就是"给"的前身。① 志村良治则进一步考证说这个"馈"是从山东方言混入北京话的。② 太田辰夫和志村良治都认为明代以前的白话资料里"给予"义动词一般不用"给",这是不符合实际的,上表显示,唐宋时期"给予"义动词虽然多用"与"而少用"给",但是"给"字还是有一些用例的,尤其是到南宋时期,"给"字用作"给予"义动词已不是个别的例子了。至于现代"给予"义的"给"是从"馈"来的,这种说法我们认为也是不能成立的。以下一些证据能充分证明"给"不是从"馈"来的。第一,本土文献没有用"馈"表示"给予"义的,第二,朝鲜汉语课本《老乞大》使用"馈"字始于崔世珍的《翻译老乞大》,有 2 例,用得最多的是刊于 1761 年的《老乞大新释》,有 12 例。在《翻译老乞大》中确实没有"给"字,"给予"义除了

---

　　① 参见太田辰夫《汉语史通考》175 页。
　　② 参见志村良治《中国中世语法史研究》316—386 页附录《"与""馈""给"——从中古到近代的汉语授予动词的历史变迁和"给"北京音的来源》。

2 处用"馈"外,其他地方都用"与"字。而《老乞大新释》中则是"给""馈"并行,且"给"的用例要比"馈"高出很多,有 39 例,如果说"给"是从"馈"来的,这种现象是无法解释的。第三,清代使用"给"字的也不限于北京话及其附近方言的作品,比如《儒林外史》的作者是安徽全椒人,一生都在安徽江苏一带生活,但《儒林外史》中"给"字已经比较常见。第四,"给予"义的"给"在《翻译老乞大》中虽然不用,但是在明代的本土文献以及朝鲜崔世珍编的明王朝与朝鲜李朝的往来文书《吏文辑览》中则越来越常见,请看表二:

	西游记	水浒转	三国演义	醒世恒言	拍案惊奇	吏文辑览
给	6	22	22	20	21	68①

第五,汉语各官话方言基本上都形成于元明时期,"给"字广泛分布于各官话方言。据《汉语方言词汇》,除北京话之外,"给"字还广泛分布于济南、西安、武汉、成都、合肥、扬州等官话区以及晋语,这些方言中的"给"字都读上声,与"馈"字音明显不合,显然不是从"馈"来的,而这些方言的形成绝不是在清代以后。

我们认为,"给"字的"给予"义是从其自身的"供给"义发展出来的,至于它的读音问题,我们可以进一步研究。太田认为北京话里古入声字有两读的现象限于收-k 尾的,收-t、-p 尾的没有两读现象,这也不符合事实,北京话里"没"就有 mo、mei 两读,这个字中古是收-t 尾的。我们还可以注意到北京话里的一个现象,古入声字现在在口语里还有两读的都是些

---

①　此表统计数字包括单用的"给"字以及与其他动词连用的用例。

极常用的字(词),不同的读音区别不同的意义,如得(de、dei)没(mo、mei)等,"给"也有两读,也用来区别不同的意义,与"得""没"等一致,并不是一个特例。

确定了"给予"义的"给"字是其本身的意义引申,下面我们将着重讨论两个问题:(1)中古以来"给"字对"与"字的兴替及"给"字早期的各种虚词用法的由来;(2)"给"字的使役用法及其发展情况。

1 "给""与"的兴替与"给"字早期虚词用法的由来

"给"字的"给予"义虽然先秦就有,但是正如表一所示,元代以前,在这种意义上一直是一个低频词。明代开始,它的使用频率逐渐提高,但也不能算是一个高频词。从清初的《醒世姻缘传》开始,它突然爆发式涌现①,从此开始了对自上古以来一直作为通用"给予"义动词"与"字的取代历程,其具体取代过程如下表三②:

作品	醒世姻缘传		红楼梦		花月痕		儿女英雄传		骆驼祥子		王朔作品	
	数量	比例	数量	比例	数量	比例	数量	比例	数量	比例	数量	比例
与	1365	72.3%	555	34.2%	35	11%	21	1.7%	1	0.6%	0	
给	522③	27.7%	1067	65.8%	292	89%	1227	98.3%	178	99.4%	104	100%

---

① 《醒世姻缘传》现存最早版本据考证刻于清顺治年间(《中国文学大辞典·清及近代文学·笔记/小说·醒世姻缘传》)。在该书中,"给"又作"己"。例如:

① 周姨,你己我个红的顽。(七回)

② 这是甚么贱物儿?己他个!一二千两银子东西己人!叫他唱二万出戏我看了,己他一个。(七回)

② 本表数字包括"给予"义及相关的虚词用法。

③ 本统计数字含写作"己"的例子。

上表显示,自清初开始,"与"字的使用频率逐渐下降,而"给"字的使用频率逐渐上升,到 20 世纪中叶,这个兴替过程基本上结束了,"给"在北京话的口语中基本上完全取代了"与"字。

"给"字在取代"与"字的过程中,不仅取代它的动词义,同时也取代它的虚词义。"给"字的虚词用法有七种,这七种虚词用法从产生的时间来说,可分为两个阶段,《醒世姻缘传》以前为早期阶段,《红楼梦》以下为后期阶段。早期阶段产生的虚词用法有以下三种:

(1)介词,引介受益对象。这种用法最早见于《朱子语类》,《醒世姻缘传》及以后作品中常见。例如:

②如伊川当时要勿封孔氏,要将朝廷所赐田五百顷一处给作一"奉圣乡",而吕原明便以为不可。(朱子语类·卷90·礼七)

③他嫂子给他揭了盖头。(醒世姻缘传·二十八回)

这种用法有一种特例,与"我"构成一个介词短语,用在有强烈命令语气的祈使句中。例子最早见于《醒世姻缘传》,《红楼梦》以下更为常见。例如:

④你只把那银子给我拿了去!(醒世姻缘传·六十七回)

⑤你给我老老实实的顽一会子睡你的觉去,好多着呢!

(红楼梦·十回)

《醒》中只有这一个例子,其表示"为""替"的意义很显著。到了《红楼梦》及以后作品中,这种用法的"给我"由于语用上的主观化而成为一个只表示命令语气情态副词。

(2)介词,引介与事对象。这种用法最早见于《太平广记》

所录《河东记》,清代以后文献中常见。例如:

⑥得钱一千贯,悉将分给五妹为资装。(太平广记·卷
157·李敏求,出《河东记》)

⑦先把这种子打给一顿,再把老婆也打顿给他。(醒世姻
缘传·四十回)

(3)介词,引介关涉对象。这种用法最早见于《醒世姻缘
传》。例如:

⑧这只是给嫂子磕头就是了。(醒世姻缘传·二十二回)

⑨你那姑妈只会打旋磨子,给我们琏二奶奶跪着借当头。
(红楼梦·九回)

"给"字早期的这三种虚词用法显然不是从"给予"义自发
语法化而产生的,因为这三种虚词用法有的在"给"字广泛使
用之前就出现了,有的在"给"刚开始广泛使用时就比较常见
了,这种情况不符合自发语法化的频率要求和时间宽限要求。
我们认为,"给"字早期产生的这三种虚词用法是受"与"字的
类化而产生的。"与"字从上古一直到清代中叶以前,都是通
用的"给予"义动词,并由此义语法化出一系列虚词功能。
"给"字的上述三种虚词用法"与"字都有,而且在"给"字上述
三种用法产生的时代,"与"字相应的用法都比较常见。"与"
字引介受益对象成分的介词用法先秦时期就出现了,中古以
后一直到清代的《红楼梦》都很常见。例如:

⑩所欲与之聚之。(孟子·离娄上)

⑪谢太傅寒雪日内集,与儿女讲论文义。(世说新语·言
语)

⑫岂有阿家体候不安,不检校汤药,而与父作生日?(因

话录·商部下)

⑬等过了残冬,春天再与他们收拾房屋。(红楼梦·三回)

同样,这种用法也有用于表示强烈命令语气的祈使句中的特例,例子最早见于《大宋宣和遗事》,在《醒世姻缘传》中相当常见。例如:

⑭适来去者那人是谁?你与我实说!(大宋宣和遗事·亨集)

⑮你与我快快的拿出去,别要惹我没那好的!(醒世姻缘传·三回)

⑯你好好与我走开去。(醒世姻缘传·六十九回)

"与"字引介与事对象成分最早见于中古早期的文献,唐宋以后到清代中叶以前都常见。例如:

⑰公于是独往食,辄含饭两颊边,还,吐与二儿。(世说新语·德行)

⑱因作《绿珠》篇以寄情,密送与婢,婢感愤自杀。(续世说·惑溺)

⑲报与李进义等知道杨志犯罪因由。(大宋宣和遗事·元集)

⑳当下贾母一一指与黛玉。(红楼梦·三回)

"与"字引介关涉对象成分的用法亦最早见于中古早期,唐宋以后到清代中叶以前一直比较常见。例如:

㉑服(虔)在外车上与人说己注传意,(郑)玄听之良久,多与己同。(世说新语·文学)

㉒太宗与群臣谓王珪曰:"卿识鉴清通,尤善谈论,自房玄

龄等,咸宜品藻,又可自量,孰与诸子贤?"(续世说·品
　藻)

㉓你两个穿着这红衣裳,一定是与我请安。(醒世姻缘传·
　五回)

"与"字以上三种用法在"给"字相应用法出现的时代的使
用频率如下表四:

作品和用法	太平广记(前三十五卷),"与"引介与事成分	朱子语类(前三十卷),"与"引介受益对象成分	醒世姻缘传(前十五回),"与"引介关涉对象成分	醒世姻缘传,"与我"用于命令句
	18	24	25	13

此表显示,在"给"字早期三种虚词用法产生的时候,"与"
字相应用法的使用频率都比较高,所以对"给"字产生了类化
作用,使同义词"给"字也出现与之相同的虚词功能。这种类
化还有一个很有说服力的旁证。"与"字除了从"给予"义语法
化出一系列虚词用法之外,还从"参与"义语法化出伴随介词
用法(参见洪波2000),而且从上古到近现代一直很常见。例
如:

㉔执子之手,与子偕老。(诗经·邶风·击鼓)

㉕至于高言妙句,音韵天成,皆暗与理合,非由思至。(沈
　约:谢灵运传论)

㉖正月十五日,敕令京城内大师大德与禅师论道。(祖堂
　集·卷三)

㉗说着,(甄士隐)便令人送女儿进去,自与雨村携手来至
　书房中。(红楼梦·一回)

"给"字没有"参与"义,但是在清代也出现伴随介词的用
法。例如:

㉘师傅请过来,给员外相见。(济公全传·六回)

㉙我这大关的差事,明明是给藩台有了交情,他存心调剂

　　我的。(二十年目睹之怪现状)

"给"字的这种用法显然是受"与"字类化而产生的,否则不能
解释。

　　"给"字上述虚词用法的由来说明,类化也是语法化的一
种重要动因。

2　清代中叶以后"给"字的进一步语法化

　　从 18 世纪的《红楼梦》开始到现在,是"给"字语法化的第
二阶段。在这一阶段里,"给"字完成了取代"与"字的过程,并
进一步语法化出一些新的虚词功能。从表三可以看出,从《红
楼梦》开始,"给"字在使用频率上已经大大超过"与"字,占据
了"给予"义动词的主导地位,同时,也就在《红楼梦》里,"给"
字出现了两种新的虚词用法:

　　(1)介词,引介使役对象。① 例如:

㉚为听了旁人的话,无故给平儿没脸。(红楼梦·四十四

　　回)

㉛紫鹃这话原给黛玉开心。(红楼梦·八十七回)

　　(2)介词,出现在被动句中,引出施事者。例如:

㉜焉知不因我疼宝玉不疼环儿,竟给你们种了毒呢?(红

_____

　　①　"给"字的役使用法我们在稍早于《红楼梦》的《儒林外史》里已
见到一个例子:

　　邹师父是来不给人赢的,今日一般也输了。(儒林外史·五十三回)

楼梦·八十一回)

㉝我原是给你们取笑的。(红楼梦·二十二回)

到成稿于清咸丰八年(1858 年)、定稿于同治五年(1866年)的《花月痕》里,"给"字的这两种用法已经相当普遍。例如:

㉞碧桃笑道:"你再老二十岁,我也不给你走。"(花月痕·二十六回)

㉟也好替刘姑娘明明心迹,给钱同秀臊臊脾呢!(花月痕·四十二回)

㊱积得这些家私,如今给人搬运一空。(花月痕·四十四回)

㊲他给余观察传去陪酒了。(花月痕·三十四回)

例㉞㉟中的"给"字是引介使役对象成分的介词,例㊱㊲中的"给"字是被动句中引介施事成分的介词。

由"给予"义发展出使役义,再由使役义发展出被动义,这是汉语语法化的一条规律,在"给"之前,"与""教""交""让"等含[+给予]语义特征的动词都先后发展出使役义和被动义(参见冯春田 2000,581—648 页,蒋绍愚 2002,)。所以,"给"字的使役介词用法是从"给予"义语法化而来,而在被动句中引介施事成分的用法又是从使役介词语法化而来,这似乎没有什么疑问。而且,从"给"字的广泛使用到这种用法的产生,其间也有近二百年的时间,因此,无论是"给"字的使用频率还是时间宽限,都能满足这种语法化的要求。不过,由于"给"字早期产生的几种虚词用法都是受"与"字的类化而产生的,所以上述两种虚词用法同样是受到"与"字的类化而产生,这种可能性也是不能排除的。而且,"给"字的这两种虚词用法在《红楼梦》里同时出现,这更增加了受"与"类化的可能性。

"与"字的使役用法在汉代就产生了(参见江蓝生 2000,228—229 页)①,中古以后一直到《红楼梦》都比较常见,《红楼梦》前 80 回里出现了 37 例。例如:

㊳故忠臣也者,能纳善于君,不能与君陷于难。(晏子春秋·内篇·问上十九)

㊴净能曰:必被岳神取也! 欲与张令妻再活。(敦煌变文集·叶净能诗)

㊵老氏便要常把住这气,不肯与他散,便会长生久视。(朱子语类·大学三)

㊶茗烟见他这样,因想与他开心,左思右想,皆是宝玉顽烦了的,不能开心。(红楼梦·二十三回)

"与"字在被动句中引介施事成分的用法产生于唐代(参见冯春田 2000,607—609 页),在《红楼梦》里的用例如:

㊷如冰水好空相妒,枉与他人作笑谈。(五回)

㊸问古来将相可还存? 也只是虚名儿与后人钦敬。(五回)

《红楼梦》时期正是"给"字全面取代"与"字的时期,所以受"与"字类化,产生使役用法和被动用法,这是完全可能的。总之,"给"字在《红楼梦》里出现使役用法和被动用法,受"与"

---

① 江蓝生(2000,228 页)认为"与"自先秦就从给予义引申出使役义,她举出的例证分别出自伪古文《尚书·胤征》《公羊传》《晏子春秋》《史记》《汉书》,这些文献实际都是汉代以后的作品。

字类化的可能性是不能排除的。

"给"字的使役用法和被动用法在《花月痕》里已经相当普遍,到《儿女英雄传》里,又出现一种与使役用法密切相关的助词用法,出现在含有处置义的主动句或被动句的谓语动词之前。主动句可以有"把"字,也可以无"把"字。例如:

⑭你瞧,把个小院子儿给摆满了。(二十七回)

⑮这两天在南城外头,只差了没把我的肠子给怄断了,肺给气炸了。(三十二回)

⑯安老爷生恐这里话没定规,亲家太太来了再闹上一阵不防头地怯话儿,给弄糟了。(二十一回)

被动句可以有"叫"字(《儿女英雄传》中未见"给"与"被""让"等配合的例子,这种例子要到老舍的作品中才能见到),也可以没有。例如:

⑰从城里头憋了这么个好灯虎儿来,一进门就叫人家给揭了。(三十八回)

⑱不信,瞧我这袖子,也给弄了那么一块。(三十八回)

这种用法与省略受益对象成分的介词用法不同,后者省略的介词宾语都可以从上下文中补出来,而这种用法的"给"字后面根本不存在省略的成分,因此这种用法是助词,而不是省略了宾语的介词。从语用上看,省略受益对象成分的介词"给"所在的句子都是表示积极意义的,而这种用法的"给"所在的句子一般都是消极意义的。比较以上所引诸例与下面2例:

⑲没有爹娘给说人家,这一辈子就该永远不嫁人。(儿女英雄传·二十五回)

(50)早有本地长班给预先找下公馆。(儿女英雄传·二回)

从产生的时间上看,"给"字引介受益对象成分而省略宾语的例子在《红楼梦》里即见其例。例如:

(51)便是回来有人带信,那都是不中用的。他不过口里应着,他倒给带呢!(二十四回)

而这种用法要到《儿女英雄传》里才能见到。

这种用法所在的句子无论是主动句还是被动句,都包含某种事物受外力影响而产生(或出现)某种消极的结果,外力影响即是通过"给"字体现出来的,所以这种用法的"给"字表示的是一种使役意义,我们可以把它看作一种使役标记。

这种使役标记的用法"与"字在中古时期也出现过,最早的例子见于《祖堂集》,后来的《大宋宣和遗事》中也曾出现过。例如:

(52)岑上座便拦胸与一踏,师倒。(祖堂集·卷十八)

(53)师蓦面与一唾,云:"野狐精!"(祖堂集·卷十九)

(54)言讫,用手把住天子衣,望天门与一推,把天子推下九天来了。(大宋宣和遗事·亨集)

(55)即引行童往水边,望洪波起处把行童与一推在波心里面。(大宋宣和遗事·亨集)

不过"与"字的这种用法只是在中古时期的少数文献中出现过,明清时期的作品中又见不到了。所以,"给"字的这种用法显然不能说是受"与"字类化而来,而是其自身语法化出来的。

这种用法从《儿女英雄传》到20世纪老舍的作品中都是出现在含[+自主]义的谓语动词之前,即使动词本身是非自主动词,但是出现在"把"字句或被动句中,也临时获得了自主

义。例如:

㊄你一下车就教侦探给堵住。(骆驼祥子)

㊅叫他的侄子给饿死的。(茶馆·第二幕)

㊆大少爷怎么几乎把老爷给毒死。(骆驼祥子)

㊇天黑,她又女扮男装,把大伙儿都给蒙了。(骆驼祥子)
例㊅㊆中的谓语动词"饿""毒"本是非自主动词,但在这里都
含有处置义,因而是自主的。

到20世纪80年代以后,这种用法又有新的变化,开始出
现在非自主动词之前,表示某种非自主的变化是外力所致。
例如:

㊉汪若海刚才在院门口让"六条"的几个小晃截了,拍了
  几砖头,差点给"花"了。(王朔:动物凶猛)

㊀他媳妇喝药给死了。(天津石家大院导游解说辞)

㊁我一下子给傻了,脑子里一片空白。

㊂猛可里叫了他一声,他一下子给愣住了。

3 结语

本文的结论归纳起来如下:

(1)"给"的"给予"义是从其自身的"供给"义引申出来的,
不是"馈"的替写字。

(2)"给"字从明代开始使用频率逐渐提高,清代以后开始
了对同义词"与"字的兴替,并于20世纪完成了这一兴替过
程。

(3)"给"字在清代早期以前的几种虚词功能是受"与"字
相同虚词功能的类化而产生的,清代中叶产生的使役介词功

能和被动介词功能则是自身语法化和受"与"字类化这两种可能性都存在。

　　(4)"给"字在清代晚期产生的使役标记功能则是其自身语法化的结果。

　　(原载《南开语言学刊——纪念邢公畹先生九十华诞专号》,
南开大学出版社,2004 年)

命令标记"与我""给我"
的语法化及词汇化问题探析

0.1《现代汉语八百词》"给"字条下收录了"给我"的用法,指出:"'给我'加动词,用于命令句,有两种可能的意思,要根据上下文区别:a)同'为我','替我'——我的帽子不知哪儿去了,你～找一找/出去的时候～把门关好——b)加强语气,表示说话的人的意志——你～走开!/你～小心点儿!/瞧你一身泥,快～把衣服换了!"《八百词》所说的"给我"的 b)种用法就是命令标记。"给我"的命令标记用法与其表示"为我""替我"的用法书写形式是一样的,但在口语中的语音形式实际上是不相同的。作为命令标记的"给我"的语音形式已经因为弱读而发生了缩合,实际读音是[kᵉoᵒ],而表示"为我""替我"的"给我"并不轻读,因而也没有发生语音缩合。根据命令标记用法的"给我"在语音形式上已经发生了缩合,我们认为它已经因语法化而发生了词汇化,成为一个词了。

0.2 在"给我"成为一种命令标记之前,在近代汉语里"与我"也有同样的功能。例如:

①适来去者那人是谁?你与我实说!(大宋宣和遗事·亨集)

②(外)张太公,我凭你为证,留下这条拄杖,待我那不孝子回来,把他与我打将出去。(琵琶记·二十三出)

0.3 本文拟作以下两项工作,其一,考察并分析命令标记"与我""给我"的语法化和词汇化过程;其二,分析它们发生语法化和词汇化的动因。

1　命令标记"与我""给我"的语法化与词汇化过程

1.1　命令标记"与我""给我"是从它们表示受益的用法语法化来的。

1.2　虽然"与"作为引介受益对象的介词似乎在先秦时期就出现了①,但是"与我"表示受益的用法却出现得很晚②,据我们的调查,最早的例子见于六朝时期:

③……因令其子曰:"吾日者梦见先师东里先生与我讲於阴堂之奥,既而长叹,岂吾齿之将尽乎?"(后汉书·周磐传)

④……为小儿时,乘车在外,游戏晚来。门户已闭,大唤开门,无人来应。良久母来,与儿开门。嗔骂母言:"举家担死人去耶? 贼来劫耶? 何以无人与我开门?"(大藏经·灯指因缘经)(姚秦·鸠摩罗什译)

表示受益的"与我"一经产生,就经常出现在祈使句中。例如:

⑤时尊者优陀夷持羊毛与善生比丘尼作是言:"善哉,姊

---

①　《孟子·离娄上》:"得其心有道:所欲与之聚之,所恶勿施尔也。"此例中的"与"应是引介受益对象的用法。

②　有些古汉语虚词词典引了《韩非子》中的例子:

今子与我取之,而不与我治之;与我置之,而不与我祀之,焉可?(韩非子·外储说左上)

实际上此例中的四个"与我"其实都是"跟我一起"的意思,而不是"替我""为我"之意。

妹与我浣染擗治。"(大藏经·摩诃僧祇律)(东晋·佛

陀跋陀罗共法显译)

⑥譬如五人共买一婢,其中一人语此婢言:"与我浣衣。"

(大藏经·百喻经)(萧齐·求那毗地译)

⑦时尊者罗云白世尊曰:"唯愿如来与我说法。"(大藏经·

出曜经)(姚秦·竺佛念译)

唐代以后,表示受益的"与我"在祈使句中出现的情况更

加常见。例如:

⑧……召谓曰:"淮南近畿,国之形胜,非亲贤不居。卿与

我卧理之。"(南史·刘善明传)

⑨令其吏:"与我卖,一鸡三十钱。"(朝野佥载·卷三)

⑩思止尝命作笼饼,对膳者曰:"与我作笼饼,可缩葱作,

比市饼葱多而肉少。"(太平广记·卷258·侯思止,出

《御史台记》)

⑪远公深有所怪,遂令同行:"与我唤此老人。"(敦煌变文

集·庐山公远话)

⑫师曰:"汝与我擎钵盂来。"(祖堂集·药山和尚)

到宋元时期,"与我"有时已很难看出有"替我""为我"的

意思了。例如:

⑬适来去者那人是谁?你与我实说!(大宋宣和遗事·

亨集)

⑭雁儿,可怜见今宵独自个冷清清,你与我疾回疾转莫停

留,山遥水远煞劳神。雁儿,天道儿未明,且休要等闲

寻伴宿沙汀。(全元散曲·蒲察善长·收江南)

⑮(外)张太公,我凭你为证,留下这条拄杖,待我那不孝

子回来,把他与我打将出去。(琵琶记·第二十三出)

⑯(净丑相打介。外)呀,这两个婆子到我跟前无礼。左右,不拣有什么庚帖,都与我扯破,把那两个吊起,各打十八。(琵琶记·第六出)

　　尽管我们不知道以上例子中的"与我"在语音上是否与表示受益的"与我"有了差异,但它们如果删除的话也基本上不改变原句的意思了,因此,我们认为这些例子中的"与我"已经语法化为单纯的命令标记,同时它已经不再是一个介宾短语,而是一个词汇单位了。

　　命令标记"与我"在明代和清代早期白话作品中是比较常见的,清代中叶以后随着"给我"的崛起,"与我"便逐渐为"给我"所取代了。例如:

⑰高殿帅大怒,喝令左右教拿下王进:"加力与我打这厮!"(水浒传·二回)

⑱帐上袁术大喝曰:"汝欺吾众诸侯无大将耶? 量一弓手,安敢乱言! 与我打出!"(三国演义·五回)

⑲他母亲道:"你与我夹着那张嘴! 你要严着些,那孩子敢么?"(醒世姻缘传·四十四回)

⑳(宝玉)一面说,一面来至自己的卧室。只见笔墨在案,晴雯先接出来,笑说道:"好,好,要我研了那些墨,早起高兴,只写了三个字,丢下笔就走了,哄的我们等了一日。快来与我写完这些墨才罢!"(红楼梦·八回)

　　1.3 在近代汉语末期汉语动词发生的最大一件事情大概就是普通给予动词"与"被一个新贵动词"给"取代了,这一兴替过程不仅涉及给予动词"与"的诸多用法,而且也涉及"与"

的好几种虚词用法,有关情况洪波(2004)已经讨论过。在
"给"取代"与"的过程中,自然而然地也发生了"给我"对"与
我"的兴替。

作为普通给予动词的"给"与"我"搭配出现并不见于明代
以前的文献①,是清初才出现的,这种情况在朝鲜汉语教科书
《老乞大》的几种版本中也反映得很清楚,不仅元代本《老乞
大》中没有"给我",明代崔世珍改订的《翻译老乞大》中也没有
"给我",到清乾隆朝时期出版的《老乞大新释》中就开始比较
多地使用"给我"去替换原来的"与我"。例如:

㉑a. 枭与俺一顿饭的米。(古本老乞大)

　　b. 枭与我一顿饭的米。(翻译老乞大)

　　c. 枭些米给我煮一顿饭吃。(老乞大新释)

㉒a. 恁与俺做些个粥如何?(古本老乞大)

　　b. 你与我做些个粥如何?(翻译老乞大)

　　c. 你就给我做些个粥来吃如何?(老乞大新释)

给予动词"给"虽然在明代以前的文献中已偶有使用,特别
是反映明朝官话口语的朝鲜崔世珍编辑的《吏文辑览》中使用
得已经比较多,但在国内的传世文献中却是清初的《醒世姻缘
传》才爆发式大量使用的,"给我"也始见于这部文献,而且一下
子就出现了 57 例。在这 57 例中有 1 例是表示受益对象的:

---

①　明代以前文献中出现的"给我","给"字都是"供给"义,这种意
义的"给我"在《史记》中就有了。例如:

客有遗相鱼者,相不受。客曰:"闻君嗜鱼,遗君鱼,何故不受也?"
相曰:"以嗜鱼,故不受也。今为相,能自给鱼;今受鱼而免,谁复给
我鱼者? 吾故不受也。"(史记·循吏列传)

㉓狄希陈道:"要得降个县丞,倒也还好。我见那晋俺县

里一个臧主簿来给我持扁,那意思儿也威武。这县丞

不比主簿还大么?"(醒世姻缘传·八十三回)

到 18 世纪末的《红楼梦》里,"给我"的使用更加频繁,不仅表

示受益的"给我"有不少用例,而且有 20 余例是作为纯粹的命

令标记使用的。例如:

㉔你给我老老实实的顽一会子睡你的觉去好多着呢!

(红楼梦·十回)

㉕贾母在舱内道:"这不是顽的,虽不是河里,也有好深

的,你快不给我进来!"(红楼梦·四十回)

㉖宝钗忙一把拉住,笑道:"你又发疯了,还不给我坐着

呢!?"(红楼梦·五十八回)

㉗凤姐啐道:"放你妈的屁! 这还什么恕不恕了? 你好生

给我往下说,好多着呢!"(红楼梦·六十七回)

"给我"用作命令标记是在《红楼梦》里爆发式出现并大量使用

的。

2 命令标记"与我""给我"的语法化机制和动因

2.1 "给我"是"与我"的兴替,表示受益的介词短语"给

我"和命令标记"给我"也是"与我"相应用法的类推兴替,如此

才能解释命令标记"给我"在《红楼梦》里的爆发式涌现。所以

我们只需讨论命令标记"与我"的语法化机制和动因。

2.2 据前文可知,"与"从动词语法化为引介受益对象的

介词经历了很长一段时间,而"与我"从表示受益对象语法化

为命令标记也经历了相当长一段时间。在这段时间里,"与

我"作为表示受益对象的介宾短语出现在祈使句中的使用频率相当高,由此可见,"与我"的语法化与语用因素相关。

2.3 祈使句是负载"祈使"语用信息的句式,祈使句的"祈使"语用信息有强弱之分,其中负载最强"祈使"语用信息的就是命令句。在现代汉语里,带有语气词"吧"的祈使句都属于弱祈使句,因而表示强烈命令语气的祈使句就不能加"吧"。比较:

㉘a. 你出去吧。

　　b. 你出去!

　　c. 你给我出去!

　　d. ＊你给我出去吧!

以上 d 之所以不能接受,就因为"给我"是命令标记,它的语法意义与语气词"吧"的语法意义不相容。d 不仅表明了"给我"是一个命令标记,而且还表明了它的前身"与我"乃是在表示强烈命令语气的祈使句中语法化为命令标记的。

2.4 "与我"从介宾短语语法化并词汇化为一个命令标记,首先经历了一个因主观化而发生语义泛化的过程。主观化是"与我"语法化和词汇化的机制。

表示受益的介宾短语"与我"原本的命题意义是说话人希望听话人通过某种行为给自己带来某种实际"利益",这是给予动词"与"语法化为引介受益对象的认知基础。如前引例⑨的"与我卖,一鸡三十钱",说话人的话语动机是希望听话人通过"卖(鸡)"的行为给自己带来"钱财",例⑩"与我作笼饼"的话语动机是说话人希望听话人通过"作笼饼"的行为使自己得到"笼饼"。随着"与我"这种用法的使用频率的增高,逐渐在人们的心目中形成一种认识,只要在话语中加上"与我",就能使自己得到利益,这种认识的形成就是"与我"的主观化。如例⑪"与我唤此老人",说话人希望听话人做的事情("唤此老人")并不能给自己带来实际利益,但是说话人主观上认为听话人的行为能为自己带来利益。主观化产生的直接影响有两方面,其一是"与我"的宿主(host-class)范围的扩大,使得原先不能搭配的一些动词也进入了它的搭配范围,如例⑪中的"唤"等。其二是随着搭配范围的扩大,"与我"的命题意义(给说话人带来实际利益)往往落空,从而导致它的命题意义的泛化和虚化,它变成只能表达一种给说话人带来主观化的抽象"利益"。我们可以注意到,"与我"成为命令标记之后,它仍然含有这种抽象的主观性意义。如例⑭"你与我疾回疾转莫停留",例⑮"把他与我打将出去",例⑯"不拣有什么庚帖,都与我扯破"。这一方面反映了"与我"在语法化过程中的功能保持现象,另一方面则表明这种主观性意义的存在乃是"与我"能在各种命令句中出现的认知基础。

　　2.5 主观化导致"与我"命题意义的泛化和虚化,使得它有可能发生语法化,但却不能直接导致它语法化为命令标记,所以,主观化只是"与我"语法化为命令标记的一种机制(mechanism),而不是它发生语法化的动因(motivation)。

　　前文指出,"与我"是在负载强烈命令语气的祈使句中语法化为命令标记的,所以,我们必须从命令句着手来分析"与我"发生语法化的动因。

　　命令句是说话人以强烈的命令语气来促使听话人发出说话人所希望的某种行为,因此,命令句的句子重音总是落在句子的谓语动词上(如果句子有两个主要动词则重音落在后一个主要动词上)。命令句的句子重音不同于陈述句的句子重音,它比陈述句句重音的音高和音强都要大,因为它负载着双重信息:句子的常规焦点信息和说话人的语气信息(亦即句子的对比焦点信息)。根据完形理论,语言中的句子都是一个个完形单位,而任何一个完形单位都是由前景(figure)和背景(ground)构成的,这就意味着句子的信息单位是以前景信息和背景信息形式存在的,其中以相对的重音形式存在的信息单位是前景信息,以相对的非重音形式存在的信息单位都是背景信息(参见洪波2004)。将这种理论代入命令句可知,命令句的谓语动词表达的是句子的前景信息,而其余的部分则都是表示背景信息的。而且,由于命令句的谓语动词负载双重焦点信息,它以更高更强的语音形式显示出它具有更显著的凸显度(salient degree),相应地,句子的其余部分也就处于更弱的背景信息当中。这种凸显者更加凸显而弱化者更加弱化的情形从下面两个现代汉语的句子即可清楚地看出来:

㉙a. 你给我拿来!

b. 你给我拿来吧。

例㉙a中的动词"拿"读成超强重音时,"给我"只能读成[kᵉoᵒ],而例㉙b中的动词"拿"一般不读超强重音,其中的"给我"也就要读成两个字的本音本调。这种语音形式是否弱化以及弱化程度的高低实际上是与它们所传递的信息量的大小成正比的,也就是说,例㉙a中的"给我"的信息量更小。

在语言的话语信息流中,信息单位的信息量的减少就意味着功能的弱化和退化,而这种弱化和退化就会导致话语单位的整合化和轮廓化,一如视觉形象的弱化会导致细节越来越模糊的整合化和轮廓化。我们现在虽然已经无法知道"与我"在近代汉语命令句中的实际读音情况,但是我们透过它的"后身"现代汉语里的"给我"在命令句里的读音情况即可推断出它在命令句中也一定是一个弱化形式,相应地,它的表示受益的语义功能也由于句子的强烈命令语气意义的超强凸显而更加地弱化和规约化,从而使它语法化为一个命令语气的敏感算子,也就是我们所认为的命令标记,并且使它由一个介宾短语因整合化和轮廓化而成为一个词汇单位。

（本文与王丹霞合写,原载《语法化与语法研究》(三),
商务印书馆,2007 年）

完形认知与"(NP)V 得 VP"
句式 A 段的话题化与反话题化

1 从现代汉语说起

1.1 现代汉语有两类"(NP)V 得 VP"结构：

①吃得下三碗饭。

②跑得汗流浃背。

本文的研究对象是②类，记为"(NP)V 得 VP"，为了下文的表述方便，我们把这个述补结构分为两段，"V 得"记为 A 段，"VP"记为 B 段。

1.2 "(NP)V 得 VPs"在国内一般都处理成述补结构，称之为状态述补结构，B 段为状态补语（参见朱德熙 1982），而赵元任在其《中国话的文法》里则称之为谓式补语。赵元任这样分析，是折中地接受了李方桂给他的一个建议，李氏建议他把"V 得"也看作一个主语，而把 B 段看作谓语（赵元任 1980，186—187 页）。李方桂的建议是有道理的，现代汉语"(NP)V 得 VP"句式中的 B 段确实具有述谓性，其显著的表现有以下几个方面：

拥有句子的常规重音

独立拥有情态

可以扩展

可以单独否定

可以构成"VP 不 VP"式疑问形式

汉语的述谓功能是和话题功能相对的,"(NP)V 得 VP"
句式的 B 段具有述谓功能,则意味着它前面的成分也就是 A
段具有话题性,李方桂给赵元任的建议正是这样看的(赵元任
1980,186—187 页)。"(NP)V 得 VP"句式 A 段的话题性在
形式上有如下表现:

> 句首位置
>
> 后面可停顿
>
> 后面可加话题标记"啊""吧""呢"等
>
> 后面可以延音
>
> 可以有两个或者两个以上的"V 得"并列使用
>
> 可以省略
>
> 排斥句子的常规对比重音

这样看来,现代汉语"(NP)V 得 VP"句式似乎确实可以
如李方桂所认为的那样,将 A 段都分析为话题,将 B 段分析
为述题(谓语)。不过,实际情况并不如此简单,比如,下面的
句子就很难做这样的分析:

> ③我把他给气得脸都绿了。
>
> ④他被我给气得脸都绿了。

虽然也有人说"把 NP""被 NP"也具有话题性(参见袁毓林
2002,82—115 页),但要把句中的"给气得"也分析为一个话
题性的成分恐怕需要勇气。

此外,虽然 B 段可以独立拥有情态,但有时句子的情态
成分则是可以游移的。例如:

> ⑤你说得倒轻巧。
>
> ⑥你倒说得轻巧。

这种情况则明显显示出"V 得"还仍然具有述谓性。

至于像"V 得慌""V 得很",在现代汉语里一般都不把它们处理成状态述补结构,但在它们产生的初期则也属于状态补语结构。这两个结构中的"V 得"则显然没有话题化,我们把这类情形称为"V 得"的反话题化。

1.3 鉴于以上情况,我们认为现代汉语里"(NP) V 得 VP"句式的 A 段大多数已经具有显著的话题化倾向,但还没有成为一个纯粹的话题性成分。因此本文将围绕以下几个问题展开:

(1)A 段的话题化过程

(2)A 段的反话题化现象

(3)A 段的话题化和反话题化的机制和动因

在以上三个问题中,第三个问题是本文的主要写作动机。

2 "(NP) V 得 VP"句式 A 段的话题化

2.1 "(NP) V 得 VP"最早见于唐代文献(参见岳俊法 1984,杨平 1991),在《敦煌变文集》和《敦煌变文集新书》里这个结构还是一个地道的述补结构。从"(NP) V 得"角度看,在《敦煌变文集》和《敦煌变文集新书》里"(NP) V 得"不具有话题性,一个显著的证据是,在话题链中,"(NP) V 得"既不能充当总话题,也不能充当某一总话题之下的次级话题。例如:

⑦生时百骨自开张,唬得浑家手脚忙。(敦煌变文集·父
　　母恩重经讲经文)

⑧男女病来声喘喘,父娘啼得泪汪汪。(敦煌变文集·故
　　圆鉴大师二十四孝押座文)

⑨见伊莺鹉语分明,不惜功夫养得成。(敦煌变文集新书·
长兴四年中兴殿应圣节讲经文)

⑩金翅鸟,力无偕,搦得高山碎若灰。(敦煌变文集新书·
维摩诘经讲经文)

⑪忠不施,孝不展,神道虚空皆总见,须臾致得祸临身,妻
男眷属遭除剪。(敦煌变文集新书·佛说阿弥陀讲经
文)

⑫太子既生之下,感得九龙吐水,沐浴一身;举左手而指
天,垂右臂(臂)而於地;东西徐步,起足莲花。(敦煌变
文集新书·太子成道变文)

从 B 段角度看,《敦煌变文集》"(NP)V得 VP"里的 B 段
不能独立拥有情态,也不能单独否定。

到五代时期的《祖堂集》,"(NP)V得 VP"句式的情况即
发生了变化,主要体现在两个方面:从 A 段看,A 段可以成为
话题链中的对比话题。例如:

⑬若体会不尽,则转他一切事不去;若体会得妙,则转他
一切事向背后为僮仆者。(祖堂集·卷八)

从 B 段看,已经可以单独否定。例如:

⑭座主云:"若不与摩道,争招得不肯?"(祖堂集·卷七)

因此我们可以说,"(NP)V得 VP"句式 A 段的话题化是
很早的,至迟在五代时期已经开始。

2.2 宋代是"(NP)V得 VPs"句式 A 段的话题化的重要
时期,《朱子语类》即充分展现了"(NP)V得 VP"句式 A 段的
话题化许多重要表现。根据我们对《朱子语类》第二十至二十
九卷的调查,其中"(NP)V得 VP"句式 A 段的话题化在 A 段

和 B 段两个方面都呈现得相当突出了。就 A 段而言,其话题化突出表现在以下几个方面:

(1)"V 得"常在话题链中作为对比性主话题或次级话题。例如:

⑮见得渐渐分晓,行得渐渐熟,便说。(二十卷)

⑯下面知得小,上面知得较大;下面行得小,上面又行得较大。(二十三卷)

⑰"朝闻道",则生得是,死便也死得是。若不闻道,则生得不是,死便也怎地。(二十六卷)

⑱曾子只是曾经历得多,所以告他;子贡是识得多,所以告他。(二十七卷)

(2)后续成分顺承"V 得"展开,"V 得"成为主话题。例如:

⑲看此语,程先生说得也未尽。只说无为,还当无为而治,无为而不治?(二十三卷)

⑳天下道理皆看得透,无一理之不知,无一事之不明,何器之有?(二十四卷)

㉑惟是那"君子谋道不谋食。学也,禄在其中;耕也,馁在其中"一章说得最反覆周全。如云"君子谋道不谋食",是将一句统说了,中央又分两脚说:"学也,禄在其中;耕也,馁在其中。"又似教人谋道以求食底意思。下面却说"忧道不忧贫",便和根斩了。(二十四卷)

㉒已前闻先生言,借学者之事以明之,甚疑"忠恕"对"一以贯之"不过。今日忽然看得来对得极过。"一以贯之",即"忠恕";"忠恕"即"一以贯之"。(二十七卷)

(3)后续成分逆接"V 得"展开。例如：

㉓游氏说得虽好,取正文便较迂曲些。(二十卷)

㉔语尚未终,先生曰:"下面说得支离了。圣人本意重处在上面,言弟子之职须当如此。下面言余力则学文。大凡看文字,须认圣人语脉,不可分毫走作。若说支离,将来又生出病。"(二十一卷)

㉕友不如己者,自是人一个病。周恭叔看得太过了。上焉者,吾师之;下焉者,若是好人,吾教之;中焉者,胜己则友之,不及者亦不拒也,但不亲之耳。若便佞者,须却之方可。(二十一卷)

㉖今之学者先知得甚高,但著实行处全然欠阙了。(二十二卷)

(4)后续句承"V 得"省略话题。例如:

㉗问"仁者,天下之正理"。曰:"说得自好,只是太宽。"(二十五卷)

㉘横渠言"好仁、恶不仁,只是一人",说得亦好,但不合。(二十六卷)

㉙文振看得文字平正,又浃洽。(二十八卷)

例㉗"太宽"前承前省略了"说得",例㉘"不合"前承前省略了"说得",例㉙"浃洽"前承前省略了"看得"。

就 B 段而言,有以下几种表现反衬"V 得"的话题化:

(1)单独否定。例如:

㉚大意固如此,然说得未明。(二十卷)

㉛某记少时与人讲论此等道理,见得未真,又不敢断定。(二十卷)

㉜弓弩之制,被神宗改得不好。(二十五卷)

(2)独立拥有情态性成分。例如:

㉝见得渐渐分晓,行得渐渐熟,便说。(二十卷)

㉞伊川说得太远,横渠说较近傍。(二十二卷)

㉟这只是平心恁地看,看得十分是如此。(二十四卷)

㊱这里见得直是分晓,方可去做。(二十八卷)

(3)有些关联性词语和时间副词甚至范围副词也可以出现在 B 段的前面。例如:

㊲游氏说得虽好,取正文便较迂曲些。(二十卷)

㊳切磋琢磨两句,说得来也无精采。(二十二卷)

㊴盖曾子平日於事上都积累做得来已周密,皆精察力行
　过了,只是未透。(二十七卷)

㊵问:"'以约失之者鲜'。凡人须要检束,令入规矩准绳,
　便有所据守,方少过失。或是傺然自肆,未有不差错。"
　曰:"说得皆分明。"(二十七卷)

㊶此是三十岁以前书,大概也是,然说得不似,而今看得
　又较别。(二十七卷)

不过,尽管《朱子语类》里"(NP)V 得 VP"句式 A 段的话题化从 A 段和 B 段都已有突出的呈现,但也有些情况表明 A 段的话题化程度还不高,比如:

(1)有不少例子中的"V 得"前仍有情态成分。例如:

㊷上蔡这处最说得好:"为物掉之谓欲,故常屈於万物之
　下。"今人才要贪这一件物事,便被这物事压得头低了。
　(二十八卷)

㊸如祖公年纪自是大如爷,爷年纪自是大如我,只计较得

来也无益。(二十九卷)

㊹颜子是真个见得彻头彻尾。(二十八卷)

㊺盖"一贯"自是难说得分明,惟曾子将"忠恕"形容得极
　好。(二十七卷)

(2)在话题链中,"V得"既不充当主话题,也不充当次级
话题。例如:

㊻十五志于学,三十守得定,四十见得精详无疑,五十知
　天命。(二十三卷)

例中"守得定""见得精详无疑"与上下文之"志于学""知天命"
并列,故其中的"守得""见得"既不是主话题,也不是次级话
题。

　2.3 "(NP)V得VP"句式在元明以后,A段的话题化较
宋代又有进一步的增强,到清代中叶的《红楼梦》里,就基本上
跟现代汉语里此类句式差不多了。

　首先,从元明时期开始,该句式中的"得"渐渐转写成
"的"。例如:

㊼饿的肝肠碎。(元刊杂剧三十种·薛仁贵衣锦还乡)

㊽土雨溅的日无光。(元刊杂剧三十种·关张双赴西蜀
　梦)

㊾那吴典恩慌的磕头如捣蒜。(金瓶梅·三十回)

　到清代中叶的《红楼梦》里,写成"的"字的反而占了绝对
优势,"得"差不多只出现在一些固化的词语当中了。例如:

㊿雨村不觉看的呆了。(一回)

51贾母素知秦氏是个极妥当的人,生的袅娜纤巧。(五
　回)

(52)一见了宝玉,便笑道:“嗳哟,我来的不巧了!”(八回)

赵元任(1980,187页)引胡适的一项调查说《水浒传》中谓式补语前是“得”都写成“的”,《红楼梦》里除了相当少数的例外也都写成“的”,胡适对《水浒传》的调查不确切,但对《红楼梦》的调查则基本上符合事实。“得”转写成“的”,意味着什么呢?我们知道“得”由表结果达成的补语“得”演化而来。在该句式产生的初期,“得”字并不是一个完全虚化的“结构助词”,而是一个表示结果达成的动相补语,其时,“得”字后面出现NP成分更为常见,出现VP成分是少见的。直到《朱子语类》里,尽管“得”字后接VP成分的用例大幅度增长,但是“得”字后接NP成分的用例也仍然很常见,以“见得”为例,第29卷共有“见得”27例,其中后接NP的就有11例。例如:

(53)只见得他后来事。

(54)这道理只为人不见得全体,所以都自狭小了。

而且“见得”还可以裸用,即后面不出现其他成分。例如:

(55)亦是他心里自见得,故愿欲如此。

再如“说得”,也有后接NP的用例,只是不如“见得”那么多。例如:

(56)“仁”字最难言,故孔子罕言仁。仁自在那里,夫子却不曾说,只是教人非礼勿视听言动与“居处恭,执事敬,与人忠”,便是说得仁前面话;“仁者其言也讱”,“仁者先难而後获”,“仁者乐山”之类,便是说得仁后面话。(二十卷)

“V得”可以后接NP成分,还可以裸用,说明“得”字的补语性质还在,其表示结果达成的动相意义也没有丧失。把

"(NP)V得VP"句式中的"得"字一体看,恐怕也是如此。从这个意义上说,元代以后北方方言文献里将该句式中的"得"转写成"的",就不能简单地看做文字的问题,它表明"得"字表示结果达成的动相意义彻底销蚀了,"得(的)"已经成为一个纯粹的附着性标记成分,也就是我们今天所说的"结构助词"。

"得"字转写成"的"标志着它从动相补语语法化为"结构助词",这为"V得"的进一步话题化扫清了语义障碍,甚至可以使"V得"从一个述谓性成分向自指性的名词性成分转化。典型的例子就是"生得(的)"和"长得(的)",它们在语境中实际上都可以理解为"模样"。例如:

(57)打紧这座山生的险峻,又没别路上去。(水浒传·十七回)

(58)那俩更夫一个生的顶高细长,叫作"杉槁尖子张三";一个生得壮大黑粗,叫作"压油墩子李四"。(儿女英雄传·四回)

(59)想那出京时节,好歹已是十五六个年头,丹桂长得美丽非凡。(二刻拍案惊奇·卷三)

"生得(的)""长得(的)"由于各自在不同的历史时期都曾高频使用,因此都出现不同程度的词汇化倾向,其他形式的"V得(的)"并不都具有它们这样的条件,但我们透过这两个典型案例也多少可以看出元代以后"V得(的)"话题化程度的增强趋势。

其次,从B段来看,元明以后该句式中的B段由原来的单纯表示"V得"的结果状态逐渐呈现出语义多样性,B段与A段的语义关系逐渐松散,从而使得A段看上去更像个话题。像上面提到的“生得(的)”“长得(的)”,其B段虽然都具有描述性,但却很难看出是A段所产生的结果状态。再如前引例㊼至㊾,例㊼中“肝肠碎”是“饿的”的结果状态,例㊽“日无光”是“溅的”的结果状态,但例㊾“磕头如捣蒜”就显然不是“慌的”结果状态。像㊾这样的例子,A段似乎只是一个引子,一个“话头”。在《红楼梦》里我们可以看到很多这样的例子,例如:

(60)他这个病得的也奇。(十一回)

(61)吓的众人一拥争去拾玉。贾母急的搂了宝玉道:“孽障!你生气,要打骂人容易,何苦摔那命根子!”(三回)

(62)喜的王夫人忙带了女媳人等,接出大厅,将薛姨妈等接了进去。(四回)

(63)不是这话,他生的腼腆,没见过大阵仗儿。(七回)

(64)你家住的远,或有一时寒热饥饱不便,只管住在这里,不必限定了。(八回)

3　“(NP)V得VP”句式A段的反话题化现象

3.1“(NP)V得VP”句式自产生之日起,句子的常规焦点就落在B段上,至今这种状况也没有发生根本的改变。但是在这种句式演化的过程中,也产生了少数例外。其情形是句子的常规焦点由B段转移到A段上。典型的案例是“V得(的)慌”,在近代汉语里还有“V得(的)紧”。这里选择“V得(的)慌”来讨论。

3.2在北京话里,“V得(的)慌”是常见的说法,该句式的常规重音总是落在V上,以至于不仅“得(的)”的语音发生弱化，连“慌”的语音也发生严重弱化。实际上“得(的)慌”已经发生融合，成为一个后缀性的成分黏附在V上(关键2007)。例如：

(65)……上面什么也不盖；底下热得好多了，可是上边又飘得慌。(老舍：牛天赐传)

(66)“虱子皮袄”，还得穿它，又咬得慌。(汪曾祺：云致秋行状)

关键(2007)考察了“V得(的)慌”的历史演化过程，根据她的研究，“V得(的)慌”产生于元代前后，在早期“V得(的)慌”属于一般所谓的状态补语结构，句子的常规重音在“慌”字上，“慌”也不限于光杆形式，可以是一个短语，可以是复音形式“慌张”，还可以重叠。例如：

(67)我这里走的慌，他可也赶的凶。(全元杂剧·尉迟恭单鞭夺槊)

(68)小生害得眼花，搂得慌了些儿，不知是谁，望乞恕罪。(全元杂剧·崔莺莺待月西厢记)

(69)爹爹，我饿的慌可乐。(全元杂剧·邯郸道省悟黄粱梦)

(70)我出城来，见一人走的慌张，敢是那人？(全元杂剧·宋上皇御断金凤钗)

(71)你看这厮走的慌慌张张的，你是什么人？(全元杂剧·李太白匹配金钱记)

关键(2007)指出，“V得(的)慌”句式常规焦点的转移也是从元代就开始了，经历明代到清代初年已基本完成了这种转移，与此同时“得(的)慌”也完成了融合过程和语法化过程，成为一个类词缀性质的成分。她举了四方面的句法表现:其一是它开始出现在感觉动词的宾语从句中,甚至直接充当感觉动词的宾语。例如:

⑫他还嫌那扶嘴闲得慌,将那日晁夫人分付的话,捎带的银珠尺头,一五一十向着珍哥晁大舍学个不了。(醒世姻缘传·八回)

⑬那海会师傅他有头发,不害晒的慌。(醒世姻缘传·八回)

其二是"V 得(的)慌"结构前开始出现体认类情态副词。例如:

⑭小的实是穷的慌了,应承了他。(醒世姻缘传·四十七回)

其三是"V 得(的)慌"结构开始出现否定形式,而且否定词"不"出现在 V 前而不是"慌"字之前。例如:

⑮晁夫人说:"真个,倒不诧异的慌了!"(醒世姻缘传·四十六回)

其四是"V 得(的)慌"可以进入紧缩的正反选择句中。例如:

⑯有活儿我情愿自己做,使的慌不使的慌,你别要管我。(醒世姻缘传·五十四回)

通过关键的考察,我们可以看到,"V 得(的)慌"句式与其他"V 得 VP"句式的演化方向是相反的,它不是 A 段的话题化,而是 A 段述谓化程度的增强,最终演化成为唯谓成分,而整个结构也发生了重新分析,"得(的)慌"发生跨层融合并逐渐凝固成一个成分,最终语法化为一个类词缀性成分。所以我们把这种句式中的 A 段称为反话题化。

4　"(NP)V 得 VP"句式 A 段话题化与反话题化的完形认知机制

4.1 在讨论完形认知与"(NP)V 得 VP"句式 A 段的话题化和反话题化的关系之前,先简单介绍一下完形认知方式及其在语言认知中的作用。

根据完形心理学的研究,完形(Gestalt)是人类视觉认知(visual perception)的一种普遍法则。完形就是将视觉对象处理成前景(figure)和背景(ground)两部分,当且仅当视觉对象被处理成前景和背景两部分,才能感知到具体的事物,也就是说,才能"认出"具体的事物(参见傅统先 1937,黎炜 1999)。

人类感知客观世界事物的途径除视觉之外还有听觉、味觉、嗅觉和触觉等。其中视觉和听觉是两种最主要的感知途径,而在这两种感知途径中,视觉感知又是更为基本的感知途径,听觉感知汲取(或者说依傍)视觉感知的方式,因此,完形就不仅是视觉感知的方式,也是听觉感知的方式。语言认知属于听觉认知,Talmy Givón(1979)和 Paul J. Hopper(1979)较早将完形认知引入语言研究,揭示了完形认知在语言认知中的实际存在。沈家煊(1999)在讨论汉语"差不多""差点儿"等现象时引入"背衬衍推""前突衍推"两个概念,并指出:"这种'前突衍推'和'背衬衍推'互相交替的现象好比认知心理学中'图象'(Figure)和'背景'(Ground)的关系……"(83 页)这实际上就是在揭示汉语语句认知过程中的完形认知机制。

根据学者们的研究,我们知道,我们感知并理解语言,实际上是要把语言中不同层级的语言单位处理成不同层级上的前景和背景,也就是处理成完形单位,而后才能感知和理解语言。在日常话语交际中,句子就是最基本的完形单位,因此,每个独立的句子都要经过前景化和背景化处理,这种处理不仅仅是听话人感知并理解话语过程中的一种自觉或者潜意识行为,也是说话人为了使听话人更好地感知并快速地理解话语而采取的自觉或潜意识策略,自然语言通过重音等手段来区分出语句的焦点与非焦点,其根本的动因就在于这种自觉或潜意识策略的具体实施。

4.2 了解了完形认知原理,回过头来看汉语史上"(NP)V 得 VP"句式中 A 段的话题化和反话题化现象,我们很容易觉察到它们与完形认知的关系,而事实上,也正是完形机制促发了该句式 A 段的话题化和个别案例的反话题化进程。

首先看"(NP)V 得 VP"句式中 A 段的话题化现象。前文已经指出,"(NP)V 得 VP"句式自产生之日起,其 B 段就是句子的常规焦点所在,也就是说,该句式从产生之日起,其 B 段就是句子的认知前景部分。在初期阶段,由于 B 段在语义上是"V 得"的结果状态,而"V 得"则是 B 段语义上的致因,同时也由于"得"前的 V 是句子的结构核心,因此"V 得"被从语义上纳入 B 段的焦点域,从而在结构上形成述补结构,与句子主语(话题)部分相对。但是这种句法结构注定是不会稳固的,因为它与这种句式的信息结构不相匹配。从句子的信息结构角度看,B 段是句子的常规焦点所在,因而是句子信息结构的核心部分。以 V 与 B 段的紧密语义关系,它本可以与 B 段结合在一起共同成为句子的信息结构核心,像普通动结式的动词和结果补语那样,但是由于虚化动词"得"字

(在句法上是动相补语)出现在 V 与 B 段之间,成为一个天然屏障,将句子的结构核心 V 与句子的信息核心 B 段分隔开来,造成句子的结构核心与信息核心分离不统一的局面。这种分离不统一反映在句子的语调上,就是很难把被虚化动词"得"隔开的 V 纳入 B 段的重音调域当中,从而造成 V 及其附着成分"得"在句子完形处理上和完形感知上的游离状态:一方面,它是句子的结构核心,而另一方面,它又被排斥在句子信息核心的重音语调域之外。正是这种游离状态使得"V 得"被向句子的背景部分挤压,从而引发了"V 得"向句子的真正背景成分——话题——的方向靠拢,即该句式 A 段的话题化。

虽然从文献的观察中,要到《祖堂集》里才能看到 A 段话题化的迹象,但实际上,它的话题化应该是从该句式出现的时候就已经开始了。不过,从该句式 A 段话题化的实际历史进程来看,该句式的句法语义结构对信息结构的这种完形处理的反作用力也是很强大的,经历了一千多年时间的演进,直到今天,该句式 A 段的话题化程度仍然是不太高的,这就是我们在第一节中所说的,它只是具有显著的话题化倾向,但还很难把它与那些真正的名词性话题相提并论。

下面再来看"(NP)V 得 VP"句式 A 段的反话题化现象。"V 得(的)慌"这个案例中 A 段的反话题化以及与此相关的语法化及词汇化现象,实际也是完形认知机制的产物。完形心理学告诉我们,完形认知的核心是区分前景和背景,那么这两者又是如何区分出来的呢?本质上说,前景背景的区分是通过视觉聚焦(在语言感知中则是听觉聚焦)实现的,聚焦所在即为前景,其余则皆成为背景。故而同一视觉/听觉对象因聚焦不同而可以得到不同的图形。聚焦选择不是规定的,是认知主体(人)和认知客体(视觉对象)互动的产物。在主体角度,人的认知动机、认知情感等多种因素会对他的聚焦选择产生影响。在客体角度,视觉对象中的特征、功用等因素也会对主体的聚焦选择产生影响。兰盖克(Langacker,1987)强调运动的物体最易成为认知前景。动态与静态就是视觉对象的两种特征。完形心理学的一项研究成果(Peterson et al,1994)表明:认知主体所熟悉的感知元素在完形认知过程中发挥重要作用,这样的元素会成为聚焦选择的提示。所以感知对象的熟稔性也是聚焦选择的一种重要参数。视觉认知如此,语言等听觉认知也是如此。就"V 得(的)慌"这个具体案例而言,在早期,它与其他"(NP)V 得 VP"句式一样,常规焦点在 B 段"慌"字上,也就是句子的前景是"慌"。由于"慌"字的高频使用,它的熟稔度和可预期度都得到大幅度提升,从而影响到人们在使用"V 得(的)慌"这个具体句式时的聚焦选择,逐渐把焦点对象从熟稔度和可预期度都很高的"慌"字挪到词汇选择具有开放性从而其熟稔度和可预期度都极低的 V 上,导致"慌"由前景成分变成背景成分,由此带来其语义的弱化和与语义弱化相伴随的语音弱化。由于"得(的)"字本来就已经弱化了,两个弱化成分难以长久地相邻而各自独立,于是逐渐发生融合,最终成为一个类词缀性成分黏附与一个动词或形容词谓语之后,表达一种不如意感受的认识情态意义。需要指出的是,语言中这种熟稔度对聚焦选择的影响与一般视觉认知中认知对象的熟稔度对聚焦选择的影响是不同的。在视觉认知过程中,认知对象的熟稔度越高,被聚焦的可能性越大;而语言由于是传递信息的,新信息才是聚焦的首要聚焦选择,而熟稔度高可预期度高的成分则表明其信息量小,因此熟稔度越高的语言成分被聚焦的可能性反而越小。

4.3 汉语"(NP)V 得 VP"句式产生于唐代,它将两个述谓性成分捆绑在一起,却又被一个虚化的附着性"得"字隔开,这种现象即便在汉语这种所谓的孤立性语言里也是比较奇特的,因此,它在迄今为止的一千多年时间里,表现得相当不稳定。两个述谓性成分在句法形式上不亲和是其不稳定的根源。本文所讨论的 A 段的话题化和"V 得(的)慌"结构中 A 段的反话题化,看上去是两种相互矛盾的演化现象,但实际上,从完形的角度来认识,就一点也不奇怪。由于一个句子只能有一个焦点,也就是一个前景性成分,这势必造成 A 段与 B 段的竞争,打一开始就形成的不平等竞争使得 A 段被向话题(背景)方向挤压,而 A 段所拥有的句法语义核心地位又使得它顽强地坚守着自己的阵地,一俟时机便进行反攻,"V 得(的)慌"的重新分析就是 A 段咸鱼翻身的一个个案。随着时间的推移,这种个案还会一个接一个地出现,比如近代汉语里的"V 得(的)紧",比如现代汉语里的"V 得很",等等。此外,随着狭义处置式和含使役义被动式的产生和发展,"(NP)V得 VP"句式"意外地"与这两种句式产生了极强的亲和力,并带来该句式的另一种演化走向,这实际上也是该句式不稳定的又一种表现。总之,"(NP)V 得 VP"句式的历史演化是一个很值得关注的现象,有不少问题值得研究。

(原载《语法化与语法研究》(四),商务印书馆,2009 年)

参 考 文 献

包拟古　1998　释名复声母研究,《古汉语复声母论文集》,北京语言文
化大学出版社。

北京大学中文系语言学教研室　1995　《汉语方言词汇》(第二版),语
文出版社。

白梅丽(Paris,Marie)　1981　汉语普通话的"连……也/都……",《国
外语言学》第 3 期。

白一平　1988　上古汉语 * sr-的发展,《语言研究》第 1 期。

伯纳德·科姆里　1988　《语言共性和语言类型》,沈家煊译,外语教学
与研究出版社。

曹逢甫　1989　再论话题和"连……都/也"结构,《功能主义与汉语语
法》,戴浩一、薛凤生主编,北京语言学院出版社。

曹广顺　1995　《近代汉语助词》,语文出版社。

曹广顺　2000　试论汉语动态助词的形成过程,《汉语史研究集刊》第
二辑,巴蜀书社。

曹秀玲　2005　"得"字的语法化和"得"字补语,《延边大学学报》第 3
期。

陈保亚　1999　《20 世纪中国语言学方法论》,山东教育出版社。

陈承泽　1982　《国文法草创》,商务印书馆。

陈梦家　1956　《殷虚卜辞综述》,中华书局。

崔希亮　1990　试论关联形式"连……也/都……"的多重语言信息,
《世界汉语教学》第 3 期。

崔希亮　1993　汉语"连"字句的语用分析,《中国语文》第 2 期。

崔永东　1994　《西周金文虚词集释》,中华书局。

崔永华　1984　"连……也/都……"句式试析,《语言教学与研究》第 4 期。

大西克也　1994　秦汉以前古汉语语法中的"主之谓"结构及其历史演变,《第一届国际先秦语法研讨会论文集》,岳麓书社。

丁声树　1999　《现代汉语语法讲话》,商务印书馆。

董秀芳　2002　《词汇化:汉语双音词的衍生和发展》,四川民族出版社。

董秀芳　2003　无标记焦点和有标记焦点的确定原则,《汉语学习》第1期。

方　梅　1995　汉语对比焦点的句法表现手段,《中国语文》第4期。

方　梅　2002　指示词"这"和"那"在北京话中的语法化,《中国语文》第4期。

冯春田　1992　魏晋南北朝时期某些语法问题探究,《魏晋南北朝汉语研究》,程湘清主编,山东教育出版社。

冯春田　2000　《近代汉语语法研究》,山东教育出版社。

冯　蒸　1983　关于汉藏语系空间指示词的几个问题,日本《均社论丛》第十三号。

高本汉　1929　原始中国语为变化语说,《东方杂志》26卷5期。

高名凯　1986　《汉语语法论》,商务印书馆。

顾　阳　1996　生成语法及词库中动词的一些特性,《国外语言学》第3期。

关　键　2007　"V/A 得慌"的语法化和词汇化,《第15届国际中国语言学学会学术年会论文》,纽约哥伦比亚大学。

郭锡良　1989　试论上古汉语指示代词体系,《语言文字学论文集》,知识出版社。

何乐士　1984　《左传》的人称代词,《古汉语研究论文集》,北京出版社。

何乐士　1985　《史记》语法特点研究,《两汉汉语研究》,山东教育出版社。

何乐士　1989/2004　《左传》的"主·'之'·谓"式,《〈左传〉虚词研究》,商务印书馆。

何乐士等　1985　《古代汉语虚词通释》,北京出版社。

华南师院中文系　1980　《古代汉语虚词》,广东人民出版社。

洪　波　1991a　上古汉语指代词书面体系的再研究,《语言研究论丛》

第六辑,天津教育出版社。

洪　波　1991b　兼指代词的原始句法功能研究,《古汉语研究》第 1 期。

洪　波　1996　上古汉语第一人称代词"余(予)""我""朕"的分别,《语言研究》第 1 期。

洪　波　1998　论汉语实词虚化的机制,《古汉语语法论集》,语文出版社。

洪　波　1999　上古汉语第一人称代词"吾""卬"的来源及其与"余(予)""我""朕"的功能差异,《语言研究论丛》第八辑,南开大学出版社。

洪　波　1999　论汉语实词虚化的机制,《坚果集——汉台语锥指》,南开大学出版社。

洪　波　2000　论平行虚化,《汉语史研究集刊》第二辑,巴蜀书社。

洪　波　2000a　上古汉语第一人称代词"吾""卬"的来源及其与"余(予)""我""朕"的分别,《语言研究论丛》第八辑,天津人民出版社。

洪　波　2000b　先秦判断句的几个问题,《南开学报》第 5 期。

洪　波　2002　先秦汉语对称代词"尔""女(汝)""而""乃"的分别,《语言研究》第 2 期。

洪　波　2004　"给"字的语法化,《南开语言学刊——纪念邢公畹先生九十华诞专号》,南开大学出版社。

洪　波　2004　完形认知与语法化,第五届国际古汉语语法讨论会(2004 年 8 月台北)宣读论文。

洪　波　2005　《立体化古代汉语教程》,高等教育出版社。

洪　波、董正存　2004　"非 X 不可"格式的历史演化和语法化,《中国语文》第 3 期。

洪　波、曹小云　2004　《汉语语法化的历程》商兑,《语言研究》第 3 期。

洪　波、王丹霞　2007　命令标记"与我""给我"的语法化及词汇化,《语法化与语法研究》(三),商务印书馆。

侯学超　1998　《现代汉语虚词词典》,北京大学出版社。

胡　适　1921　吾我篇,《胡适文存》第一集。

胡　适　1921　尔汝篇,《胡适文存》第一集。

胡厚宣　1939　释兹用兹御,《历史语言研究所集刊》8本4分。

黄德宽　1988　甲骨文"(S)叀OV"句式探踪,《语言研究》第1期。

黄锦君　2002　二程语录中的"得",《古汉语研究》第4期。

黄盛璋　1963　古汉语的人身代词研究,《中国语文》第6期。

黄载君　1964　从甲骨文、金文量词的应用考察汉语量词的起源与发展,《中国语文》第2期。

江荻　1997　论语言演化对初始条件的敏感依赖性,《中国民族语言论丛》(2),云南民族出版社。

江蓝生　2000　语法化程度的语音表现,《近代汉语探源》,商务印书馆。

江蓝生　2000　汉语使役与被动兼用探源,《近代汉语探源》,商务印书馆。

蒋绍愚　2000　汉语动结式产生的时代,《汉语词汇语法史论文集》,商务印书馆。

蒋绍愚　2002　"给"字句、"教"字句表被动的来源——兼谈语法化、类推和功能扩展,《语言学论丛》第二十六辑,商务印书馆。

金理新　2005a　汉藏语的完成体后缀∗-s,《民族语文》第2期。

金理新　2005b　上古汉语清浊声母交替与动词的体,《语文研究》第4期。

金理新　2006　《上古汉语形态研究》,黄山书社。

金鹏　1983　《藏语简志》,民族出版社。

柯理思、刘淑学　2001　河北冀州方言"拿不了走"一类的格式,《中国语文》第5期。

柯蔚南　1984　藏语动词的形态变化,《民族语文研究情报资料集》第三辑,中国社会科学院民族研究所语言室编。

库尔特·考夫卡　1937　《格式塔心理学原理》,傅统先译,商务印书馆。

库尔特·考夫卡　1999　《格式塔心理学原理》,黎炜译,浙江教育出版社。

李宝伦、潘海华　1999　焦点与"不"字句的语义解释,《现代外语》第2期。

李宝伦、潘海华、徐烈炯　2003　对焦点的敏感结构及焦点的语义解释,《当代语言学》第 1、2 期。

李方桂　1940　《龙州土语》,商务印书馆。

李方桂　1980　《上古音研究》,商务印书馆。

李　平　1987　《世说新语》和《百喻经》中的动补结构,《语言学论丛》第十四辑,商务印书馆。

李小凡　1984　苏州话的指代词,《语言学论丛》第十三辑,商务印书馆。

李孝定　1993　殷商甲骨文字在汉字发展史上的相当位置,《历史语言研究所集刊》64 本 4 分。

李新魁　1983　《汉语文言语法》,广东人民出版社。

李佐丰　1983　先秦汉语的自动词及其使动用法,《语言学论丛》第十辑,商务印书馆。

李佐丰　1994　《文言实词》,语文出版社。

李佐丰　2004　《古代汉语语法学》,商务印书馆。

刘丹青　2003　《语序类型学与介词理论》,商务印书馆。

刘丹青、徐烈炯　1998　焦点与背景、话题及汉语"连"字句,《中国语文》第 4 期。

刘　坚、曹广顺、吴福祥　1995　论诱发汉语词汇语法化的若干因素,《中国语文》第 3 期。

刘　坚、江蓝生、白维国、曹广顺　1992　《近代汉语虚词研究》,语文出版社。

刘宋川、刘子瑜　2006　"名·之·动/形"结构再探讨,《语言学论丛》第三十二辑,商务印书馆。

刘永耕　2000　使令度和使令类动词的再分类,《语文研究》第 2 期。

柳士镇　1992　《魏晋南北朝历史语法》,南京大学出版社。

龙果夫　1958　《现代汉语语法研究》,科学出版社。

陆俭明　1986　周遍性主语及其他,《中国语文》第 3 期。

吕叔湘　1941　释《景德传灯录》中"在"、"着"二字,《华西协合大学中国文化研究所集刊》一卷三期。

吕叔湘　1948/1982　《中国文法要略》,商务印书馆。

吕叔湘主编　1980　《现代汉语八百词》,商务印书馆。

吕叔湘、王海棻　2000　《马氏文通读本》,上海教育出版社。

马建忠　1982　《马氏文通》,商务印书馆。

马庆株　1992　《汉语动词和动词性结构》,北京语言学院出版社。

马学良主编　1991　《汉藏语概论》,北京大学出版社。

马　真　1982　说"也",《中国语文》第 4 期。

梅祖麟　1980/2000　四声别义中的时间层次,《中国语文》第 6 期;又载《梅祖麟语言学论文集》,商务印书馆。

梅祖麟　1989　上古汉语 *s- 前缀的构词功能,《第二届国际学术会议论文集》,中研院。

梅祖麟　1991/2000　从汉代的"动、杀"、"动、死"来看动补结构的发展——兼论中古时期起词的施受关系的中立化,《语言学论丛》第十六辑,商务印书馆;又载《梅祖麟语言学论文集》,商务印书馆。

梅祖麟　1992/2000　汉藏语的"岁、越""遺(旋)、圜"及其相关问题,《中国语文》第 5 期;又载《梅祖麟语言学论文集》,商务印书馆。

梅祖麟　2008　上古汉语动词清浊别义的来源,《民族语文》第 3 期。

潘悟云　1991　上古汉语使动词的屈折形式,《温州师范学院学报》第 2 期。

潘悟云　1998　汉藏语历史比较中的几个声母问题,《古汉语复声母论文集》,北京语言文化大学出版社。

潘允中　1980　汉语动补结构的发展,《中国语文》第 1 期。

潘允中　1982　《汉语语法史概要》,中州书画社。

桥本万太郎　1985　《语言地理类型学》,北京大学出版社。

覃远雄等　1998　《南宁平话词典》,江苏教育出版社。

瞿霭堂　1985　藏语动词屈折形态的结构及其演变,《民族语文》第 1 期。

邵敬敏　1988　"非 X 不 Y"及其变式,《中国语文天地》第 1 期。

沈家煊　1995　"有界"和"无界",《中国语文》第 5 期。

沈家煊　1999　《不对称与标记理论》,江西教育出版社。

沈家煊　1999　认知心理和语法研究,《语法研究入门》,马庆株主编,商务印书馆。

沈家煊　2001　语言的"主观性"和"主观化",《外语教学与研究》第 4 期。

沈家煊　2007　汉语里的名词和动词,《汉藏语学报》第 1 期。

沈家煊　2009　我看汉语的词类,《语言科学》第 1 期。

沈开木　1988　"表示强调"的"连"字所涉及的形式同内容的矛盾,《语法研究与探索》第四辑,北京大学出版社。

施向东　2000　《汉语和藏语同源体系的比较研究》,华语教学出版社。

石毓智　1992　论现代汉语的"体"范畴,《中国社会科学》第 6 期。

石毓智、李讷　2001　《汉语语法化的历程——形态句法发展的动因和机制》,北京大学出版社。

史金生　2002　《现代汉语副词的语义功能研究》,南开大学博士学位论文。

宋亚云　2006　从《左传》的"见""闻""伐"看上古汉语的使动构词和被动构词,《语言学论丛》第三十二辑,商务印书馆。

孙锡信　1992　《汉语历史语法要略》,复旦大学出版社。

孙玉文　2000　《汉语变调构词研究》,北京大学出版社。

孙玉文　2004　从"闻""见"的音变构词看上古汉语有被动构词,《湖北大学学报》第 5 期。

太田辰夫　1964/1984　《古典中国语文法》,日本汲古书店。

太田辰夫　1987　《中国语历史文法》,北京大学出版社。

太田辰夫　1991　《老乞大》的语言,《汉语史通考》,江蓝生、白维国译,重庆出版社。

太田辰夫　1991　《汉语史通考》,江蓝生、白维国译,重庆出版社。

谭其骧　1986　《五藏山经》的地域范围提要,《山海经新探》,四川社会科学出版社。

唐钰明　2002　《著名中年语言学家自选集——唐钰明卷》,安徽教育出版社。

田继周　1988　《先秦民族史》,四川民族出版社。

王洪君　1987　汉语自指的名词化标记"之"的消失,《语言学论丛》第十四辑,商务印书馆。

王　力　1937　中国文法中的系词,《清华学报》12 卷 1 期。

王　力　1958/1980　《汉语史稿》,中华书局。

王　力　1965/2000　古汉语自动词和使动词的配对,《中华文史论丛》第 6 期;又载《王力语言学论文集》,商务印书馆。

王　力　1980　汉语滋生词的语法分析,《语言学论丛》第六辑,商务印书馆。

王　力　1984　"之""其"构成的名词性词组,《语言研究》第 2 期。

王　力　1985　《中国现代语法》,商务印书馆。

王　力　1989　《汉语语法史》,商务印书馆。

王志敬　1994　《藏语拉萨口语语法》,中央民族大学出版社。

魏培泉　2000　先秦主谓间的助词"之"的分布与演变,《历史语言研究所集刊》71 本 3 分。

吴安其　1996　与亲属语相近的上古汉语的使动形态,《民族语文》第 6 期。

吴安其　1997　汉藏语的使动和完成体前缀的残存与同源的动词词根,《民族语文》第 6 期。

吴福祥　1996　《敦煌变文语法研究》,岳麓书社。

吴福祥　1998　重谈"动+了+宾"格式的来源和完成体助词"了"的产生,《中国语文》第 6 期。

吴福祥　1999　试论现代汉语动补结构的来源,《汉语现状与历史的研究》,中国社会科学出版社。

吴福祥　2001　南方方言几个状态补语标记的来源(一),《方言》第 4 期。

吴福祥　2002　南方方言几个状态补语标记的来源(二),《方言》第 1 期。

武柏索等　1998　《现代汉语常用格式例释》,商务印书馆。

西田龙雄　1976　汉藏语系中词素词干的某些问题初探,《民族语文研究情报资料集》第九集。

谢·叶·雅洪托夫　1965/1986　上古汉语,《汉语史论集》,唐作藩、胡双宝选编,北京大学出版社。

解惠全　1987　谈实词的虚化,《语言研究论丛》第四辑,南开大学出版社。

解惠全、洪波　1988　古代汉语表示被动的"见"和"被",《天津师范大学学报》第 5 期。

邢公畹　1984　汉藏系语言及其民族史前情况试析,《语言研究》第 2 期。

邢公畹　1999　《汉台语比较手册》,商务印书馆。

邢公畹主编　1994　《现代汉语教程》,南开大学出版社。

徐　杰、李英哲　1993　焦点和两个非线性语法范畴:"否定""疑问",《中国语文》第 2 期。

徐通锵　1998　自动和使动——汉语语义句法的两种基本句式及其历史演变,《世界汉语教学》第 1 期。

严学宭　1998　原始汉语复声母类型的痕迹,《古汉语复声母论文集》,北京语言文化大学出版社。

杨伯峻　1982　古汉语中之罕见语法现象,《中国语文》第 6 期。

杨伯峻、何乐士　1994　《古汉语语法及其发展》,语文出版社。

杨　平　1991　带"得"述补结构的产生和发展,《古汉语研究》第 1 期。

杨树达　1984　《高等国文法》,商务印书馆。

姚振武　1999　先秦汉语受事主语句系统,《中国语文》第 1 期。

余建萍　1957　使成式的起源和发展,《语法论集》第二辑,中华书局。

俞　敏　1980　汉藏两族人和话同源探索,《北京师范大学学报》第 1 期。

俞　敏　1980/2008　古汉语派生新词的模式,《中国语文学论文选》,日本光生馆;又载该书国内再版《俞敏语言学论文集》,商务印书馆。

俞　敏　1981　倒句探源,《语言研究》第 1 期。

俞　敏　1984　《中国语文学论文选》,日本光生馆。

游汝杰　1982　论台语量词在汉语南方方言中的底层遗存,《民族语文》第 2 期。

游顺钊　1988　从认知角度探讨上古汉语名量词的起源,《中国语文》第 5 期。

喻翠容、罗美珍　1984　傣语,《壮侗语族语言简志》,民族出版社。

袁毓林　2002　汉语话题的语法地位和语法化程度——基于真实自然口语的共时和历时考量,《语言学论丛》第二十五辑,商务印书馆。

袁毓林　2003a　从焦点理论看句尾"的"的句法语义功能,《中国语文》第 1 期。

袁毓林　2003b　句子的焦点结构及其对语义解释的影响,《当代语言学》第 4 期。

岳俊发　1984　得字句的产生和演变,《语言研究》第 2 期。

赵长才　1995　先秦汉语语气词连用现象的历史演变,《中国语文》第 1 期。

赵元任　1956　《现代吴语研究》,科学出版社。

张伯江、方梅　1996　《汉语功能语法研究》,江西教育出版社。

张　博　2000　《古代汉语词汇研究》,宁夏人民出版社。

张洪明　1994　The Grammaticalization of 'bei' in Chinese,《中国境内语言暨语言学》第二辑,商务印书馆(台北)。

张美兰　2003　《〈祖堂集〉语法研究》,商务印书馆。

张　敏　2003　从类型学看上古汉语定语标记"之"语法化的来源,《语法化与语法研究》(一),商务印书馆。

张世禄　1959　古汉语里的偏正化主谓结构,《语文教学》第 11 期。

张谊生　1992　"非 X 不 Y"及其相关句式,《徐州师院学报》第 2 期。

张谊生　2000　《现代汉语副词研究》,学林出版社。

张玉金　1988　甲骨卜辞中"惠"和"唯"的研究,《古汉语研究》第 1 期。

张玉金　1994　《甲骨文虚词研究》,中华书局。

张玉金　2001　《甲骨文语法学》,学林出版社。

赵艳芳　2001　《认知语言学概论》,上海外语教育出版社。

赵元任　1980　《中国话的文法》,丁邦新译,香港中文大学出版社。

郑张尚芳　1998　上古汉语的 s-头,《古汉语复声母论文集》,北京语言文化大学出版社。

仲晓波、杨玉芳　2003　汉语普通话句子重音在时长方面的声学表现,《心理学报》第 2 期。

志村良治　1995　"与""馈""给"——从中古到近代的汉语授与动词的历史变迁和"给"的北京音的来源,《中国中世语法史研究》,江蓝生、白维国译,中华书局。

志村良治　1995　《中国中世语法史研究》,江蓝生、白维国译,中华书局。

周迟明　1958　汉语的使动性复合动词,《文史哲》第 4 期。

周法高　1953　语音区别词类说,《历史语言研究所集刊》24 本。

周法高　1959　《中国古代语法》,中研院历史语言研究所专刊 39。

周法高　1962　《中国古代语法·构词编》,中研院历史语言研究所专刊 39。

周生亚　1980　论上古汉语人称代词繁复的原因,《中国语文》第 2 期。

周小兵　1990　汉语"连"字句,《中国语文》第 4 期。

周小兵　1996　"连"字句的生成与发展,《句法・语义・篇章——汉语语法综合研究》,广东高等教育出版社。

周祖谟　1966/2004　《四声别义释例》,《问学集》,中华书局。

朱德熙　1980　《语法讲义》,商务印书馆。

朱德熙　1983　自指与转指,《方言》第 1 期。

祝敏彻　1957　论初期处置式,《语言学论丛》第一辑,新知识出版社。

祝敏彻　1958　先秦两汉时期的动词补语,《语言学论丛》第二辑,上海教育出版社。

祝敏彻　1981　从《史记》《汉书》《论衡》看汉代复音词的构词法,《语言学论丛》第八辑,商务印书馆。

Alan Cruttenden　2002　《语调》,北京大学出版社。

Anne O. Yue(余霭芹)　1998　Zhi 之 in Pre-Qin Chinese, *T'oung Pao* LXXXIV.

Ariel Mira　1990　*Accessing Noun-phrase Antecedents*. Routledge London & N. Y.

Ariel Mira　1991　The function of accessibility in a theory of grammar. *Journal of Pragmatics* 16,443—463.

Ariel Mira　1994　Interpreting anaphoric expressions:A cognitive versus a pragmatic approach, *Journal of linguistics* 30,3—42.

Bernd Heine et al.　1991　*Grammaticalization—A Conceptual Framework*,The University of Chicago Press.

Bernhard Karlgren(高本汉)　1949　*The Chinese Language*,pp. 89—95.

Bernhard Karlgren(高本汉)　1956　Cognate Words in the Chinese Phonetic Series. *Bulletin of the Museum of Far Eastern Antiquities* 28. 1—18.

Beth Levin & Malka Rappaport Hovav,2005,*Argument Realization*,Cambridge University Press.

Chang,Betty Shefts(张谢蓓蒂),1971,The Tibetan Causative:Phonoloy

BIPH,《历史语言研究所集刊》42 本。

Heine,B. & Kuteva T.　2002　*World lexicon of grammaticalization*,Cambridge University Press.

Fillmore,C. J.　1977　Topics in lexical semantics,R. W. Cole(eds) *Current issues in linguistics theory*,76—138.

G. B. Downer:Derivation by Tone-Change in Classical Chinese,*Bulletin of the school of Oriental and African Studies*,Vol. XXII,part 2,1959,pp. 258—290.

Joan Bybee & Suzanne Fleischman (Edited)　1995　*Modality in Grammar and Discourse*,Joan Benjamins B. V.

Lee,Pepping Po-Lun and Pan Haihua　2001　The Chinese negation marker *bu* and its association with focus,*Linguistics 39*,4.

Leonard Talmy　2000　*Toward a Cognitve Semantics*,The MIT Press.

Li ,Charles N. & Sandy Thompson　1976　Subject and topic:a new typology. In Li (ed),*Subject and Topic*. New York:Academic Press.

Li ,Charles N. & Sandra A. Thompson　1981　《汉语语法》,University of California Press.

Paul J. Hopper　1979　Aspect and Foreground in Discource. *Discource and Syntax*. ed. By Talmy Givón,New York:Academic Press.

Paul J. Hopper & Elizabeth C. Traugott　2003　*Grammaticalization (Second edition)*,Cambridge University Press.

Prince,E. F.　1981　Toward a taxonomy of given-new information. In P. Cole(ed),*Radical Pragmatics*. New York:Academic Press, 223—255.

Ronald W. Langacker　1987　*Foundations of Cognitive Grammar*, Stanford University Press.

Stephan V. Beyer,1992 *The Classical Tebetan Language*,State University of New York Press.

Stuart N. Wolfenden 1929 Outlines of Tibeto-Burman Linguistic Morphology,*The Royal Asiatic Society*.

Talmy Givôn, 1979, *On Understanding Grammar*, London: Academie Press.

William H. Baxter(白一平) 1992 A Handbook of Old Chinese Phonology, *Monton de Gruyter*.

Yehuda N. Falk 2006 *Subjects and universal grammar—An explanatory theory*, Cambridge University Press.

后　记

　　收在这本小册子里一共 28 篇文章,是我历年来从事汉语历史语法研究的主要成果。其中有些篇什曾收入我的《坚果集——汉台语锥指》,因为那本小册子是十余年前出版的,早已绝版,坊间不易购得,也因为这本小册子取名《汉语历史语法研究》,所以就收进来了。

　　汉语历史语法有两层含义,其一相当于英文的 historical grammar,指的是各个历史时期的汉语语法;其二相当于英文的 diachronic grammar,指的是汉语语法的历史沿流。相应地,在研究方法和研究取向上也有两种,一种是取共时的研究方法,对历史上任一时期的语法现象进行描写或解释;另一种是取历时的研究方法,针对语法演变的个案或者语法系统的演变进行描写和解释。这两种研究取向都是非常重要的,也是相互依赖的,不可偏废。我本人所从事的汉语历史语法研究主要倾向于后者,但是早期所做的一些研究工作则比较集中于前者,这从收入这个集子中的文章就可以看出来。

　　汉语历史语法是我的爱好,二十多年未曾或辍,不过我生性愚钝且散漫,这么多年才写成这点东西,实在是汗颜,愧对师长、学界前辈与同仁的厚爱与期望,只有继续努力,不断鞭策自己,庶几有所回报。

话说回来,研究汉语历史语法,实非易事。虽说汉语历史文献繁多,各个历史时期都有大量的传世文献,一个多世纪以来出土文献也不断增多,为我们提供了丰富的语料;但是,语料再多也难说备载各个时期的汉语事实,加上汉字的局限,很多语法现象不易观察入微。我本人对历史文献的娴熟程度也非常有限,因而对文献的利用就不够充分,也不一定到位。此外,汉语历史语法是研究存在于历代书面文献中汉语的语法,但必须往上结合汉藏语以及汉语周边语言,往下结合汉语方言,只有把汉语历史语法与这些活生生的语法现实联系起来,相互参照发明,才能取得更好的成就。我始终牢记邢公畹先生跟我说的一句话:"古汉语是流走了水,必须跟汉藏语结合起来,跟汉语方言结合起来,才能有所进展。"我在这方面虽做了些努力,但显然非常不够,对亲属语言、周边其他语言以及汉语方言的了解和掌握都非常有限,类型学的视野就更加局限,所以不能有大的建树。理论方法是另一个问题。研究汉语历史语法,好的、科学的理论方法是必不可少的。它好比一面镜子,没有这面镜子,很多语法现象就可能发现不了,语法现象背后的本质规律就更不能发现和揭示。我也算是科班出身,但语言学的底子实在不敢说有多厚,近年来虽努力学习一些新的理论,但童子功不足,常感捉襟见肘,力不从心。以上这些话我把它写出来,并非自谦自贬,只是希望比我更年轻的学人能做个鉴戒,把汉语历史语法研究工作做得更好。

《论语》里有段话:"子绝四:毋意,毋必,毋固,毋我。"我觉得做学问就一定要有这四毋精神:不要主观臆断;不要绝对肯定,强作解人;不要固守不迁;不要唯我独是。我把这四毋取为我的斋名,随时告诫自己要遵行不二,所以对这本小册子里的所有文章我都丝毫不敢敝帚自珍,结集出版的唯一目的就是欢迎方家批评指正。

洪　波
己丑岁杪写于四毋斋